U0521783

本书系中共潮州市委宣传部委托项目"海外潮州人族群及迁移史研究"成果,并受韩山师范学院"专门史(潮学研究)"省级重点学科建设经费资助

A Study
on Teochew People
in Southeast Asia

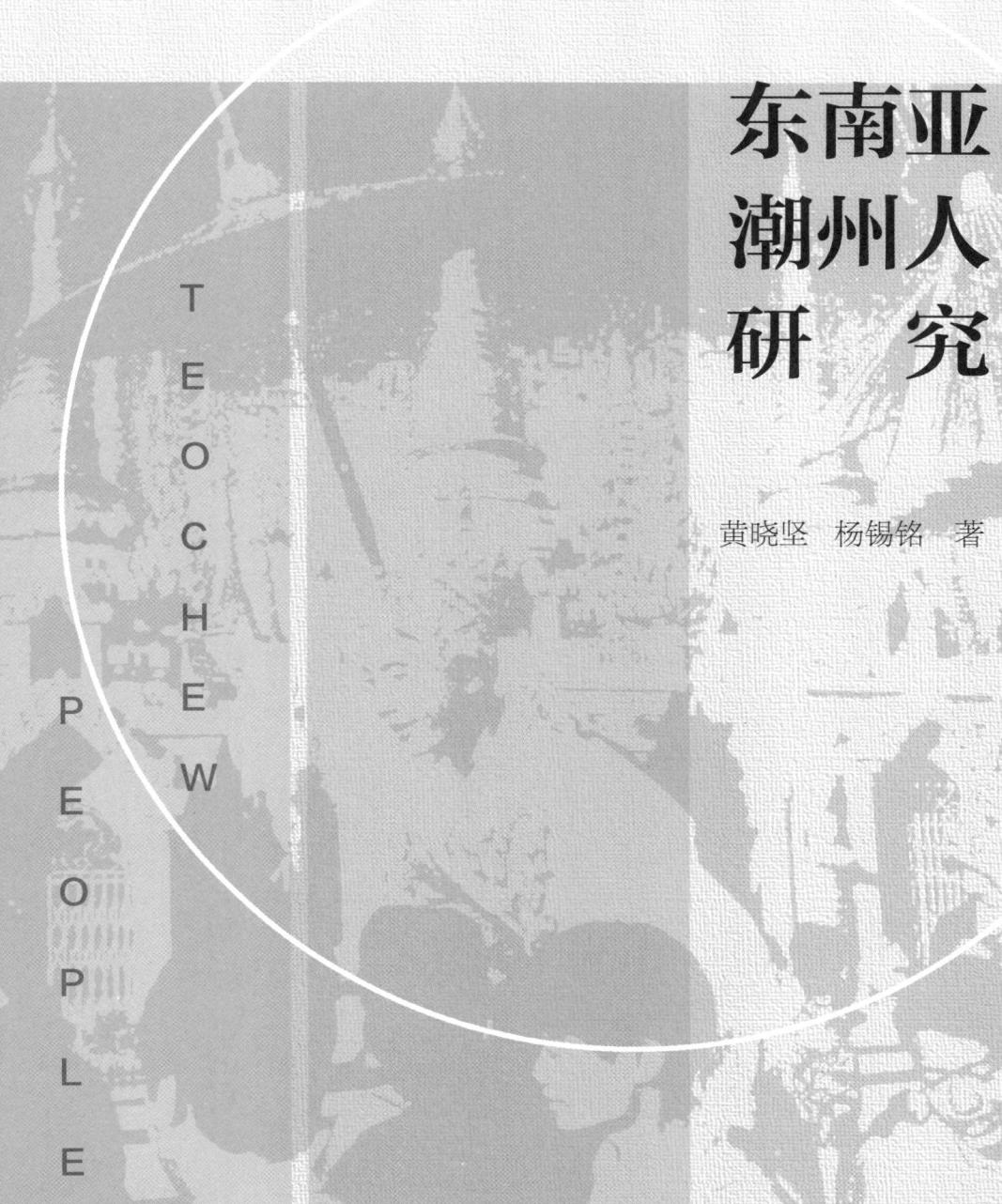

东南亚潮州人研究

黄晓坚　杨锡铭　著

中国社会科学出版社

图书在版编目（CIP）数据

东南亚潮州人研究／黄晓坚，杨锡铭著 . —北京：中国社会科学出版社，2023.7
ISBN 978 - 7 - 5227 - 2206 - 1

Ⅰ.①东… Ⅱ.①黄…②杨… Ⅲ.①华人—移民—研究—东南亚 Ⅳ.①D733.38

中国国家版本馆 CIP 数据核字（2023）第 123076 号

出 版 人	赵剑英
选题策划	宋燕鹏
责任编辑	金 燕　史丽清
责任校对	李 硕
责任印制	李寡寡

出　　版	中国社会科学出版社
社　　址	北京鼓楼西大街甲 158 号
邮　　编	100720
网　　址	http://www.csspw.cn
发 行 部	010 - 84083685
门 市 部	010 - 84029450
经　　销	新华书店及其他书店
印　　刷	北京明恒达印务有限公司
装　　订	廊坊市广阳区广增装订厂
版　　次	2023 年 7 月第 1 版
印　　次	2023 年 7 月第 1 次印刷
开　　本	710×1000　1/16
印　　张	29.25
字　　数	436 千字
定　　价	158.00 元

凡购买中国社会科学出版社图书，如有质量问题请与本社营销中心联系调换
电话：010 - 84083683
版权所有　侵权必究

序

林伦伦

黄晓坚、杨锡铭二位兄台发来《东南亚潮州人研究》大稿，要我写个序言，说是我在离任韩山师范学院后应邀担任评审专家亲自推荐的研究项目，还建议他们把项目研究范围从"世界潮州人研究"缩小到"东南亚潮州人研究"云云。

立项的事情我早就忘记了，但与他们二位商谈调查研究对象和研究范围的事情我还依稀记得。

我当时建议他们先做东南亚的原因有二：一是海外潮州人主要居住在东南亚，大洋洲、北美洲和欧洲的不少潮州人也是从东南亚移民过去的。东南亚潮州人的调查、研究做好了，再做世界各地的就有基础了。二是黄、杨二位兄台都曾经对东南亚潮州人做过调查研究，有丰富的资料和经验积累。黄晓坚兄曾在国家侨联任职，还曾在汕头的著名侨乡澄海挂职，长期从事华侨华人和侨乡研究工作，成果丰硕。杨锡铭兄曾任中国驻泰国大使馆二等秘书、侨务领事，回国后曾任潮州市侨办、侨联领导岗位，长期从事领事保护、外事侨务和侨联群团工作。从潮州市侨联领导岗位卸任下来后，还被聘为韩山师范学院潮学研究院的研究员。从20世纪90年代起，二位均曾多次前往东南亚调研、开展海外潮人和华侨华人研究，积累了丰富的资料，发表（出版）了一批成果，有的成果还荣获广东省哲学社会科学优秀成果奖。

眨眼间，与二位兄台商讨研究课题的事情就过去三年多了，而之前构筑的梦想已经实现，变成了一本厚厚的书稿。我花了整整一周的时间，认真阅读了二位的大著，收获良多，感觉当时立项立对了，黄、杨组合奉献给我们的是一部质量上乘的沉甸甸的学术成果。我拜读后认为，其超越前人研究成果之处有三：

一、作者掌握的资料丰富、全面，并能够认真阅读消化，为我所用，后出转精。这一点，我不用举例，大家可以看看这部书稿的461条脚注就知道了。每一条的脚注都按照学术规范详细注出引用资料的出处，书刊的版本和页数。这可以说明，作者对相关文献资料是认真阅读过才做了摘录引用的，而不是人云亦云，一抄再抄的。这充分显示了作者在启动本项目之前所下的前期准备的功夫到家，文献资料积累丰厚，且能去芜取精，适当选用。

二、作者把过去的所谓"海盗"视为"海上武装商贸人群"来研究，客观、公正地分析了这批特殊人群在潮州人对海外拓殖方面所做出的"先驱性"的作用。近年来，有不少这方面的研究成果发表，如历史学家陈春声教授的《16世纪闽粤交界地域海上活动人群的特质》（载《海洋史研究》第1辑，社会科学文献出版社2010年版）等，但作为东南亚潮州人研究的学术著作，对所谓的"海盗"进行分析研究，并做出客观、公正的评判，这还是我第一次读到的。其实，这也是东南亚相关潮州人后裔的期望，例如菲律宾的林氏族亲就"衷心希望，通过学界的客观研究，能够一改菲律宾人对'海盗'林凤及其'入侵'吕宋历史事件刻板、负面的既有认知"。（见本书第35页）

三、把潮州原乡文化与侨居国文化结合起来研究，或者说，把侨乡潮人文化与海外潮人文化结合起来研究，这种双向或者三向度的研究，既对潮汕侨乡文化的源流、基本内容，及其基本特点等有所概括和总结，也对潮人文化在海外的传播和发展、潮人文化与华侨华人所在国文化的融合做了更为清晰的分析和研究。这种研究的成果，无疑比以前的对海外华侨华人所在国的情况进行单方面的描写、研究要更加"立体"，更加"有血有肉"，也更具学术价值。因为它揭示了东南亚潮人族群在经济上长期本土化、在地化的艰苦奋斗的历程，其实也是一本所在国的潮人经济拓殖史。这就是饶宗颐教授生前曾经多次提及的重要研究课题："中国文化史上，内地移民史和海外拓殖史，潮人在这二方面的活动的记录一向占极重要的篇幅……。潮人若干年来在海外拓殖的成果和丰厚的经济高度发展的各种表现，在中国以外各个地区孕育出无数繁荣美景的奇葩，为中外经济史写下新页，久已引起专家们的重视而且成为近代史家崭新的研究对象。因此，潮州地区人文现象的探讨，更使多数人发生热烈而广泛的兴趣。"（饶宗颐：《何以要建立"潮州学"——潮州学在中国文化史上的重要性》，载《潮学研究》创刊号刊首文章，汕头大学出版社1994年版）

另一方面，海洋文化对潮人文化的影响，也被华侨华人们带回了潮汕侨乡，并通过捐资办学、慈善公益、兴办实业、商业贸易等形式和途径，对潮汕侨乡进行了持续、有效的物质文化和精神文化传播，使原乡人在语言习惯、思想意识、文学艺术、生活时尚、风俗习惯、文化心态等方面发生了崭新的变化。外来的海洋文化、侨乡文化渗透到潮汕社会的方方面面，与民众生活息息相关。第一根"电报杉"（电线杆）树立起来、第一条输电线架设起来，第一只电灯亮起来，为新兴的滨海城市带来了光明；第一条电话线拉起来，第一个电话打过来，把千家万户的欢声笑语谱成欢快的乐章；第一条水管穿街过巷进入家家户户，第一只水龙头的自来水哗哗流出，唱出动人的生活之歌；潮州与汕头的第一条铁路修建起来，第一列火车在潮汕大地上轰隆轰隆地如游龙蜿蜒穿行，粤东地区从古代农业文化到近代商业文化、工业文化的历史嬗变终于发生了！华侨华人对家乡的回馈投资建设，无疑起到了关键性、历史性的作用。

以上所述种种，本书都依据丰富翔实的文献资料，做了客观的、学术性很强的研究。这些研究成果，不但对于今天的华侨华人研究本身具有学术价值，对于潮汕侨乡如何吸取历史经验，凝聚侨心侨力，利用侨智侨资，搞好和美侨乡建设，也具有重要的决策参考价值。

至于潮州人的海外华侨的移民史、潮州人在东南亚各国的经济开拓史，书中也多有精彩之研究，这里就不赘述了。但觉得有点未尽兴的是，本书未能及时吸收利用近几年侨批研究的新成果。现在汕头市档案馆的纸质侨批已经达到近8万封，加上电子侨批，大约有16万封，潮汕历史文化研究中心与中山大学、汕头大学等单位合作，已经有了不少研究成果。这些资料，对东南亚潮人研究和侨乡社会研究都具有较高的价值，我们期待着黄、杨二位兄台以后再续著佳作。

林伦伦
2022 年元旦于广州南村

目　　录

前　言 …………………………………………………………… (1)

上篇　潮州人的海外迁徙

第一章　移民溯源：早期过番的潮州人 …………………… (3)
 第一节　地理环境与海上交通 ………………………… (3)
 第二节　海上丝绸之路与潮州海商住番 ……………… (7)
 第三节　宋元之交流落海外的潮州政治难民 ………… (15)
 第四节　明代潮州集团性海外移民 …………………… (18)

第二章　樟林扬帆：清代红头船贸易与潮州自由移民 …… (36)
 第一节　红头船贸易的缘起 …………………………… (36)
 第二节　海外潮商集团的崛起 ………………………… (42)
 第三节　香港的南北行商及"香—叻—暹—汕"贸易
    体系 …………………………………………… (49)

第三章　汕头开埠：晚清猪仔贸易与潮州对外移民潮 …… (56)
 第一节　汕头开埠与华工出国合法化 ………………… (56)
 第二节　苦力贸易、社会动荡和海外移民潮 ………… (66)
 第三节　轮船交通对潮州海外移民的促进 …………… (80)

第四章　避乱趋利：民国以来社会动荡和政治变革中的
    潮汕移民 …………………………………………… (85)
 第一节　民国社会动荡与潮州人出国浪潮 …………… (85)

第二节　海外潮州人数量估计 …………………………………… (87)
第三节　新中国时期的闭关锁国与改革开放后的新移民 …… (94)

本篇结语 …………………………………………………………… (105)

中篇　东南亚的潮州人

第五章　潮人麇集：泰国 …………………………………………… (113)
　　第一节　潮籍移民及人口变迁 ………………………………… (113)
　　第二节　潮籍华侨华人经济的发展 …………………………… (117)
　　第三节　活跃于政坛上的潮州人后裔 ………………………… (126)
　　第四节　潮籍社团与文化传统的坚守 ………………………… (128)
　　第五节　崭露头角的新移民 …………………………………… (136)

第六章　港主传奇：新加坡　马来西亚 ………………………… (139)
　　第一节　新加坡的潮州人 ……………………………………… (139)
　　第二节　马来西亚的潮州人 …………………………………… (157)

第七章　凤凰涅槃：越南　老挝　柬埔寨 ……………………… (175)
　　第一节　越南的潮州人 ………………………………………… (175)
　　第二节　老挝的潮州人 ………………………………………… (187)
　　第三节　柬埔寨的潮州人 ……………………………………… (196)

第八章　无远弗届：印尼　菲律宾　缅甸 ……………………… (213)
　　第一节　印尼的潮州人 ………………………………………… (213)
　　第二节　菲律宾的潮州人 ……………………………………… (225)
　　第三节　缅甸的潮州人 ………………………………………… (230)

第九章　商海弄潮：中国香港　中国澳门　中国台湾 ………… (242)
　　第一节　香港的潮州人 ………………………………………… (242)

第二节 澳门的潮州人……………………………………（254）
第三节 台湾的潮州人……………………………………（257）

本篇结语………………………………………………………（261）

下篇　东南亚潮州人与潮汕侨乡

第十章　慈乌反哺：潮侨与宗乡关系……………………（267）
　　第一节 潮侨与原乡宗族社会……………………………（267）
　　第二节 潮汕侨乡的形成…………………………………（275）
　　第三节 侨眷生活状态……………………………………（304）

第十一章　情系桑梓：举办慈善公益……………………（308）
　　第一节 资助文化教育事业………………………………（309）
　　第二节 赈济灾荒…………………………………………（313）
　　第三节 施医赠药…………………………………………（321）
　　第四节 改善民生…………………………………………（323）

第十二章　泽被故里：投资经济建设……………………（326）
　　第一节 近现代东南亚潮州人在潮汕侨乡的投资………（326）
　　第二节 当代东南亚潮州人在潮汕侨乡的投资…………（337）

第十三章　殉义忘身：参与政治变革……………………（342）
　　第一节 支持辛亥革命和国民革命运动…………………（342）
　　第二节 投身抗日救乡运动………………………………（356）
　　第三节 支持解放战争……………………………………（373）
　　第四节 归侨侨眷参加社会主义革命和建设……………（380）

第十四章　润物无声：引领文化风尚……………………（388）
　　第一节 潮汕侨乡文化的形成及主要内容………………（388）

目 录

第二节 文化还乡与传统潮文化的复兴…………………………（404）
第三节 潮汕侨乡文化的源流、特点及当代价值……………（413）

本篇结语……………………………………………………………（430）

主要参考文献………………………………………………………（438）

后 记………………………………………………………………（450）

前　言

无论海内、海外，"潮州人"在华人圈里都是一个响当当的名头。

"潮州人"，它既可指称古时广东省潮州府或特指当今广东省潮州市辖区内的居民、族群，也是古往今来定居于海外各国、港澳台地区的粤东潮语方言群移民及其后裔的自称。[①] 在民族学分类中，潮州人（又称"潮汕人"）即"潮州民系"（又称"潮汕民系"）。作为汉民族大家庭中的一支重要民系，潮州民系在广东是与广府民系、客家民系并列的三大族群之一，除世代聚居于粤东本土外，还开枝散叶于省内外、港澳台地区和海外各国，他们都是潮州民系的血脉分支。

因背山面海、拥有舟楫之便，潮州人从事海上贸易、海外移民活动具有悠久的历史，有历史文献记载的也可上溯至隋唐，但大规模出洋侨居则始于清代早期。乾隆年间开放的中暹大米贸易，掀起了潮州先民由樟林港搭乘粤籍帆船——"红头船"移居暹罗的浪潮。1860年潮州府澄海县汕头港开埠后，更多的潮州人借助于火轮船的便捷自行前往南洋各地谋生，同时伴随着大量被掠往南洋、美洲殖民地做猪仔的华工。而在20世纪70年代之后，部分东南亚的潮州人又以印支难民的身份散居欧美澳。一般估计，目前海外潮州人为数多达1000余万，约与潮汕本土人口相当，他们大多分布于东南亚的泰国、马来西亚、新加坡、印尼和柬埔寨、越南、老挝，少数分布于美、加、

[①] 清代以来，除潮州市外，今汕头市、揭阳市全境和汕尾市、梅州市部分属县皆为潮州府管辖地域，海外移民众多，故沿袭"潮州人"称呼至今。历史上，潮州府管辖县一直是处于动态之中，明中后期至清末大体包括现潮州市、汕头市、揭阳市以及梅州市所属之大埔、丰顺，现汕尾市所属之海丰、陆丰两县；只是到了中华民国、新中国以后，才归属潮循道和潮汕临时专署、汕头专区等机构管辖。

前　言

法、英、澳、新等西方国家，以及厄瓜多尔等世界各地。尤其是移居泰国、柬埔寨、老挝和新加坡、马来西亚、越南的潮州人，他们分别居于当地华人社会首要族群或主要族群的地位，对所在国经济社会发展发挥了举足轻重的作用，为海外潮州人赢得了崇高地位和无上荣耀。探讨东南亚潮州人族群及其迁移史，是海外华人和潮学研究不可分割的组成部分，具有极其重要的学术价值。

不仅如此，历史上，东南亚潮州人族群还与潮汕地区的经济社会发展息息相关，反哺、型塑了近现代的潮汕侨乡文化，也是当代潮汕侨乡经济社会发展的宝贵资源。研究和宣传东南亚潮州人族群移民、拼搏、创业、发展的历史和现状，有助于增进海内外潮州人族群的相互了解，密切彼此的经贸往来，共同传承和弘扬中华文化的优秀传统，为本土潮州人及东南亚潮州人社群的振兴增添助力。

有鉴于此，笔者近年来十分重视关于海外潮州人生存发展及其与中国原乡互动关系的研究，陆续发表、出版了一批论文、专著，并提交了数篇调研报告。2018 年 10 月，潮州市委宣传部委托韩山师范学院承担"海外潮州人族群及迁移史研究"项目，并确定由笔者——潮学研究院研究员黄晓坚、特聘研究员杨锡铭两人共同主持本项目研究，希望尽快提交研究成果。经斟酌，笔者采纳了韩山师范学院原校长林伦伦教授的建议，暂将海外潮州人的研究范围缩小为东南亚地区，先出东南亚篇；欧洲、美洲和澳洲的潮州人再移民族群，则留待今后另觅时机进行专门研究。研究时限定为两年，争取在吸收已有学术成果的基础上，通过补充必要的海外田野调查，使东南亚潮州人的资讯更加丰满、生动和具有现实感。

从既往学术史看，国内关于东南亚潮州人的研究，最早可以追溯到 20 世纪 20—30 年代。这一时期许多关于海外华侨特别是东南亚华侨的学术专著，都不乏海外潮州人及潮汕侨乡的论述。特别是李长傅的《中国殖民史》[①] 和陈达的《南洋华侨与闽粤社会》[②]，前者专门介绍了潮州人张琏、林道乾、林凤"殖民"旧港、大泥、吕宋的事迹；

---

① 商务印书馆 1937 年版。
② 商务印书馆 1939 年版。

后者选取澄海樟林社区，对当地与海外移民的联系及影响进行了系统深入的社会学考察，均可谓是海外潮州人和潮汕侨乡研究的重要开创者。改革开放以来，国内学术界对海外潮州人的研究逐渐增多，出现了不少有价值的研究成果。论文方面，有黄挺的《移民与潮汕和东南亚的文化交流》[①]，冷东的《东南亚海外潮人移民形态的演变轨迹》[②]，黄小坚的《一叶知秋——从澄海市侨情变化看潮汕侨乡的蜕化》[③]，王绵长的《泰国华商：开创南北行及其对香港转口贸易的贡献》[④]，陈蕊的《关于侨乡优势的思考——广东潮州大吴村旅外乡亲捐资公益事业调研报告》[⑤]，黄晓坚的《广东潮汕地区海外移民形态的新变化》[⑥]、《海上丝绸之路与华侨华人——基于潮汕侨乡及海外潮人的历史考察》[⑦] 等。专著方面，则有冷东的《东南亚海外潮人研究》[⑧]，该书作为全国哲学社会科学研究"九八"规划项目成果和东南亚潮人研究的开山之作，体系完整、论述翔实，具有较高的理论造诣和独到的观察视角，但对东南亚潮人与潮汕原乡的关系，着墨略显不足。此外，杨锡铭所著《海外潮人史话》[⑨]，王本尊所著《海外华侨华人与潮汕侨乡的发展》[⑩]，以及黄挺、陈利江所著《潮州商帮》[⑪]、《十六世纪以来潮汕的宗族与社会》[⑫])、《中国与重洋：潮汕简史》[⑬] 等的部分章节，也对东南亚潮州人做了不同程度的研究。2016年面世的李宏新所著《潮汕华侨史》[⑭]，可谓比较系统的海外潮汕华侨史著述，但该

---

① 《海交史研究》1998年第1期。
② 《广东史志》1998年第3期。
③ 《第四届世界海外华人国际学术研讨会论文集》，2001年4月。
④ 《汕头大学学报》（人文社会科学版）2003年第1期。
⑤ 《华侨华人历史研究》2005年第4期。
⑥ 《华侨华人历史研究》2013年第1期。
⑦ 《新视野》2015年第3期。
⑧ 中国华侨出版社1999年版。
⑨ 中国文史出版社2009年版。
⑩ 中国华侨出版社2000年版。
⑪ 暨南大学出版社2011年版。
⑫ 暨南大学出版社2015年版。
⑬ 生活·读书·新知三联书店2017年版。
⑭ 暨南大学出版社2016年版。

书研究范围止于1949年,也缺乏对海内外潮州人族群互动关系的系统考察。此外,潮汕地区有关机构还出版了一批关于海外潮州人的资料或著述,如《汕头文史》第八辑[①],杨群熙所著《华侨与近代潮汕经济》[②]。潮汕历史文化研究中心组织编写、出版的《潮汕文库》也有不少涉侨著作,如王炜中、杨群熙、陈骅所著《潮汕侨批简史》[③]以及海外潮人系列的《潮人在××》国别系列成果。调研报告方面,黄晓坚撰写的《传统侨乡侨务资源可持续发展研究——以潮汕侨乡为视角》[④]、《潮汕侨乡与海外潮人的文化互动》[⑤],则从侨乡的视野深入探讨了海外潮州人与潮汕原乡的关系及其变化发展趋势。

海外华人学者关于海外潮州人的研究,也颇为引入瞩目。如新加坡潘醒农所著一系列关于潮侨南下发展历史的文章,从不同方面真实、详细地记叙了近百年潮侨先辈在新马地区开拓创业的历程和为发展当地经济、文化所做出的贡献,近年来编辑成书——《潮侨溯源集》[⑥],资料殊为宝贵。当代海外潮州人学者如新加坡李志贤所著《海外潮人的移民经验》[⑦],马来西亚郑良树所著《潮人拓殖柔佛原始资料汇编》[⑧],陈剑虹编撰《槟榔屿潮州人史纲》[⑨],雪隆潮州会馆所编《海滨潮乡　雪隆潮人研究》[⑩],泰国洪林、黎道纲所著《泰国华侨华人研究》[⑪],亦对所在国别潮州人族群的历史和现状多有涉猎。总体而言,上述这些成果都对东南亚潮州人族群做了大量研究,但它们多局限于民国以前海外移民和国别潮人史,或为普及性通俗读本,至今尚未见到兼顾历史与现状、国外与原乡的关于海外潮州人族群的宏

---

① 汕头市文史资料委员会编,1990年。
② 汕头大学出版社1997年版。
③ 公元出版有限公司2007年版。
④ 国务院侨办课题成果,2013年。
⑤ 中国侨联课题成果,2013年。
⑥ 金城出版社2014年版。
⑦ 八方文化企业公司2003年版。
⑧ 南方学院华人族群与文化研究中心2003年版。
⑨ 槟榔屿潮州会馆2010年版。
⑩ 雪隆潮州会馆2015年版。
⑪ 香港社会科学出版社2006年版。

观性著述，特别是缺乏立足于潮州本位的关于海外潮州人族群的综合性著作，相关研究仍有很大的拓展空间。

有鉴于此，笔者试图在前人成果的基础上，结合自身的研究积累，就东南亚潮州人族群及其迁移史进行兼顾学术与普及、历史与现状的描述。书稿取名为《东南亚潮州人研究》。

全书分为上篇、中篇和下篇三大部分。上篇"潮州人的海外迁徙"，以纵向的视角，概述自汉代以来潮州人族群海外迁移史；中篇"东南亚的潮州人社会"，以横向的视野，重点反映潮州人族群在东南亚生存、发展史；下篇"东南亚潮州人与潮汕侨乡"，则以专题的形式，探讨东南亚潮州人族群与潮汕侨乡之间的各方面互动关系。上篇及下篇第一、四、五章由黄晓坚执笔，中篇及下篇第二、三章由杨锡铭执笔，黄晓坚负责统稿。考虑到上、中、下篇分别采用年代、国别、专题的体例，各篇内容既相对独立、又相互印证，加以两位撰稿人行文殊异在所难免，因此对于有些重复的史实叙述没有强行合并，文体风格亦不强求一致。

需要特别说明的是，本书述及的"潮州"，并非严格局限于当代行政区域意义上的广东省潮州市一隅，而是依各个历史时期"潮州"疆域的变迁，对所述史事范围加以取舍。例如，蕉岭原称镇平，属潮州，雍正十一年（1733）置嘉应州后归其所辖。罗芳伯出生于乾隆三年（1738），属于嘉应州人，故笔者没有将罗芳伯及其兰芳共和国纳入研究的视野。鉴于中国古代、近代封建王朝时期粤东多隶属潮州地域范围，只是在现当代中华民国、中华人民共和国时期潮州行政区域变化、萎缩较大，特别是1991年汕头市拆分为三个地级市后，潮州市与汕头市、揭阳市在粤东潮汕地区方呈三足鼎立之势，书中所述史事的聚焦点在不同时期相应有所侧重，即民国以前为"大潮州"视野，新中国以后则有所局限。此外，港澳台地区本属于"海内"，不归于"海外"的范畴，但考虑到港澳台地区在回归祖国之前，一般上均将其视作海外地区，且当地潮州人与东南亚和潮汕原乡的关系十分密切，笔者也将其纳入研究的视野，作适当的反映。

拙著由黄晓坚和杨锡铭合作撰写。前者曾在中国侨联任职，长期

前言

从事华侨华人研究及相关工作；后者曾出任中国驻泰国大使馆二等秘书、侨务领事和潮州市侨办、侨联领导岗位，长期从事领事保护、外事侨务和侨联群团工作。从20世纪90年代起，二人均各自多次前往东南亚调研、开展海外潮人和华侨华人研究，积累了不少资料，发表（出版）了一批成果。自启动本课题研究以来，笔者着重对改革开放以来潮州海外新移民予以特别的关注，并于2019年夏联袂专程远赴缅甸、柬埔寨和菲律宾进行田野考察，得到众多海外潮州人、潮籍社团的鼎力支持，增补了大量宝贵的第一手资料；在此基础上，有针对性地对相关问题进行了研究和充实，因而极大地丰富了本书的内容。相信读者在阅读了本书的相关章节后，不仅能对海外潮州人族群的移民、生存和发展状况有基本的了解，还有助于就当代潮州社会与海外潮州人族群的关系作更加理性、深入的思考。

是为序。

韩山师范学院潮学研究院研究员　　黄晓坚
韩山师范学院潮学研究院特聘研究员　杨锡铭
2020年12月15日

上篇

潮州人的海外迁徙

本篇以时间为轴，纵向概述潮州人族群移民东南亚的历史。

潮州人向海外迁移，可谓源远流长，历史上曾出现过多次移民高潮。按历史年代、群体构成及移民方式，移民类型大致上可分为宋元以前的住番海商、明代的集团性海外移民、清代中期以前的自由移民、鸦片战争后的劳工移民、民国年间的避难移民、新中国时期的新移民，他们的迁移目的地主要为东南亚地区。这六种移民具有各自的时代背景、迥异的移民主体和不同的迁移路径，既是潮州原乡社会发展的产物，更与东南亚的区域历史进程息息相关。

本篇参照潮州华侨历史的特点，分为"移民溯源""樟林扬帆""汕头开埠""避乱趋利"四章，分别论述早期过番的潮州人、清代红头船贸易与潮州自由移民、晚清猪仔贸易和潮州对外移民潮、民国以来社会动荡和政治变革中的潮汕移民。

第 一 章

移民溯源：早期过番的潮州人

自远古以来，潮州先民就有泛海谋生、经商的传统，与东南亚地区有着千丝万缕的联系。尤其是秦汉以降，随着封建统治者对岭南、中南半岛及南洋地区的经略，中外航线的开辟和东扩，潮州逐渐成为海上丝绸之路上的一个重要贸易节点和移民输出地。与之相联系，潮州侨民先驱亦可上溯到隋唐两宋时期住番贸易的海商，宋元之际流落海外的政治难民，以及明代武装海商集团的迁移拓殖。

第一节 地理环境与海上交通

潮州僻处广东东部的南海之滨，远离中国政治文化中心，自谑为"省尾国脚"。这里海岸曲折蜿蜒、岛礁星罗棋布，自古以来，当地先民就向海洋讨生活，并借助于便捷的海上通道与东南亚地区发生了联系。

一 地理环境

"潮州"地名始于隋朝末年的开皇十一年（591），其辖境范围大约相当于秦、汉、三国时期所设揭阳县（属南海郡），东晋的东官郡、义安郡，隋代的潮州（包括程乡县）、义安郡，唐代的潮州、潮阳郡，宋代的潮州（包括程乡县），元代的潮州路（包括梅州），明代的潮州府（包括梅州或程乡县），清代的潮州府，以及中华民国时期的潮循道、东江行政区、广东省第五行政督察区等。

值得注意的是，明清两代的潮州府，其下辖的县邑变动较大。明崇祯六年（1633），潮州府共辖海阳、潮阳、揭阳、程乡、饶平、惠来、澄海、普宁、大埔、平远、镇平11县，另在南澳岛设有总兵府。清雍正十一年（1733），原潮州府下辖的程乡、平远、镇平3县与兴宁、长乐2县划归另设的嘉应州管辖，潮州府共辖8县，即海阳（今潮州市潮安、湘桥2区）、揭阳（今揭阳市榕城、揭东、揭西2区1县）、潮阳（今汕头市潮阳、潮南、濠江3区）、澄海（今汕头市澄海、金平、龙湖3区）、普宁（今揭阳市管辖之普宁市）、惠来（今揭阳市惠来县）、饶平（今潮州市饶平县）和大埔（今梅州市大埔县）八县（通称"潮州八邑"①）。清乾隆三年（1738），建丰顺县，潮州府共辖9县。

古时的潮州包括粤东的大部分地区，与福建接壤。其西北面是绵延险峻的莲花山脉，东北面是云雾缭绕的凤凰山区，韩江、榕江、练江以及黄冈河、龙江这五条溪水从山中蜿蜒流淌出来，贯穿几块小小的冲积平原后分流汇入中国南海。

韩江是仅次于珠江的广东省第二大河，也是粤东地区最大的河流。其上游分为汀江和梅江两条支流。汀江发源于福建省长汀县和宁化县交界处，经长汀、上杭、永定，逶迤南来，进入广东境内。梅江发源于广东省紫金县，经五华、兴宁、梅州，在大埔三河坝与汀江汇合后形成韩江。韩江从崇山峻岭中奔流而出，在潮州城外分为北溪、东溪、西溪、梅溪和新津河数道支流，呈扇形状出海。

榕江为粤东地区的第二大河流，发源于陆丰百花园，由揭西入普宁、过揭阳，于汕头港出海。

练江发源于普宁大南山，经潮阳，由海门湾入海。

此外，黄冈河发源于饶平北部山区，由北而南，到黄冈城后分两支入海。龙江发源于普宁峨嵋嶂北麓，经陆丰、惠来流入龙江平原，

---

① 近现代的"潮州八邑"，有时亦指潮安、澄海、潮阳、揭阳、饶平、普宁、惠来、南澳八个县。正式成立于1929年的新加坡潮州八邑会馆，其成员即由此八县潮州人组成。据潮州志，明清、民国时期，潮州、潮循道除领有上述八县外，还领有大埔县（明嘉靖年间建县）、南澳县（1912年建县）。海外潮州会馆，以参与其中的县数多少分别有"六邑""八邑"甚至有过"十邑"之名。大埔为纯客县，大多靠扰客属；南澳建县历史不长、县域及人口较少，故多称为潮州八邑。

由神泉港出海。

这种背山面海、僻处一隅的独特地理环境,使得潮州自古以来就疏离于中央甚至省会的政治中心,海洋在潮州人的生活中占有特殊的重要地位,并与海外世界发生了紧密的联系。

二 潮州先民与海上交通

潮州东向隔海与台湾岛、吕宋群岛相望,西南方向经海南岛、沿中南半岛南行即可到达东南亚各地。这种天然的地理环境,为当地居民开展海洋活动提供了便利的条件。

诚然,早期潮州海外移民的出现,是与海上交通工具的进步和海上商业贸易的活跃相联系的。

众所周知,早在汉代张骞出使西域、开辟陆上丝绸之路之前,中国即已与周边国家和地区发生海上交通和人员、商贸交往,并留下"箕子入朝"(殷商遗臣箕子率商民迁居朝鲜为王)、"徐福东渡"(秦朝方士徐福率童男童女东渡日本及美洲不归)等诸多美丽传说,产生了海外移民。实际上,太平洋岛屿土著传说[1]以及中国诸多考古发现(如浙江余姚河姆渡文化遗址,广东潮安陈桥文化遗址和福建金门、平潭的"大垄坑·富国墩文化"遗址,粤东、闽南的"浮滨文化"遗址等)均显示,中国东南沿海史前文化与环太平洋文化圈似乎有着某种联系,存在着亚洲原始人类从中国南部逐渐迁往东南亚和澳洲的可能海上路径。[2] 借助于规律性的季风和海流,从华南沿海乘坐独木舟就能漂流到南太平洋诸岛,每年可以往返一次。它表明,商末、秦代发生的集团性海外移民并非孤立的事件,也绝非中国海外移民的最早起源。

在广东沿海,先秦时期先后生活着不少越(粤)人的族群。他们善于舟楫与航海,海洋活动已成为其社会经济生活的一部分。根据在环珠江口地区的考古发现,广东越人的海船系用木料加工组合

---

[1] 黄晓坚、陈俊华、杨姝、陈海忠:《从森林中走来——马来西亚美里华人口述历史》,广东人民出版社2014年版,序二。

[2] 李庆新:《海上丝绸之路》,黄山书社2016年版,第16—21页。

而成，已能使用原始的桅和帆，利用风力推动船只航行，这显然比河姆渡文化遗址及台湾、太平洋岛屿发现的原始独木舟有了很大的改进。此外，石锚和石网坠的大量发现，说明先秦时期广东越人不仅解决了海上停船的技术问题，还在海洋捕捞生产方面具有相当的能力。

潮州人作为汉民族的一个重要分支，是在漫长的历史发展进程中逐渐形成的。在这片土地上，除了上述越族外，还生活着畲族、俚人、僚人等不同的土著民族。这些民族随着年代的变迁，有的消亡不见或已迁徙他处，有的繁衍至今或与汉族融合，成为现代意义上的潮州人。

中原汉族人民移居广东的历史，始于秦朝。秦始皇曾发50万大军征伐、戍守南越，并迁徙中原罪徒到岭南与越人杂居，《史记》对此有明确记载。西汉末年王莽篡政，天下大乱，大批中原士大夫、官宦世族南迁岭南避难。西晋永嘉之乱，中原人民大量南迁，形成了汉族人口大量南迁、涌入赣闽的第一次高潮。唐末、宋末，因黄巢起兵、蒙古南侵，原先已经迁至福建莆田、泉州、漳州一带的山西、河南等地中原移民，再次南迁至潮州一带。在地域狭窄、远离政治中心的特殊环境里，来自不同民族、拥有不同血缘的人们互相融合、长期共存，逐渐形成了使用独特汉语方言，具有独特经济生活方式、文化认同意识和社会风俗习惯的民系——潮州人，并有别于周边的闽南人、客家人和广府人。

值得注意的是，在粤东潮州，潮州人并非唯一的族群，而是与同样来自中原地区的另一个汉人族群——客家人比邻而居、互为杂处。这两个民系虽然都来自中原，但迁徙时间和迁徙路径却截然不同。从时间上来说，客家人虽然从西晋永嘉年间就已从黄河流域渡过长江，但迟至唐末、宋末才大批到达闽、赣等地，之后再进入粤东、粤北，而当时的潮州人（"福佬"）却已入主潮州多年，占据了平原沃土，因此客家人只能止步于粤东的北部山区垦荒辟田，在相对恶劣的自然环境中谋生。从路径上看，客家人主要从赣南、闽西山区向粤东北部山区迁移，而潮州人则主要从福建沿海南移。这样，就造成二者在地域分布上的特点：客家人主要分布在内陆、山区，潮州人主要聚居于沿海、平原。不过，在此后长期的和平共处和辗转迁徙中，这两大族群在潮梅各地互为杂处，最终形成水乳交融的局面。即以历史上公认为潮州区域的粤东各县来说，只有大埔为纯客家县，澄海为纯福佬县，所谓"大埔无福（潮），澄海无客"；其他县邑均为潮客混杂，甚至还有通用潮客两种方言的区域。如分布在韩江中游和丰顺、揭西、饶平等县的客家人，往往既讲客家语、又说潮州话，因此被称为"半山客"。

无论如何，随着潮州人和客家人的陆续到来，他们的后裔与当地土著后裔通婚、融合，使得粤东潮汕地区的文明程度得到了很大的提升。潮州人、客家人不仅带来了先进的生产工具、生产技能和中原文化，还带来了勤劳刻苦的优秀品德和勇于开拓的创新精神，为粤东社会的历史发展注入了强大的动力。

难能可贵的是，定居于粤东地区的潮州人、客家人并未就此止步不前。隋唐、宋元时期，不少潮州海商远涉重洋"住番"贸易，还有大量潮州政治难民流落到东南亚顽强生存；明、清两代，先有潮州海上贸易武装集团性移民拓殖东南亚，后有潮州商民借助于红头船贸易持续进行大规模的自由移民；清末、民国以还，面对国内政治变革、社会动荡和经济凋敝，仍然有不少潮州人辗转前往东南亚乃至全世界谋生，演绎了潮州先民坚忍不拔、开拓进取的创业精神和人生传奇。他们无论身处何方，都顽强地保持着潮州人特有的语言文化和生活习俗，继承了潮州人卓越的经商才能和文化特质，具有强烈的群体认同意识，与故土原乡维系着千丝万缕的联系。

第二节　海上丝绸之路与潮州海商住番

众多当代潮汕地区考古发现及中国古籍文献记载均表明，潮州的海上交通、商贸活动源远流长，其海外短期侨居现象自汉唐时期开辟海上丝绸之路后即已零星自发出现，而在宋元时期有了进一步的发展。

一 海上丝绸之路的开通

秦汉时期，岭南和中南半岛东海岸的许多地方被纳入中国封建王朝的疆域版图，中外海上交通渐次开辟，形成了沟通中外贸易的海上丝绸之路。其缘起大致如下：

始皇帝二十八年（前219），秦始皇派使尉屠睢为主将、赵佗为副将，率领五十万大军南攻岭南百越，戍五岭。三十三年（前214），在番禺（今广州）设南海郡（下辖揭阳等六县），以任嚣为郡尉。秦末大乱、任嚣病亡后，赵佗绝道聚兵自守，并起兵兼并了桂林郡和象郡，于公元前204年建立起以番禺为王都、东西数千里的南越国，自称"南越武王"，揭阳县属南越。从此，粤东开始有了行政建制。

南越国于元鼎六年（前111）为汉武帝所灭，揭阳县归属南海郡。同年年底，揭阳县令史定（当地土著人）闻汉兵至，即降汉，被封为安道侯，仍任揭阳县令。

此后，汉朝封建统治者进一步打通了与海外国家的贸易关系，形成一条连接东南亚和南亚诸国、通往印度的海上交通航线。《汉书·地理志》记载：

> 自日南障塞，徐闻、合浦船行可五月，有都元国；又船行可四月，有邑卢没国；又船行可二十余日，有谌离国；步行可十余日，有夫甘都卢国。自夫甘都卢国，船行可二月余，有黄支国，民俗略与珠崖相类，其州广大户口多，多异物，自武帝以来皆献见。有译长属黄门，与应募者俱入海，市明珠、璧流离、奇石异物，赍黄金杂缯而往，所至国皆禀食为耦，蛮夷贾船，转送致之。亦利交易，剽杀人。又苦逢风波溺死，不者数年来还。大珠至围二寸以下。平帝元始中，王莽辅政，欲耀威德，厚遗黄支王，令遣使献生犀牛。自黄支船行可八月，到皮宗；船行可二月，到日南、象林界云。黄支之南有已程不国，汉之译使自此还矣。

上述记载表明，自西汉起，因日南郡交通阻隔，中国官商即已携带黄金丝绸出南洋贸易,购回珍宝,开通中国至印度的海上丝绸之路。这条航线的大致走向是:由今广东徐闻、广西合浦起始,沿中南半岛、暹罗湾、马来半岛、苏门答腊岛、马六甲海峡、印度洋到达印度东南海岸和斯里兰卡,然后折返。在此后的两三百年间,由于中国丝绸的欧亚贸易一直为波斯人所操纵,中国与罗马帝国(即"大秦")的海上交通仍然只是间接的、断续的;直到公元162—165年罗马人征服安息、控制波斯湾后,这条海上丝绸之路才由印度延伸到了罗马。

随着海上丝绸之路的开通,粤东地区与海洋世界的联系也进入一个全新的历史阶段。

二 海丝东拓与潮州支点的形成

海上丝绸之路在东晋至隋唐时期有了进一步的拓展,其重要标志,便是海外联系区域的扩大和中国外贸港口的增多。《隋书》记载:"流求国,居海岛之中,当建安郡东,水行五日而至。"大业六年(公元610年),隋炀帝"遣武贲郎将陈稜、朝请大夫张镇州,率兵自义安浮海击之。……初,稜将南方诸国人从军,有昆仑人颇解其语,遣人慰谕之,流求不从,拒逆官军。稜击走之,进至其都,频战皆败,焚其宫室,虏其男女数千人,载军实而还。"[①]

上述"流求国",据考并非琉球(今日本冲绳),实为台湾。隋代的义安郡,其地域大致包括现在的粤东潮汕地区与闽南漳州西部。陈稜带兵攻打流求国,不从距离流求国最近的建安郡(治所在今福州)的港口渡海,而是舍近求远、绕道义安郡出征,或许系因考虑航路顺风顺流之故,抑或义安当地有海商熟谙通流求之道、充任官军向导?考虑到《隋书·陈稜传》上曾记叙,当陈稜的舰队抵达流求后,流求人误以为其是商船都跑来交易,可见此前应有大陆船队抵达流求贸易,他们来自义安郡亦未可知。

无论如何,义安郡在隋代已有港口及通往台湾的海上交通线,当毋庸置疑。

---

① 《隋书》卷八一《东夷传·流求国》。

唐代，苏门答腊岛东南海岸兴起了室利佛逝（即"三佛齐"）王国，它以旧港（今印尼巨港）为中心，成为中西海上贸易的重要商品集散地。与此同时，随着阿拉伯帝国在西亚的崛起，臣服阿拉伯帝国的波斯人亦不时驾驶帆船成群结队地远航中国，由此促进了海上丝绸之路的繁荣。广州、泉州、明州和扬州，成为唐代中国的四大对外贸易港口，盛极一时。潮州位于广州至泉州之间，为海上交通的重要支点，因之也得以跻身丝路、参与到中国与海外的贸易中来。

潮州地区虽僻处粤东一隅，但依山傍水、河海相通，自古以来便占有舟楫之利，民众的海上交通和贸易活动可以追溯到远古和西汉时期。六朝以后，中国外销陶瓷不断增多；到了唐代，瓷器已俨然成为海上丝绸之路上仅次于丝绸的大宗出口商品，远销东南亚、印度、阿拉伯和东非地区，其中就包括潮州北关窑、南关窑和梅县水车窑瓷器，以及湖南、浙江所产青瓷和白瓷，南海、新会官冲、三水、广州西村、廉江、遂溪等窑口生产的外销瓷。

据考古发掘，潮州窑创烧于梅县水车窑，至州城出现南关窑和北关窑时进入成熟期，陶瓷生产在唐代以后着实有了很大的发展。潮州城北郊北关窑古窑址的窑上埔、北堤头窑场，南郊南关窑古窑址的洪厝埔、竹园墩窑场，都曾发现唐代瓷窑。其中，窑上埔的唐代窑址平面为半椭圆马蹄形，保存的结构比较完整，有窑床、窑后壁和烟道等部分；出土器物主要有碗、碟、罐、壶、杯、盆、枕、坛等，多为平底器，施釉多数不及底部，釉色则有青釉、青黄釉和酱褐色釉三种。北堤头窑址与窑上埔窑址类型相似，但其装置碗碟的匣钵为平底圆筒形，在唐窑中并不多见。洪厝埔窑址的唐代遗物相当丰富，有碗、碟、杯、缸、盒等瓷器，施釉多不及底，釉色为青色。① 可以肯定的是，唐代潮州窑出产的瓷器已有出口外销。如泰国发现的一种"青釉碗"，其碗口作葵瓣形，碗内壁起四棱，碗底圈足为实底，器边有四块渣饼垫烧的痕迹，与汕头市博物馆收藏的潮州北郊窑上埔出土的唐代"青釉碗"完全一样，证

---

① 陈历明主编：《潮汕文物志》，汕头市文物管理委员会办公室1985年编印，第68—69页。转引自北京艺术博物馆编（李炳炎主编）《中国潮州窑》，中国华侨出版社2015年版，第2—5页。

明唐代潮州窑的瓷器确已外销至南洋一带。①

除了陶瓷，纺织品如丝绸、葛布、麻布和蕉布也是唐代潮州的特产，其中蕉布还是潮州的贡品，它们都是当时潮州的大宗外销产品。韩愈在其潮州任上所作的《潮州祭神文五首》中，就有关于为"农夫桑妇"祈雨的词句："稻既穗矣，而雨不得熟以获也；蚕起且眠矣，而雨不得老以簇也。岁且尽矣，稻不可以复种，而蚕不可以复育也。农夫桑妇，将无以应赋税继衣食也。"《新唐书·地理》及清代后人编纂的志书、著述中，也均有述及。②

潮州商品的外销，是建立在当地完备的港口条件和较高的造船技术基础之上的。

在唐代，潮州的主要港口先后有潮州港和凤岭港。据研究，潮州港位于潮州（天宝元年至乾元元年，即公元742年至758年，潮州改称潮阳郡）海阳县，深入州治，当时其主要出海通道为韩江支流潮州溪和彩塘溪（今不存在），后因发生地理变化和航道淤塞，至晚唐时逐渐废弃。清雍正四、五年间，潮州城内东堤（今潮州市区东平路）某古井在修浚中，于井内土深处发现白沙、黑土、大海船桅并绳索等物，足见该处曾有海船停泊。③ 而不远处的池湖村，也相传有通航安南（越南）的码头，曾建有"安南庙"，并形成村落"安南庙村"，至今还保留着"安南渡口"的地名，则可知此处当为潮州港的一部分，当时的海运已可通达安南。④ 凤岭港位于潮州东、西溪之间江东洲下游的横陇洲（彼时尚未淤积成陆地），在潮州港于晚唐遭逐渐废弃之时，遂逐渐取而代之，至五代、北宋之时已俨然成为潮州最繁华的外贸大港。凤岭又称凤鸣冈、凤冈，后改称程洋冈，今澄海莲下镇程洋冈村即是当年凤岭港岸的市集，称"永兴街"。20世纪30年代

---

① 广东省博物馆：《广东唐宋窑址出土文物》，香港大学冯平山博物馆，1985年，第11页。
② 参见（宋）欧阳修、宋祁《新唐书》，中华书局1975年版，第1095—1115页；（清）周硕勋纂修：《潮州府志》，潮州市地方志办公室、潮州市档案馆，2001年，第982页；（清）屈大均：《广东新语》卷十五《货语·葛布》，中华书局1985年版，第423、425页。
③ （清）郑昌时著，吴二持校注：《韩江闻见录》，上海古籍出版社1995年版，第252页。
④ 杜经国、黄挺：《潮州古代商贸港口研究》，载潮汕历史文化研究中心、汕头大学潮汕文化研究中心编《潮学研究》（第一辑），汕头大学出版社1994年版，第53—58页。

后，凤岭港址一带曾多处出土宋代海船的桅杆、大锚、船板和巨缆，还出土有大量宋代瓷器和成批的唐、宋铜钱等物。至今，程洋冈村还保留着始建于唐代的凤岭宫和记载当地曾遗留刻有北宋之初"兴国丁丑"（宋太平兴国二年，即公元977年）四字石匾的碑石，可推知该港口应初兴于唐末无疑。

唐代潮州的造船技术，也独步岭南，当时潮州一带已出现可承载数百人的海船"木兰舟"。宋人周去非所著《岭外代答》"木兰舟"条，这样形容木兰舟：

> 浮南海而南，舟如巨室，帆若垂天之云，桅长数丈，一舟数百人，中积一年粮，豢豕、酿酒其中。……舟师以海上隐隐有山，辨诸番国，皆在空端，若曰往某国顺风几日，望某山舟当转行某方。或遇急风，虽未及日，已见某山，亦当改方。苟舟行太过，无方可返，飘至浅处而遇暗石，则当瓦解矣。盖其舟大载重，不忧巨浪而忧浅水也。①

唐代的木兰舟形制，由此可窥见一斑。

发达的造船技术，推动了潮州的航海贸易和对外交往，也开启了潮州人移民海外的序幕。

《岭表录异》记载，唐宣宗大中二年（848年），被罢免宰相、外放为荆南节度使的李德裕再贬为潮州司马。当他从水路来到潮州赴任、经过潮州鳄鱼滩时，部分财物遗落江中，急忙叫"舶上昆仑"去打捞。而这些海船上的"昆仑"奴看到此处鳄鱼成群出没，竟不敢下水。按"昆仑"一词，当时系泛指中南半岛及南洋诸岛各国或其国人，因其卷发黑身之故。② 由此可知，当时已有来自南洋各地的外国人在潮州居留，潮州业已通过海路与国外建立了联系。

唐长庆三年（823年），韩愈在其《送郑尚书序》一文中，这样

---

① （宋）周去非著，杨武泉校注：《〈岭外代答〉校注》，中华书局1999年版，第216—217页。
② 《旧唐书·南蛮传·林邑》有曰："自林邑以南，皆卷发黑身，通号为昆仑。"

向即将出任岭南节度使的刑部尚书兼御史大夫郑权介绍岭南（包括潮州）道：

> 隶府之州离府远者至三千里，悬隔山海，使必数月而后能至。蛮夷悍轻，易怨以变，其南州皆岸大海，多洲岛，帆风一日踔数千里，漫澜不见踪迹。……其海外杂国若耽浮罗、流求、毛人、夷亶之州，林邑、扶南、真腊、干陀利之属，东南际天地以万数。或时候风潮朝贡，蛮胡贾人舶交海中。①

从韩愈此文可知，当时岭南包括潮州的商人常在海舶上与外国商人进行交易，涉及的有"耽浮罗"（即耽罗，今韩国济州一带）、"流求"（今台湾岛）、"毛人"（今日本境内）、"夷"（今台湾）和"亶"（今日本）等岛国，以及"林邑"（今越南中部）、"扶南"（今柬埔寨内）、"真腊"（今柬埔寨内）、"干陀利"（今印尼爪哇岛西）等国家。只要社会环境稍有不利，这些彪悍的岭南"蛮夷"便会扬帆而去，消失于茫茫大海之中。他们或定居别国不再回籍，或寄寓海外择时返乡，成为海外潮州人的鼻祖。

三 潮州海外贸易的繁荣

宋元时期，海上丝绸之路空前繁荣。随着中国经济中心加速南移，东南沿海地区对外交流日渐频繁，新兴的港口如雨后春笋般涌现出来，潮州已成为这一时期东南沿海众多外贸港口链条上的重要一环。② 当时潮州的南郊、南澳、凤岭、金沙洋、鲇浦和辟望等地，都有外贸港口。南宋著名诗人杨万里在其《过金沙洋望小海》一诗中，生动地描绘了潮州金沙洋海口"贾胡船"云集、如同钱塘江口的壮观景象：

---

① （唐）韩愈撰，马其昶校注，马茂元整理：《韩昌黎文集校注》，上海古籍出版社1986年版，第283—284页。
② 北宋时，潮州海岸线在今庵埠至程洋冈、东陇一带，对外贸易口岸是凤岭港（又名岐岭港、旗岭港）。

> 海雾初开明海日，近树远山青历历。
> 忽然咫尺黑如漆，白昼如何成暝色。
> 不知一风何许来，雾开还合合还开。
> 晦明百变一弹指，特地遣人惊复喜。
> 海神无处逞神通，放出一斑夸客子。
> 须臾满眼贾胡船，万顷一碧波黏天。
> 恰似钱塘江上望，只无雨点海门山。
> 我行但作游山看，减却客愁九分半。

诚然，潮州在海上丝绸之路地位的上升，除了依靠其海上贸易传统和难以替代的航线区位优势（东西洋海上贸易中继站）、港口条件和造船技术外，其自身还具备诸多独特的优势：

第一，外贸商品种类齐全。海上丝绸之路上的大宗贸易商品，是丝绸、瓷器、茶叶以及红糖、工艺品，[①] 而所有这些商品，潮州一带均能大量供给。

即以陶瓷来说，北宋无疑是潮州窑陶瓷的黄金时代。这一时期，潮州瓷无论其产量抑或工艺水平，均傲居岭南前列。潮州窑场广泛分布于潮州城以南的韩江下游流域，主要有韩江东岸的笔架山窑、韩江西岸的附城窑和今澄海莲下程洋冈一带的港口窑。特别是笔架山窑区，规模最大，其南北逶迤长达 3 千米，民间传说有窑 99 条，窑长二丈八尺，俗称"百窑村"。新中国成立后，考古部门曾经在这一带发掘出 10 余座宋窑，其中一座残长 79.5 米（缺炉门火膛），火候可达 1250 至 1300 度，估计年烧制碗碟器皿可达 60 万件以上。20 世纪

---

① 《宋会要辑稿》记载，南宋初年通过海道进口的货物有 400 余种，而输往海外的货物则有如下几类：一是纺织品，如锦缎、绢、帛等；二是陶瓷，如青白花碗、水坛、大瓮、小罐、盆、砵、水埕等；三是金属及其制品，如铁（铁条、铁块）、铁器（鼎、锅、碗）、金银器皿、铜器（鼎、锅）等；四是各种日常用品，如漆器、草席、雨伞、针、帘子、木梳、绢扇等；五是农产品、副食品，如粮食、酒、盐、茶、糖；六是药材，如大黄、干良姜、川芎、白芷、樟脑等；此外，还有染料（朱砂）、玩具、马匹、武器等。参见陈高华、吴泰《宋元时期的海外贸易》，天津人民出版社 1984 年版，第 46、54—57 页；漆侠《宋代经济史》下册，上海人民出版社 1988 年版，第 1046—1048 页。

80年代初，潮州文物部门对笔架山古窑部分遗址进行清理时，又发掘出大量瓷器和窑具，内中有一种长颈、圆腹的瓷瓶，东南亚各地土著居民一般用它来装水或作为祭祀用品；此外，还有一些深目高鼻的洋人造像和短脚垂耳的哈巴狗造像，显然均仿自西洋形象、专为外销而作。①

再以其他畅销海外的大宗贸易商品来说，潮州地区的桑浦山盛产丝绸，凤凰山盛产茶叶，红糖也是当地的著名特产。此外，在宋代，潮州还盛产矿物制品，如锡器。这些商品都通过韩江水路汇集到凤岭港，然后通过海上丝绸之路销往世界各地。

第二，潮州已有民众移民南洋地区，其中不乏"住蕃"经年的海商。

唐宋年间，中国东南沿海从事海外贸易的商人通常于秋冬之际顺着东北季风扬帆南下，而在来年春夏之交依托西南季风返航。由于辗转贸易等因，往往需要在番流寓、"住蕃"数载，因此出现短期侨居的行商甚或"十年不归"的住贾，② 这其中大概除了广州商人外，亦当包含潮州商人。作为海外潮州人的先驱，他们无论是作为商人水手还是贡使通事，对于推介潮州商品、拓展潮州外贸的辐射地域，把潮州打造成海上丝绸之路的重要支点，无疑都起到了特殊的作用。惟迄今未见到有关潮州这方面具体、确凿的文字记载，殊以为憾。

第三节 宋元之交流落海外的潮州政治难民

宋元之际，兵燹及于潮州，流亡海外者众，政治难民成为此一时期海外潮州人的一大类型。

元初，蒙古铁骑南下，宋室流亡东南沿海，潮州人起而勤王护主，兵败后部分潮州人被迫背井离乡、流寓海外。迨至元朝统一中国

---

① 陆集源：《潮州古瓷与海上丝绸之路》，《潮州日报》2014年6月12日。
② （宋）朱彧《萍洲可谈》卷二："北人过海外，是岁不还者，谓之住蕃。诸国人至广州，是岁不归者，谓之住唐。广人举债总一倍，约舶过回偿，住蕃虽十年不归，息亦不增。"载（清）梁廷楠、（汉）杨孚等著，杨伟群校点《南越五主传及其它七种》，广东人民出版社1982年版，第100—101页。

后，元军先后在闽南、粤东发兵远征爪哇和日本，均惨遭失败，数以万计的潮州人因此流落各地，成为海外华人。

一　勤王兵败避居番国

早期潮州的海外移民，除了出洋贸易的商人外，还有改朝换代时期前朝避难的遗老遗少，这在南宋末年显得尤其突出。

至元十三年（1276）初春，蒙古人兵临临安城下，宋皇室向忽必烈送出降表和十二枚传国玉玺，并用太皇太后的名义诏令天下停止抗元。在陈宜中、陆秀夫和名将张世杰的护佑下，益王赵昰、广王赵昺仓皇南逃、遁入海中，同年五月赵昰在福州称帝、改元景炎，是为宋端宗；赵昺则改封卫王。同年十一月，赵宋小朝廷为躲避十万元兵的追击，乘舟辗转粤海，由泉州、漳州避居潮州。在此之前，陆秀夫因在朝中与陈宜中相左被罢免职，曾举家迁居澄海辟望港口（今澄海城区陆厝围）。因此，当陆秀夫北上抗元、在潮勤王后，不少潮州人亦义无反顾地忠君护国、投身于义军之中。景炎三年（1278），九岁的宋端宗突然病亡，陆秀夫与群臣复拥立卫王赵昺为帝，改元祥兴，是为宋末帝。至今，潮汕地区的桑浦山龙泉岩、南澳岛宋井和饶平海山小岛等处，都还遗留有言之凿凿的古迹和口耳相传的故事。潮州城中的义井、凤凰山上的太子洞，也属于这类传说。

宋帝驾临潮州，引来元军追袭，战火随之蔓延到潮州境内。至元十五年（1278）三月，元军进攻潮州城。潮州安抚使马发率领士兵丁壮登城抵抗，与元军相持了一个月，终因寡不敌众，城池陷落，马发殉国。潮州城破后，元兵入城大肆烧杀，致生灵涂炭、血流成河。

宋祥兴二年（1279）二月初六，元军水师大败宋军于新会崖门海上。陆秀夫在前有大海、后有追兵的绝境下，背负年仅七岁的少帝赵昺投海，宁死不降；十万宋军将士亦相率投海殉国，何其悲壮！

抗元失败的残存宋军官兵和遭遇兵燹战火的寻常百姓，作为亡国军民纷纷逃难于海外，其中当不乏潮州人。曾匡扶宋幼帝流亡于闽粤的左丞相陈宜中，崖山之战后即带了一批人前往占城，原拟迎益王，"度事不可为，遂不返"；元兵取占城，又逃亡并老死暹罗。①南宋潮州都统、饶平人张达勤王失败，部分追随他的饶平人也在此时流寓海外。②张世杰于崖山兵败后，亦率余部及百姓分乘舰舶百余艘，移居交趾、占城和真腊等处。

实际上，南宋灭亡后，"诸文武臣流离海外，或仕占城，或婿交趾，或别流远国"③，他们走时，都有部下军民同行。因此，其后元朝对缅国、占城、安南等国的征战，一方面固然出于元世祖扩大武功、臣服海外的政治抱负，另一方面，追灭南宋残余势力，无疑也是元朝频频用兵这些国家的主要原因。

二 远征失利流落海外

元朝统一中国后，蒙古统治者并未停下其征服世界的步伐。

元灭南宋后，欲承袭中国前朝朝贡体制，诏谕邻近国家遣使进贡，但都未获正面响应。1292年，元使出使爪哇信诃沙里国，却被黥面而回。元世祖忽必烈大怒，下令设置福建平海行省，由邓州旧军万户史弼，率福建行省右丞高兴、泉州府太卿亦黑迷失并为福建行中书省平章政事，于至元二十九年（1292）十二月，率领由一千艘海舟、二万余人组成的海军，带足一年的军粮，发起了入侵爪哇岛的战争。参战的士兵，则来自从潮州、闽南一带征抽的壮丁。元军从福建行省泉州后渚港出发，在今厨闽（Tuban）登陆，以史弼领水军，高兴、亦黑迷失领步军，水陆并进，于今泗水（Surabaya）会师。当时，爪哇岛上有满者伯夷、信诃沙里等几个小国。元军先是联合满者伯夷王克塔拉亚萨，攻打信诃沙里国叛将贾亚卡特望，灭信诃沙里国。满者伯夷国王克塔拉亚萨随后反戈，打退元军，并趁机统一了爪哇。元军大败，许多士卒逃往附近岛屿，流落各地与土著杂居，成为华侨。明史记载："其病卒百余，留养不归，后益善衍，故其地多华人。"④

---

① 《宋史》卷四一八，《陈宜中传》。
② 《饶平县志》第29篇，"华侨华人、港澳同胞"。
③ （元）郑思肖：《郑所南先生心史》下卷《大义略叙》，《四库全书存目丛书·集部》，齐鲁书社景印明崇祯刻本，1997年，第21册，第132页下。
④ 《明史·外国列传》，《勾兰山》。

至元十一年（1274），元军曾出兵渡海征伐日本，以失败告终。元朝统一中国后，又于至元十八年（1281）第二次向日本发起进攻。元军二十万人中，有十万为汉人。而汉军大半为新附军（收编的南宋军），其中许多亦为从潮州、闽南征抽的壮丁。由于日本作了充分的战前准备，于九州岛博德湾一带沿海滩构筑了一道坚固石墙，用以阻碍蒙古骑兵，结果元军在九龙山海滩登陆后久攻不果。迁延月余，元军人员损失已逾三分之一，粮草和箭矢告罄，复遭飓风袭击，致舰船损失惨重，只得丢下九龙山海滩上的近十万军队，狼狈撤军。是役失败后，可能有一批士兵流落海外，成为早期出洋的潮州海外移民。

第四节　明代潮州集团性海外移民

朱明一代，由唐宋时期开启的海外贸易及海商住番，因朝廷厉行海禁而遭到镇压。海禁严重影响到潮州沿海民众的生计，他们被迫铤而走险，或入海为"盗"与官府周旋，或揭竿而起与官府为敌，失利后多集团性移居东南亚地区。

一　海禁高压政策下的"海盗""乱民"及其集体迁徙

到了明代，为躲避官府打击而逃匿南洋的武装海商集团、海盗群体，成为潮州人移民海外的主要势力，并留下诸多历史传说和文献记载。

明初，为防止倭寇侵扰和沿海军阀余党、海盗的滋扰，朝廷断续厉行海禁，严令"片板不许下海""禁革双桅大船"，并将沿海船民登记为卫所军籍进行管理，仅在潮州沿海就设置了四座千户所。南澳岛的居民，被迫全部迁往潮阳海门千户所充当军户。洪武二十七年（1394）正月，朱元璋又"以海外诸国多诈，绝其往来……而沿海之人往往私下诸番贸易香货，因引蛮夷为盗，命礼部严禁绝之，违者必置之重法。凡番香番货皆不许贩鬻，其见有者，限以二月销尽"[①]。海

[①] 王圻：《续文献通考》卷三一，"市籴考"。

禁对倚赖传统对外贸易为生的东南沿海人民产生了极大影响，亦对海上丝绸之路的中西贸易造成了巨大障碍。

但是，明代以后因海禁政策导致朝贡贸易的衰落，却使得中外贸易奇货可居、有利可图，更进一步刺激了沿海民众下海一搏，到国外进行自由贸易、以牟利为目的的私人海上贸易活动遂在闽粤迅速兴盛起来。在潮州地区，民众遭遇嘉靖、隆庆年间几次飓风之灾，饿殍遍野，更迫使他们铤而走险，纷纷群聚海上从事走私贸易。成化、弘治年间（1465—1505），"闽广奸商，惯习通番，每一舶推豪右者为主"；"豪门巨室间有乘巨舰贸易海外者"，并成为走私贸易的骨干，由此也可见当时海外贸易利润之高。① 从此，中国海商的海上走私贸易渐成规模。

但是不久，潮州私人海上贸易却招致官方的镇压。如正统九年（1444）二月，有潮州府民纠集55人私自下海到爪哇贸易，其中22人滞留爪哇不归，余者回国后准备再次下海时，即被官府捕获入狱。② 成化二十年（1484）十二月，潮州府界泊有到南洋贸易的大船37艘，遭海防官军追捕，被斩者85人，活捉30余人。③

官府严厉的海禁政策，给海商生计和人身安全造成重大威胁，促使潮州海商集团采取武装手段乃至联合倭寇势力对抗朝廷和官府。嘉靖四十三年（1564），倭寇自福建流入广东，寇掠惠州、海丰等地，遇飓风，倭船自相撞击，覆溺几尽。南澳海盗巨头吴平乃将其余众收集，于是倭寇与海盗合流，纵横海宇。仅《潮州志·大事志》中记载的明代潮州盗寇倭祸及官军平寇御倭事，即有一百多宗。潮州海盗与外来倭寇相依倚，纵横闽粤沿海，肆行劫略。通观有明一代特别是嘉靖之后，潮州海盗可谓"能人"辈出：先有许栋、许朝光父子（饶平人）和林国显（饶平人）、吴平（南澳人），后有林道乾（惠来人）、诸良宝（澄海人）和林凤（饶平人），他们都是潮州府属沿江、沿海一带的人。此外，还有义军首领郑八、

---

① 周玄炜：《泾林续记》，见《涵芬楼秘籍》第八集，商务印书馆1925年版。
② 《明英宗实录》卷一一三，台北"中央"研究院历史语言研究所1967年校印本。
③ 《明宪宗实录》卷一〇二，台北"中央"研究院历史语言研究所1967年校印本。

萧晚（大埔人）、林朝曦（梅县人）、张琏（饶平人）等，他们联手海上强人，纵横于粤东、闽南各邑打家劫舍，啸聚于南洋诸岛武力抗明，势力盛极一时。

海盗猖獗，威胁到明朝政府的地方统治和海疆秩序，导致海禁律例、禁令的严格和官军的严厉镇压。嘉靖年间，明世宗即着官府"出给榜文，禁沿海居民毋得私充牙行，居积番货，以为窝主；势豪违禁大船，悉报官拆毁，以杜后患，违者一体重治"[①]。嘉靖四十四年（1565），戚继光与俞大猷联合作战，在南澳消灭了著名的吴平海盗集团，吴平"窜海外，莫知所往，党羽溃散"[②]。或说，他匿居安南（即今越南）。至今，南澳县还遗存有名为吴平寨的村落以及传说中吴平藏宝地的金银岛。

图1-1 南澳金银岛（2015年，黄晓坚摄）

其他海盗集团，也被强大的朝廷官军所镇压或被迫流落海外。如活跃于嘉靖至万历年间的海上"强人"、抗明武装集团首领林道乾，

---

① 《明世宗实录》卷一〇八，台北"中央"研究院历史语言研究所1967年校印本。
② 林大春：《上谷中丞书》，光绪《潮阳县志》卷二十《艺文上》。

率部二千活跃于南海一带与朝廷官府为敌，失利后在暹罗（今泰国）①南部属国北大年定居拓殖，被北大年苏丹招为"驸马"，委以重任，乐不思蜀；其妹林姑娘南下寻兄、劝其回国未果，乃以死相谏，至今仍留下受人进香膜拜的坟冢和美丽凄婉的传说。再如饶平海盗林凤，隆庆、万历间活动于粤闽两省沿海及澎湖、台湾、海南等地，全盛时统辖船舰三百余艘、人员四万人以上，不时与明朝军队对战；他曾率战船62艘，战士2000多名（其中有许多农民和工匠）、水手2000名、妇女儿童1500名，装载大量的农具、种子、牲畜向马尼拉扬帆进发，武力殖民吕宋。其他如聚集义军10万、联合海上武装力量与明廷为敌的"飞龙人主"张琏，失利后亦远遁南洋，据三佛齐（今苏门答腊岛），"列肆为番舶长，漳泉人多附之，犹中国市舶官"②。获益于濒临海洋的优越地理条件，潮州人民将出洋谋生作为摆脱官军剿杀的一种避难方式，海盗集团和起义乱民亦由此成为潮州海外移民的先驱。

关于明代海盗，历史上一直存在着争议。就潮州海盗来看，无论其实质和形式，都有别于杀人越货的一般海盗和倭寇。确切地说，他们是未取得国家特许的海商集团，其身份特征和行为方式处于不断的转化之中。随着形势的发展，明朝的海禁政策和海盗势力亦不断发生变化：海禁政策时张时弛，海盗集团也呈现出"亦商亦盗"的特征。明朝官员谢杰在《虔台倭纂》中指出："寇与商同是人，市通则寇转为商，市禁则商转为寇，始之禁商，后之禁寇。禁之愈严而寇愈盛。片板不许下海，艨艟巨舰反蔽江而来；寸货不许入番，子女玉帛恒满载而去……于是海滨人人皆贼，有诛之不可胜诛者。"③所以，明代海盗问题的核心，还是在于朝廷的海禁政策。

关于海禁政策的是非，早在明朝中叶即有过激烈争论。嘉靖八年（1529），提督两广侍郎林富上《请通市舶疏》，列举番舶贸易于国于

---

① "暹罗"正式国号最早出现于1856年。1939年5月23日改国号为"泰国"，1945年2月恢复"暹罗"的称呼，1949年5月11日再次改名"泰国"至今。
② 《明史·外国传·三佛齐》。
③ 见于陈子龙《明经世文编》，中华书局1962年版，卷四〇〇。

图1-2 北大年的道乾港

军、在官在民凡有四利：番舶朝贡之外抽解，足资御用；抽解之外，可充两广军饷；变卖番货，兼可调济广西；小民借番货辗转交易，可以自肥。经林富疏请，嘉靖帝准开广东海禁，而闽浙沿海仍如前禁。至万历初年，明朝政府开放海禁，采取变通的方式寓禁于征，结果"市通则寇转为商"。正如有学者所指出的："明代潮州的海盗集团，在以特有的形式和方法代表和争取潮州自身经济利益的活动内容中，不单单是掠夺和杀戮的残暴行为，也包括商品经济和海外贸易等其他要素；既体现了中国16世纪发展的趋势，也反映了潮州区域社会的梦想与哀愁。因此称其为潮州'海上盗商'更为贴切。"[①]

潮州武装海商集团的滥觞，无疑有其广泛的社会基础，也是一场当地民众争取区域社会利益的持久抗争。考虑到明代对中外朝贡贸易的限制和民间贸易的打压，以潮州武装海商集团为代表的民间对外贸易力量，对于沟通东西洋商贸和人员往来、繁荣海上丝绸之路，其重要意义同样是不言而喻的。而潮州武装海商集团将匿居南洋作为退身

---

① 冷东：《明清潮州海商与区域社会》，《东北师大学报》（哲学社会科学版）2003年第1期，第15页。

第一章 移民溯源：早期过番的潮州人

之路，化"盗"为"侨"，则为清朝海外潮商集团的出现奠定了基础。

需要指出的是，明代潮州人的海外移民，并非全是被官兵击溃而流亡南洋的武装海商集团，其中也包含一些出海商人和随船贫民。特别是在隆庆元年（1567）朝廷接受福建巡抚涂泽民奏议、在福建漳州月港开港贸易后，潮州的私人海上贸易又蓬勃开展起来，并带动了潮州的海外移民。今天潮汕地区的一些族谱，对此有较为详细的记录。例如，《龙江蔡氏家谱》①即载：

> 讳俊，字思彦，系宏鼎公次子。弘治辛酉年（1501）十月初五生。嘉靖乙卯年（1555）五月二十一日，因打舡过番，亡在夷国。

龙江蔡氏自宋末卜居辟望岭亭，明初隶属海阳县下外莆都。嘉靖四十一年（1562）澄海县建置时，辟望成为澄海县城。岭亭地处滨海，蔡氏族人有悠久的航海传统。《龙湖黄氏族谱》②亦载：

> 九世祖处士西洋公……自二十余岁往西洋经商，至六十三岁始回家。当时满载荣归，称巨富焉。故以西洋为名，示不忘也。③

龙湖在海阳县隆津都、韩江西溪西岸，在明代中叶之时已是一处著名市镇。龙湖黄氏第九世，其生活年代大致为明嘉靖、隆庆至万历年间。隆庆元年（1567）取消海禁后，朝廷在漳州月港开放海外贸易，潮州人也得以跻身其间、稍分其利，他们纷纷集资造船出海贸易，一些商民前往三佛齐、爪哇、暹罗、吕宋、渤泥等地定居。到了万历（1573—1620）以后，闽粤之交的"盗寇"之乱已趋平定，当有

---

① 该谱为1989年新抄誊印本，初修于明正统二年丁巳年（1437），其后数次续修。
② 该谱为旧抄本，无序跋，记载有潮州海阳龙湖寨黄氏世系至第十九世，其中记事终于光绪廿三年（1897）。
③ 黄挺：《中国与重洋：潮汕简史》，生活·读书·新知三联书店2017年版，第111页。

更多因出海贸易而居留海外者。

从区域经济来看，日益增多的海外潮人无疑是颇具价值的群体。潮州自唐宋开始发展起来的陶瓷制造等业，在明代以后也得以继续发展，而这在很大程度上依托于私人海上贸易的支撑。15世纪以后，葡萄牙、荷兰等国商人来华贸易，常采取预付订金、来样加工、期货贸易等方式，不仅促成东南沿海的浙江、江西、福建、广东等地形成一批颇具规模的瓷器生产地和外销集散地，并直接导致东南沿海的窑址与港口之间形成了兴衰与共的局面；同时，它也使东南沿海各窑出产的瓷器在种类变化、产品特征乃至生产、销售方式等方面都与海洋经济文化圈的异动、海外消费习俗的变迁等密切相关。① 潮州的外销产业亦不例外。而所有这些，都离不开海外潮人的向导和中介，离不开潮州海商的冒险和博弈。

二 林道乾移民北大年事迹

在明代潮州诸海上强人中，林道乾是颇富传奇色彩的一位。

关于林道乾的生平，史书记述不多，且所述互有出入，莫衷一是。根据有关史料可知，林道乾生于广东潮州府惠来县②（或说澄海人氏），出身乡村，老父务农。他年幼时家境贫苦，仅在村塾读书数年，却颇能了悟应用。及稍长，他常恃勇好斗，爱打抱不平。由于常随亲友出海捕鱼，他早年便熟习水性及航海生活。林道乾虽然读书不多，文墨尚能通达，遂被荐于惠来县令，并留衙中，充任一助理巡缉地方之胥吏。明朝嘉靖后期，官方虽厉行海禁，但沿海居民（包括林道乾家乡的乡民）仍多竞相往海外发展。林道乾未成为海寇首领之前，已与海上豪雄朋比为伍，他可能在1552年以前即已加入海寇吴平伙党。及吴平死，林道乾投靠另一海盗首领王直（《明史》亦作汪直），不但得到王直器重，且获王直部下之拥戴。王直被朝廷诱杀后，林道乾领导王直原有大部分势力，及戚继光奉命进剿倭寇，督师海

---

① 李庆新：《明代海外贸易制度》，社会科学文献出版社2007年版，第471—486页。
② 《潮州府志》卷三八《林道乾传》，见许云樵《北大年史》，新加坡南洋编译所1946年版，第112页。

疆，林道乾曾投顺戚继光，共剿倭寇。其后林道乾又重出海上，继续海寇事业，遭到朝廷追剿、招抚、再追剿后，林道乾最后逃到北大年。①

北大年位于马来半岛北部地区，古称"狼牙修"或"狼西加"，先后为扶南（今柬埔寨）和暹罗（今泰国）的属国，1474 年前后建立北大年苏丹国（中国史籍称"大泥"），信奉伊斯兰教。该国地处马来半岛东岸，无台风，有良港，在 1511 年葡萄牙人占领马六甲后，许多伊斯兰商人和中国商人都改往这里进行贸易，因此林道乾到来之前，北大年已是来往商船的重要贸易站点，或有部分潮州人侨居或流寓于此。

1578 年，林道乾初到北大年。他结交北大年苏丹，被招为驸马、委以重任，主理海港事务。他皈依伊斯兰教，融入当地。他率众致力垦殖，构筑房舍，并就河流入海处辟建海港，以便渔民出海及对外贸易，后人称之为"道乾港"。为了加强北大年的防卫力量，林道乾还负责铸造三尊黄铜大炮。惜试放之时，不幸发生炮身爆裂的意外，他当场被炸身亡。至今，北大年的迦斯村还留存有铸炮遗址，在丹绒鲁洛区则有林道乾之墓。尽管林道乾只在北大年立足了短短六年，② 但他对北大年所作出的贡献及中外文化交流的影响，却是极为深远的：

（1）林道乾与以潮州人为主体的中国移民社群，把中国较先进的生产技术及武器（包括大炮）制造技术带到了北大年。

（2）林道乾以其 30 余年的海上贸易经验，运用掌握的政治权力，在经营北大年港口方面成绩斐然，使北大年成为当时著名的商港；他以港建市，促进了北大年的建设与繁荣。

（3）北大年港的繁荣，促进了中外经济文化交流。中国的海外私人贸易商船把丝绸、瓷器、糖等物品运来进行贸易，而南洋群岛的摩鹿加、占卑、汶莱、苏门答腊、爪哇北部以及柬埔寨、印度乃至日本

---

① 吴翊麟：《暹南别录》，台北商务印书馆 1985 年版，第 203—206 页。参见刘崇汉《林道乾兄妹传奇》，载许嵘智、黄挺主编《海外移民与原乡文化》，花城出版社 2013 年版，第 322—323 页。

② 林道乾被炸身亡后，其妻于 1584 年继位为北大年女王。

的商人也把香料、纺织品等物品运到北大年及暹罗大城等其他地区，再由中国商船贩运到中国。

（4）林道乾不仅带领2000部众移民北大年，还吸引了更多的潮州同乡、闽粤民众移居北大年。在他试炮身亡后，相信有一部分潮州人从北大年移居附近的暹南地区（包括马来半岛北部地区吉兰丹一带，当时为暹罗属地），成为当地华人的先祖。

（5）林道乾与北大年王室公主繁衍的后代，更是枝繁叶茂、遍布马来半岛和印尼群岛各地。他们早已融入马来族群之中，且多数出身于权势显赫家庭，包括名字前冠有 NIK、WAN、RAJA、TUNKU 等称号者。至今，在马来西亚和印尼民间，仍流传着林道乾的家谱资料和家谱树。①

值得注意的是，在林道乾海盗集团与北大年的历史渊源与传奇叙事中，林道乾的妹妹可谓不可或缺的另一重要角色。

林道乾有一个妹妹，名慈贞，北大年当地称她为"林姑娘"。相传林道乾移民北大年后，她不忍母亲常年挂念兄长以泪洗面，毅然率领部众到海外寻找兄长。历尽千辛万苦，她终于获悉其下落，便扬帆直抵北大年。兄妹重逢后，林姑娘苦苦规劝林道乾归国，为兄的则以种种理由予以拒绝。苦劝无果，林姑娘极为恼怒，便与兄长兵戎相见，结果屡战屡败，部众几被杀光。她又羞又恨，终于吊死在一株猴枣树上。②

林姑娘自尽后，侨众感念其爱国爱家、义气可风，特集资在今迦斯村（北大年未迁埠前之地带）旧回教堂左侧修建林姑娘神墓，供人凭吊，并建祠立像奉祀。墓碑上书"明林氏姑娘神位"，右题"闽粤众弟子敬捐"，左书"董事澄海县人侄孙声荷"。后林姑娘灵迹昭著，远近驰名，香火终年不绝，善士皆奉其为"圣母"。

传说，林姑娘抵达北大年劝兄回籍无果，曾发下诅咒，致使发生

---

① 刘崇汉：《林道乾兄妹传奇》，载许嵘智、黄挺主编《海外移民与原乡文化》，花城出版社2013年版，第330—332页。另，笔者参加《广东华侨史》调研团于2017年5月在印尼邦加访问期间，亦在博物馆内亲眼见到林道乾的家谱树的展示。

② 许云樵：《林道乾造铳拍家己》，《马来亚丛谈》，新加坡青年书局2005年版，第137页；许云樵：《北大年史》，新加坡南洋编译所1946年版，第137页。

接二连三的怪事与战祸：

其一，林姑娘自尽之前，其兄长正在营建一座回教堂。她曾诅咒，无论其兄建筑技术如何高明，该教堂将永远不能完成。果然，教堂在建期间接连三次遭到雷击。林道乾恐系神明所惩戒，遂停止、放弃此工程。现迦斯村尚遗留有该未竣工的回教堂古迹。①

其二，林道乾试炮身亡，甚为蹊跷。

其三，1788年，暹罗拉玛一世御弟统军征伐北大年，北大年陷落。暹军掳走两尊大炮，其中一尊在推运时落水沉没，另一尊至今仍存放在曼谷的国防部门，号称"大泥女王"之炮。

鉴于林姑娘神灵昭著、善信众多，拉玛五世时期（1868—1910），当地华人领袖陈聚来以林姑娘神祠远离市区、膜拜不便，遂与众议，恭请其神像移奉至华人聚居区阿纳鲁街一带的祖师公祠，后改名灵慈宫，北大年民众通称其为"林姑娘庙"。② 近年来，每逢正月十五、三月初三及七月廿七，灵慈圣宫理监事会都会负责分别举办游神盛会、公祭林府姑娘圣墓及庆祝林府姑娘诞辰活动。尤其是元宵佳节的常年酬神盛会，恭请诸神出巡、降祥赐福，祈愿全年风调雨顺、生意兴隆，堪称北大年民间文化的一大盛事。届时，泰国邻近各府治如宋卡、也拉、陶公甚至曼谷、新加坡和马来西亚的善信，无论华人、泰人和马来西亚人，都会慕名到北大年去参与盛会。有幸抽到签、得以扛抬林姑娘神轿出巡市区的善信们，举凡涉水路、过火堆、跃戏台等等过程，无不如有神助，幕幕景象神奇惊险，令人难以置信：

"当林姑娘圣轿经过大港时，那儿水深约丈余，但抬轿的人虽不识水性，却若无其事地在昏迷状态下轻而易举地抬着圣轿涉水而过，而圣轿丝毫不会沾到水。如非亲眼目睹，绝不会相信。"

"一片熊熊烈火在堆积如山的火炭上燃烧着，站在五尺以外

---

① 林文影：《泰南四府之一的北大年》，载《北大年府灵慈圣宫林姑娘事迹》，北大年：灵慈圣宫理监事，第3页（出版年份不详）。

② 林文影：《泰南四府之一的北大年》，载《北大年府灵慈圣宫林姑娘事迹》，北大年：灵慈圣宫理监事，第2—4页（出版年份不详）。

的观众尚且被这堆火炭的热气烘得面红耳赤,感到难受,可是抬轿的人却若无其事地一跛一颠,从容地在火堆上赤足踏过,一遍又一遍,令观众看得目瞪口呆,替抬轿人捏一把汗。当得知抬轿人没被灼伤,观众对这种现象都啧啧称奇。"

"林姑娘等诸神游神盛会期间,会场中每年依例聘请潮剧团演出助兴。潮州戏台的高度大约到人胸部一般高,那些抬圣轿的人却轻而易举地忽而跃上戏台,忽而从戏台跃回地上,不会跌倒,每顶轿由四人抬着,就算是空手的常人,要跃上戏台尚且吃力,何况四人同时跃上戏台,之前又未经任何的训练且互不认识,的确令人无法解释。"①

撇开林姑娘是否真有灵验的咒语、酬神盛会是否真有诡异的现象不谈,林姑娘在北大年被长期神化,无疑具有引人深思的文化内涵。

首先,它表明,在北大年的潮州人群体中,存在着民族同化与民族融合的两种不同取向。林道乾皈依伊斯兰教、选择融入当地马来族群,其部众或有一同成为穆斯林者;但相信有很大一批的部众仍然保持了固有的华人宗教信仰和传统文化,没有融入回教世界。后者把林姑娘尊为地方保护神,通过彰扬神迹及举办神诞活动反映其认同选择和对保存历史记忆的坚持,而传说则成为他们代替文字的"记录工具"。从民族传统中寻找精神力量,以宗教手段来保持民族文化,不失为一种有效的方式与途径。抗拒同化者以华夏中心主义为思想基础、执着于本民族的宗教信仰,它不仅是对血缘与祖国的认同,更是对自身族裔及族群文化的认同。因此可以认为,北大年潮州人及其他族群华人把林姑娘高度神化之举,是他们在强势异文化环境中试图坚守本民族宗教观及确认华人文化身份的一种独特的展示方式。②

---

① 林文影:《泰南四府之一的北大年》,载《北大年府灵慈圣宫林姑娘事迹》,北大年:灵慈圣宫理监事,第8—10页(出版年份不详)。
② 刘崇汉:《林道乾兄妹传奇》,载许嵺智、黄挺主编《海外移民与原乡文化》,花城出版社2013年版,第328页。

其次，林姑娘神化现象还表明，潮州人族群的神明信仰风俗不仅在潮汕地区源远流长，而且很早就已经带到了东南亚，具有自我创新的能力和跨越国界的特征。诚然，这是潮州的移民历史所决定的，也是潮州民间宗教文化传统的继承。正是海外潮人文化与潮州文化的内在关联和高度相似性，使得当今潮汕侨乡与海外潮人社会的文化联系盘根错节，具有更加广泛、坚实的社会基础。

三 林凤"入侵"吕宋事件

在潮州武装海商集团的海外集体迁移中，林凤"入侵"吕宋事件尤其令人瞩目。在明代潮州集团性海外移民活动中，这也是另一起具有确凿史实的重大历史事件，影响深远。

林凤，饶平人，大海盗林国显养子（或说为其族孙），为明代潮州与林道乾同时期的著名"海盗"首领。隆庆开关时期，林凤扛起了粤东海盗的大旗。他活跃于潮州沿海，鼎盛时拥有 40000 余部众、300 余艘船舰。遭明军打击后，林凤于万历元年避往闽南沿海及澎湖列岛一带，翌年从诏安玄钟所返回潮阳接受明廷的诱降，获准屯驻河渡门。朝廷委以官职、要他解散船队。林凤信不过官府，于是又带着百余艘船泛海而去，先在海南岛及粤西香山、阳江沿海抢夺牲畜人口、劫掠商船货物，并环结水寨屯军。明军发兵追击，欲用大艚船火攻，林凤觉察后逃逸。万历二年（1574）五至十一月，林凤复东渡闽海、活跃于澎湖和台湾南部，其间曾在台澎一带与台湾土著及明军反复交战。此前，林凤尚存万余部众、船只 110 余艘；经明军追剿，已折损约半。

鉴于所部屡遭官兵追袭，难以在闽粤沿海及台澎一带立足，林凤遂率船队逃往吕宋（今菲律宾）避居。对此，国内外有不少研究，如菲律宾学者 Cesar V. Callanta 在其所著 *The Limahong Invasion*[①] 一书中，即用"东方海盗""入侵""在马尼拉被击溃""被困于林佳因"和"脱逃与消失"五个章节，详细考订了林凤集团进入吕宋的详细情况。

---

① Cesar V. Callanta," THE LIMAHONG INVASION", Printed by the Pangasinan Review Press, Dagupan City, Philippines, 1979. Revised edition 1989 published by NEW DAY PUBLISHERS.

国内学者汤开建根据万历年间福建巡抚刘尧诲《督抚疏议》卷一至卷三中有关林凤事件的九篇奏疏,撰写了《明隆万之际粤东巨盗林凤事迹详考——以刘尧诲〈督抚疏议〉中林凤史料为中心》① 一文,也较为系统地梳理了林凤事件的来龙去脉及诸多细节。综合国内历史文献记载和国内外学者的相关研究,林凤"入侵"吕宋的基本史实大致如下:

1574年11月19日,林凤率部离开台湾新港,前往吕宋岛的马尼拉。此时,他所率领的船队,拥有"大小船只62艘,陆上部队2000余人,水手2000余人,妇女1500人,共5500余人,包括各种工匠、农人及其他技术人员"②。但受风暴影响,他的船队却在11月23日飘至吕宋岛北部的伊禄古近海。他们围攻了一艘载有22名西班牙士兵及一门小青铜炮的大木船,船上的西班牙士兵被消灭,船亦被焚毁,青铜炮则成为林凤远征马尼拉的第一件战利品。林凤所部还洗劫了南伊罗戈斯省的SINAIT村庄。此事被当时驻守在伊禄古地方的西班牙军官撒示度获悉,他迅即派人向马尼拉的西班牙总督拉维撒里报告,引起了西班牙人的警觉。因此,当林凤集团继续南下攻击马尼拉时,西班牙军队已有了防备。

11月29日夜里,林凤率船队抵达马尼拉湾的科雷希多岛。他命令部将日本人庄公率领400精锐士兵登上小舟,准备进攻马尼拉。

11月30日清晨,林凤部众弃舟登岸,200名火枪手在前、200名精兵随后,向位于马尼拉地峡西北端的炮台和总督官邸进攻。激战中,守将戈蒂亦被击毙。林军过于轻敌,此时已开始纵火并欢呼胜利。但西班牙军队很快就召集驻守士兵赶到海岸,以火绳枪向林军射击,林军不敌,仓皇上船撤退。此役,林凤所部阵亡80余人,而西班牙军队只阵亡14人。林军撤退后,西督采纳了居住在马尼拉的华侨的劝告,下令连夜修建防御栅栏和工事,并在炮台上架起四门大

① 汤开建:《明隆万之际粤东巨盗林凤事迹详考——以刘尧诲〈督抚疏议〉中林凤史料为中心》,《历史研究》2012年第6期,第53页。
② Francisco de Sande, "Relation of the Filipinas Islands", in E. H. Blair and J. A. Robertson, eds., *The Philippine Islands*, 1493–1803, Cleveland, Ohio: The Arthur H. Clark Company, 1903, Vol. 4, pp. 25, 38.

炮，准备迎战可能再犯的林凤。

翌日，林凤亲率全体船队抵达马尼拉港，指挥1000—1500名部众上岸强攻，兵分三路攻城，但遭到西班牙军队的顽强抵抗和反攻，很快就败下阵来，阵亡200余人（包括作为主将的日本人庄公），而西军只死亡13人，伤数人。冲入马尼拉城的80名林军，亦全部遭到杀害，无一生还。

从这两起战斗可以看出，林军的实际指挥者为日本人，是地地道道的倭寇。其作战模式是火绳枪兵加肉搏兵，与缺乏火炮的日本战国时代的战术模式无异。而在日本将领阵亡后，林凤既然未能夺取马尼拉城，只得率部撤退，挂帆北返。

不过，林凤船队并未退回台澎，而是在傍佳施栏（Pangasinan）（古国名，今菲律宾吕宋岛西部的班诗兰省，又称蜂牙丝兰省）河口①内的林佳因（Lingayen）（即林加延、仁牙因，中文又名"玳瑁港"，现为班诗兰省首府）驻扎下来。林凤在此修筑城堡要塞，建立了一个小小的王国，并联合土番据守，以作长远之计。

林凤退据傍佳施栏，无疑成为西班牙殖民者的心头之患。翌年3月23日，西班牙总督拉维撤里即任命撒示度为司令官，由马尼拉出动西班牙人250名、土著番兵2500人，分乘59艘船只前往攻打林凤集团，3月30日清晨抵达傍佳施栏河口。在沿傍佳施栏河口上溯时，他们烧毁了林凤的35艘船只，并击杀林军100余人、捕获妇幼70余人。次日西军再攻不果，遂在附近安营扎寨，将林军困于城内。双方从此呈对峙状态。

不久，福建总督刘尧海派遣把总王望高率哨船两艘来到吕宋，与西班牙殖民者合谋消灭林凤势力。在土著首领"番酋"和西人的支持下，王望高调集5000番兵、200艘战船，向林凤大举进攻。经10天苦战，林凤集团减员严重，所余千人多为妇幼，陷入欲战无兵、欲守无粮、欲退无船的窘境，只好退回玳瑁城固守。断定林凤绝无逃脱的可能，又鉴于五月台风汛期临近，王望高遂留下周英的哨船继续协

---

① 此河现名阿格诺河，其出海口段则被称为林阿凤运河（Limahong channel）。

攻，自己则带上俘虏和西班牙传教士回国复命报捷。

出乎意料的是，在被围困好几个月后，林凤竟然还是从西土联军的眼皮子底下脱逃了。原来，林凤于被困玳瑁城期间，命所部悄悄打造了30余艘船只，并于当年8月4日率船队突然顺河而出。西班牙军队猝不及防、不敢轻举妄动，林凤一行因此得以安然入海、北上回国。不幸的是，他的船队后来却被台风追上了，损失惨重，只有极少的船只得以抵达澎湖列岛。返回潮州时，又遭到巡海官兵的攻击，只剩下十余艘船只、三百部众，可谓残兵败将、狼狈不堪。

此后，林凤出没于柘林、靖海、碣石之间，劫夺渔舟民船，船队又逐渐增至150余艘，重整旗鼓。他们徜徉于闽粤沿海，时常派小舟进内海与滨海居民交易，出高价购置所需物资，因此受到滨海居民的欢迎和包庇。地方官府惊恐万状，福建方面调兵严厉镇压，而广东方面则主张招抚。面对恶劣的生存环境，林凤内部开始分化，首领蔡德、陈木童、李瑞奇带领部众2000余人到潮阳接受了招抚。林凤见大势已去，只能慨然长叹，"复走西番"，不知所终。

林凤又名"林阿凤"，西文作"Limahong"（闽南、潮州语音），译名或误为"李马鸿""李马奔"等，是西班牙殖民统治时期一段挥之不去的历史印记。时至今日，在菲律宾的报章资讯、影视作品和教科书、研究专著中，"林凤入侵菲律宾"事件仍然被不时提起，但往往都给予负面评价。对于这位来自中国的"入侵者"，究竟应该视其为"海盗""反叛者"还是"民间英雄"？他真是一位意图征服菲律宾的侵略者吗？① 所有这些问题，都还存在诸多争论，值得进一步深入探讨。不过，林凤集团移师吕宋，竟促成了中国和西班牙官方的首次正式交往和外交关系的建立，西班牙亦因之成为大航海时代继葡萄牙之后第二个向中国派遣使臣的欧洲国家，其意义已为学术界所公认。此外，林凤集团在与西班牙人的长期交战中，有不少部属沿河上溯到山区隐匿，与当地土著乙峨罗人长期通婚、融合，因此繁衍下来。以华侨移民史的视角观之，考虑到林凤部众中有大量的工匠、农

---

① Teresita Ang See, *Limahong-Pirate, rebel or hero?*, Tulay FORTNIGHTLY, March 02 – 15, 2010.

民和妇孺，林凤率部远征、拓殖吕宋岛，显然还具有难以估量的文化交流内涵及价值。

图1-3　西文著作中的林凤插图（2019年，黄晓坚摄）

在菲律宾，至今仍存在众多有关林凤的历史印记，如 Lucap 码头的林凤塑像。班诗兰省的许多村民，均坚信自己是林凤的后裔。就连菲律宾前总统马科斯，也声称自己是他的后代。

菲律宾西河林氏宗亲总会前任理事长林育庆（Henry Lim）先生为现任菲华商联总会理事长，系代表菲律宾华侨华人工商界的最高领袖。作为袁隆平的弟子、著名的菲律宾杂交水稻之父、西岭农业科技公司董事长，他长期在林凤当年活动的傍佳施栏一带工作，与当地村民关系密切。2015年1月10日，林育庆在其就任菲律宾西河林氏宗亲总会新一届理事长的演说中，曾这样介绍自己与林凤挥之不去的微妙关系：

本人是在菲律宾土生土长，从小受菲律宾教育，在学校常被菲律宾同学嘲笑，说我是海盗 Lim A hong 的子孙。当时在 60 年代，中国刚处在文化（大）革命，无暇照顾海外华人，而 Lim A hong 是在菲律宾史上公认的海盗侵略者。（他）第一次登陆在 Paranaque，在 Paranaque 九八凌霄宝殿前还有两座 Lim A hong 和菲律宾人 DonGallo 打架的铜像，而 Lim A hong 已经深深印刻在菲律宾人的脑海里，（他）永远是一位侵略者。菲律宾历史前段，毕竟是西班牙人所写，本人在（与）洪玉华女士的一次见面（时）提起此事，洪女士还为此做一个 Lim A hong 专题的考察，在国内潮州里面查出 Lim A hong 虽然是海盗，但有劫富济贫的侠义心，深受福建、广东沿海渔民的爱戴，在一次明朝皇帝下旨要捉他的时候，才带了家眷、六千多人南移菲岛，而且帮助当地菲人种植水稻，草药治疗，家畜养殖，纺布等等。

Pangasinan 是 Lim A hong 的居留地，那边的人都称呼我大哥堂兄，因为他们很多人都是 Lim A hong 的后人。在历史上要平反一个人绝非易事，我希望迈出第一步，也希望我们同族支持我。

本人发起的米桶挑战，已经在十二月，（由）西河堂的几位宗长配合捐献了七百桶大米给 Paranaque 的几个 Barangay（村），我希望今后把那两个打架的铜像改造成握手的铜像。

我也在上个月和 Pangasinan 省长 Gov. Espin 讲到平反 Lim A hong 的事，他也非常同情我们而且表示支持，希望在 Lim A hong 的铜像和（后）建造一个 Lim A hong 的史迹博物馆。

我希望华人和菲律宾人能打成一片，毕竟大家都流着我们中国人的血液。①

2019 年 9 月 5 日，黄晓坚、杨锡铭联袂赴菲律宾做关于海外潮州人的田野调查，在马尼拉登门拜访菲律宾西河林氏宗亲总会，与该会诸位宗长就历史上的林凤事件进行座谈，见到了作为前任理事长的林

---

① 《寻根网》2015 年 1 月 28 日。

育庆先生。他对笔者此行调研高度重视，提供了许多有价值的翔实资料和资讯。他也衷心希望，通过学界的客观研究，能够一改菲律宾人对"海盗"林凤及其"入侵"吕宋历史事件刻板、负面的既有认知，并通过与潮州方面的合作，在班诗兰省林凤后裔居留地建立起林凤史迹博物馆，使之成为推进中菲文化交流、发展当地旅游业的重要项目。

但愿林育庆先生的愿望，能够早日实现！

第 二 章

樟林扬帆：清代红头船贸易与潮州自由移民

清代，为应对郑成功在台湾及东南沿海组织的抗清武装，满族统治者沿袭了明代的海禁政策，对潮州滨海民众生计造成了严重的影响。到了康熙、乾隆以后，沿海地区粮荒及社会稳定问题愈发严峻，朝廷不得已陆续开放中暹大米贸易，红头船贸易由此盛极一时。伴随着货物流通，潮州商民大量侨居南洋，在开发当地经济中逐渐站稳脚跟并初步建立起自己的族群商贸网络，形成数量不菲、傲视南洋华人社会的潮州商帮。

第一节　红头船贸易的缘起

康熙、雍正、乾隆年间，清廷一方面厉行海禁，以防范明朝残余势力的复辟；另一方面，则在海防形势趋于稳定时有条件地开放海禁，以图稳定东南沿海社会。在此背景下，自雍正朝开始，以红头帆船为运输工具的广东海上对外贸易遂应运而生，并在乾隆朝以后迅速繁荣起来。

一　中暹大米贸易的开启

清朝入主中原后，以郑成功为首的反清复明势力活跃于台湾及东南沿海，给清王朝带来巨大威胁。为此，清廷不仅沿袭了明朝海禁政策，还采取了迁界徙民等一系列抑制措施。顺治八年（1651），清廷下令开始海禁，并于十三年（1656）正式发布"禁海令"，严禁商民

第二章 樟林扬帆：清代红头船贸易与潮州自由移民

船只私自下海贸易，犯禁者不论官民一律正法，货物入官，犯人家产全部赏给告发人，地方失察文武官员从重治罪；顺治十八年（1661），又下达"迁海令"（或称"迁界令"），强令沿海居民内迁 30—50 里，商船民船一律不准入海。康熙二十二年（1683）以后，清廷海禁政策有所松弛，但在康熙五十六年（1717）又下诏禁南洋贸易，限令留居国外的人民于三年内回籍。不过，康熙禁止海外贸易的禁令只维持了短短数年即行作罢。其背景是，中暹随后开始的大米贸易以及南洋贸易的重启。

自明清以还，福建莆田及泉漳一带的汉人大量南迁潮州，致使潮州人口大增。康乾年间，东南沿海因人稠地狭、旱涝频频，粮荒的情况日趋严重，时常发生饥民抢米的风潮，酿成严重的社会问题，潮州情势尤甚。在此情形下，当康熙六十一年（1722）暹罗使者来访，清廷获悉该国盛产大米、市价低廉后，便向暹罗方面提出进口大米的要求，希望运送 30 万石大米到广东、福建和宁波三地，当即获得暹罗当局的响应。雍正二年（1724），暹罗通过华侨徐宽等 96 名水手，不仅把首批大米运抵广东，而且送来优质稻种。① 此后，清廷在严禁大米出口的同时，还采取了一系列鼓励进口暹米的措施，如规定进口暹米免税及不同吨位出入口海船应带运大米的数量；乾隆七年（1742），允广东、福建、浙江商民出洋购粮，以济内地民食之需；乾隆十二年（1747），发给内地商民往暹买米造船印照。至此，潮州商民终于获准领照到暹罗购买大米和木材（或直接在暹罗造船），② 由此开启了红头船贸易的新时代。

从康熙末年开始，以中暹大米贸易为引子，中国与暹罗及南洋各地的民间贸易重现发展势头。清政府鼓励暹米进口原为稳定民心、维护统治之目的，但暹罗大米的源源而来，却促成了南洋朝贡贸易的衰落和中国民间贸易的兴起。中暹大米贸易不仅瓦解了中国封建政府的海禁制度，刺激了东南沿海海运业的发展，冲击了禁止内地人民在南

---

① 《清世宗实录》卷二五。
② 暹罗不仅盛产大米，其柚木和楠木尤其适合制造海船，故清廷为救内地粮荒计，在开放大米贸易的同时亦允许木材贸易。

洋造船的陈规，而且带动了中暹民间贸易的快速增长。

二 "红头船"的打造与营运

潮州自唐代以来就有发达的造船业，并在宋元时期有了进一步的发展。宋元之交，潮州豪强陈懿兄弟曾出动战船百艘助元军攻宋，可见当地造船业之发达。明代潮州通用的海船"白艚"，其"船底圆平，行水不深，船架收缩，不碍风力"，"深洋而行，往来无恙，而又迅速"①。明中期以后吴平、林道乾、林凤等海上武装贸易集团，其动辄数以百计的庞大船队均有赖于潮州当地发达的海船制作技术。只是到了清初，由于朝廷厉行海禁，所有沿海船只几乎全部烧毁，因此当朝廷允许从事中暹大米贸易后，潮州商民才面临着重新打造海船的问题。

"红头船"是潮州人对于雍正以后当地出海的高桅大型木帆船的俗称，又称"蛤板船""红头蛤板""大八桨"或"洋船"（指出洋航海之船），其正式名称为"行舶艚船"，简称"舶艚"，有单桅和双桅之别（后期配有三桅者），因自其船头至鹿耳梁头止及大桅上截一半皆涂朱红色，两舷前侧嵌有一对凸起的黑色大眼睛（期冀能识水路），故名。据考证，红头船的出现，源于雍正元年（1723）皇帝所下的一道朱批谕旨："着将出海民船按次编号，刊刻大字，船头桅杆油饰标记"，目的是便于辨认、稽查各地船只，限制其活动范围。据此，地方督抚、提督根据五方五色的思想，统一规定福建出海民船船头一律涂青（绿）漆，浙船着以白色，苏船饰以黑色，粤船则涂以朱红色油漆，以示区别。② 另据考证，红头船具有船体大、负重多，设置风帆、大铁锚，以及管理严密、分工有序等特点。③ 它一般长约30余米，宽10余米，有舱房若干层。每艘载重自数十吨至二三百吨不等。船主以下，设有"出海"（船长，掌管账目及通船诸务）、"舵

---

① 转引自叶显恩《广东航运史》（古代部分），人民交通出版社1989年版，第103页。
② 黄光武：《红头船的产生及其作用和影响》，《汕头大学学报》（人文科学版）1993年第4期。
③ 张映秋：《樟林港埠与红头船》，《海外潮人史料专辑》（汕头文史·第八辑），中国人民政治协商会议广东省汕头市委员会文史资料委员会编，1990年7月。

第二章 樟林扬帆：清代红头船贸易与潮州自由移民

公"（大副，负责掌舵和航向）、"押班"（水手长，能爬上桅杆整理帆索者），此外还有舵工和水手二三十人。①

1971年10月，在樟林毗邻的澄海东里（陇）河与义丰溪交汇处（靠近南畔洲）的河滩上，出土了一艘木结构海船。船体以暹罗楠木为材料，全长39米、宽13米，有五层舱房；从头至尾有49片壁板，连接处用钢钉紧固。这是首次在粤东地区发现的一艘较为完整的红头船。翌年10月，又在东里（陇）和洲村坪尾的河滩上出土了另一艘海船，确认为红头船。船身残长28米，船舷上刻有"广东省潮州府领□字双桅壹百肆拾伍号蔡万利商船"字样，每字大小45厘米见方；其桅杆系由南洋所产坤甸木制成；船体用料讲究，构造牢固，估计载重量约有三四百吨。② 这两艘海船残骸的出土，不但为后人了解红头船提供了实物资料，③ 而且证明了樟林、东陇内外港口确为当年红头船出入之处。

图2-1 清代粤籍远洋帆船——红头船

---

① 参见林风《澄海樟林港与潮州早期海外移民》，《汕头侨史论丛》（第一辑），汕头华侨历史学会，1986年9月；张映秋：《樟林港埠与红头船》，《海外潮人史料专辑》（汕头文史·第八辑），中国人民政治协商会议广东省汕头市委员会文史资料委员会编，1990年7月。
② 参见《澄海县文物志》，澄海县博物馆，1987年。
③ 张映秋：《樟林港埠与红头船》，《海外潮人史料专辑》（汕头文史·第八辑），中国人民政治协商会议广东省汕头市委员会文史资料委员会编，1990年7月。

红头船最初是以申请购入暹罗大米而投入营运的,但是这项生意却因米重价廉而"获利甚微",于是洋船主们就设法从南洋改运那些有利可图的货物回来,诸如象牙、珠宝等奇珍异物,犀角、肉桂等名贵药材,暹绸、胡椒香料、番藤等物产,而只象征性地运载一些大米以备查验。南洋的贵重木料,如柚木、酸枝、铁梨木等,也作为压舱物而运进国内。由潮州运往南洋的物产,则有潮州本地的陶瓷制品、潮绣、雕刻、蒜头、麻皮、菜籽等,以及从北方转来的人参、鹿茸、兽皮、丝绸等。这些货物在南洋各地很受欢迎,获利丰厚。数年间,船业就蓬勃发展起来了。

在国内,北至台湾海峡、杭州湾、长江口和胶州湾,都有红头船进出。其从潮州运出的货物,有土产红糖、海货等特产;运进潮州的货物,则有京果、豆类、皮货和米粮等。

在国外,红头船则远达东南亚、南亚各地。特别是从乾隆二十二年(1757)起,清政府封闭了国内其他港口,仅留下广州作为对外贸易口岸,因此潮州得以与广州遥相呼应,成为红头船聚集的大本营。

从18世纪40年代清廷开放国内商民出洋贸易,至19世纪40年代香港成为自由港、60年代汕头开埠,红头船贸易经历了100余年的兴盛期。红头船贸易的兴盛,很快在潮州府催生、造就了一批新晋富豪——"船主"。清代自乾隆、嘉庆至咸丰、同治年间,在临近樟林港的澄海苏湾都和饶平的一些地方,都出过许多有名的船主,至今澄海樟东一带(樟林和东陇的合称)还流传着不少关于他们的传说,如岱美乡的著名船主陈澂发,清仁宗嘉庆曾在给暹罗国王的信中提到他为暹罗国代运贡品一事。[①] 这些海商均以澄海的樟东地区为据点,开展其海运外贸事业。饶平县隆都前溪村(今澄海区隆都前美村)人陈焕荣,年轻时到樟林港高元盛属下的红头船做水手,后来购船经营汕头往返曼谷的航线,做起"南北洋贸易",把汕头、上海、青岛、烟台和天津等地的物品运到香港、新加坡、曼谷等地贩卖,再将暹罗的大米、木材及土特产品运到新加坡、香港、汕头、上海、青岛、烟台

---

① 林风:《澄海樟林港与潮州早期海外移民》,《汕头侨史论丛》(第一辑),汕头华侨历史学会,1986年9月。

和天津等地销售,由此发财致富,成为当年樟林港最著名的红头船船主,人称"船主佛"。

三 樟林港的兴盛

在红头船贸易的发展上,潮州府澄海县境内的樟林港扮演着极为关键的角色,发挥了重要的作用。潮州海岸线长,有众多的天然良港。明代,位于闽粤交界的柘林港逐渐取代凤岭港,成为潮州及闽西南一带对外经贸的主要港口。

柘林港位于饶平县柘林湾东部旗头山下,是潮州和饶平历史悠久的渔港和商港,早在唐宋时期就已见诸史册,有粤东第一门户之称。史料记载,当时宁波、泉州一带通往东南亚和西方的货船,经常停泊在柘林港避风、补给。由于商贸繁盛,元代时港内已建有多座灯塔为进出港船舶导航。明代,因朝廷厉行海禁,柘林港一度衰落,只能接待外国船只,但仍然是潮州海上走私贸易商人和"海盗"的主要停泊点。经由柘林港的走私贸易,大量大米、白砂糖、布匹等输入潮州,而潮州则藉此输出陶瓷、红糖和茶叶等货物。清初海禁稍开后,柘林港一度也随着红头船贸易而繁盛起来,港内经常停泊着数百艘各类船只。潮州商人从此地出发,将货物输送到南洋吕宋、暹罗、马来亚和北方各地。行铺货栈有100多家,常住人口多达2万,可谓商贾云集。但后来由于滩涂淤积,大船无法靠岸,其主要外贸港口的地位遂让渡给了澄海县的樟林港。

樟林港位于澄海县东北部,距柘林港不远。尽管这里仅是一处河港,没有广阔的海湾,船舶出海需沿河道进出,但其内港藉由韩江流域水路深入陆地乡镇,港埠相连,是外贸货物的优良集散地。

据樟林当地遗存碑记所述,樟林港于明天启三年(1523)创建商埠,清雍正七年(1729)设立巡检司,其崛起大约始自康乾年间。乾隆七年(1742)和乾隆五十六年(1791),樟林两次经官府批准,共建成铺屋114间,组成8条街道,外面还环绕着6个村社,形成"八街六社"的基本格局,后来又增建了3条街道和众多新厝。这些街道铺屋经营海产、渔网、铁器、石料、染织品、红糖、豆类、大米、肉类、中草药材、典当、洋货等，举凡日常生活用品，应有尽有。在这11条街道中，尤以仙桥街和长发街最为兴旺，仅仙桥街就曾拥有601间商店和作坊，拥有"金仙桥，银长发"之美誉。建于嘉庆年间的新兴街也独具特色。该街全长近200米，由54间货栈组成；货栈楼房均以厚板为料，可承载大量货物；货栈前门临街，后门濒河，十分便利装船、卸货。街口矗立着高大雄伟的石牌坊，门匾外书"新兴街"，内写"紫气东来"，至今保存完好。此外，港埠还建有"永定楼""藏资楼""观海楼""风伯庙""关部税口"和潮汕地区规模最大的"妈祖宫"等，遗留至今。

关于樟林港当年的兴盛，有众多碑记作了精彩的描述。"风伯庙"碑记云：

> 建庙者何？祈风也。澄滨大海，民业于海，樟林尤河海交汇之墟。闽商潮客，巨舶高桅，扬帆挂席，出入往来之处也。

位于出海口南社村的天后圣母庙，供奉着航海商家和沿海居民最为崇拜的妈祖神衹。该庙碑记这样写道：

> 当风利潮高扬帆飞渡，瞬息千里。操其赢者，贸易数省，上沂津门，下通琼趾。布帛菽粟与乎锦绣皮市之属，千艘万舶，履舄为夷……

伴随着红头船贸易的兴起和繁盛，樟林渔港迅速发展为繁华的"粤东通洋总汇"，成为经历雍正、乾隆、嘉庆、道光、咸丰数朝百余载，辐射粤东、闽西南和赣东南的远洋大港。潮梅乃至闽西南商民，人货亦多由此装船出海。盛时，樟林港拥有100多支远洋船队，每支船队约有船10—20艘，每艘船可载红糖三四千包。

第二节　海外潮商集团的崛起

随着红头船贸易的发展，潮州移民大量出洋，定居于东南亚地区的潮州人数量陡增。他们或工或商、克勤克俭，很快在当地社会站稳了脚跟。在侨居地社会特殊的职业结构、移民政策和殖民地大开发的时代背景下，部分潮州人通过承包工程、买办货物和转口贸易等，逐渐累积起创业资本，形成颇具实力的潮商集团，成为东南亚社会中一支举足轻重的力量。

一　贸易与移民

中暹大米贸易进展顺利，并在乾隆中期达到最高峰。乾隆四十年（1775）前后，因暹缅战争及中国东南沿海海盗势力的再一次崛起，这项贸易被迫中止。不过，在此后的一百年间，潮州商民与暹罗的海上交通与商贸、人员往来不仅没有因之减少，反而愈趋密切，这不能不说跟大批潮州人移民暹罗有着莫大的关系。

与暹罗大米输入的同时，是中国内地商民的迁出。通过出洋从事大米贸易，许多潮州商民移民定居到了暹罗，形成潮州人向东南亚移民的第一次高潮。在红头船运营的过程中，很多贫苦人家也随船前往暹罗谋生；同时，一些工作于船上的水手和船主，也因种种缘故滞留暹罗。这样，久而久之，就在暹罗集聚了大量来自潮州及其周边地区的移民群体，其中多数为劳工。嘉庆朝的地方志书即指称，"澄海县商民领照赴暹罗买米接济内地民食，虽行之已阅四十余年，但此项米船据称回棹者不过十之五六"①。特别是在1767—1782年暹罗吞武里王朝期间，由于在位的是御缅复国、创建吞武里王朝的潮人混血后裔——郑信大帝，② 而旅暹潮人又在暹罗复国战争中做出了突出贡献，因之号称"王室华侨"和"红顶商人"，倍受王室优待并享有某些特权，由此造就了一批颇具实力的潮商。而暹罗王室营建新都，招徕、吸引无数能工巧匠参与建都的各项工程，更促成了大批潮人移民及后续连锁移民的到来。暹罗成为潮人在海外的最大聚集地。

---

①　（嘉庆）《大清一统志》第41册，商务印书馆1986年版。

②　郑信祖籍为今广东省汕头市澄海区上华镇华富村，其父郑镛因家境贫寒，于雍正年间移居暹罗为生。至今，华富村仍然遗存郑信的衣冠冢。1999年，泰国诗琳通公主曾专程前往拜谒，并参访隆都镇前美村陈慈黉故居。

上篇　潮州人的海外迁徙

图 2-2　19 世纪末暹罗曼谷华人商业区耀华力路

中暹海上交通和商贸的持续发展，进一步拓展、推动了潮州与东南亚各地的联系。国际商贸与自由移民同步发展，成为清代潮人海洋活动的重要形态。有关志书对此有诸多翔实的记载：隆都前埔人许可均等先民，即于彼时"合伙租船往暹罗贩运大米，每年农历八、九月从樟林港扬帆出海，翌年春季才运载回归；碰到天时不利无法按时归棹,有的人看那里地缘好,便设法藏匿起来"①,此为隆都最早侨居暹罗的乡民。此后零星过番或成批下海往暹罗谋生的隆都乡民渐多。如嘉庆二十三年(1818),后溪人金罗星乘红头船抵暹,创"宝记"号经营航运、进出口贸易及土产,该商号现仍坐落在曼谷吞府湄南河边;道光二十年(1840),前溪陈(后属前美)村沟头人陈少林因家贫"过番"去暹罗,一年后即开始有"番批"寄回家,其父母妻儿在村中引以为豪;咸丰四年(1854年),前埔黄厝堤段崩溃,洪水冲毁家园,灾民纷纷设法到暹罗,至清末时共达180人。② 据粤海关文献统计,从1782年至1868年,潮人乘红头船出国谋生者,多达150万人次。他们主要分布在暹罗(泰国)、石叻(新加坡)、柔佛、麻坡和安南(越南)、真腊(柬埔寨)、荷属东印度(印尼)等地。

过番的旅途无疑是艰辛的、苦涩的。流传至今的诸多"过番歌",生动地描述了当年潮州先侨出洋之不易,反映了华侨、侨眷的艰难处境。例如:

天顶一只鹅

天顶一只鹅,
阿弟有女么阿兄无,③
阿弟生仔叫大伯,
大伯听着无奈何,
背起(收拾)包袱过暹罗。
来去暹罗牵猪哥,
　　赚有银钱加减寄,
　　寄返唐山娶老婆。

---

① 前埔乡志谱编委会:《澄海市前埔乡志谱》,1997年10月,第28页。
② 《隆都华侨志》(打印稿),第1页。
③ 意即弟弟娶妻了哥哥还单身。

暹罗船

暹罗船,水迢迢,会生会死在今朝。
过番若是赚无食,变作番鬼恨难消!

一溪目汁一船人

一溪目汁①一船人,一条浴巾去过番。
钱银知寄人知返,勿忘父母共妻房。

图2-3 曼谷的潮州义山(2013年,黄晓坚摄)

不过,与历代中国封建政府一样,对于出洋谋生的海外华侨,清政府向来是把他们视为化外之民、"概不闻问"的。清代乾隆以后开放海上大米贸易,但并未允准人民出洋侨居;苟有华侨回乡,即不免遭到地方官府的勒索和陷害。在今潮州市湘桥区官塘镇石湖村,仍然遗留有华侨古宅"卫分府"及其主人陈式令人唏嘘的传奇故事。该镇志书记载:

---

① "目汁",即眼泪。

第二章 樟林扬帆：清代红头船贸易与潮州自由移民

陈式，男，生卒不详，石湖村人，生于清乾隆年间。少时家境贫寒，十五岁时，随乡亲往暹罗谋生。及后，暹罗邻邦寮国不断以象阵攻扰暹罗边境，泰王苦无良策，遂出榜招贤。陈式揭榜应征，献谋策划，用一种类似家乡砍柴刀状的长柄勾镰，连出奇兵，击败入侵之敌，为泰王立下汗马功劳。泰王遂赐予大批金银玉帛，并封为将军。后陈式乞请归梓探母获准，于嘉庆年间回乡，并在家乡建立将军府，取名"卫分府"。陈衣锦还乡的消息传到潮州府衙内，道台勒索不遂。最后，竟以莫须有罪名诬陈为海盗，将其判罪充军甘肃平凉府。今该地尚有陈繁衍的后代。①

无论如何，官府对民间侨居海外的压制，并未能阻挡潮州民众移民的步伐。直到1893年，清廷出使英法义比四国钦差大臣薛福成向总理各国事务衙门呈请豁除海禁、上奏清廷《请豁除旧禁招徕华民疏》，同年光绪帝敕令刑部将私出外境之例酌拟删改，并由沿海督抚出示晓谕："凡良善商民无论在洋久暂、婚娶生息，一概准由出使大臣或领事官给与护照，任其回国治生置业，与内地人民一律看待，毋得仍前藉端讹索，违者按律惩治。"至此，延续了数百年的海禁政策正式退出历史舞台，侨居东南亚的华侨终于得以合法出入国境。

二 参与殖民地开发

大约从19世纪上半叶开始，潮州人大约与闽南人同时来到石叻（新加坡），成为当地华人的第二大方言群。他们将中国的丝绸、锦缎和茶叶、瓷器等物品运到新加坡，销售给欧洲的私营商人，然后将来自印度等地的商品带回中国。新加坡河上的驳船码头和中国城牛车水，成为东南亚商船贸易活动的中心及全世界的贸易集散地。在殖民地时期，东南亚的潮人作为中介商，在沟通东西洋商贸、活跃海上丝绸之路上，都发挥了重要作用。

诚然，海外潮人扮演的角色远远不止于此，他们还大规模参与到

---

① 《官塘镇志》（2015年），第248页。

英荷法等国的殖民地的开发之中,并从中构筑起潮人的商业网络。

甘蜜膏可用于制革业的鞣皮,是丝绸布匹的重要染料,西方工业革命后纺织业迅猛发展,对其需求甚巨。早在18世纪,廖内群岛就已经有华人在从事甘蜜的种植。在马来半岛北部,大约从18世纪末起,就已有潮州人在槟城种植胡椒和香料。1819年英国人莱佛士登陆新加坡时,新加坡甘蜜和胡椒的种植就已经很普遍,种植者绝大多数是潮州人。在甘蜜种植全盛期的1848年,全岛共有甘蜜店整百家,甘蜜和胡椒种植占全岛总耕地面积的76%以上。

特别值得一提的,是柔佛开港。从1844年起,柔佛苏丹大力推行港主制,吸引新加坡华人前去开发。新加坡潮人秘密会社义兴公司首领之一陈开顺率先取得了柔佛地不佬河流域港主身份,此后大力招徕潮人前往垦殖,大量种植甘蜜和胡椒。据估计,在实行港主制的时期(1844—1917),华人一共在柔佛开发了138条港,其中大多数港主是潮州人,如陈开顺、陈旭年、林亚相等,柔佛绝大多数地区都是潮州人开发的;柔佛所产甘蜜和胡椒,源源不断地输入新加坡转销世界各地,其产量在19世纪80年代更跃居世界第———潮人实居功至伟。[1] 与此同时,柔佛潮人也开始向商业发展,垄断了主售糖米粮食的京果杂货(兼营侨批)和布匹、罐头、烟酒、鱼菜业及陶瓷等行业,并逐渐由零售商向批发商(中间商)、进出口商发展,构筑起一个层级分明的商业网络:众多的零售商是这一网络的基点,以商店、巴刹(即市场)和行商贩卖的形式展开最基本的商业活动;批发商处于枢纽的关键位置,是这一商业网络不断扩张的推动者;而华人大资本家则处于网络的中心,通过经营航运业同其他国家和地区开展进出口贸易,控制了整个商业网络。[2]

通观红头船贸易,潮州人不仅延续和发扬了海上丝绸之路的历史传统,还通过大量侨居东南亚,投身所在国或殖民地开发,直接参与

---

[1] 安焕然:《论潮人在马来西亚柔佛麻坡的开拓》,《汕头大学学报》(人文社会科学版)2002年第2期。

[2] 参见魏建峰《早期马来西亚柔佛潮人商业网络探析——以柔佛新山为例》,《东南亚纵横》2010年第7期。

到世界资本主义贸易体系的生产环节中来。在此过程中,他们编织起一个井然有序的商业网络,最终形成了一批具有雄厚财力的海外潮商。他们在繁荣侨居地经济、促进国际贸易上做出了独特贡献,为海上丝绸之路增添了浓厚重彩的一笔。

值得注意的是,与19世纪后半期遍布全球的华工移民一样,海外潮人不仅仅是海上丝路上的贸易经营者,他们也曾扮演过工程建设和商品生产者的角色,这在18世纪下半叶的暹罗和19世纪中叶以后的新加坡及柔佛王国尤为突出。潮侨拓殖生产的胡椒、甘蜜、菠萝、橡胶等等热带作物,源源不断地供应世界资本主义市场,同时也促进了侨居地的经济繁荣和社会发展,是开发东南亚的有功之臣。借助于华侨华人的经营与拓殖,西方社会和东南亚侨居地取得了高品质的消费品和原材料,刺激了当地经济社会的发展。至今,在马来西亚柔佛州首府新山市街道灯饰、苏丹皇宫博物馆图饰甚至市议会的标志上,还设计有甘蜜叶和胡椒叶的图案,象征着柔佛新山曾经作为世界上首要的甘蜜与胡椒出产地的辉煌历史。①

华侨华人之与海上丝绸之路,是相伴相生的历史产物。无论是宋代以前流寓住番的行商、明代窜匿南洋的海盗,还是清代领照过番的米商、开发暹罗的"王室华侨",侨居海外的潮人都对海上丝路的拓展或延续发挥了独特作用,做出了很大贡献,是沟通中西方文明的使者。

第三节 香港的南北行商及"香—叻—暹—汕"贸易体系

鸦片战争失败后,清政府被迫割让香港给英国,香港成为国际贸易自由港。众多以国际贸易起家的红头船船主开始在香港设立商行,经营南北货物转口贸易,并带动家族连锁移民,使香港逐渐成为潮州人云集的重要国际商贸、交通枢纽,并在潮州人编织的"香—叻—暹—汕"贸易体系中占据核心的地位。

---

① 陈再藩:《甘蜜与胡椒(26/3/2012)》,新浪博客,2012年4月10日。

一 香港的南北行商

香港在1841年被英军占领之前归属广州府新安县，仅是一座尚未开发的荒岛，岛上有数千居民散布于南部的赤柱、大潭笃和石排湾，东部的阿公岩、水井湾，以及黄泥涌、灯笫洲、七姊妹等处，过着渔耕的生活。

鸦片战争后，英国于1841年强占香港，并宣布其为自由港。1843年，英国派璞鼎查（Henry Pottinger）爵士出任香港总督，正式开埠。随着香港成为自由港，商人、商船、资金得以自由进出，吸引了不少广东沿海一带的人民前往经商，大量潮州商人也被吸引过去从事商贸活动，香港逐渐发展成为东南亚地区的转口贸易中心。

同年，暹罗华商高元盛就在香港创办了"元发行"（今文咸西街10号），经营南北转口贸易的生意，这也是华人在港设立的第一家出入口行。1853年，高家"因高元盛壮年猝逝，其子年幼"[①]，于是将部分产业（包括香港的"元发行"）转让给其佣工、宗亲高满华（又名高楚香，澄海人）经营。

高满华接手"元发行"后，很快积累起资金，于1871年在暹罗创设"高元发"及"元盛发"等三家机械火砻，成为泰国华侨机械火砻业之首创者。经数十年经营，高家生意已遍及东南亚，在暹罗、香港、新加坡和广州、汕头均有商号。高满华逝世后，子承父业，青出于蓝而胜于蓝。次子高学能，考中举人后无意仕途，于光绪年间南渡暹罗协理父业。后来，他东渡日本经商，成为日本著名的华商。七子高学修（又名晖石），亦于光绪年间前往暹罗继承家业。在他的努力经营下，高家火砻发展到13家，经营领域还拓展至矿业、橡胶种植业等领域。

值得一提的是，高学修还积极支持侄儿高绳芝（高满华之孙）回国投资，在汕头、澄海创办实业。自1904年起，高绳芝先是与其叔父高学修合作，兴办了汕头自来水股份有限公司；接着，又陆续引进

---

① 申闻：《听雨楼头忆八叔》，《东方早报·上海书评》第382期，2016年5月29日。

第二章 樟林扬帆：清代红头船贸易与潮州自由移民

日本新式织布机械、在澄海开办振发布局，创办汕头开明电灯股份有限公司，架设汕头至澄海有线电话、开澄海民用电话之先声，并在汕头开设绵发、昌发两间机器榨油厂，出资填筑海坪扩大土地，成为潮汕地区民办工业的开拓者，为汕头市政建设和经济繁荣做出了突出的贡献。

再以潮汕侨乡近代华侨第一大家族——陈黉利家族为例。

早在1851年，前述樟林港红头船船主陈焕荣即仿效高元盛家族在当时香港海岸线上设立中转基地"元发行"的做法，创办"乾泰隆行"，经营北至辽东半岛，南至东南亚各地的"南北洋贸易"，是为香港转口贸易的创始者之一。乾泰隆除开展一些替海外华侨寄送侨批赡养家乡亲人的中介活动外，主要业务是把中国的土特产如大豆、食油、杂粮、红糖等出口到东南亚各地，再进口东南亚各地的土特产如大米、海味、木材等，部分批发给香港的华洋商人，部分转口到中国华南和日本等地。贸易的方式小部分为自营，大部分是"代客买卖"。这种买卖方式非常独特，它不用自己出资，货物由南北各地客商提供，乾泰隆只负责联系香港本地及南北各地的买主，代为发货转运，收取2%的佣金，这种方式当时称为"寄售取佣"或"九八扣佣"，做这一行生意的则称"九八行"。从事寄售取佣不需要太多自有资金，风险较少，但利润较薄，必须有相对稳定的众多客户和相当大的货运量。陈焕荣凭着当"红头船"船主时走南闯北对行情的了解和积累的人脉，加以他一贯以诚待人，有良好的商业信誉，因此，乾泰隆开张后客户便接踵而至，生意兴隆。

此后，一批南洋、广州、汕头等地的商人纷纷转移到香港，在其商行附近开设商号或联号，于是以元发行、乾泰隆行和合兴行为中心发展出一处热闹的商业区，形成潮州商帮。由于这些商家都经营南北转口贸易生意，所以人们称其为"南北行商"，其聚集的街区则称"南北行街"。

南北行商实行的都是寄售扣拥的买卖方式。这种方式决定了行商与客户之间必须有相当高的信任度，因此南北行业的买卖双方往往都是非亲即故。旅居香港及海外从商的潮州人为数众多,凝聚力强,自然南北行的商家就大多是潮州人了。正因南北行生意是建立在血缘、地缘和业缘的基础之上的,再加上潮州人在经营南北洋土特产贸易上具有天然的传统优势和自成一体的贸易网络,以致连拥有政治、资本优势的英国商人,竟也无法插足其间。资料显示,在19世纪后期,南北行的贸易额,占了当时香港贸易总额的四分之一;1870年,南北行街一带商人所缴纳的税款,占了香港税收的九成。见多识广、头脑敏锐的潮州南北行商人,为香港华资的崛起,发挥了开路先锋的作用。

图2-4 早期香港潮商汇聚的文咸西街

同治十年(1871),陈焕荣之子陈慈黉由香港移居暹罗,在曼谷创设黉利行和火砻厂,经营出入口贸易及火砻业(机器碾米加工、运销和批发)、船务、银庄,并相继把事业扩展到南洋各地,将暹京黉利行与新加坡陈生利行(后改组为陈元利行)、香港乾泰隆行和汕头黉利栈连成一体,生意火爆,富甲南洋,吸引前美村人相继去"过番",很多人侨居暹罗。陈慈黉之子陈立梅、孙陈守明继承先辈事业,再续辉煌。至第二次世界大战前,该家族共拥有近20个商号,遍布

第二章 樟林扬帆：清代红头船贸易与潮州自由移民

泰国、汕头、新加坡和越南，经营领域涉及大米输出、土特产品进出口、航运、金融、房地产业及保险等行业，被列为泰华八大集团之首。

图 2-5 坐落于泰国曼谷湄南河畔的黉利行（2015 年，杨锡铭摄）

随着潮人族群在海外的不断扩张与立足发展，其与家乡的联系也日益密切。在 20 世纪 30 年代以前，潮汕一带批馆林立、侨汇可观，华侨不仅在家乡买地盖房，投资以潮汕铁路为代表的铁路、公路、水路运输业和以汕头自来水股份有限公司为代表的市政建设事业、"四永一升平"为代表的房地产业，兴办不少教育、卫生和社会公益事业，促进了潮汕地区的经济社会繁荣和汕头区域中心城市的形成。即以航运业来说，当时不仅有泰国陈黉利公司租赁轮船、代理船务，航行于汕头、暹罗和香港、新加坡、马来亚、缅甸各地达 40 载，而且有陈振敬集资经营的五福轮船公司，穿行于中国和东南亚各主要港口。在这一进程中，以高满华家族、陈慈黉家族为代表的海外潮州商帮，起了极为重要的作用。①

---

① 参见黄晓坚《海上丝绸之路与华侨华人——基于潮汕侨乡及海外潮人的历史考察》，《新视野》2015 年第 3 期。

二 "香—叻—暹—汕"贸易体系

在 19 世纪 60 年代汕头开始取代樟林成为潮汕地区的主要对外贸易港口后，海内外潮人便迅速编织起一个以香港为中心，范围几乎涵盖整个南中国海域的多边贸易关系网——"香—叻—暹—汕"贸易体系。在这一体系中，有直接贸易，主要是暹汕；也有转口贸易，香港为主、新加坡次之。① 从 19 世纪 80 年代至 20 世纪 40 年代太平洋战争爆发前，这一多边国际贸易体系进入全盛时期，再续了海上丝绸之路的辉煌。而它的主要开拓者，正是自红头船贸易以后发家致富的海外潮侨。

图 2-6 民国初年暹罗汕头郊公所的潮州商人

20 世纪初至二战之前，潮商面对洋商的激烈竞争，将传统的中泰大米贸易扩展为香—叻—暹—汕国际贸易，并长期处于垄断地位，这一成功在很大程度上还应归功于其遍布海内外的业缘性公所（公会）、商会组织。如在暹罗，有 1867 年前后暹罗潮商在曼谷成立的"汕头

---

① 林风：《"香叻暹汕"贸易体系的形成及其历史作用》，《汕头侨史》1989 年第 1 期。

第二章 樟林扬帆：清代红头船贸易与潮州自由移民

郊公所",① 20世纪初设立的"火砻公会"，以及1910年创办的"中华总商会"；在香港，有1868年潮州帮成立的"南北行公所"；在汕头，有1886年由经营南洋线的出口商成立的"南商公所"及后来相继成立的"南郊""和益"和"暹商"三大经营土特产品出口的行业组织。这些商人行业组织，其成员一般都拥有雄厚财力，在促进同业间的互助合作、排解纠纷、规范竞争、对外交涉等方面都起到了重要作用。特别是曼谷的"汕头郊公所"，起先它的出现只是在暹潮商为延续潮州红头船商人的南北行贸易，建立区域性商业网络，巩固其在中暹贸易中的地位。随着暹罗潮侨在香港、新加坡贸易的与日俱增，为适应时代环境所需，它于1925年改名"香叻汕公所"（俗称"三郊公所"），1966年又更名为"曼谷泰华进出口商会"，对推销国货、促进中泰贸易繁荣不遗余力，做出了卓越贡献。众多公所、商会组织的存在，不仅巩固了潮人在传统优势行业中的地位，更重要的是，它们成为整个潮人海外商业网络的重要支点，同时也为所在地商业秩序的稳定提供了保障。

---

① 参见陈楚金《汕头郊公所，拓展中泰贸易先河》，《汕头特区晚报》2013年10月28日；《曼谷泰华进出口商会纪念刊》，曼谷，1967年。

第 三 章

汕头开埠：晚清猪仔贸易与潮州对外移民潮

第二次鸦片战争期间，清政府被迫与英法美俄签订《天津条约》、与英法俄签订《北京条约》，同意增开潮州（汕头）等10处通商口岸、允许华工出国。随着汕头开埠，潮汕地区的半殖民地化日趋严重，导致传统的自然经济更加失衡，农村凋敝，出现大量出国谋生的破产农民和手工业者。在汕头港与香港、东南亚之间的轮船定期航线开通后，潮汕地区前往香港、东南亚的移民交通更加便捷，移民数量也因之激增。

第一节 汕头开埠与华工出国合法化

在近代潮汕地区的社会转型中，汕头开埠及清政府开放华工出国无疑都是值得关注的历史事件。这些历史事件的发生以及随之而来的资本主义入侵，使得汕头迅速成为潮州新兴的政治、经济中心，其对外开放门户的地位亦日益巩固。与此同时，海外华工移民亦成为与商业移民并行的潮州另一重要移民类型。

一 汕头开埠

1856—1860年发生的第二次鸦片战争，对潮州来说具有特别的意义。汕头开埠，即是这一历史事件的副产物。

1858年6月，英、法、美、俄强迫清政府于天津分别签订不平等条约，其主要内容即包括了增开潮州（后定为汕头）等10处为通商

第三章 汕头开埠：晚清猪仔贸易与潮州对外移民潮

口岸的内容，其中《中美天津条约》第十四款规定："大合众国民人嗣后均准挈眷赴广东之广州、潮州（汕头），福建之厦门、台湾，浙江之宁波，江苏之上海，并嗣后与大合众国或他国定立条约，准开各港口市镇，在彼居住贸易，任其船只装载货物，于以上所立各港互相往来。"按《天津条约》的规定，条约需待一年后互换双方政府的批准书方能生效。但此后不久英法又挑起事端，战祸再起，致互换批准书时间被非正常延迟。美国驻华公使华若翰遂趁机与清政府直隶总督恒福在北塘互换了《天津条约》批准书，并以其商人三年前即已与潮州、台湾商人私自买卖为由，要求先行在汕头及台湾开市。在美国的纠缠下，咸丰九年十月廿一日（即1859年11月15日），清政府正式批准了美国的要求。经美国驻华大使华若翰赴广州与两广总督劳崇光直接商谈，议定汕头于咸丰九年十二月初九（即1860年1月1日）正式开埠。是日，潮州（汕头）如期对美开市，在汕头港口外的妈屿岛上另设"潮海关"（1865年迁入市区），华若翰之弟华为士被任命为潮海关税务司，俞恩益被任命为潮海关监督；美国亦于妈屿岛上设立领事馆，派驻领事。同年6月，英国未及与清政府换约，也派领事到了汕头。此后，汕头通商口岸即被称作"汕头埠"。①

汕头位于韩江三角洲西南角、韩江西溪出海口，宋末元初已形成名为"厦岭"的小渔村。明洪武二年（1369年），设有"蓬洲守御千户所"，至嘉靖、万历年间因韩江泥沙淤积和地壳抬升，沙脊出露、成片，始称"沙汕""沙汕坪"。清初，沙汕坪逐渐积聚成一片陆地，俗称"鮀岛"。康熙五十六年（1717）以后，这里作为防守营讯，设有炮台及驻防巡兵，故称作"沙汕头讯"，商船多在此停泊，已形成繁华的市镇。乾隆开放大米贸易后，往来潮州与暹罗之间的红头船络

---

① 关于汕头开埠的时间，以往主要有1858年、1859年、1860年和1861年等四种不同的看法，而以1861年说较为普遍，其依据为清光绪二十九年（癸卯年）二月初六（1903年3月4日）《岭东报》刊载的资料。饶宗颐先生总纂的《潮州志》采用了这一资料，并影响到后人。但在2007年8月30日汕头召开的"汕头开埠历史与城市发展研讨会"上，饶宗颐先生曾托香港大学中文系荣誉讲师马楚坚先生转达了其修正意见，表示《潮州志》记载汕头开埠时间为同治元年（1862）是错误的，因为他当年尚年轻，所看到的历史资料也不充分，所以出了错，汕头为1860年开埠之说是正确的。

绎不绝，沙汕头一带商船云集，逐渐成为潮州的重要埠头。据嘉庆二十年（1815）编纂的《澄海县志》，当时沙汕头"乃商船停泊之总汇"，与东陇港齐名；其出入外海航道必经岛屿放鸡山①（今妈屿岛）前的"估舶桅灯"，已成为澄海八景之一。②可见，沙汕头早在18世纪末、19世纪初就已经是海舶停泊的著名商港。

自19世纪初以来，英美鸦片商人即以南澳岛为据点，从事鸦片的中转和走私活动。咸丰元年（1851），英美洋船首泊妈屿岛，不仅走私鸦片，还大肆贩卖苦力。为便于管理，潮州海关于两年后由庵埠移至妈屿岛上，统领所辖各口，是为粤海关潮州新关（常关）；与此同时，茶叶海运开禁，允许洋商就近采购茶叶。这些变化加上随后蔗糖出口贸易的兴盛，都使得汕头作为广东沿海北部最重要的寄碇港，日益受到西方殖民者的重视与觊觎，并闻名于欧洲。咸丰七年（1857），怡和洋行大班约瑟夫·渣甸写信给英国对华全权大使额尔金，指称"一个未经条约承认的非常重要的港口就是汕头港。汕头为广东沿海北部位于韩江口的一个最好的寄碇港，距离重要城市潮州不远"。"除了条约中已经列举的口岸外，汕头为常有沿海船只开来的唯一口岸。这些船只往返汕头，有时赚到很可观的运费。"他还提到，潮州出口的大宗商品——蔗糖，"由于最近两年有了特别的发展，现在出口的数量极大"。1858年年初，美国驻华公使列卫廉在给美国国务卿加斯的报告中也说："汕头，是厦门西南约一百英里的一个口岸，它是未经条约承认的，……那里进行着大量的鸦片贸易和苦力贸易，……香港的报纸定期刊登汕头的船期表。"英国外交部档案记录也表明，仅1857年就有120艘外国船只在汕头港作业。由此可见，西方殖民者早已对汕头港虎视眈眈。故而恩格斯1858年11月18日在

---

① 即今妈屿岛。传说古时有一草民因犯事被官府追缉，走投无路之下准备出海避难，行前带着一只活鸡到该岛天后庙祭拜，祈求海上平安及在番邦发财。正准备宰鸡祭神之时，获悉官兵已追踪而来，于是匆忙祷告妈祖，日后自己若在番邦发财一定回来答谢神恩，乃扔下活鸡登船而去。多年后，此人果真在南洋发了财。故事传开，过番者纷纷效法，于离开潮州时上岛放生一只活鸡，以至于鸡群满山，放鸡山之名亦由此而来。

② （清）嘉庆《澄海县志》卷首《澄海八景图》之六"估舶桅灯"。"估"为估售之意，"估舶"意指商船。

《纽约每日论坛报》发表的《俄国在远东的成功》一文中,亦高看汕头一眼,这样论及汕头口岸道:

> 在南京条约订立以前,世界各国已经能够买到茶叶和丝;在这个条约订立以后,开放五个口岸的作用是使广州的一部分贸易转移到了上海。其他的口岸几乎根本没有什么贸易,而汕头这个唯一有点重要作用的,却并不属于那五个开放的口岸。

正是由于汕头港具备的独特商业价值,以及它在欧洲所拥有的较高知名度,使得它成为西方殖民者在华增开商埠的优先考虑对象,并在第二次鸦片战争的炮火中被迫向西方开放,成为潮州的对外门户。尽管在此期间,曾发生轰动一时的潮州人反对英国人入城的事件,但潮州的对外开放大势已无法扭转。

二 驻汕外国机构及华侨团体

汕头开埠后,西方列强纷至沓来,在汕头设领馆、办洋行、建教堂,以及兴建码头和仓库,进行政治、经济和文化的全面渗透。以互助联谊、建设乡土、参与国事为宗旨的华侨团体,也应运而生。特别是外国资本的竞相进入,使汕头对外交往日益频繁,在一定程度上刺激了交通、商贸事业的发展。这些机构和团体组织的存在,不同程度地涉及潮州的对外移民事务,密切了潮州与东南亚、海外各地的联系,推动了近代潮州社会的转型。

(一)领事馆

自1860年英国始设驻汕领事馆后,各国驻汕领事机构陆续出现。截至清末,在汕头设立领事馆的计有英国、法国、美国、荷兰、德国、丹麦、瑞典、挪威、日本、奥匈、西班牙、意大利和比利时等13个国家;直到民国时期,仍然有法国、美国、荷兰、日本、挪威、英国和丹麦等7国在汕头设有领事馆。这些领事机构除了通过向地方政府施加压力、着力维护各国在汕头的商贸利益外,还参与有关华工出国事务的交涉和干涉,及处理潮州海外移民增多后出现的各种问题,对于潮汕地区的海外移民产生了不同程度的影响。其领事官员主要的交涉对象是惠潮嘉道台，兼及地方督抚大吏；交涉方式主要是会晤与行文两种。具体领事机构情况如下：

英国驻汕领事馆。全称"大英驻扎潮州等处领事署"，清咸丰十年（1860）五月设立，首任领事为坚佐治（George W. Caine）。馆址在礐石海滨一带，于1862年建成。

法国驻汕领事馆。全称"驻汕大法国领事署"，清咸丰十年（1860）五月设立，首任领事由英国驻汕领事坚佐治（George W. Caine）兼任。1904年方由法国人道弥乐出任法国领事，其后均为法国委派。第二次世界大战爆发后撤销。

美国驻汕领事馆。全称"大美国驻汕领事署"，清咸丰十一年（1861）设立，由英国德记洋行商人Chas. W. Bradley Jr. 代理领事。第二次世界大战爆发后撤销。

荷兰驻汕领事馆。全称"荷兰国驻扎汕头领事署"，清同治三年（1864）设立，首任领事为李质逊（Thomas Williams Richardson）。馆舍在市区外马路。

德国驻汕领事馆。清同治三年（1864）设立，首任领事为德国商人迪格士（H. A. Dircks）。馆址设于市区外马路。迪格士曾先后兼任丹麦、瑞典、挪威驻汕领事职务。德国驻汕领事馆于第一次世界大战德国战败后关闭。

丹麦驻汕领事馆。清同治三年（1864）设立，首任领事为德国商人迪格士（H. A. Dircks）兼任。馆址设于市区育善前街。

挪威与瑞典联合领事馆。清同治六年（1867）设立，首任领事为德国商人迪格士（H. A. Dircks）兼任。馆址设于市区居平路。

日本驻汕领事馆。全称"驻汕大日本领事府"。清同治十二年（1873）五月设立，由驻香港领事林道三郎兼任。馆址先后设于市区外马路和永平路，二战后关闭。

奥匈驻汕领事馆。清同治十三年（1874）设立，首任领事为额勒格里（William Gregory）。馆舍设于英国领事馆内。

西班牙驻汕领事馆。清光绪五年（1879）设立，首任领事为贝

第三章 汕头开埠:晚清猪仔贸易与潮州对外移民潮

黎那。

意大利驻汕领事馆。清光绪二十五年(1899)设立,首任领事由驻香港领事福罗秘东利(Z. Volpicelli)兼任。

比利时驻汕领事馆。清光绪二十八年(1902)七月设立,首任领事由驻香港领事韩蔓(Th. Hamman)兼任。

民国以后,广东地方与中央的关系变动较大,加以中外关系变化频仍,各国领事机构亦因时兴废,驻汕领事馆有所减少。太平洋战争爆发前,各盟国在汕已无领事机构;及至战后,则仍有英、荷、挪等国领事驻汕。详见下表3-1:

表3-1　　　　　民国时期各国驻汕头领事馆简况表[①]

驻汕领事馆	设立时间	首任领事或代理领事		备注
		姓名	授任时间	
法国	1911年	Herbert Von Borch 卜尔熙	1911年	
美国	1917年	Ceorgec. Hansen 韩森	1917年	
荷兰	1930年	Van Hevrn	1930年4月	领事代理
日本	1930年	B. Tauegi 户木根长之助	1930年12月	领事事务代理
挪威	1932年	Frederick Murer 武兰勒	1932年7月	名誉副领事
英国	1935年	R. S. Pratt 布理嘉	1935年	
丹麦	1938年	Frederick Murer 武兰勒	1938年10月	挪威副领事代

(二)洋行

"洋行"是指外国人在华开设的商行,也指专跟外国人做买卖的华人商行。中国最早的洋行,可追溯到1715年英国东印度公司在

[①] 广东省地方史志编纂委员会编:《广东省志·外事志》,广东科技影像出版社1996年版,第117—119页。

广州所设的商馆，以及1719年法商密西西比公司、1805年美商普金斯公司在广州设立的机构。鸦片战争后，洋行扩张至上海等通商口岸，1852年仅在上海经营贸易的洋行就有40余家，至1855年各口岸约有洋行200家。在19世纪中期，这些洋行除了经营一般贸易及船运、兼营银行与保险等业务外，大都从事获利最多的鸦片贸易和"猪仔贸易"。

汕头开埠、对外通商后，西方国家商人纷纷在汕开设洋行，其中仅英商著名的就有太古洋行、怡和洋行，以及德记洋行、亚细亚洋行等。1862年美商吧叻咧家族及荷商联合英国人德谪创办的德记洋行，其在汕头的主要业务之一就是设立招工点，把贫困人民贩运到海外殖民地当苦力，即俗称的"卖猪仔"。此外，它也通过争夺新市街口码头地产权、率先建立礐石火油栈经销石油、快速拓展德安街与德兴市、建设新铺屋栈房等商业行为，很快建立起庞大的商业网络，在汕头获取巨大的利润。太古洋行在19世纪70年代在汕头设立分公司后，则至于美商益生美孚洋行、三达洋行，以及官督商办的航运企业招商局等商贸机构，亦名闻遐迩。

除了外资洋行，华资洋行也不乏佼佼者。潮州龙湖塘东村蔡亮如，年轻时到汕头当学徒，后来却成了汕头埠的大买办。当时，西方化肥质优价廉，而中国却没有能力研发、生产，他果断抓住机会创办捷兴洋行，以代理德商爱礼司洋行提供的德产狮马牌肥田粉和法国鸡牌颜料为主业获利，商品广销潮梅地区及福建一带。他不仅在汕头置有很多物业（如今老市区永兴街112号的捷兴洋行屋宇），在福建、江浙也拥有土地、厂房等众多资产。尽管蔡氏在汕头垄断了化肥的代理权、富甲一方，其本人处事却相当低调，因此民间一直有着"明富陈慈黉，暗富捷兴行"之说。

诚然，洋行、商行只是商业机构的一种形式。据《新汕头》记载，到了1928年，英、德、日、美、法、荷等国在汕头所开的洋行、商店、旅馆等共有56家，1100多人，已拥有左右市场的实力。①

---

① 汕头商业志编写办公室编：《汕头商业志》，1991年，第7页。

第三章　汕头开埠：晚清猪仔贸易与潮州对外移民潮

（三）教会

借助于宗教的手段进行文化渗透，是西方资本主义对华侵略的重要方面，这在潮汕地区表现得尤其突出。

早在清代初期，西方天主教就已开始在潮州活动。1838年，美国政府为了从侧面了解潮州情况，曾专门派遣传教士耶士摩到暹罗向华侨布道，并向华侨学习潮州话，为进入潮州做好准备。1848年，德国巴色会与瑞士信徒组织崇真会派教士黎力基往潮州、汕头一带传教，历时5年之久。1857年，沙汕头已开办有教会。①

汕头开埠后，教会发展很快，继澄海盐灶于1862年设立教堂后，汕头（1864年）、潮州（1865年）及庵埠、葵潭、黄冈等处也先后建起了教堂。在传播宗教教义的同时，教会学校也陆续开办起来，如1863年在盐灶开办的教会小学，1873年在汕头开设的淑德女子学校，1874年开办的贝理神学院，1877年开设的聿怀中学，以及其后兴办的揭阳真理中学和汕头华英学校等。不仅如此，教会还在潮汕地区开设了不少医院。1883年，英国教会派医生吴威廉到汕头开设医院，每天治病百人以上，还为兵备道道台治好了痢疾，从而获得支持，在汕头开办福音医院。1903年，又进一步在汕头设立了拥有一百张病床的医院。

（四）华侨团体

随着汕头开埠后潮汕与国外政治、经济、文化交往的增多，华侨与家乡的联系也日趋密切，华侨团体纷纷在潮汕地区成立。

1928年，在黄伟卿等一批归国华侨的倡议下，开始筹建"岭东华侨互助社"。翌年8月13日，该社在汕头举行发起者全体会议，并于23日宣告成立。其宗旨为：发扬侨胞互助精神，解除侨胞困难，组织侨胞力量，建设乡土，参与国事。社址设在新马路（今民族路），次年迁至外马路均和街一号，1939年汕头沦陷后曾移至黄伟卿祖籍普宁马棚村办公，至抗战结束后迁回。1946年，该社派人到南洋募捐，购得招商二横路30号（今南海横路22号）作为永久

---

① 王琳乾主编：《汕头市志·汕头历史篇》（抄本），1960年，第20—22页。

固定社址。鼎盛时期，拥有海内外分社共 29 个，社员 6000 余人。社员祖籍地主要分布在潮阳（2000 人以上）、澄海、潮安（各 500 人以上）、普宁、揭阳（各 300—400 人）五个县，此外尚有大埔、饶平、梅县、丰顺、惠来、汕头、永定、兴宁、平远、文昌、五华、宝安、南海、蕉岭、陆丰、琼东、南澳等籍社员。社员侨居地分布，计有越南（约 1100 人）、暹罗（900 余人）、新加坡（700 余人）、香港（600 余人）、三发坡、日里、槟榔屿、坤甸、勿里洞（各 100 人以上）、沙捞越、吧城、霹雳、怡保、澳门、三宝垄、苏门答腊、马六甲、爪哇、柔佛、仰光、万隆、泗水、巴黎、日本等（各 40 人以下）。① 1934 年 8 月 23 日，岭东华侨互助社改名为"汕头南洋华侨互助社"。1951 年，该社被汕头市侨务局所接管。②

成立之后，互助社做了大量为侨服务工作，如 30 年代初世界大萧条时期，大量华侨失去生计，不得已归国，自汕头港入境者众多。为免除归侨流离失所之苦，互助社主动呈请国民政府拨款救济，设立归侨招待所，并自行承担了部分归侨的接待工作。一些侨胞归国后遭土豪劣绅盘剥刁难，互助社也多为其沟通解决。抗战爆发后，互助社组织社员上街宣传抗日，揭露日寇侵略罪行，并向各地华侨募捐款项，购置大量棉被粮食等军需物品支援前线。抗日战争结束后，不少出国避难的华侨纷纷回乡，互助社特在社址后购置 360 平方米房产作为招待所，并购置一艘小汽船专门用于免费转运和安置侨胞。尤其可贵的是，互助社还积极在海外华侨和地方政府之间搭建沟通的桥梁，引导侨胞投资汕头的工业、交通运输业、金融业和房地产业，促进了潮汕侨乡的经济发展。

除此之外，在民国时期，尚有其他一些华侨团体在潮汕地区活动。如 1928 年 4 月，国民党揭阳县党部筹备成立华侨协会揭阳分会；1930 年，吉隆坡、新加坡华侨陈绳武、陈德开等和槟城华侨邹达三等

---

① 张映秋：《岭东华侨互助社的建立和发展》，载汕头华侨历史学会编《汕头侨史论丛》（第二辑），汕头华侨历史学会，1991 年，第 27—31 页。
② 袁伟强：《岭东互助社的建立及其作用》，载汕头华侨历史学会编《汕头侨史论丛》（第二辑），汕头华侨历史学会，1991 年，第 39—41 页。

在潮州发起成立实叻英荷各埠联谊社；1941年，日伪政府组织成立岭东华侨协会；① 1947年，泰国潮州会馆在汕头设立办事处；在新中国成立前，还有潮汕马来亚华侨联合会、旅汕越南华侨青年联合会等华侨团体。②

三　华工出国合法化

第二次鸦片战争给潮汕地区带来的另一个副产物，就是开放劳工出国。

咸丰十年九月十一日（1860年10月24日）及翌日，清政府分别同英国、法国签订《北京条约》。其中《中英北京条约》第五款规定："大清大皇帝允于即日降谕各省督抚大吏，以凡有华民情甘出口，或在英国所属各处，或在外洋别地承工，俱准与英民立约为凭，无论单身或愿携带家属一并赴通商各口，下英国船只，毫无禁阻。该省大吏亦宜时与大英钦差大臣查照各口地方情形，会定章程，为保全前项华工之意。"③《中法北京条约》第九款亦规定："大清大皇帝允于即日降谕各省督抚大吏，以凡有华民情甘出口，或在法国所属各处，或在外洋别地承工，俱准与法民立约为凭，无论单身或愿携家眷一并赴通商各口，下法国船只，毫无禁阻。该省大吏亦宜时与大法钦差大臣查照各口地方情形，会定章程，为保全前项华工之意。"④ 此后，葡萄牙、丹麦、西班牙、比利时、巴西分别与清政府签订的《天津条约》，荷兰与清政府签订的《中荷条约》，以及美国与清政府签订的《中美续增条约》（亦称《蒲安臣条约》、《中美天津条约续增条款》），都一体比照、援用了《中英北京条约》首开的无条件开放华工出洋等条

---

① 房建昌：《1945年以前日本人在汕头情况记述》，载中国人民政治协商会议汕头市委员会学习和文史委员会编《汕头文史资料精选》（政治军事卷），香港天马出版有限公司2009年版，第133页。
② 潮汕百科全书编委会编：《潮汕百科全书》，中国大百科全书出版社1994年版，第50页。
③ 汪毅、张承棨同辑：《咸丰条约》，沈云龙主编：《近代中国史料丛刊续编》，台北文海出版社1976年版，第487页。
④ 汪毅、张承棨同辑：《咸丰条约》，沈云龙主编：《近代中国史料丛刊续编》，台北文海出版社1976年版，第505—506页。

款，有着类似内容的明文规定。这也就意味着，清廷被迫放弃了沿用二百余年的禁止人民出境政策，"华民"出洋过番再无法律上的约束和障碍，海外移民从此合法化。

实际上，在汕头开埠之前，潮州府已出现众多的海外自由移民和契约华工，但他们按大清律例来说都是非法的。在清初，满族统治者为防范汉族人民到海外去集结反抗力量，海禁措施极为严厉，规定"凡国人在番托故不归，复偷漏私回者，一经拿获，即行正法"①。此后虽断续开放海禁，但都是要求不得在外久居不归的。《北京条约》承认了海外移民的合法性，这无疑为潮州人的大规模出洋创造了有利条件。

第二节 苦力贸易、社会动荡和海外移民潮

在考察汕头开埠给潮州区域社会带来的冲击时，苦力贸易及其伴随着的海外移民潮无疑是首先需要关注的。事实上，相较于自乾隆年间开放大米贸易后出现的潮州第一波海外移民潮，这波移民潮势头更加汹涌，流向更加多元，其对潮州区域的影响也更加深远。

一 苦力贸易的缘起

欧洲殖民主义势力于16世纪初侵入东南亚后，殖民者们看到这些地方尽管拥有丰富的自然资源，但却地广人稀、缺乏劳动力，而华侨在当地开发建设中所表现出的刻苦耐劳和高度效能无疑给他们留下了深刻的印象，于是开始雇佣华工并鼓励华人移殖，华侨遂成为南洋各属殖民地中最有价值的劳动力。到了18世纪末，英国、荷兰、法国和西班牙扩大了在东南亚的殖民统治，对当地资源的掠夺也更加疯狂。随着这些殖民地开发的锡矿和热带、亚热带经济作物如胡椒、甘蜜（皮革染色植物原料）、咖啡、蔗糖等产品逐步纳入资本主义世界市场，种植业经济的规模不断扩大，其对于劳动力的需求也日益迫

---

① 《大清律例全纂》卷二十，兵律关津，私出外境及违禁下海，第一页。

切。因此，英、荷各殖民地统治者不仅大力招募当地华侨做苦工，而且开始尝试直接从中国吸收劳动力，契约华工制亦因之应运而生。在19世纪20年代，英属庇能（槟榔屿）和新加坡已成为向爪哇、美洲等地输送契约华工的转运中心。只是，当时清廷严禁沿海民众私自前往外洋，殖民者在华招工只能偷偷摸摸地进行。随着鸦片走私贸易的发展，殖民者的招工活动也很快走向了诓骗和绑架的模式，开始了"卖苦力"和"卖猪仔"①的罪恶勾当。

1834年和1848年，英法等国相继在其所属美洲西印度群岛各殖民地废除奴隶制度，禁止贩卖黑奴。这些地方的种植园主们原先期望他们的奴隶们在获得人身自由后会更加积极地劳动，为他们创造出更多的财富来，却未曾想到，黑人和印第安人一旦摆脱了奴役，即纷纷遁入深山丛林，拒绝回到种植园中工作，致使劳动力的来源日渐枯竭。

为解决劳动力短缺的燃眉之急，殖民主义者转而从中国东南沿海寻求劳动力的供应，加大了在华苦力贸易的规模。一批又一批的契约华工被从庇能（槟榔屿）、新加坡或直接从中国东南沿海港口贩运到美洲、澳洲和非洲各地。据估计，在1801—1850年期间，出国契约华工为数已达32万之众；而在1851—1875年华工出国高峰期间，出国契约华工总数已逾128万人。② 在从事苦力贸易的东南沿海诸港口中，汕头的苦力贸易——"卖猪仔"尤为猖獗。

二 汕头的"卖猪仔"

（一）贩运概况及数量、去向

汕头的"卖猪仔"，大致可以分为开埠前、开埠后至民国初年、民国初年以后这样三个不同的阶段。因应不同时期国内外环境的变化，其贩运数量及去向亦有所不同。

第一阶段，是汕头开埠前（1852—1860年）的初始期。

潮州的"卖猪仔"贩运活动，由来已久。初时主要在南澳转运出

---

① "苦力"和"猪仔"，均为"契约移民"和"契约华工"的蔑称。因此，"苦力贸易"亦往往称为"猪仔贸易"。

② 陈泽宪：《十九世纪盛行的契约劳工制》，《历史研究》1963年第1期。

洋，后来移至汕头附近的妈屿岛。这些活动也较早出现在外国驻华领事的内部报告之中。

1853年3月25日，美国驻厦门领事布拉德莱在其向美国驻华特使马沙利的函件中，称其已统计出华工移民自1852年11月至1853年3月期间，仅由南澳岛航运的就已接近4000人，目的地为古巴、秘鲁和澳大利亚等。他还提到，福建"本省的移民，从1847年起是从厦门装船的。近年，在某种程度上，改在广东省东北部获得移民，并在南澳岛附近的某处，即汕头装船运出。移民们都订有按每月工资三四元、劳动五年至八年的契约"①。

汕头成为猪仔贸易和华工出洋的重要口岸，大约始于1852年。其原因是，此前西方殖民者在厦门掠骗华工的罪恶活动，激起厦门人民的愤慨和反抗，发生大规模的罢市、抵制洋行和制裁人贩子的事件，无法继续拐运到华工，只好把苦力贸易的中心由厦门转移到当时尚未正式对外开放的汕头来。

此后，汕头贩运苦力出洋数量激增。1854年，仅从汕头运往哈瓦那的华工就有838名。② 仅1855年一年内，就有12艘外国船（12773吨），从这里一共掠去了6388人。③ 自1847—1855年，仅从汕头运往哈瓦那的华工已有2508名。④ 另据估计，在1852—1858年期间，美国船只曾从汕头港口运出苦力40000名。⑤ 清代林大川在其所著《韩江记》中，曾这样描述道："咸丰戊午年（即1858年——著者按）正二月间，有洋船数十买良民过洋者，名过咕哩（即"苦力"——著

---

① 卢文迪、陈泽宪、彭家礼编：《美国外交和国会文件选译》，载于陈翰笙主编《华工出国史料汇编》第三辑，中华书局1981年版，第95—98页。
② 徐艺圃：《汕头地区早期华工出洋概论》，《汕头侨史论丛》（第一辑），汕头华侨历史学会，1986年9月，第57页。
③ 卢文迪、陈泽宪、彭家礼编：《美国外交和国会文件选译》，载于陈翰笙主编《华工出国史料汇编》第三辑，中华书局1981年版，第15—16页。
④ 美国外交部文件：1855年8月7日英国驻哈瓦那总领事克劳福（Craword）报告。转引自徐艺圃：《汕头地区早期华工出洋概论》，《汕头侨史论丛》（第一辑），汕头华侨历史学会，1986年9月，第54页。
⑤ 转引自姚贤镐编《中国近代对外贸易史资料（1840—1895）》，中华书局1962年版，第457页。

第三章 汕头开埠：晚清猪仔贸易与潮州对外移民潮

者按）。初则平买，继则引诱，再则掳掠，海滨一带，更甚内地。沿海居民，无论舆夫、乞丐及讨海搭虫习者，亦被掠去。"①

关于早期在汕头从事苦力贸易的国家以及运送苦力前往的殖民地，我们可以从1853年3月25日美国驻厦门领事布拉德莱致美国驻华特使马沙利函所填附表格中，窥见其一斑：②

表3-2　1847—1853年运往哈瓦那的契约劳工移民

年　月	船　籍	船　名	人　数	出口港
1852年11月	英国	印钦南号	355	南澳
1852年12月	英国	汤姆·格列沙姆爵士号	347	南澳
1853年1月	西班牙	恩尤查的印度人号	350	南澳
1853年2月	西班牙	圣安德烈号	383	南澳
1853年2月	西班牙	贝拉·加列加号	390	南澳
1853年3月	英国	麦地那号	450	南澳

表3-3　1852—1853年运往英属西印度的契约劳工移民

年　月	船　籍	船　名	人　数	出口港
1852年12月	英国	澳大利亚号	445	南澳
1853年3月	英国	英娜拉·哈斯丁号	320	南澳

表3-4　1848—1853年运往悉尼的契约劳工移民

年　月	船　籍	船　名	人　数	出口港
1852年11月	英国	艾林诺·兰开斯特号	260	南澳

---

① 转引自广东省汕头市地方志编纂委员会编《汕头市志》（第四册），新华出版社1999年版，第543页。
② 王琳乾、吴坤祥辑编：《早期华侨与契约华工（卖猪仔）资料》（潮汕历史资料丛编第4辑），潮汕历史文化研究中心、汕头市文化局、汕头市图书馆，2002年，第95页。

表3-5　　　　1852—1853年运往秘鲁的契约劳工移民

年　月	船　籍	船　名	人　数	出口港
1853年3月	英国	尼泊尔号	500	南澳

第二阶段，是1860年汕头开埠后、直至民国初年的全盛期。

在这一时期里，由于华工出国合法化，殖民主义者加大了在汕头从事苦力贸易的力度，汕头的"卖猪仔"活动更加肆无忌惮，出洋华工数量大增。特别是1888年以后，荷兰殖民者后来居上，专门从汕头掠运华工到苏门答腊东部的日里烟叶种植园，成为汕头苦力贸易的最大买主。当时荷兰政府专门派员到汕头，与清政府洋务委员廖维杰订立雇工章程，荷兰的好时洋行（即日里种植者协会）乘机在汕头设立分行——元兴洋行，每年招工数次。① 受烟草种植暴利的驱使，德国、英国亦积极介入苦力贸易之中，如德国自1903年起，即在汕头为其所属萨摩岛烟叶种植园招工。英国也自1905年起，为其属地北婆罗洲北般岛和山打根两地烟叶种植园从汕头招募华工。

据统计，自1876—1898年的22年间，从汕头运往东南亚各地的华工共有1512020人，其中从1888—1898年10年内运往苏门答腊日里种植园的华工，就有56025人。② 参与在汕头地区掠骗华工的列强，计有英、法、美、西班牙、葡萄牙、荷兰和德国等国。1907年，墨西哥也曾试图在汕头招工，最终因其以往虐待华工、臭名昭著，而遭清廷上下一致拒绝。

第三阶段，是民国初年至20世纪二三十年代的衰落期。

1912年1月孙中山担任中华民国临时大总统后，下令加速制定包括侨务在内的法律、法规，先后出台了《令外交部妥筹禁绝贩卖"猪仔"及保护华侨办法文》（1912年3月19日）、《令广东都督严禁贩卖"猪仔"文》等，明确规定，今后民国境内禁绝贩卖"猪

---

① 《汕头华侨志》（初稿），1990年5月（打字油印稿）。
② 朱士嘉编：《美国迫害华工史料》，中华书局1958年版，第22—23页。

仔",禁卖"猪仔"之事由外交部及各省都督具体负责;中央各部门及各地方政府皆应遵令,"严行禁止",务使贩卖"猪仔"奸人绝迹,"以重人道而崇国体"。在此形势下,加上1914—1918年的第一次世界大战的影响,汕头的"卖猪仔"终于很快落下了帷幕。对此,潮海关在其《1912—1921年潮海关十年报告》中,亦有直观的反映:"大战一爆发,两艘最大的'苦力'船停航,1915年运营船只继续缩减。"①

值得注意的是,在汕头装船出洋的苦力,并非全部来自潮州所属区域,也包括了部分从福建厦门、福州和澳门等地转运而来的华工。尽管如此,来自潮州境内的华工,仍然是汕头"卖猪仔"的受害主体。

光绪六年(1880),清政府派驻古巴外交官刘湘浦有鉴于当地华工处境极为悲惨、与家乡亲人失联多年,特将该处雇工华人姓字、年岁、籍属设法遍查,逐一注明,自费汇刊成书邮寄来华,派送各府州县,以便利沟通信息,使之不久得以返回家室、骨肉团圆。光绪九年(1883),粤东潮州会馆据此摘录出潮州府籍"现在寄居日国古巴埠、光绪六年已领执照华人姓名"的花名册——《外国音书》。据该书记录,古巴当时有潮人3466名。除一名女性外,其余全部为男性。籍贯分别是潮阳、潮州(原文如此)、揭阳、汕头、海阳、惠来、普宁、澄海、饶平、大埔、丰顺等十二属。年龄大多为三四十岁,最小18岁,最大的已77岁。众所周知,古巴是西班牙的殖民地,华工受虐极为严重。有关研究指称,约有70%的古巴华工因不堪压榨和虐待,在契约期未满之前就已殒身异域。这3466名华工无疑只是已登记在册的幸存者,其尚未登记者在所难免,实际被贩运到古巴的潮州籍苦力数量,理应数倍于此。

---

① [英]葛礼:《1912—1921年潮海关十年报告》,中国海关学会汕头海关小组译,载于中国海关学会汕头海关小组、汕头市地方志编纂委员会办公室编《潮海关史料汇编》(内部资料),1988年,第89页。

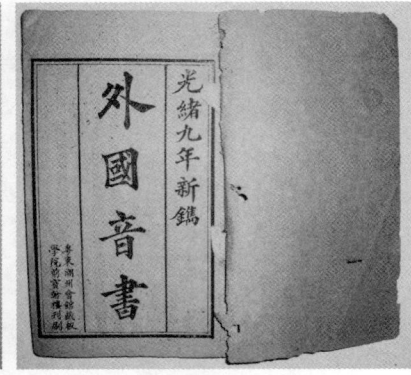

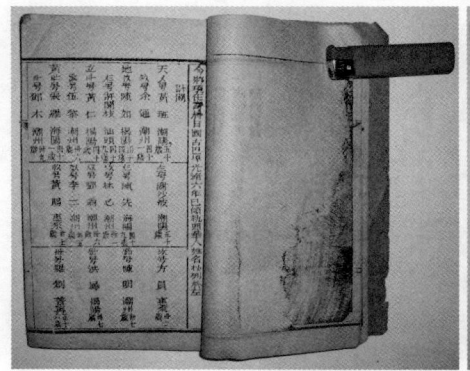

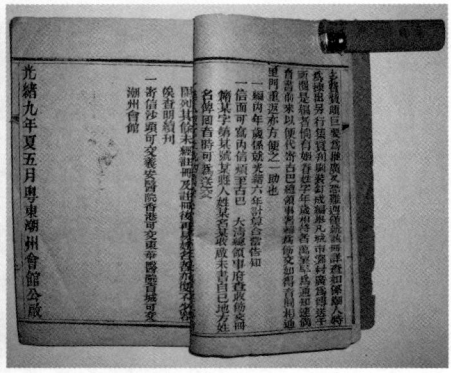

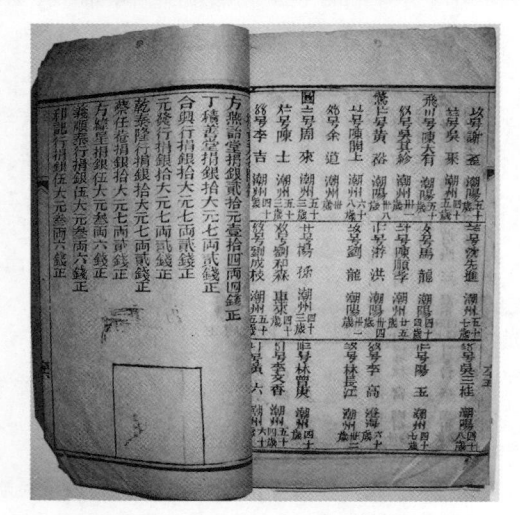

图 3-1 刊列海外潮籍华工信息的《外国音书》

（二）招工组织与官府态度

汕头苦力贸易的规模是如此之大，且绵延长达 70 余年之久，其个中缘由无疑值得探究。

首先，"卖猪仔"具有严密的招工组织，不仅外国机构参与其间，更有不少华人充当帮凶，苦力贸易成为中外各方赚取高额利润的途径，终致久盛不衰。

如果说，初期在汕头进行的苦力贸易纯粹是殖民者罔顾中国主权，利用华人拐匪、人口贩子偷偷摸摸进行的非法活动；那么，第二次鸦片战争后，殖民者的这类活动就已经完全合法、公开地进行了。从事苦力贸易业务的，通常是那些依托西方列强驻汕领事机构或洋行（如元兴洋行、鲁粦洋行），设立"招工馆"（亦称"猪仔馆""卖人行"或"咕哩行""客头行"）的客头、买办、掮客，或酒店、客栈、旅馆（如宝华兴客栈、裕顺安旅馆）的黑心老板。他们从西方殖民者或海外招工馆所那里以较高价格获得苦力订单，然后以较低价格将其承包给"大猪仔头"，后者再将其转包给"小猪仔头"，通过他们分头深入四乡八岭，以极低的价位，或者用诱赌、诱酒、下蒙汗药、讹诈勒索、诳称合伙开店、介绍职业的方法，甚至用打闷棍、强行绑架等各种欺骗和暴力的手段搜罗壮丁关入"猪仔馆"，等候外国轮船前来接运。以"宝华兴"客栈为例：郭吉轩凭借其做律师的儿子郭增鑫结交官府，开办客栈从事"卖猪仔"的罪恶营生。其具体做法是，他们先从香港招工馆那里以 50 大洋的较高价格（船费另计）获得苦力订单，然后以 30 大洋的价格将其承包给"大猪仔头"，后者再以 20 大洋将其转包给"小猪仔头"；"小猪仔头"则分头深入四乡八岭，不择手段猎取"猪仔"。再如，汕头"卖猪仔"非法活动初起，即有以香山人杨俊洸为首的拐匪团伙在妈屿外洋劫船掠货，并在岛上开设名为贸易、实则私贩人口出洋的行店，其交易地点起初在妈屿对面的澳头（今属汕头市濠江区），汕头开埠后将妈屿行店移入汕头，先名"福源行"，后改为"新兴行"字号。"该犯倚恃曾当洋行买办，借势横霸，动辄从中播弄，遇事武断挟制。历年汕头一带私贩人口出洋之案，该犯无不包庇。被拐亲属畏其报复，莫敢控告。"此外，他还在汕头将海坪"擅自填筑,侵占官地,建造洋楼,冲碍商民会馆,并包抽海船钱文,接济匪乡军火,劣迹多端"①。在1876年,汕头的猪仔馆已多达二三十家。正是在暴利的引诱下,大批汕头、潮州乃至广东的本土华人勾结洋商,卷入贩卖猪仔的罪恶行径之中。

其次,在契约移民的问题上,地方官府尽管对于非法的"卖猪仔"进行了一定程度的干涉和打击,但囿于华工出国合法及对外交涉不力,以及官府和吏治的腐败,并未能从根本上禁绝贩卖人口活动。

鉴于华工出国合法化,清政府对于契约华工移民出洋未便干预,但还是在招工程序、签约过程等环节进行监督。如1860年2月18日(咸丰十年正月,汕头开埠后不久),两广总督劳崇光即正式颁布告示、允准列强在粤招工,并照会各国驻华使领,附招工出洋章程十二条,规定"凡有自愿出洋之人,必须在中国地方官前当面声明,由地方官将合同逐句讲解给听";"只可在地方官所准之处开设公所",并由"地方官查看合同规条"等原则。对于华工的权利(如工期工时、工资伙食、往返路费、满期安置、患病医治等内容)及招工过程中各国应负的责任等,清政府也与英、法签订《续定招工章程条约》,进行约定。为此,清政府还专门设有监管机构,先后在汕头设立了汕头洋务公所[同治十一年(1872年)]、稽查汕头海口洋务局[光绪十年(1884年)]和汕头洋务保工局[宣统元年(1909年)],用以"保障侨民权益"。与此同时,潮海关也在规章制度上对于"猪仔贸易"进行严格的检查,船只必须在向海关递交一份包含有船名、旗帜、目的地、日期以及乘客数量等项内容的记录本,旅客上船后先集中在船的一端接受检查,清点人数,最后由海关开具《旅客证明书》后,该船方可开航。当然,官府及海关的监管程序,在很大程度上也是流于形式,未能有效遏制"卖猪仔"的非法行径。

拐匪私贩人口出洋,导致社会不安,严重威胁到清政府的统治秩序。在被害苦主的强烈要求下,官方也不得不将横行潮州府、汕头、妈屿一带的拐匪进行抓捕,予以严惩。如在咸丰九年(1859),两广

---

① 《钦定总理各国事务衙门清档》,转引自徐艺圃《汕头地区早期华工出国概论》,载汕头华侨历史学会编印《汕头侨史论丛》(第一辑),1986年,第63—64页。

总督劳崇光即曾将18名拐匪捕获处死；同治年间，粤督瑞麟等据汕头新关委员暨该埠万年丰会馆各行商禀控，檄饬惠潮嘉道及潮州府督同署澄海县戴裕源、新关委员恩佑等，将案犯杨俊洸拿获，并于同治十三年（1874）五月二十九日就地正法。此外，粤东各地官府也办理了一些此类案件，如同治七年三月初六日（1868年3月29日），广东巡抚耆龄抓获澄海县拐匪邓得周，以其"在澄海县属听从未获之谢亚调等起意诱拐方得才等二十一人，带往澳门图卖出洋"，于当年闰四月初五日就地正法；同治七年十二月二十五日（1869年2月6日），官府又在海丰县捕获了拐匪吴亚傲等。①

应该说，清政府及其广东、潮州地方官府在对待非法的"猪仔贸易"的态度上，总体来说还是反对的，并付诸一定的努力。不过，限于当时的历史条件，其作为终究难以取得大的成效，直到清末，"猪仔贸易"依然猖獗。

三 罪恶的苦力贸易

苦力贸易由于其本身就是建立在诓骗、拐卖、掳掠和压榨基础上的罪恶行径，因此自然遭到苦力们的反抗和客头、殖民者的镇压，以至于这项贸易从被掠进猪仔馆候船、开始远洋贩运行程、到抵达目的地后遭超强度奴役的每一个阶段，自始至终都充满着暴力、血腥、残酷和恐怖。

首先看看被掠、候船阶段的情况。

中国第一历史档案馆所藏清代档案史料中，记载有咸丰年间潮汕地区六名华工的自述，他们是：

李通，53岁，潮阳县人，原在家做药材生意，咸丰三年被人拐到汕头看戏时，逼上猪仔船。

陈德林，53岁，揭阳县人，在家种田，被拐逼到汕头上船。

姚阿押，65岁，潮阳县人，"在家做小本生意"，被拐逼到汕头上船。

---

① 徐艺圃：《汕头地区早期华工出国概论》，载汕头华侨历史学会编印《汕头侨史论丛》（第一辑），1986年，第63页。

沈阿九，60岁，普宁县人，在家种田，因"赌输了不敢回家就到汕头坐在路旁"，被人贩子诱骗上船。

张开，44岁，在家乡卖水菜，被拐子强行逼上猪仔船，于咸丰四年十二月在汕头开船。

林阿二，潮阳县人，在家务农，咸丰五年在汕头看戏时被拐逼上船。

被拐逼的华工如表示不愿出洋，便轮番吊打，或放在水里浸泡挨冻，人贩子和洋人用刀板打、藤条打。直打到求饶答应方休。还有的被堵住嘴，有的被蒙上头罩，而不能呼救，直到被绑架上船。然后在合同上画押、编号，有的甚至被剥光衣服，胸前打上C、P、S等印记（C，代表运往古巴；P，代表运往秘鲁；S，代表去夏威夷）。陷入绝境的"猪仔"华工，有的跳海自杀，有的生病被遗弃。

妈屿岛周边海面是猪仔船集中之处，因此这里也成为大量病亡华工的弃尸之所。

1856年3月3日，英船"新玛格丽特"号舰长罗伯特·波菲曾致函上海《北华捷报》说：

> 关于现在汕头进行苦力贸易的一些恐怖情况，这是无可否认的事实，因为是我亲眼得见的。这天下午……我们发现从一些苦力船上又把六名病了或要死的苦力送到海滩去，就抛弃在露天地下，无人过问……这些可怜的不幸者确实呼吁无门，有的无人扶持，就不能动弹了。毫无疑问，他们的大多数可怜的同伴们，都是被强迫运走的……使家里妻儿老少不知他们的下落……①

两年以后即1858年2月8日，一位当时在中国的传教士威廉C.伯恩斯和这位英船"新玛格丽特"号舰长罗伯特·波菲，又在妈屿岛上目睹了另一幕更加恐怖的惨景：

---

① 美国外交和国会文件，第10号。转引自徐艺圃《汕头地区早期华工出国概论》，载汕头华侨历史学会编印《汕头侨史论丛》（第一辑），1986年，第59页。

第三章 汕头开埠：晚清猪仔贸易与潮州对外移民潮

暴露着已死或刚死的苦力的尸体……我们……来到上述地点，亲自进行了考查。有一堆尸体，大概有好几个月了。我们在这堆已死或要死的人当中，找到七具尸体，其中有一名快要死的人说，他已经四、五天什么也没有吃。这个人是从苦力船送上岸来的，因为他颈项上系有一个号码（262），穿的衣服（黑棉袄等）和现正在这儿装载苦力的美国船"玛琍·惠特里奇"号……船上苦力穿的一样。我们到市镇外边海滩上看了一下，又看到七具尸体，大多数（即使不是全部）都是从苦力船上送到海滩上来的，因为他们身上裹着毯子，项上挂着船票。我们取下三张船票，在回来的路上，又在苦力棚附近躺着的一具尸体上，取下一张船票。这个最后的尸体同那个快死的人穿的是同样的衣服。这人附近还躺着另一具尸体，总共未掩埋的尸体有十六具，只等鸟兽吞食，一般是喂狗、喂猪。此外，我们还在另外一间屋里（离我们首先看到的那一堆尸体相当远）发现两名苦力，快要饿死，其中一个发着高烧。两人都还能和我们谈话。一个说他是同五、六名同伙从那个黑边船（美国船）送上岸来的。上述情况就是这里进行的苦力贸易的恐怖状况……。这种情况发生的地点与住在这里的船长和商人的房屋相距不过一箭之地。①

据记载，仅咸丰二年至咸丰八年（1852—1858年），在妈屿岛就有8000名"猪仔"因病或死亡而被弃，占运出"猪仔"总人数的20%。②

再看看海上长途贩运阶段的情况。

1857年从汕头开出的美船"挑战"号，因途中航行事故开进了新加坡；同时，船上又发生了传染病，致使很多华工丧命。

1857年1月29日从汕头开出的法国"卡利那"号苦力船，由于

---

① 美国外交和国会文件，第10号。转引自徐艺圃《汕头地区早期华工出国概论》，载汕头华侨历史学会编印《汕头侨史论丛》（第一辑），1986年，第59—60页。
② 广东省汕头市地方志编纂委员会编：《汕头市志》第四册，新华出版社1999年版，第543页。

华工不堪凌辱,第二天船长、理货员和部分水手,就被华工所杀。苦力夺船,开往距布里克斯点五英里的东部海岸。

1857年3月17日从汕头开出的"古尔玛"船,装有428名华工,开船的第二天,华工即群起暴动,但被镇压下去。有30多名苦力受伤,有209名苦力跳海自杀。所以,有一个时期,有些船长听说要装运苦力,就心惊胆战。在汕头南澳岛装苦力运往古巴、秘鲁的船只,亦曾因水手拒不上船工作而延误过船期;他们害怕能否保住脑袋到达目的地。①

美国外交和国会文件披露,光绪年间,有美国船"追风"号从汕头一次就运走了700名华工。在该船还未开船之前,船长柯兰为显示威力震慑华工,竟无故鞭打了60名华工。另一艘船"挑战"号由汕头装满了900名华工,启航后,船长克尔内每隔几天就要鞭打华工,致使船上的华工经常闹事,而每次都被残酷地镇压下去;当该船到达哈瓦那后,华工即死去了150名。②

苦力贸易中发生的种种罪恶,可谓罄竹难书。对此,英国驻华公使亦坦承:"汕头及其附近一带(这些地方都在英国领事法权管辖之外)为搜罗猪仔苦力并将他们贩运出洋而产生的无法无天暴行,已达到不可想象的地步。"③

最后再看看华工抵达目的地后的境遇。

由于契约华工移民是近代资本主义对殖民地、半殖民地侵略和掠夺的产物,他们所受奴役和剥削的程度也是资本主义发展史上罕见的,几与黑人奴隶无异。华工在古巴、秘鲁等地的境遇尤其悲惨(这些地方正是潮汕华工大量前往之处),约有70%的古巴华工因不堪压榨和虐待,在契约未满之时即已殒身异域。在秘鲁钦查岛上挖鸟粪的

---

① 徐艺圃:《汕头地区早期华工出国概论》,载汕头华侨历史学会编印《汕头侨史论丛》(第一辑),1986年,第59页。

② 徐艺圃:《汕头地区早期华工出国概论》,载汕头华侨历史学会编印《汕头侨史论丛》(第一辑),1986年,第66页。

③ 英国驻华公使、商务监督兼香港总监督约翰·包令致英国外交大臣马姆兹伯利文,1859年4月15日于香港。转引自徐艺圃《汕头地区早期华工出国概论》,载汕头华侨历史学会编印《汕头侨史论丛》(第一辑),1986年,第61—62页。

第三章　汕头开埠：晚清猪仔贸易与潮州对外移民潮

4000多名华工，"有劳动过度而病毙者，有坠落鸟粪层中活埋者，有不堪苦役自绝壁上投海而死者，仅存之人数不过百人而已"①。在东南亚各属殖民地的契约华工，境况亦不乐观，如在20世纪10年代，英属马来亚的契约华工每年死亡率都达到20%，比同期当地居民死亡率高7倍，比当地欧洲人高23—30倍。②至于美国、加拿大、澳大利亚和新西兰的华工，由于当地的排华运动，许多华工也惨遭屠杀、袭击和迫害，生命财产遭到惨重的损失。按照保守的估计数字，1800—1925年出国的300万契约华工中，平均有三分之一即100万人丧命，另有30万人受伤致残，两项合计为130万人。③

潮汕地区的"猪仔"，在上述这些地区均有分布，其境遇当无二致。被招往英属殖民地德麻拉拉种植甘蔗、木棉的汕头苦力，也是受尽了牛马之苦，在平日里仅能吃到一碗粗饭，两片咸牛肉，很少吃到蔬菜，大多数华工经常吃香蕉等充饥。特别令人发指的是，农场主竟然用生牛皮编织成的鞭子抽打华工，致使许多华工病死或自杀。前往荷属东印度日里种植园种植烟叶的华工，几乎全是从汕头埠运出去的。他们被迫像囚犯一样遭受奴役，人身自由受到严格的限制。"入园后不准擅自出入，虽父兄子弟不能晤面。于是克扣工资盘剥重利诸弊丛生。工人莫不忍气吞声，呼吁无门……苛虐各节，令人惨不忍闻！"④以致潮州有句民谣道："日里窟，会得入，无得出"，道出了千千万万猪仔华工的辛酸血泪。

值得注意的是，清末由汕头出洋到东南亚各地的华工，其船票（又称"水脚费"）普遍实行着赊欠的办法；其具体做法是：由船东在汕头预先给华工垫付船票的一半或者六成；到达务工地点后，华工头几年则要为偿还船票而付出无代价的劳动，这也就是所谓赊单制华工的由来。显然，这种办法迫使出洋华工在海途和上岸后，不得不就

---

①　李长傅：《中国殖民史》，台湾商务印书馆1983年版，第266页。
②　郭威白：《马来亚中国人在发展当地经济中的地位》，《中山大学学报》（社会科学版）1959年第4期，第83页。
③　陈泽宪：《十九世纪盛行的契约华工制》，《历史研究》1963年第1期。
④　光绪二十七年十二月二十五日吕海寰奏折。转引自徐艺圃《汕头地区早期华工出国概论》，载汕头华侨历史学会编印《汕头侨史论丛》（第一辑），1986年，第70页。

范于船主、依附于东家，使华工在异国他乡处于备受凌辱、以身待赎的状况。为此，张之洞任职两广总督时，于光绪十五年（1889）宣布禁用赊单办法招雇华工出洋，引起了英国驻汕头领事的抗议。尽管张之洞宣布禁用"赊单制"，但由于清政府在政治、外交等方面的进一步腐败和无能，以及根深蒂固的历史原因，"赊单制"在实际中并未取消，因为这是一种对于殖民主义者奴役华工十分有效的制度。它不仅在出洋至东南亚的华工中广泛流行，即便是在去往北美等国的华工中也一直沿用，它实际上是套在华工身上的沉重枷锁。

第三节　轮船交通对潮州海外移民的促进

汕头开埠后，随着外资、侨资的进入，轮船公司也纷纷在汕头投入运营。这些轮船公司开辟了通往国内各通商口岸、香港和东南亚各埠的航线，不仅便利了殖民者和外商进出潮汕地区，也在客观上促进了潮州人的海外移民，使得清末潮州人的侨外人数空前增长。

一　汕头轮船的开通

汕头轮船的开通，是与香港开埠、五口通商后深水港的修建相联系的，伴随着外国资本的进入和垄断，以及海外侨资、本地华资的投资和竞争。

早在1860年汕头开埠前，香港自由港及国内五口通商口岸广州、厦门、福州、宁波和上海，就已定期或不定期地陆续开通了轮船客货运输，一些公司的航线还经停汕头。如大英火轮船公司的"玛丽·伍德夫人"号，1849年开设航行锡兰（斯里兰卡）、香港线，增设从香港经汕头至上海的沿途运输业务；三年后，其定期航行轮船不下于5艘；① 1855年，怡和洋行在其川走加尔各答、香港航线的基础上增设了香港经汕头至上海定期航线，美国旗昌洋行"孔夫子"号（430吨）和"羚羊"号（415吨）定期航行于香港至上海之间，英国宝顺

---

① 樊百川：《中国轮船航运业的兴起》，四川人民出版社1985年版，第121页。

第三章 汕头开埠:晚清猪仔贸易与潮州对外移民潮

洋行的船只也在香港至上海之间作不定期的航行。

同治元年(1862),英国德记洋行的汽轮首次公开进入汕头港内,开通了汕头至海峡殖民地的航线。陆续开通川走香港、上海线并经停汕头的轮船公司,还有1865年创立的省港澳轮船公司和1867年创立的海洋轮船公司。据厦门海关税务司1865年报告,除了不定期船只外,仅在闽粤两省就"有六艘船在香港、汕头、厦门、福州间定期航行,其中三艘属于大英轮船公司","一艘定期停泊汕头"①。由于外国势力掌握了航运的特权,从1863年起,汕头海运全部为外国公司的船只所垄断,其船只几乎被中国商人所租用。此后,东南亚华侨购置轮船运营,多挂外国旗来往;"闽广巨商多有自置洋船,亦以洋人充当舵手"②。

图3-2 1860年代开埠后的汕头港

---

① 刘广京:《英美航运势力在华的竞争》序,上海社会科学院出版社1988年版,第6页注。
② [美]G.W.史金纳:《泰国华侨社会:史的分析》第2章,《南洋资料译丛》1964年第1期。

同治六年（1867），英国的渣甸汽船公司和德忌利士公司正式开辟了香港至汕头的定期航线。同年，英商在"贺尔特公司"（1864年创办）和"中国海船组合"（1866年创办）的基础上，在上海创办太古洋行，专门经营中国沿海口岸的航运业务，又称太古轮船公司。它从东北口岸牛庄运豆饼、大豆到汕头，再从汕头载糖北运，后来还做牛庄、汕头的船只出租生意；至光绪五年（1879），其投入牛庄—上海—汕头航线的轮船已有六艘，并在汕头设立了分支机构—汕头太古洋行（旧址在老港务局内，现已拆除）。

　　此后，不少中外航运机构也陆续到汕头开办航运公司或代理行。到1870年之时，相关航运已经定期和经常化，轮船已经取代帆船成为主要交通工具。当时，汕头已与菲律宾、马来亚（包括新加坡）、缅甸、爪哇、苏门答腊等地开通了定期班轮。1882年，英国的曼谷客运轮船公司创办汕头—曼谷—香港—汕头的定期班轮。在其最初经营的两年里，从汕头启碇去曼谷的轮船，平均每星期就有一班。① 1899年年末，德国洋行在汕头设立船舶经销处，经营汕头的海外航线。北德意志轮船公司于1900年接办了从汕头、琼州等处载运华工去新加坡、曼谷的航运业务。德国捷成洋行于1903年年末投入两艘轮船开始汕头、香港、琼州和越南堤岸的定期航行。② 此外，德商还先后于1888年、1896年和1904年，开通了汕头至日里、勿里洞和北婆罗洲的移民直达航线。

　　值得注意的是，自19世纪70年代起，中国官商合办的民用企业——轮船招商局和华侨经营的轮船公司，也先后加入与外资航运公司的竞争中来。1872年李鸿章创办轮船招商局后，其船只即常来往汕头。如1872年，永清号往来上海、香港、汕头、广州；1876年，和众号航行厦门与汕头；1881年，永清号、利运号、镇东号于秋冬季驶往汕头及广东各处。但轮船招商局的航运业务受到外轮的竞争和排斥，一直居于次要的地位。1905年，暹罗潮侨张见三等人创办悬挂英国旗的华暹轮船公司，集资300万铢（一说500万两），1909年5—6

---

① 施坚雅：《泰国华人社会：历史的分析》，厦门大学出版社2010年版，第49页。
② 樊百川：《中国轮船航运业的兴起》，四川人民出版社1985年版，第365—370页。

第三章　汕头开埠：晚清猪仔贸易与潮州对外移民潮

月间租船开设了汕头、香港、海口至曼谷航线，翌年又增开至新加坡的航线。① 到了1911年，华暹轮船公司已拥有自购轮船3艘（约5100吨），加上租船已有轮船8艘以上、总吨位达一万数千多吨，② 其中有4艘轮船专走汕暹线。

总的看来，在19世纪下半叶，英资、德资轮船公司在汕头轮船海运中居于主导地位，基本上垄断了汕头的轮船交通。相形之下，中国官商合办的轮船招商局和华商私营的轮船公司仅居于次要的地位。

在轮船交通的强力冲击下，潮州的红头船海运骤然萎缩。1882年与1866年相比，进出汕头的船只已从525艘（次）、21.2万吨增至755艘（次）、57.4万吨，其中轮船占绝大多数。而原来不下于千艘的潮州帆船却不断减少，从减为400艘（1858年）、300艘（1869年）到111艘（1882年），至1891年时仅剩下80艘。③ 延至19世纪末、20世纪初，便很快趋于绝迹，最终退出了历史舞台。

二　潮州海外移民的快速增长

轮船是西方工业革命的产物。相比于木质帆船红头船，它运量大、航速快，使汕头至新加坡的航程从原来的一个多月减少为二十多天乃至一个星期。④ 汕头轮船的通航，成为"汕头海运之新纪元"。⑤

海运贸易的发展，不仅促进了商业的繁荣，还使得潮州与南洋的交通更加快捷、安全，移民人数因之剧增，并可实现每年多次往返。据统计，汕头在1872年时，有22%的移民搭乘轮船出国；到了1895年，这一比例已升至50%。⑥ 在汕头开埠初期的1869—1872

---

① 《通商各关华洋贸易总册》宣统元年（1909年），下卷，汕头口、琼州口，第95/710/748页。
② 《海关十年报告》，1902—1911年，第2卷，汕头口，第118页；琼州口，第242页。
③ 饶宗颐：《潮州志》，交通志，水运；《海关十年报告》，1882—1891年，汕头口，第533页。
④ 陈翰笙：《华工出国史料汇编》（七），第90—91页。
⑤ 饶宗颐：《潮州志》，交通志，水运，第4页。
⑥ ［美］施坚雅：《泰国华人社会：历史的分析》，厦门大学出版社2010年版，第99页。

年，经过汕头口岸前往港澳和东南亚各地的人数为10.1261万人，年均2.5315万人（其中多数是潮州人）；到了清末的1904—1911年，这一数字已上升到83.7312万人，年均10.4664万人，大约是前者的4倍有余。

第 四 章

避乱趋利：民国以来社会动荡和政治变革中的潮汕移民

1911年，以孙中山为首的革命党人发动辛亥革命，推翻清政府的封建专制统治，创建了中华民国。中华民国临时政府严禁猪仔贸易，但却未能从根本上改变中国的半封建、半殖民地社会性质，没有从根本上铲除导致沿海民众出洋谋生的土壤。因此，在北洋军阀政府和南京国民政府统治时期，受国内军阀混战、党派纷争、日本侵华和国共内战等的冲击，前往东南亚避难的潮汕移民始终络绎于途。但受东南亚各侨居地经济、政治环境的制约，大约从20世纪20年代末开始，移居东南亚的潮州人数量明显下降，太平洋战争期间几乎完全中断，直至战后才有所恢复。

1949年中华人民共和国成立后，受国际冷战形势及国内政治气候的影响，中国出外侨居、移民的人口数量锐减，前往东南亚的潮汕民众不多。改革开放后，中国与东南亚各国关系陆续正常化，潮汕地区前往东南亚的新移民才逐渐多了起来，但在群体规模、移民路径、侨居形态等诸多方面已发生巨大变化。

第一节 民国社会动荡与潮州人出国浪潮

中华民国临时政府成立后，"猪仔贸易"遭到严厉禁止。1912年底，清代遗留的汕头洋务保工局被撤销，华工出国事务改由特派汕头交涉员公署办理。特派汕头交涉员公署严格遵照政府指令行事，配合警力跟踪、监督劳工买卖，搜捕"客头"，查找"客馆"，终使卖猪仔活动逐渐绝迹。迨至民国十八年（1929）下半年特派汕头交涉员公署裁撤，卖猪仔现象已在潮汕地区彻底消失。此后，有关管理华工出洋的职责，改由汕头市政府设立的妇孺出洋问话处负责。

不过，猪仔贸易的取缔并不意味着潮州自由移民的终结。民国时期，自汕头开埠后出现的潮汕民众出国潮得以继续延续和发展。特别是进入20世纪20年代后，出国高峰时每年竟达14—15万人，一般年份也有10万人，而回归者每年仅6—9万人。出国到泰国曼谷者最多，往新加坡、西贡、苏门答腊的人次之。民国十六年（1927）是最高潮，这一年出国222033人，归国144902人。在20—30年代，每月经汕头出国5000人以上，而回国也有3000人左右，汕头行驶南洋航线平均每月达36艘次之多。①

上述移民出国数字的激增及1927年最高峰的出现，实际上反映了潮汕地区民众所受到的大革命的影响，许多进步人士和华侨眷属为了躲避国民党政府的政治迫害而遁走南洋。

不过，从1927年起，潮汕民众出国除个别时段出现小高峰外（如1938年日军进侵华南侨乡以及1945年抗战胜利后，华侨携眷属纷纷乘船往南洋各国），受国际形势及侨居地政策的影响，出国规模和绝对数量均有明显的下滑之势。如在1927年7月，暹罗（泰国）政府即制定入国法，对华人入境实行限制。1929—1933年发生世界性的经济危机，热带作物和锡矿产品出口市场衰退，马来亚（含新加坡）首先受到波及，橡胶和锡价大跌，工人大批失业，当局被迫拨付巨款遣送失业华工回国。影响所及，各国失业后备军不断扩大，中国移民前往东南亚泰国和各属殖民地受到普遍抵制，马来亚并于1930年8月宣布移民入口限制条例。因此从1931年起，经汕头出国往南洋谋生的人数逐年减少；1931—1933年，潮汕华侨每年回国人数均超过出国人数。1939年日军占领汕头后封锁海港，民众循海路出国已不可能。相反，不少华侨青年由泰国、马来亚、越南等地回国参加抗

---

① 广东省汕头市地方志编纂委员会编：《汕头市志》第四册，新华出版社1999年版，第544页。

第四章 避乱趋利：民国以来社会动荡和政治变革中的潮汕移民

战，1942年日军侵占南洋后，更有大批华侨由陆路返回潮汕地区。1945年抗战胜利、南洋光复，大批归侨及眷属复员前往各侨居地，但自1947年开始，南洋各地即以战争恢复时期经济困难、就业不易为由，开始限制中国移民入境，至此，"华人向东南亚的移民实际已告终结了"①。如1947年3月，暹罗政府规定中国人入境每年不得超过1万名，其中7000名由汕头口岸安排；翌年，又以1947年华人入境超过限额为由，将汕头口岸的配额减少为2000人。1947年11月，法属越南西贡也规定，中国新侨必须有当地政府或领事馆签署的入口证，方可前往。1948年8月，马来亚英国殖民当局驱逐进步华侨出境，数百名华侨被遣送回汕头。1951年，泰国銮披汶政府大规模排华，更有数千名华侨被迫乘船至汕头，回国定居。至此，潮州民众出洋谋生进入低谷。

第二节 海外潮州人数量估计

由猪仔贸易及汕头开埠引发的潮汕地区第二次海外移民潮，可谓旷日持久、规模空前。它不仅使海外潮州人数量大增，而且改变了其既有的分布格局，海外潮州人从此不再局限于东南亚一隅。

一 饶宗颐《潮州志》和广东省汕头市地方志编纂委员会《汕头市志》的估计

关于近现代潮汕地区海外移民历年数据及其总体规模，我们可以由饶宗颐总纂《潮州志·户口志下·统计图表》中的《潮州历年移民海外统计表》，以及广东省汕头市地方志编纂委员会编《汕头市志》（第四册）中的《清同治八年至民国37年（1869—1948）从汕头口岸往东南亚各国华侨、华人出入境人数统计表》，窥其概貌。

---

① ［英］巴素：《中国人在东南亚》，伦敦，1965年出版，第30页。

表 4-1　　　　　　　　　潮州历年移民海外统计表①

年别	出口人数	入口人数	出口实在人数	备考
清同治八年（1869）	20824			上列系经汕头市出口之数字，其间杂有州外各邻县之人
九年（1870）	22282			同上
十年（1871）	21142			同上
十一年（1872）	37013			同上
光绪五年（1879）	17176			上列数字计本州人外，内永定人113、诏安人216、梅县人1283、蕉岭人220、兴宁人404、海丰人428、陆丰人422
二十一年（1895）	91100			自光绪初年每年出口人数逐渐增加，而上列之人数大半至新加坡及英属之地，西贡、曼谷、苏门答腊等地次之
三十年（1904）	103202	86454	16748	
三十一年（1905）	93645	79298	14347	
三十二年（1906）	102710	92704	10006	
三十三年（1907）	144315	101635	42680	
三十四年（1908）	112061	92292	19769	
宣统元年（1909）	115499	112608	2891	
二年（1910）	135980	108363	27617	
三年（1911）	130900	115562	15338	
民国元年（1912）	687733	682261	5472	
二年（1913）	694909	682755	12154	

---

① 饶宗颐总纂：《潮州志·户口志下·统计图表》，潮州市地方志办公室编印，2004年，第1750—1754页。表中数据多有空缺和错误，此处照录并加括号注明。年别项内标注公元纪年。人数改用阿拉伯数字。备考项内文字加标点符号。版式改竖排为横排。

第四章 避乱趋利：民国以来社会动荡和政治变革中的潮汕移民

续表

年别	出口人数	入口人数	出口实在人数	备 考
三年（1914）	667742	682722		是年入口人数溢出口人数 14980 人
四年（1915）	792426	813946		是年入口人数溢出口人数 21520 人
五年（1916）	855145	811671	43474	
六年（1917）	770868	697868	73000	
七年（1918）	790528	754821	35707	
八年（1919）	906013	839888	66124（注：应为66125）	
九年（1920）	784036	724748	59288	
十年（1921）	917312	879434	37878	
十一年（1922）	904745	877613	27132	
十二年（1923）	713137	665563	47574	
十五年（1926）	169700	120000	49700	据汕头海关出入口人数统计，计往暹罗 57000，新加坡 10300，安南 9700，并经香港者 6400，经厦门者 84000，盖因五卅惨案，德记洋行、渣甸洋行轮船湾泊于厦门，故经厦门出南洋者骤增，经香港者锐减。至由南洋归国者，约 120000，则此剩余之 49700 人，当为移民之实数
十九年（1930）	123724	94726	28998	计出口男 78598，女 22355，孩童 22771。入口男 62525，女 14586，孩童 17615
二十年（1931）	80202	81962		计出口男 50978，女 14656，孩童 14568。入口男 52726，女 17516，孩童 11720。是年入口人数溢出口 1760 人
二十一年（1932）	36824	70864		计出口男 23261，女 7711，孩童 5852。入口男 38905，女 20128，孩童 11831。是年入口人数溢出口人数 34020 人（注：应为 34040 人）

续表

年别	出口人数	入口人数	出口实在人数	备考
二十二年（1933）	44858	59722		计出口男 25903，女 10014，孩童 8941。入口男 31999，女 10368，孩童 17355。是年入口人数溢出口 14864 人
二十四年（1935）	50717	19107	31610	
二十六年（1937）	10884	1715	9169	上列数字系经汕头市出入登记者，以下同
二十七年（1938）	67341	29323	38018	海关中外贸易统计年刊出口作 88038，入口作 39880，并称出口往香港 28943、英属马来亚 17834、荷印 2578、暹罗 21528、安南 17155，入口由香港来 17222、英属马来亚 8059、荷印 226、暹罗 14373
二十八年（1939）	82783	20550	62233	海关中外贸易统计年刊出口作 25880，入口作 22678，并称出口往香港 4789、英属马来亚 4093、荷印 1180、暹罗 5590、安南 10228，入口由香港来 5949、英属马来亚 4700、暹罗 12029
三十三年（1944）	20	452		上列数字系经揭阳县出入登记者。是年入口人数溢出口人数 432 人
三十四年（1945）	65	87		上列数字系经汕头市出入登记者，当系收复后数字，间恐不实。是年入口人数溢出口人数　　人
三十五年（1946）	2649	2555	94	上列数字系经汕头市出口者

右同治八年至民国十二年，据《六十年来岭东纪略》；民国十五年，据《新汕头》；民国十九年，据《汕头市政公报》；民国二十年至二十二年，据《星华日报纪念刊》；民国二十四年，据《广东侨务会刊》；民国二十六年至三十五年，据《侨务十五年》等书。惟各县移民海外人数，向少详细调查。据《岭东纪略》移民篇所载之光绪五年本州各县移民人数，计潮安 2759 人，潮阳 1956 人，揭阳 1933 人，饶平 2379 人，惠来 1090 人，大埔 596 人，澄海 1699 人，普宁 743 人，丰顺 935 人，合计凡 14090 人

第四章 避乱趋利：民国以来社会动荡和政治变革中的潮汕移民

表4-2 清同治八年至民国三十七年（1869—1948）从汕头口岸往东南亚各国华侨、华人出入境人数统计表①

单位：人

年份	出国 合计人数	回国 合计人数	出超	年份	出国 合计人数	回国 合计人数	出超
清同治八年（1869）	20824			光绪十六年（1890）	65427	50062	15365
同治九年（1870）	22282			光绪十七年（1891）	59490	54032	5458
同治十年（1871）	21142			光绪十八年（1892）	59247	46254	12993
同治十一年（1872）	37013			光绪十九年（1893）	89700	51991	37709
同治十二年（1873）	24284	20066	4216	光绪二十年（1894）	75068	50117	24951
同治十三年（1874）	23046	17533	5513	光绪二十一年（1895）	85157	47618	37539
光绪元年（1875）	30668	30568	100	光绪二十二年（1896）	88047	55586	32461
光绪二年（1876）	37635	21813	15802	光绪二十三年（1897）	67180	57729	9451
光绪三年（1877）	34188	23593	10595	光绪二十四年（1898）	70716	54407	16309
光绪四年（1878）	37963	26875	11088	光绪二十五年（1899）	86016	65328	20688
光绪五年（1879）	36336	28048	8288	光绪二十六年（1900）	93460	71850	21610
光绪六年（1880）	38005	28013	9992	光绪二十七年（1901）	89538	74482	15056
光绪七年（1881）	30690	25687	5003	光绪二十八年（1902）	104497	70797	33700
光绪八年（1882）	67652	35025	32627	光绪二十九年（1903）	129539	99835	29704
光绪九年（1883）	73357	40929	32928	光绪三十年（1904）	103202	86454	16748
光绪十年（1884）	62551	41212	21339	光绪三十一年（1905）	93645	79298	14347

① 广东省汕头市地方志编纂委员会编：《汕头市志》第四册，卷六十九《华侨》，新华出版社1999年版，第545—546页。

续表

年份	出国合计人数	回国合计人数	出超	年份	出国合计人数	回国合计人数	出超
光绪十一年（1885）	59630	44907	14723	光绪三十二年（1906）	102710	92704	10006
光绪十二年（1886）	88330	45025	43305	光绪三十三年（1907）	144315	101635	42680
光绪十三年（1887）	68940	49368	19572	光绪三十四年（1908）	112061	92292	19769
光绪十四年（1888）	65421	54520	10901	宣统元年（1909）	84246	43078	41168
光绪十五年（1889）	74129	53658	20471	宣统二年（1910）	104001	48131	55870
宣统三年（1911）	133667	38785	94882	民国十八年（1929）			
民国元年（1912）	124673	42318	82355	民国十九年（1930）	123724	94726	28998
民国二年（1913）	117060	38737	78323	民国二十年（1931）	80202	81962	
民国三年（1914）	86796	39403	47393	民国二十一年（1932）	36824	70864	
民国四年（1915）	74343	36502	37841	民国二十二年（1933）	44858	59722	
民国五年（1916）	82400	29259	53141	民国二十三年（1934）	56293	40500	15793
民国六年（1917）	69375	20450	48925	民国二十四年（1935）	130766	123768	6998
民国七年（1918）	57416	32065	25351	民国二十五年（1936）	91157	48739	42418
民国八年（1919）	83518	54155	29363	民国二十六年（1937）	68661	69474	
民国九年（1920）	109318	68525	40793	民国二十七年（1938）	59095	22658	36437
民国十年（1921）	135675	98607	37068	民国二十八年（1939）	21091	16729	4362
民国十一年（1922）	136680	112362	24318	民国三十五年（1946）	48228	2555	45673
民国十二年（1923）	133122	102916	30206				

第四章　避乱趋利：民国以来社会动荡和政治变革中的潮汕移民

续表

年　份	出　国 合计人数	回　国 合计人数	出　超	年　份	出　国 合计人数	回　国 合计人数	出　超
民国十三年（1924）	152064	131322	20742	民国三十六年（1947年1—6月）	30501		
民国十四年（1925）	131092	105318	25774				
民国十五年（1926）	83974	105969		民国三十七年（1948年1—11月）	57628	4677	52951
民国十六年（1927）	222033	144902	77131				
民国十七年（1928）	211977	141861	70116	合计	5855557	3960320	1836824

说明：

1869—1872年回国人数无统计数字。

1926年出入国相抵入超21995人。缺日本军队侵占汕头期间（1940—1945年）的数字。

1931年出入国相抵入超1760人，1932年入超34040人，1933年入超14864人，1937年入超813人。

1929年无统计数字。

二　数据考证与推论

关于近现代潮汕地区海外移民历年数据及其总体规模，尽管前人已有多种文献试图加以统计和评估，如上述饶宗颐的《潮州志·户口志》、广东省汕头市地方志编纂委员会的《汕头市志》卷六十九《华侨》，萧冠英的《六十年来之岭东纪略》[1]、汕头市侨办和汕头市侨联的《汕头华侨志（初稿）》[2]、中国海关学会汕头海关小组和汕头市地方志编纂委员会办公室的《潮海关史料汇编》[3]，以及其他若干有关

---

[1] 萧冠英：《六十年来之岭东纪略》，广东人民出版社1996年版，第96页。

[2] 汕头市人民政府侨务办公室、汕头市归国华侨联合会编：《汕头华侨志（初稿）》，内部流通本，1990年，第17—24页。

[3] 中国海关学会汕头海关小组、汕头市地方志编纂委员会办公室：《潮海关史料汇编》，内部参考本，1998年，第238—251页。

1869—1946年期间经汕头港出入南洋华侨人数统计表,都因资料来源和统计方法等方面的局限,未能准确地反映历史上潮汕地区海外移民的真实情况。究其原因,或跟这些数据资料分别出自海关、侨务和领事等不同的系统,数据可信度及涵义各不相同有关。其中海关统计数据基于税收目的而产生,可信度较差。在统计对象上,海关系统和侨务系统统计的为"出入口数字",而领事系统统计的是"侨民户口数字",只有后者才是真正的"移民数据"。遗憾的是,今人在计算或估测近现代潮汕地区海外移民规模时,往往径直采用海关数据,忽视海关数据的可信度问题;在数据解读的时候,又不加校正,甚至不考虑数据的统计口径而误读数字,结果夸大了近现代潮汕地区海外移民的规模。① 近年来,有学者经多方考证,得出如下推论:

1860年至1949年,经过汕头口岸移民港澳和东南亚的人数,在140万人左右,其中多数是潮汕人。②

至1911年,移居海外潮人人数达300万人;加上1912年至1949年粗略估计约100万人;至中华人民共和国成立时,海外移居人数在400万左右。③

以上推论仍然存在瑕疵,如既没有顾及人数和人次的区别,也没有考虑到移民有可能多次往返、重复计算的情形;既没有区别海内与海外、将港澳潮人混同于海外潮人,也没有剥离少量从汕头出口的梅县人、永定人和诏安人等。但无论如何,随着第二次鸦片战争后华工出洋的解禁,加上现代快捷交通工具——轮船的出现,潮汕地区的海外移民呈飞速增长之势,当不容置疑。

第三节　新中国时期的闭关锁国与改革开放后的新移民

1949年中华人民共和国成立后,潮汕地区的海外移民活动进入一

---

① 熊燕军、陈雍:《数字与历史:近代潮汕地区海外移民规模再考察——以数据处理方法为视角》,《华侨华人历史研究》2016年第2期,第81—87页。
② 黄挺:《潮商文化》,华文出版社2008年版,第98页。
③ 李宏新:《潮汕华侨史》,暨南大学出版社2016年版,第155—165页。

第四章 避乱趋利：民国以来社会动荡和政治变革中的潮汕移民

个完全不同于以往的新时期。一方面，在新中国成立后的 30 年里，受东西方"冷战"政治的影响，中国基本上关闭了国门，东南亚各国也严禁中国移民入境，因此潮汕地区海外移民极少。另一方面，在改革开放后的 40 年间，尽管中国打开了国门，但由于世情、国情和侨情发生重大的变化，潮汕地区海外移民不仅在数量规模上已大大萎缩，而且在移民形态上亦呈现出若干鲜明的崭新特征。

据潮汕地区官方披露的统计数字，新中国成立至 2008 年的近 60 年间，潮汕地区"根据现有掌握的档案资料统计，新中国成立以来，经有关部门批准出国定居的共 22311 人；出境往港澳定居的共 31530 人。此外，尚有少数潮人因上山下乡或读书在国内其它地方申请出国留学或赴港澳以后再出国而成为潮汕新移民。自 1978 年以来，出国留学的各类人员中相当一部分人在完成学业后，取得了当地的长期居留权，少量加入了居住国国籍，成为新华侨和新华人"[①]。

一 改革开放前的潮汕地区海外移民

潮汕地区的海外移民活动，并非孤立的社会现象，而是中国人口流动和国际移民体系中的一个组成部分，受到来自国内外政治、经济形势的深刻影响。一战后，东南亚殖民体系解体、民族国家建立，加上东西方两大阵营的对峙、"冷战"局面的形成，东南亚各国出于保护民族利益和反共防共的需要，纷纷关闭了接纳中国移民的大门。潮汕地区此前延绵两百余年的海外自由移民传统，到此竟戛然而止。

关于新中国成立后至改革开放前潮汕地区海外移民的总体规模及具体状况，迄今未见到权威的官方数据。从侨务政策及其实施来看，新中国成立初期对华侨、侨眷出入国境的审批，一般均本着"出国从严，回国从宽"和"一般居民出国从严，华侨、侨眷出国从宽"的原则，对华侨、侨眷出入国境给予方便。例如，在 1951 年 8 月国家颁布的《华侨出入国境暂行办法》中，即对要求出国的归侨、侨眷，如国外直系亲属年老，要求出国助理店务、继承财产，或夫妻团聚

---

① 汕头市委宣传部、汕尾市委宣传部、潮州市委宣传部、揭阳市委宣传部编：《潮汕华侨历史文化图录》（上），第 100 页。

的，一般予以从宽批准。就广东省而言，据不完全统计，新中国成立后17年，共批准出国16万余人（缺1957年、1958年数字），其中1956年贯彻提前改变侨户地主、富农成分后，当年批准出国达4万人。"文化大革命"开始后，审批工作基本停顿，1971—1977年批准出国仅2.5万余人，平均每年3611人。[①]就潮汕地区来看，在50年代，每年约有一二千人出国定居，主要是应海外亲人的要求，去接管家产、或夫妻团聚的，没有海外亲属关系而获准移民者极少。60年代中期至70年代中期，则基本停止了出国移民审批，但每年仍然有几千人通过非正常渠道外出。[②]

个别县域的统计数字，也印证了上述出国概括。例如，1954年"1月至5月，澄海县全县照顾侨眷、归侨出国共155人，出香港、澳门145人"[③]。

二 改革开放后的潮汕地区新移民

1978年12月，中共十一届三中全会确立了改革开放的基本国策，潮汕地区的海外移民出现了一波高潮，"1978—1987年获准出国20余万人，平均每年两万余人"[④]。仅在澄海县，自1979年至1985年，"共1236人因私申请出国获得批准，其中往香港、澳门达1123人"[⑤]。

（一）移民流向：从"外移"到"内迁"

潮汕地区的海外移民具有悠久的历史传统。从清朝乾隆年间开始，潮州人就藉"红头船"贸易之机移民泰国、新马、越柬老和香港等地；鸦片战争后直至民国年间，随着中国破产农民、手工业者的激增，加以猪仔贸易的泛滥，更多的劳工移民因生活所迫或外力诱掠而

[①] 广东省地方史志编纂委员会编：《广东省志·华侨志》，广东人民出版社1996年版，第231—232页。

[②] 冷东：《东南亚海外潮人研究》，中国华侨出版社1999年版，第69页。

[③] 澄海县人民政府侨务办公室、澄海县归国华侨联合会编：《澄海县华侨志》（初稿），打印稿，约1988年，第152页。

[④] 广东省地方史志编纂委员会编：《广东省志·华侨志》，广东人民出版社1996年版，第231—232页。

[⑤] 澄海县人民政府侨务办公室、澄海县归国华侨联合会编：《澄海县华侨志》（初稿），打印稿，约1988年，第78页。

第四章 避乱趋利：民国以来社会动荡和政治变革中的潮汕移民

图 4-1 柬埔寨潮汕商会（2019 年，杨锡铭摄）

"过番"。据估算，从 1782 年至 1868 年，乘红头船前往暹罗的潮人即达 150 万人之多。

1867 年汕头港轮船开航后，前往国外更加便捷。据估计，从 1861 年汕头开埠至辛亥革命前，共有 294 万潮人出洋。

民国时期，中国政府严禁猪仔贸易，但延绵近两百年的向海外的自由移民，在潮汕地区仍然得以持续进行，他们大多侨居泰国、马来亚和柬埔寨、越南营商、务工。尤其是大革命期间，受侨乡社会动荡的冲击，广东潮州一带避居东南亚的进步人士不少。

新中国成立初期至十年动乱时期，受国内政治变革的影响，侨乡许多具有"海外关系"的归侨侨眷，其政治立场长期遭到怀疑，遭到种种限制和迫害，被迫申请出国。但由于审批严格，加以东南亚各国普遍关闭了中国移民的大门，潮汕地区与国内其他侨乡一样，出国人数并不多。

自 20 世纪 70 年代中期开始，中国同东南亚各国逐渐恢复关系；而在 70 年代末改革开放后，中国与东南亚各国民间来往的大门亦经由探亲、旅游的渠道渐次开启。不过，时隔 30 余年，由于国内外社会经济形势的变化，此时潮汕侨乡人口向外迁移、流动的轨迹，已经悄然发生变化。

一方面，是海（境）外迁移人数的锐减。在 20 世纪 80、90 年代，随着中泰、中马、中印尼、中新相继建交或复交，特别是中国改革开放后中外民间交往的恢复，东南亚一度成为中国新移民的重要目的地之一，少量潮汕地区民众亦经由务工、继承、婚姻等途径前往。但由于侨居地居留政策极为严格，能够取得合法居留权、加入所在国国籍的并不多，绝大多数都是非法移民。以泰国来说，当时泰国对于中国人加入泰国国籍的审批极为严格，每年只提供 200 个名额（包括中国大陆和台湾地区），90 年代中期又减少为 100 个名额，绝大多数在泰居留的中国人均为非法移民。据估计，在 20 世纪 90 年代中期，泰国约有来自中国、未取得合法居留权的非法移民 10 万人，其中即有不少（约两三万）为潮汕人。

不过，与 1949 年前相比，此时国外迁移的规模已经显得很微不足道了，更多的则是因出外经商而短期居留。前述新中国成立至 2008 年间潮汕地区合法出国定居 22311 人、出境往港澳定居 31530 人，平均每年两三千人的规模，既无法与清代、民国时期的潮人海外大移民相提并论，跟国内其他区域相比亦毫无优势可言。

以下两表虽不完整，却足以窥见潮汕地区海外移民之概貌。①

表 4-3　　　　1980—1995 年汕头市合法海（境）外移民数量　　　　（单位：人）

类型	数量
家庭移民	1955
自费出国留学	1186
公派出国留学	5
香港定居	5671
澳门定居	134
台湾定居	20
总计	8971

① 根据黄晓坚《一叶知秋——从澄海市侨情变化看潮汕侨乡的蜕化》一文所列资料整理。

第四章 避乱趋利：民国以来社会动荡和政治变革中的潮汕移民

表 4-4　　　　1980—1995 年汕头市合法海外移民分布　　　（单位：人）

国别（地区）	数量
美国	975
加拿大	587
澳洲	392
法国、荷兰、东南亚	1192
总计	3146

上列两表说明：第一，改革开放后潮汕地区海外移民很少，甚至比不上境外（中国香港、澳门、台湾地区）移民数量；第二，海外移民的主要目的地是美国、加拿大和澳洲，传统移民目的地东南亚已经居于很次要的地位。需要说明的是，在 1991 年前，汕头市尚未一分为三，因此表中数字基本反映了这一时期潮汕地区海外移民的规模。

鉴于潮汕地区不存在普遍、突出的海外非法移民现象，上述推论基本上是可靠的。从笔者在潮州磷溪镇和汕头隆都镇田野考察了解到的情况来看，当地涉外婚姻、留学定居海外案例确实极少，[①] 情况与之相符。

另一方面，是国内迁移人数的剧增。据估计，潮汕人在深圳的规模迄今已达百万之众，[②] 早在 20 世纪 80 年代他们就已涌向那里。除在工厂打工、开快餐店外，他们主要从事"士多"（store）便利店、农贸市场和专业集贸中心的商品批发，如深圳通信市场、电脑市场、湖贝路批发市场等。亦有从事房地产业和 IT 业者（如腾讯控股董事局主席兼 CEO 马化腾）。潮汕人云集的地方，主要集中在珠江三角洲一带，以及上海、北京、天津、武汉、南京、重庆、成都、郑州这样的中心城市和省会城市。据估计，目前潮汕地区移居国内各地的流动人口，除深圳、广州各有 100 万外，东莞有 70 万，上海有 60 多万，海南省也多达 80 万人。

[①] 例如，在隆都镇拥有 6000 余人口的前美村，只有两人留学定居欧美；2008 年至 2011 年，该镇 70000 余人口，涉外婚姻只有 5 对（澄海区民政局提供资料）。

[②] 具体数量有不同说法，少则 80 万，多则 280 万人。

民国时期，潮汕地区的先民多前往上海、香港和南洋一带的新加坡、泰国、柬埔寨等地发展，海内与海外并重，俗语有"一上二香三叻四暹五汕六棉"之说，意即上海、香港、新加坡、泰国、汕头、柬埔寨依次为当时潮汕人们心目中的最佳移民目的地。不过，如今的最大变化，就是迁移目的地已经主要局限在中国国内、特别是珠三角地区，移居海外的不多。

造成移民路径变化的原因比较复杂，主要有东南亚移民"拉力"的消失，以及中国市场经济的吸纳。①

（二）侨居形态：从"两头家"到短期暂住

同其他方言群一样，二战前海外潮侨在南洋经商务工者，往往是将妻室及长子留在乡中，寄批赡养，由宗亲关照，自身则常年在外打拼，甚至另娶番婆度日，即所谓的"两头家"。这其中的原委，既有交通的阻隔和照料工商事业之所需，亦有侨居地宽松的居留环境相配合。1952年后，中国大陆关闭了国门，1955年又取消双重国籍，加上长期奉行歧视华侨的政策，以及东南亚各国的反共，不仅国内民众鲜有出境者，即使海外侨胞亦难能回国探亲和定居。

20世纪80年代后期，当时潮汕地区许多精于商道的村民利用东南亚等国家开放旅游签证的机会，持因私护照，以旅游者的身份挟带小手工艺饰品（如玉佩）、电器、玩具、香菇、海产品、香料、中草药等到国外探亲，以此解决往返旅费开销，并趁机博利，称其为"旅游贸易"。极盛之时（1990—1997），汕头机场及前往深圳、香港搭飞机的大巴均人满为患。业者初时往往在海外亲友家中借宿，而后合住旅馆招徕客户专做生意；后来则采用摆地摊、走街串巷沿门兜售的方式。

以潮州官塘镇为例：该镇村民原先多为务农，但大约自20世纪90年代中期起，便有很多村民出国做生意，其中前往泰国的就有200人左右。特别是奕湖村，该村700多人，原来都是种田和搞建筑的；但改革开放后，很多人去泰国探亲，发现那边有商机，就开始以探亲

---

① 黄晓坚：《潮汕地区海外移民形态的变化》，《华侨华人历史研究》2013年第1期。

第四章 避乱趋利：民国以来社会动荡和政治变革中的潮汕移民

和旅游的名义前去打工、做生意，从两三个月到一年的都有，回来了又过去，来来回回地跑。他们从潮州的金龙市场拿货，还有从广州和义乌拿的。开始是提着一些袋子出去，后来货多了就用集装箱了。赚到钱后，很多人就回到村里买汽车、盖房子，盖了30多栋洋楼，大部分是五层的。还有一些人，在潮州、澄海和泰国都购置了房子。泰国青年商会的副会长肖兆炎（音）就是奕湖村人。他80年代就出去了，才30多岁，做得很大，不仅在泰国那边买了好几栋房子，还在澄海、义乌办厂生产玩具运到泰国去卖。到2006年之时，该村大部分人都已出外经商，年轻人都出去了。他们在国外是否已拿到居留权，无从知晓，但都保留着本村的户口，很少在外面定居。有些人在奕湖村已有家室，又在泰国成了家。现在，奕湖村已经成了典型的侨乡，村民生活就是靠侨汇。很多人都回来自发做慈善福利了。[1]

由于所在国当局的严厉取缔和中国有关部门的查禁，加上人民币升值后利润的摊薄，以此种方式经商者近年来已趋于减少，但贸易额却基本维持甚至有所增长。经过十余年的发展，至21世纪初，"旅游贸易"已经实现产业链的提升，许多潮人由行商转为坐贾，由零售转变为批发，有的还在曼谷置有珠宝城和酒店。大量的小商品货源，则来自中国大型商品集散中心，如浙江义乌小商品市场以及广州、深圳、潮州等地的专业批发市场。与"旅游贸易"相关的，是国际快递、物流业和地下钱庄的兴盛。

在潮州磷溪镇、官塘镇和汕头隆都镇一带，大约从20世纪90年代初开始，还有一些村民以非法务工的形式在国外短暂居留。他们多数去了韩国，还有的去了日本、澳大利亚等国。其实，在潮汕地区，出国打黑工是个很敏感的话题。这种行为不仅所在国予以严厉取缔，也屡屡遭到侨乡公安机关的防范和打击。[2] 潮汕人在外一般经商，素有"饿死不打工"的说法。之所以肯出国打黑工，还是因为赚钱相对容易。他们走上另类的发展途径，也是新时代下侨乡海外移民的另外

---

[1] 据官塘镇侨联陈主席口述资料整理，2006年9月1日；杨锡铭提供：《潮汕新移民调研材料》（厦门大学博士生采访），2006年8月31日—9月8日。

[2] 如2000年，当地曾规定，五年时间内限制隆都人到韩国、日本、澳大利亚旅游。

一种表现形式。

实际上,除了"旅游贸易""非法务工",潮汕民间还有不少特定人群通过原乡特种"文化输出",如赴海外从事潮剧潮乐、铁枝木偶、潮州大锣鼓的表演、交流等,与海外潮州人族群保持着千丝万缕的联系。

从居留形态上看,潮汕地区民众出国"做贸易""打黑工",其移民倾向尤其值得我们关注。

首先看看"旅游贸易"群体。从田野访谈了解到的情况看,潮汕侨乡频繁往返于海内外从事国际贸易的商人,一般都没有在海外长期定居的打算。归结起来,其原因大致有:一是,中国侨乡生活条件的改善和东南亚移民拉力的弱化;二是,缺乏向欧洲、美国和澳大利亚迁徙的移民链①,移民成本太高;三是,重视家庭团聚、重视经商贸易的传统文化使然;四是,近年来马来西亚、泰国等东南亚国家短期居留条件的放宽,也在一定程度上解决了潮汕商人从事海外贸易的需要。

至于海外非法务工人员的居留形态,则较为单一。他们一般都处于地下隐居状态,时间往往长达数年甚至逾八年、十年,直到身份暴露被遣送回国,志愿回国的较少。虽然这一群体实际上处于侨居状态,但他们不仅无法取得合法的居留身份,而且居留生态极不稳定,随时可能回国。

无论如何,由海外贸易、务工赚取的外汇,借助于地下钱庄、外国银行信用卡和自带等渠道源源不断地输入侨乡,除作为生活费用外,尚有部分外汇收入被用于工商业投资,对侨乡经济的转型升级起到了一定的作用。

(三) 社会转型:本土化与侨属化

我们看到,最近十余年来,随着老一代海外移民逐渐退出历史舞台和新移民的断层,一方面,以泰国为代表的东南亚潮州人群体,正

---

① 海外潮州人绝大多数分布在东南亚。美国、法国和澳大利亚等西方国家尽管分布着大约40万"潮州人"(多为印支难民),但他们一般都是三代之后的华裔,与潮汕原乡宗亲关系较为疏远,不可能提供类似美国唐人街那样的移民链的支持。

第四章 避乱趋利：民国以来社会动荡和政治变革中的潮汕移民

迅速由华侨社会转变为华人社会，甚至已完全本土化；另一方面，以潮汕地区为代表的归侨侨眷社会，也已经转变为侨属社会。①

东南亚第一代潮州人移民的老龄化及其相继退出历史舞台，无疑是海外潮州人社会转型的主要原因。我们从潮州磷溪镇的个案研究中发现，大约在1997年亚洲金融危机爆发之前，磷溪镇、隆都镇的海外乡亲每年都会在某些重要节日（如元宵节、游神日、祭祖日）组团回乡参加活动；但在之后，这种情形便比较少见了。如在溪口，我们在全程参与记录其正月十六的"钻蔗巷"游神活动时便得知，主持此次盛大活动的是溪口刘氏宗亲理事会，鼎力支持者只是该乡一位在外地经商的企业家，竟然没有任何"华侨"② 参与其间，而这在十余年前几乎是不可思议的。溪口一村华侨学校，教室内墙上整齐悬挂着一排当年捐赠该校的华侨玉照，但在校工作多年的教师均对其茫然不识。在华侨捐建的溪口联侨中学、隆都镇各个中小学校，其情况与此如出一辙。华侨难得回乡，只因他们均已作古或垂垂老矣。③

与此相关的，是潮汕侨乡社会的侨属化，其首要标志即是侨汇和侨捐的基本断绝。我们在侨乡各村做田野，听到的村民们的第一反应，往往就是抱怨"华侨他们现在都不来了""他们都不寄钱回来了""他们都不来捐款了"。隆都镇前沟村有座著名的"明德私塾"，是当年许福成侨批局主人的豪宅。据该宅院中一位80余岁的老人介绍，明德私塾的后人现在遍布全世界，但他已与他们没有经济来往。

---

① 在汉语词语释义中，"侨属"等同于"侨眷"，均指华侨的眷属。但在中国侨务政策上，"侨属"与"侨眷"则具有不同的涵义。"侨眷"享有政策优待，限定为同华侨、归侨有抚养关系的亲属，即指"华侨、归侨在国内的配偶、父母、子女及其配偶，兄弟姐妹、祖父母、外祖父母，孙子女、外孙子女，以及同华侨、归侨有长期扶养关系的其他亲属"，属于中华人民共和国归侨侨眷权益保护法的保护对象。从传统侨乡的情况来看，从前华侨出国，其典型的做法是留下发妻和长子长孙在原籍供奉父母，并寄回侨汇赡养家人，因此华侨与原乡存在着密切的经济联系和人员交往。随着第一代、第二代华侨华人的相继故去，海外华社与国内侨乡社会的亲缘关系愈益疏远，侨乡民众政策意义上的归侨侨眷已经很少，其与海外的民间关系更多地体现为侨属关系，通俗地说即一般的远亲关系。

② 在潮汕侨乡，村民并不区分华侨、华人及华裔，一概笼统地称之为"华侨"，但不包括近年出国做贸易的村民。

③ 以隆都镇尚健在的在泰乡贤为例：在2011年，该镇最著名的朱岳秋先生，1914年生人，已98岁高龄；陈金苞先生，1935年生人，已77岁；金晋煌先生，1934年生人，已76岁。

早些年其侨居海外的祖辈及父母健在时,都能收到侨汇,经济尚称宽裕,但在其父母过世后,就再也没有任何侨汇支持了。为了生计,他每天都要"做手工",靠装配玩具赚取每月七八百元微薄收入。无独有偶,在该镇后沟村,万兴昌批局后人、身患绝症的隆都镇侨联主席许守质(已故),竟也要天天"做手工"用于贴补医药开支。经了解,隆都镇2010年通过中国银行汇入的美金,为2488017美元,资金主要来自欧美,与近年来的外汇数额基本持平。[①] 显然,这些汇款基本上不是传统赡家费意义上的侨汇,而是该镇村民出国经商、做贸易赚取的收入。中国有句俗语曰:"亲不过三代。"随着华侨世代的更迭与华裔化、本土化,传统侨汇的锐减是必然的。新型侨汇取而代之,是必然的发展趋势。

海外潮州人的本土化和侨乡社会的侨属化,是密切相关的两大发展进程。充分认识到这一侨情现状及发展趋势,对于中国的侨乡研究乃至侨务工作而言,其意义是不言而喻的。

---

① 黄晓坚:《中泰民间关系的演进:以隆都镇为视域的研究》,泰中战略研讨会论文,曼谷,2012年8月。

本篇结语

潮州人族群的海外迁徙，上下两千年、遍及东南亚，是个波澜壮阔的宏大叙事。笔者所据资料有限，学识亦有所不逮，可谓盲人摸象、以管窥豹，只能在前人研究的基础上，尝试着梳理脉络、查漏补遗。以下，谨就海外潮州人的移民身份、迁移方式、地区分布、侨居形态、移民流动等方面，做一粗浅的总结。

一 移民身份：以商人为主体

潮州作为汉民族的定居区域，与国内大部分汉族居住地区一样，均为典型的农耕社会，自古以来就分化为"士农工商"四大职业阶层，而以农民为数最众。然而，纵观汉朝以后的潮州海外移民，其主体成分却多为商人阶层。从唐宋时期的住番海商、明代的海上武装贸易集团、清代的红头船主和近现代的南北行商、潮州商帮，到当代新移民潮商和从事短期贸易的游商，无论巨商大贾还是小商小贩，商人实际上构成了海外潮州人的主体。

伴随着商人群体移民海外的，是由破产农民、手工业者和无业游民组成的工人群体，这在清代以后曾经大量出现。尤其在暹罗曼谷王朝都城营建、马来亚柔佛开港和殖民地开发中，他们作为生产者、建设者的作用和贡献，令人瞩目。至于鸦片战争后被诱骗、绑架前往东南亚和世界各地的潮籍华工，就为数更多了。耐人寻味的是，这些潮籍华工一旦积累起创业资本、获得人身自由后，几乎无不是从小商小贩做起，部分得以跻身为大商人行列，完成由"工"至"商"的蜕变。因此可以说，商人就是海外潮州人的主流群体。

前香港大学校长、著名海外华人研究专家王赓武教授在分析各个历史时期中国移民的形态时，曾把海外移民分为华商形态、华工形态、华侨形态和华裔及再移民形态，并认为华商形态也是当代海外移民的主要类型。[①] 我们看到，无论古代、近现代和当代，潮汕地区民众的海外移民，正是以华商为主体、以华工为补充，二者同时存在、并行不悖，且存在由华工转化为华商的趋势。

二 迁移方式：长盛不衰的自由移民

潮州面向浩瀚的海洋，无疆域国界束缚，加以历史上冶铁业、造船业发达，具有向海外移民的天然条件。在西方殖民主义者东侵之前，东南亚长期处于较低的社会发展阶段，资源丰富，谋生较易，妇女易求，统治者也普遍欢迎具有较高农业、手工业技能和商业素质的华人移民，因此在明代以前，即有不少潮州人前往南洋经商流寓。清代开启中暹大米贸易后，借助于红头船交通工具，大量潮州人乘机涌入暹罗谋生，并在吞武里王朝郑信大帝的庇佑下得以发展壮大，实现连锁移民，开始了连绵一个半世纪的自由移民潮。而在19世纪20年代后，随着英属海峡殖民地的开辟、资本主义市场对于胡椒、甘蜜等热带经济作物需求量的急遽增长，新加坡、柔佛等地种植园得以蓬勃发展，吸引更多的潮州人来到新加坡和柔佛，由此逐步构建起遍布马来亚城乡的商业网络，形成了庞大的潮州移民群体。

值得注意的是，鸦片战争后，潮州汕头一带成为猪仔贸易的重灾区，潮州人的海外移民活动遭到外力的强行"绑架"。尽管如此，潮州人自由移民东南亚的潮流并未因此而中断，一直延续到20世纪40年代末。在经历了30年的短暂断层后，潮汕人向东南亚的移民活动随着中国的改革开放和中国与东南亚各国关系的改善，又在一定程度上得以恢复。只不过，因海内外形势已然发生巨大的变化，其规模已经大不如前、趋于式微了。

---

① 《王赓武自选集》，上海教育出版社2002年版；Wang Gungwu, "Patterns of Chinese Migration in Historical Perspective", in R. J. May and W. J. O. Malley, eds., *Observing Change in Asia: Essays in Honor of J. A. C. Mackie*, Bathurst: Crawford House Press, 1989. pp. 33–48.

三　地区分布：聚居泰新马、越柬老，兼及印尼

潮州人在东南亚的移民目的地，以泰国（暹罗）、新加坡和马来西亚（马来亚）为主，尤其是泰国。

据中山大学社会研究所1934年的调查统计，澄海樟林移居国外人口中，有70%分布在泰国。① 这一比例也大体反映了潮州全境海外移民大多数分布在泰国的基本事实。

潮州人在东南亚的其他重要聚居地，是原英属马来亚的新加坡及马来西亚柔佛、槟城，原法属印度支那的越南、柬埔寨、老挝，以及印尼坤甸等地。诚然，此一局面的形成，与潮州先侨在暹罗大米贸易和拓殖有关，也与西方殖民者开发东南亚、大量吸纳中国劳动力有关。

近代以来，海外潮州人主要集聚在香港和泰国、新加坡、马来亚和荷属东印度等东南亚地区，这一分布特点实归因于长达两三个世纪的自由移民，而这与海外潮州人的海上贸易传统和商业贸易圈无疑是息息相关的。

值得注意的是，在一些潮州人曾经云集的地方如荷属东印度的日里、勿里洞，由于种植园和矿山劳动强度大、死亡率高，没有后续的家族连锁移民，最终没有形成稳定、长久的潮州人聚居区。还有一些历史上潮州人较多的地方，由于天长日久、血缘融合，潮州人已经融入当地主流社会或华人强势族群之中，因此也没有明显的潮州人聚居区。如在菲律宾，潮州人要么与当地土著联姻（如林凤集团后人），要么混迹于闽南人的茫茫人海，只有潮州新移民仍然活跃于菲华社会之中。而在缅甸仰光，当地的潮州人群体实际上多为移自景栋的丰顺、揭西籍群体。丰顺、揭西原属潮州府，向来潮客混居，大多能操潮语及半山客话。在泰国、缅甸和印尼山口洋等地，半山客多自认为是潮州人。

四　侨居形态：暂住、定居二者均而有之

"侨民"的本意是"在外旅居者"。用历史的眼光来看，1949年

---

① 陈国梁、卢明合编：《樟林社会概况调查》，中山大学社会研究所1936年版，第17页。

以前的出国华侨，是否在海外长期"定居"，并不影响其华侨身份的认定。实际上，暂住与定居，向无明确的时间界限。宋人《萍洲可谈》言："北人过海外，是岁不还者，谓之住蕃"；"唐人住蕃，为工为商，十年、二十年不归，称为华侨"。在这里，"住蕃"与"华侨"的区别，只是滞留时间的长短而已。

纵观潮州人的海外移民史，"出国"与"归国"二者总是伴随始终。唐宋以前，出国贸易住蕃的海商，一般均以原乡为归宿。宋末元初，出国避难的前朝官兵，方不得已隐身异邦。明清海禁，私自下海逐利的"海盗"私商，因受官兵打击而拓殖海外。自清末豁除海禁后，华侨始可以自由往返于海内、海外，而不受官府追究治罪。此外，早期出国的华侨，因交通不便、久居海外，往往有"两头家"，但"叶落归根"的意识依然很强烈，显示出明显的流动性特点。以1934年的澄海樟林为例：当地"海外移民在国外侨居6—10年后回国者最多，侨居11—15年次之，侨居3年以下或30年以上很少"①。

改革开放后出国的新一代潮商及从事短期贸易的游商，许多人仍然保留着中国国籍，往返奔走于中外之间，这与早期潮州的涉外经济及移民侨外形态十分相似。而事实上，改革开放以来潮汕地区在外经商人员中，亦不乏最终选择在海外定居以及将子女接到海外接受英文教育并留居海外的案例。这些游走于海内外的商人，与古代、近代从事海外贸易与传递侨汇，不时"住冬""住蕃"的海商、水客，并无本质上的区别，因此从某种意义上看，他们就是地地道道、原汁原味的中国"侨民"。

五 移民文化：潮州人的族群基因

众所周知，潮州人祖籍中原，经长期辗转迁移来到粤东，形成了不惧险阻、开拓进取、坚忍不拔、前赴后继的优秀传统品质。迫于经济的压力、政治的迫害，潮州人又"无可奈何炊甜粿""一条浴布去过番"，不得不潮水般地涌向南洋地区，将东南亚纳入自己的贸易圈

---

① 冷东：《东南亚海外潮人研究》，中国华侨出版社1999年版，第107页。

和势力范围。可以说，潮州人向海外迁移实则是其国内迁移的自然延续，移民活动是他们的永恒不变的习性，移民文化已经深深地嵌入其族群基因之中。

诚然，在近代科学和航海技术尚未发达之前，主要依托帆船工具和季风动力出洋的潮州人，其迁徙之途充满了种种困难和挑战。先侨乘坐红头船前往南洋，快则十几天、慢则一个多月。其间，遇上台风、暗礁和疾病等不测事件，就随时有性命之虞。若非潮汕本土无以为生，熟人愿意冒此风险闯荡东南亚、前往异国他乡？因此"过番"实属被逼无奈。即便是轮船、飞机代替了红头船的近现代，安全到达目的地后，也还要面临着人地生疏、水土不服的困境和挫折，面临着自然环境和社会环境的残酷威胁和无情压力，需要移民披荆斩棘、冒险进取。在数以百万计的历代潮州先侨中，长袖善舞、赚到银钱、发家致富，最终得以衣锦还乡、光宗耀祖的毕竟是少数，绝大多数还是克勤克俭、艰难谋生，抱憾终老异乡。所幸，海外潮州人秉承先辈的拼搏精神，多能在东南亚立定脚跟，并长期生存发展。

从早期的住番海商、避难官兵、群体性移民海外的"海盗"集团，到清代大规模迁徙暹罗、开发东南亚的自由移民，被诱骗掳掠的近代契约华工，以及现代政治避难移民和改革开放后新移民，潮州人向东南亚的移民群体呈现出波浪式推进势态，高潮迭起，其中除了少量属于被动移民外，主体上均为自由移民。潮州的移民文化，已深深地嵌入潮州人的族群基因之中，是潮州民系显著的群体属性。

值得注意的是，第二次世界大战之后，随着东南亚民族国家纷纷独立，受国际冷战政治的影响，潮州人在东南亚的移民目的地、迁移方式、侨居形态等等，均已发生巨大变化。潮州原乡的民众，多移民国内经商创业；原有世代定居东南亚的潮州人，也随着印支难民等群体大量再移民到欧洲、北美洲和澳洲，部分则回归中国发展。潮州人传统的移民文化，被注入了新的时代内涵。

中篇

东南亚的潮州人

　　本篇以潮州人聚集的地域为视角，分国别、分区域详述潮州人在东南亚的移民、生存、发展和融入的历史进程，展现不同国家、地区的潮州人在人口数量及分布、经济生活、政治活动、社团组织、文化传承和新移民群体等各方面的状况。

　　依潮州人在东南亚的聚集特点，本篇侧重就泰国潮州人，新加坡、马来西亚潮州人，越南、柬埔寨、老挝潮州人，印尼、菲律宾、缅甸潮州人，进行深入研究和探讨。因为中国香港、澳门、台湾地区的潮州人与东南亚联系紧密，故一并叙述。

第五章

潮人麇集：泰国

泰国是海外潮州人及其后裔最为麇集的国家。在经济上，潮州人在泰国经历了艰苦创业、发展壮大，逐渐走向集团化、国际化的历程；在政坛上，潮人后裔长袖善舞；在社会活动中，潮州人建立的众多社团是成功人士重要的活动舞台；在融入当地社会的同时，潮州人努力保持自身的文化传统。近年来，新移民崭露头角，已成为泰国潮州人群体的新生力量。

第一节 潮籍移民及人口变迁

1767 年，泰国（当时称暹罗）大城王朝（1350—1767）王城阿瑜陀耶被缅甸军队攻占。彼时，郑信［泰名：Taksin（达信），1734—1782］起兵抗击缅军。在哒叻和尖竹汶等地的潮州商人和帆船船主，为郑信提供了大量的资金，使他的力量迅速强大起来。八个月后，郑信即收复了国土。郑信的父亲郑镛是广东省潮州府澄海县人，早年到泰国谋生，其母是暹女。驱逐缅军之后，郑信登基为王，宣布吞武里为都城，史称吞武里王朝（1767—1782）。之后，在吞武里城的兴建中，潮州人和其他华人继续在技术和人力上鼎力支持郑王。砖瓦和建筑工具均运自中国，清理河道、建筑城墙等，都依靠华人的力量。

缅军入侵暹罗时，郑信振臂高呼，就能得到以潮州人为主体的华人鼎力支持，是因为当年潮州人从广东潮州府樟林港出发，进入暹罗湾后第一处停靠的港口就是尖竹汶。当时那里已经出现了庞大的潮州人社区。而且，在王城阿瑜陀耶城内，以及东部地区的北柳、万佛

图 5-1 郑信大帝

岁、挽巴贡河沿岸、挽拉蒙、尖竹汶河沿岸和贡岛等地已有许多潮州人的聚居点。

而潮州人移居泰国的历史还可以追溯到更早的时期。在中国宋元鼎革时期,已有潮州人居留泰国。明朝嘉靖、隆庆(1522—1572)年间,潮州武装海商集团头领林道乾聚众纵横海上,抗衡官军达30多年,最后率部众2000余人定居在今泰国南部的北大年港。

吞武里王朝(1767—1782)期间,由于郑王本人是潮州人的后代,潮州人又曾帮助郑王打败了缅甸军队,此时的潮籍华人在暹罗比其他华人群体更受尊敬,"王族华人"成为潮州人的代称。"在吞武里的潮州人拥有特权,甚至被称为'大官人',他们多居住在挽銮河一带。"[①] 潮

---

① [泰] 巴帕松·谢维昆:《从黄河到湄南河》,曼谷:阿玛林大众有限公司2005年版,第48页。

第五章 潮人麇集：泰国

人在暹罗所享有的地位，无疑对潮州人产生了巨大的吸引力，于是本土潮州人一批又一批来到暹罗。

1782 年，曼谷王朝建立后，潮州人移民泰国的热潮不减。拉玛三世（1824—1851 在位）时期，暹越战争、暹缅战争结束，泰国国内安定，致力发展经济，无论是大规模的城市建设，还是农业生产，都需要大量的劳动力。当时中国方面放宽了国民出国定居的政策，暹罗政府也未限制华人移民进入，加上潮州沿海先是樟林港、后是汕头港，有直接到暹罗的海上交通，促使大量的潮州人和其他中国南方沿海人民借助红头船，进而是轮船，涌入暹罗，形成华人移居泰国的高潮。

拉玛三世初期，暹罗的中国移民每年大约有 6000—8000 人。有资料说，19 世纪 30 年代，华侨华人至少占了曼谷 40 万居民的一半以上，[①] 也有说占了 3/4。[②] 可谓是"唐人之数，多于土番"。自 1882 年起，每年大约有一万名华人来到暹罗定居。另据暹罗海关 1882—1917 年的统计，这期间直接从汕头来到暹罗的华人共有 94.093 万人。直接从汕头来的华人除潮州人外，当然还有其他方言族群的华人，但其中大部分无疑是潮州人。至 1910 年，暹罗总人口是 830.5 万人，其中华人大约有 79.2 万人。潮州人绝大多数居住在曼谷。[③] 1910 年进行的曼谷王朝 129 年户籍调查显示，华人占曼谷人口的 34.76%；[④] 华人中 47.96% 是潮人。[⑤] 接踵而来的潮州人，在暹罗形成了潮州人聚居区，使潮州人成为移居暹罗的华人中人数最多的群体。

19 世纪末至 20 世纪中期，为躲避饥荒和战乱，大批中国人逃往国外，东南亚诸国成为他们的目的地，移居泰国又掀起高潮。来到暹

[①]《泰国潮州人及其故乡潮汕·第二阶段：(1860—1949)》，曼谷：泰国朱拉隆功大学亚洲研究所 1997 年版，第 55 页。

[②] 范如松：《东南亚华侨华人》，世界知识出版社 1999 年版，第 190 页。

[③]《泰国潮州人及其故乡潮汕·第二阶段：(1860—1949)》，曼谷：泰国朱拉隆功大学亚洲研究所 1997 年版，第 157 页。

[④]《泰国潮州人及其故乡潮汕·第二阶段：(1860—1949)》，曼谷：泰国朱拉隆功大学亚洲研究所 1997 年版，第 159 页。

[⑤]《泰国潮州人及其故乡潮汕·第二阶段：(1860—1949)》，曼谷：泰国朱拉隆功大学亚洲研究所 1997 年版，第 1 页。

罗的大多是来自潮梅地区的潮州人和客家人，他们从汕头乘船到暹罗的拉查翁港上岸。在此期间来到暹罗的中国人有200多万。①

当年潮州人从樟林港或汕头港出发，乘船经过南海抵达暹罗湾，沿路也就成了他们安家的地点，多数人沿着泰国东海岸，在哒叻、尖竹汶、罗勇、春武里、北柳和曼谷落脚。除了暹罗湾地区，潮州人还沿着水上交通要道安家，多条注入暹罗湾的河流流域也是他们的定居点，尤其是湄南河两岸的大城市。潮州人还顺着湄南河北上，在那空沙宛的北榄坡、达府的达县直到清迈的巴度拓派沿线从事贸易或安家落户。

曼谷一直是潮州人最密集的地方。泰国学者平芭湃·披珊布认为，最早在曼谷定居的华人可能是来自挽巴贡河和尖竹汶、哒叻等东部省份的潮州人，这些地方在大城王朝时已形成了潮州人社区。② 三聘地区自曼谷王朝初期就是为人所熟知的华埠，范围从三本寺到芭途空卡寺，既是商业区又是居住区。1828年曼谷华人人口约3.6万，大部分居住在三聘区。拉玛五世（1868—1910在位）时期改建三聘街，使三聘地区获得迅速发展，除商业区、居住区外，还发展成为娱乐区。"1954年，居住在曼谷商业中心——三聘区及其周边的华人、华裔的数量多达265441人。值得注意的是，1828年居住在曼谷的华人数量超过泰人数量，一百年后居住在曼谷商业中心的华人数量仍然超过泰人。"③ 现在这一带的耀华力路、石龙军路和三聘街，仍然生活着以潮州人为主的华人，是泰国著名的华人聚居区，有中国城之称。

除了三聘地区，潮州人在曼谷和吞武里居住的地方还有火船廊、普卢市场以及曼谷自澳昂港（玛猜路）至四批耶码头、吞武里自丁丹码头至孔汕河口湄南河两岸。

根据泰国国家统计数字，2018年，全国人口为6942.9万人。其

---

① ［泰］巴帕松·谢维昆：《从黄河到湄南河》，曼谷：阿玛林大众有限公司2005年版，第25页。
② ［泰］巴帕松·谢维昆：《从黄河到湄南河》，曼谷：阿玛林大众有限公司2005年版，第9页。
③ ［泰］巴帕松·谢维昆：《从黄河到湄南河》，曼谷：阿玛林大众有限公司2005年版，第70页。

中华人华裔约占总人口的14%，可推知现有华侨华人近千万人。其中祖籍是潮州的人数最多，有680万左右，约占70%，分布在全国各地，主要居住在曼谷、清迈、合艾等大中城市，尤其麇集在京畿地区。

第二节　潮籍华侨华人经济的发展

潮州人移居泰国历史悠久。获益于泰国独特的社会结构、宽松的营商环境和温和的民族融合政策，旅泰潮州人得以在经济上扎根，并逐渐发展壮大。第二次世界大战后、特别是自20世纪70年代起，泰国潮州人的企业经营走上了集团化、国际化和现代化的轨道，经济实力进一步增强。与此同时，战后泰国华侨的大量归化，潮州人经济也迅速本土化，成为泰国民族经济的重要组成部分。

一　20世纪50年代以前：艰苦创业，不断拓展

这一时期，泰国潮州人从事的工作主要有：

（一）开荒拓殖

1790—1800年，潮属各地因发生自然灾害而闹饥荒，大量的潮州人移居暹罗。他们与原来已在此谋生的华商和务农者会合，散布到尖竹汶、挽巴功府以及他真河、夜功河、湄南河流域各地农村，从事种植业。

潮州人带来了故乡的甘蔗栽培技术和制糖工艺，种植甘蔗，开办糖厂，生产砂糖。1836年，莫拉勒神父来到泰国的东海岸访问时曾说：在尖竹汶府及其附近地区"尽是潮州人……他们多以种植甘蔗、胡椒和烟草为职业"[①]。后来，华人经营的甘蔗园和制糖厂，也由尖竹汶一带逐渐扩展到整个泰国的东南部，蔗糖最终成为泰国的主要外销产品之一。拉玛三世（1824—1851在位）时，潮州人在京城外围的北柳广种甘蔗和制糖，北柳因之而成为潮州人的社区。当时在北柳城

---

① ［泰］素攀·占塔瓦匿：《泰国潮州人的故乡》，《泰国潮州人及其故乡潮汕·第一阶段（1767—1850）》，曼谷：朱拉隆功大学亚洲研究所，1991年版，第8页。

区夜功河及挽巴功河流域上的糖厂计有30余家，每家雇用华人达100至300多人。甘蔗的种植和糖厂的开办，使北柳城在拉玛三世时期的泰国经济中举足轻重。① 19世纪90年代，尖竹汶一带已成为泰国的胡椒生产基地。这里生产的胡椒占泰国出口胡椒总量的2/3。②

除了甘蔗和胡椒以外，潮州人和其他华人一起，为泰国引种了棉花、茶叶、龙眼以及蔬菜等经济作物，进行农作物的商业化生产，使泰国的农业经济从原先以单一的稻米为主，逐步呈现出多种性。

（二）辟建新王城

郑信赶走了缅军，在湄南河（昭拍耶河）岸边的吞武里建立王城。随后的曼谷王朝，在吞武里对面另辟新王城。新城的建设需要大量的劳力。郑王（1767—1782年在位）和拉玛一世（1782—1809年在位）相继从潮属各地招聘劳力来泰，并从潮州采办了大量的砖瓦建材，以及铁、铜和银等各种金属，用于制造武器等。随着满载着建筑材料的大帆船一起进入暹罗的潮州工匠和手工业者，用他们的智慧和双手，使王城的建筑物融合了中国，特别是潮州的建筑技术和风格。如曼谷的大王宫屋顶就是潮州工匠用碎瓷片嵌制成龙飞凤舞的图案，这种嵌瓷正是潮州地区常见的建筑物装饰艺术。吞武里城和曼谷城，包括宫殿、寺庙、桥梁、城墙和护城河等，就是在这个时候发展起来的。

拉玛四世（1851—1868年在位）时代，开凿河渠，将王城分别向东方、东北方和东南方扩张。拉玛五世（1868—1910年在位）时代，开始大力修建马路，铺设铁路，进行大规模的曼谷市政建设。这些工作大多是由来自潮州的工人完成的，他们用自己的辛勤劳动为曼谷的建设做出不可磨灭的贡献。

三聘街是潮州人建筑艺术的结晶。曼谷王朝建立之后，拉玛一世（1782—1809年在位）将新都南面城外之园地赐给华人（当时主要是潮

---

① ［泰］旺威帕·武律叻达纳攀、［泰］素攀·占塔瓦匿：《吞武里王朝和曼谷王朝初期泰国社会中的潮州人》，《泰国潮州人及其故乡潮汕·第一阶段（1767—1850）》，曼谷：朱拉隆功大学亚洲研究所，1991年版，第64页。

② 邓水正：《19世纪中期以前泰国华人经济概述》，《泰国潮州人及其故乡潮汕·第二阶段（1860—1949）》，曼谷：朱拉隆功大学亚洲研究所，1997年版，第49页。

图 5-2 华人能工巧匠在湄南河畔修筑的暹罗吞武里王都

州人）居住。这个地方遂成了曼谷最古老的街道之一——三聘街。其路面宽二三米，长二公里，两旁商店深三四十米，高二层或三层，类似潮州地区城镇的商业街。近代三聘街划分为若干段落，各段落多以经营的主要商品命名。从三聘城门进入，经过曲仔桥后，按其段落分别称为三聘街、越三饭街、竹篾街、蚊帐街、打锡街、咸鱼街、米街和末段的米街尾。后来建成的与三聘街平行的耀华力路和石龙军路，连同他们之间的横街，构成了与潮属地区市镇相似的市容。附近的民居，很多都是潮汕地区常见的"四点金"或"下山虎"模式。

（三）承包税收业务

早在大城王朝时，泰国王室便实行"税主制"，即由税主投标承包税收，按额上交王室，多余部分归自己所有。华人善于理财，故多被王室物色承包税收，并受赐官爵。拉玛三世（1824—1851 在位）时统计，有68.06%的税主是华人。而据19世纪50年代英国人鲍林的调查，有的华人税主竟拥有90多种的包税权。[①] 这些华人税主中，

---

① 参阅邓水正《19世纪中期以前泰国华人经济概述》，《泰国潮州人及其故乡潮汕·第二阶段（1860—1949）》，曼谷：朱拉隆功大学亚洲研究所，1997年版，第53页。

自然有不少理财能手是潮州人。如郑王的父亲郑镛，就曾经当过大城王朝的赌税司。

原籍潮安凤塘淇园乡的郑智勇（1851—1935），更是因包税获利丰厚而成为巨富。郑智勇，原名义丰，1851年出生于暹罗。8岁随父母返乡。1863年（13岁）重返泰国谋生。1866年（16岁）他加入了当时暹罗华侨社会的"私会党"组织，这是洪门秘密会党在暹罗的分支，当地华侨称之为"私派"，也称"洪字"。郑智勇虽然幼年贫贱，失去受教育的机会，但他为人坚强果断、敢于进取又豪爽仗义，在会党组织中逐步建立了威信。在他中年的时候，已成为"私派"组织的头头，被称为"二哥"。之后，郑智勇承包了暹罗王室的"赌饷"，开办中国式的"三十六字花会"赌场，并由此而大发其财，成为传奇式人物，被昵称为"二哥丰"。

（四）参与泰国的对外经贸活动

1855年《鲍宁条约》签订之前，泰国一直实行的是王室垄断贸易制度。从素可泰王朝开始，泰国对外贸易的主要对象是中国。对外贸易要靠远航帆船和航海人员，而当时"该国民不谙营运，是以多依福、潮船户代驾"①。泰国华人不但参与泰中贸易，还参与泰国与朝鲜、日本、琉球、越南、马来亚、爪哇、印度等国家和地区的贸易。他们被认为是泰国对外贸易"最好的代理人、商人和航海家"②。

早在13世纪时，大米已在泰国普遍种植，并成为主要物产之一。其质量优于越南生产的大米，价格却比较便宜。而潮州地区由于人多地少，加上天灾人祸，农业经常歉收，粮食短缺，需要从外地调进粮食。1722年，清朝康熙皇帝首次准许暹罗与中国进行大米贸易。一些潮州人便从暹罗进口大米到潮州，从而促使潮泰之间的大米贸易不断

---

① ［英］赛尔：《东南亚的中国人》，《南洋问题资料译丛》1958年第1期，第44页。转引自邓永正《19世纪中期以前泰国华人经济概述》，《泰国潮州人及其故乡潮汕·第二阶段（1860—1949）》，曼谷：朱拉隆功大学亚洲研究所，1997年版，第52页。

② ［英］安德逊：《17世纪的英暹往来》，伦敦：1890年，第80页。转引自邓永正《19世纪中期以前泰国华人经济概述》，《泰国潮州人及其故乡潮汕·第二阶段（1860—1949）》，曼谷：朱拉隆功大学亚洲研究所，1997年版，第52页。

发展。彼时，除稻谷种植这一生产过程是由泰人完成以外，泰国米谷业从稻谷的收购（中介商）、运载（运输商）、磨碾（碾米商），直至出口贸易（出口商）和供应国内市场（米商）等，几乎都是由潮籍华商包揽。其中，尤以澄海、潮安、饶平籍潮商为最多。到19世纪50年代，泰国大米大量出口，成为世界上三个大米出口国之一。20世纪30年代，曼谷最大的米行——顺元利米行，系潮人钟炎秋经营，每年批发大米150万包。① 1929—1933年的世界经济危机对泰国造成巨大的冲击。之后，有8个泰华家族的火砻业在米业界站稳脚跟。其中，属于潮籍人士的有6家，即陈守明和陈守镇主持的黉利行、卢世珍之子卢㐰川主持的卢裕隆行、蚁光炎的蚁光兴利行、廖公圃家族的廖荣兴行、许仲宜之许老长发行、陈振敬的陈振盛利行。泰国的许多潮籍米商还通过直接派人出资或与当地米行合营的办法，在汕头开设泰国米代销店，开展批发业务，最多时曾达到60—70家，资本最大的超过10万大洋，小户的也有一两万；并且还把泰米代销店开到香港。潮泰之间的大米贸易，最终发展成为深具特色的"香—叻—暹—汕"贸易体系，即以大米为主的泰国对香港、新加坡、汕头的国际贸易圈。

1987年第四届国际潮团联谊年会泰国潮州团体概况报告中指出："泰国早期最具规模之工业为火砻业，即系潮人首创，及后继承经营者也以潮人为主，成为潮人专营之工业。至于米谷业……潮人均占主要地位。"现在曼谷四个与米业有关的同业公会——泰国火砻公会、曼谷火砻公会、泰国米业公会和米商公会中，无论是会员，还是理事会的领导层中，大多是潮人。陈守明（澄海）、蚁光炎（澄海）、李之绵（普宁）、黄作明（澄海）、胡玉麟（潮州市湘桥区）等人，先后成为米业界深孚众望的著名领路人。

（五）活跃泰国的国内商业市场

1855年泰国与英国签订《鲍宁条约》之前，在长达几个世纪的封建领主制度下，一般泰人无法离开土地自由经商，并且他们对经商

---

① 罗晓京：《1910—41年泰国对华贸易与汕头港》，《泰国潮州人及其故乡潮汕·第二阶段（1860—1949）》，曼谷：朱拉隆功大学亚洲研究所，1997年版，第69页。

也没有多大兴趣。华人不受领主制度限制,可以自由从事商业活动。潮州人到了泰国,一般都是先在商店当店员,在码头当挑夫,在工厂当工人,或在农村务农,以出卖劳力为生。在稍有积蓄后,就开始经营小生意,做小商贩,或办家庭作坊,开办小手工业,这样缓慢积累资本,逐渐扩大业务。其职业以小商人及建筑房舍、制造家具和器具的技工居多。许多手工业者一方面制作产品,一方面又兼做商人。由于潮州人克勤克俭,艰苦工作,善于开源节流,积累资本,逐渐扩大业务,使他们在各个地方的商业活动中成为骨干。随着泰国国内商业的发展,潮人零售商分散到各地定居,下农村、上山区、闯海岛,足迹遍及各个角落。到19世纪上半叶,泰国各地城镇出现了许多华人街区和地方市场,这些城镇也由于华商的增多而繁荣起来。"有些城市住的全是中国人——商人和手工业者",正所谓"无华不成市"。① 这些华人中大多数是潮州人。

19世纪50年代,以潮州人为主的泰国华人已在该国的国内商业中举足轻重。他们在城镇地区从事进出口业、批发业、零售业,当小商小贩;而在农村地区则充当中介商和土产商。他们扮演生产者与消费者之间的中间人角色,把偏僻农村的农民和商业市场联系起来,在全国范围内建立起商业联络网点。潮州人还经营以民生日用为主的锯木厂、制糖厂、榨油厂、酿酒厂、砖瓦厂、织造厂、家具厂、陶瓷厂、五金厂、铸造厂等加工制造业,以及经营畜牧业和渔业等,是活跃泰国国内经济不可或缺的重要力量。

进入20世纪,泰国的潮州人大多从事银行、碾米出口、保险、珠宝首饰、纺织、酿酒、典当、咸杂、土产、木材、橡胶、书店、中医药、肉铺等行业,以及当演员、碾米厂工人和装卸工,并且开始向金融业拓展。40年代末,以潮州人为代表的泰国华人已在该国金融业和实业中居主导地位,经济实力雄厚。从1904年泰华第一家银行——裕成兴银行成立,到1950年京华银行的创办,40多年间就先后有17家华资银行或华商与泰人合办的银行成立。其中,大部分是

---

① 参阅邓水正《19世纪中期以前泰国华人经济概述》,《泰国潮州人及其故乡潮汕·第二阶段(1860—1949)》,曼谷:朱拉隆功大学亚洲研究所,1997年版,第55页。

潮州人所办。

二 20世纪50年代后：实力壮大，走向集团化、国际化

泰国在20世纪60年代开始进入现代化的进程。此前在50年代里，披汶·颂堪政府时期实行泰化经济政策，客观上已促成华侨资本与泰国官僚和国家资本的结合，形成各个行业的垄断性组织。泰国的潮州人凭借原来积累起来的基础和优势，抓住时机，迅速发展壮大，使其经营的行业朝多元化发展，实力进一步增强。他们逐渐从商业转向金融、工业制造、房地产置业、电信、交通和运输业，积极参与泰国国内的地产开发、建筑、汽车制造、钢铁、大型贸易商场、出口工农业、酒店、旅游业、银行和金融证券等，走向连锁店、超级市场、大餐馆、大公司式的经营，由封闭型的经济进入面向世界的开放型经济。

到20世纪末，潮人的经济已由多元化进一步向集团化和国际化发展，在泰国经济社会中雄居榜首。接受西方高等教育后陆续回到泰国的潮人后代，开始接管其父辈的事业。他们运用现代管理科学，使经营模式从传统的家族式转向现代的大众公司和上市公司方式，从而与现代国际经济融成一体，企业迅速发展。在地产开发、建筑、汽车制造、钢铁、大型贸易商行、出口工农业、酒店、旅游业、银行和金融等行业，都是他们大显身手的地方。如谢国民家族的正大（卜蜂）集团、陈有汉家族的盘谷银行、他信·西那瓦（Thaksin Shinawatra）集团等，都是规模宏大的跨国集团。20世纪90年代中期，泰国有16家商业银行。在8家由华人家族集团经营的商业银行中，潮商就占了6家。

据泰国《星暹日报》1996年7月5日刊登的文章称，当时世界上376位华人大富豪中，泰国约有30人名列前100名内，其中大部分是潮州人。如正大集团的谢国民（澄海），拥有资产80亿美元；盘谷银行常务董事会主席陈有汉（潮阳），拥有资产60亿美元；大城银行的李智正（澄海），拥有资产30亿美元；伟成发集团的吴玉音、吴光伟（饶平）姐弟34亿美元；京华银行的郑午楼（潮阳）25亿美元；泰

兴钢管集团的李石成（潮阳）家族25亿美元；电脑通信巨子他信·西那瓦（潮州）22亿美元；协成昌集团的李文祥（普宁）家族23亿美元；协联集团的陈如竹（潮阳）20亿美元；酿酒巨子苏旭明（澄海）20亿美元；黉利集团陈天爵（澄海）家族20亿美元；顺和成集团的张锦程（普宁）15亿美元。

进入21世纪，潮商在泰国继续傲视群雄。2019年5月9日，福布斯发布了2019年泰国富豪榜，正大集团谢氏兄弟凭借295亿美元（约9410亿泰铢）的身家净值蝉联榜首，全球排75位。在2019年全球亿万富豪榜中，正大集团永远荣誉董事长谢正民、永远荣誉董事长谢大民均以44亿美元的身价排名第436位，顾问董事长谢中民以45亿美元的身价排名第424位。

在2019年泰国富豪榜上已知是潮州人及其后裔的，还有从事酒业、房地产业的苏旭明，162亿美元；从事媒体、房地产业的李智正28亿美元；从事投资的他信·西那瓦19亿美元；银行业的陈智深11亿美元；冷冻食品业的陈汉士7.2亿美元；水泥业的廖汉渲6.4亿美元，等等。

泰国传统的大米出口业，现在仍是潮州人的天下。出口量占了泰国大米出口总量80%的10家华人出口商，几乎都是潮州人。胡玉麟（潮州市湘桥区）、张锦程（普宁）、张朝江（潮阳）、马定伟（潮阳）等都是主要的大米出口商。以大米出口商闻名的顺和成集团的张锦程，同时还是泰国最大的木薯加工和出口商、泰国工业园区的开拓者之一，也是东南亚造纸业巨子。

饲料工业几乎全是由华人经营。谢国民（澄海）家族的正大（卜蜂）集团，其规模和实力居泰国同行业之首，也是世界第三大饲料集团。陈兴勤（潮阳）兄弟的波乍仑攀集团、李光隆（潮阳）的协达饲料有限公司和潮籍人士刘先飞的中央集团等企业的产品，在泰国同业中享有盛誉。

泰国食品加工业中，由华人经营的约占60%。陈汉士（潮阳）、陈亿元（丰顺留隍）、杜谭翔（揭西）、李基智（潮安），都是著名的食品加工出口商。

服装业是泰国重要的创汇行业,华资企业占60%。颜开臣(潮阳)的青山集团、郑创基的南洋集团、郭振的长江集团、陈荣泉的东亚集团,在泰国成衣业中都有辉煌的业绩。

化学工业中,被称为泰国"塑胶大王"的陈卓豪、几乎控制泰国平板玻璃和工业用盐市场的郑明如家族、生产汽车用漆的TOA集团的陈运楼、经营"泰油"工业油脂的丁家骏(1909—1977)家族等都是潮人。

钢铁工业中,伟成发集团的吴玉音姐弟(饶平)、泰国首钢铁厂有限公司的吴喜然(揭阳)等都占有重要的地位。

原籍惠来的杨海泉,1955年开始在曼谷附近的北榄府养殖鳄鱼,依靠养殖、加工、旅游相结合的办法,不断拓展业务。到90年代中期,其创设的北榄鳄鱼湖远近闻名,拥有鳄鱼3万多条,被誉为"鳄鱼大王"。之后,原籍揭阳的张祥盛异军突起。他在芭提雅附近的是拉差创建的"龙虎园",于1997年开幕,占地100多公顷,目前拥有500多头驯服的老虎和11万条鳄鱼,是一座集环境保护、生态保护、濒危野生动物保护、高科技养殖及旅游休闲于一体的新型旅游景区,为世界最大的老虎、鳄鱼公园。

1997年的金融风波,使泰国的经济遭受巨大的冲击,泰国的潮州人也首当其冲。但是,这场金融风波并没有改变潮州人作为泰国经济领域中主角的状况。虽然有不少潮州人在这场风波中跌倒了,但另一些潮州人却横空出世,一跃而起,更像是在生意场上"你方唱罢我登场"。如陈汉士的泰万盛冷冻食品集团,正是在金融危机爆发前夕,斥巨资收购美国两家海产品加工厂,从而使其金枪鱼的日加工能力达到600吨,金枪鱼罐头产量跃居世界第二位,1997年出口额超过150亿泰铢,近年来保持持续增长势头。《亚洲周刊》刊登的"1998国际华商500"中,泰国的华资企业有12家。其中,潮州人所经营或是主要股东的,占了绝大多数。

现在,潮州人仍然在泰国的经济活动中扮演着重要的角色,在许多行业中超群绝伦。应该指出的是,由于泰国的潮州人中绝大多数已经加入泰籍,他们的经济已经成为泰国民族经济的有机组成部分。泰

图 5-3　泰国曼谷唐人街耀华力路春节夜景（2016 年，杨锡铭摄）

国的潮州人以他们的聪明和智慧，为繁荣泰国的经济和社会的发展已经并正在继续做出巨大的贡献。

第三节　活跃于政坛上的潮州人后裔

潮州人很早就融入泰国的主流社会之中，并且在政坛上长袖善舞。潮州人后裔当国王、任议长、做总理，以及出任部长和议员等大有其人，其在政界的影响力一直长盛不衰。

一　大城王朝时期

在大城王朝时，已有一些潮州人进入暹罗的政坛。清代的魏源所著的《海国图志》暹罗国条说："华人驻此，娶番女，唐人之数，多于土番，惟潮州人为官属，封爵，理国政，掌财赋。"郑王之父亲郑镛，就曾当过大城王朝的赌税司。

在郑信建立的吞武里王朝（1767—1782）中，潮州人进入暹罗政坛的越来越多。如潮州商人黄赖夫，膝下有两个儿子。大儿子名为茂盛，因忠于郑王，遂获封为"銮阿派帕匿"爵位，有权以暹罗王室名义派10—15艘帆船到广东进行贸易,有权自行造船。小儿子名郎,是尖竹汶府富豪,后来亦获封爵衔。另一位名叫小林五的潮州人,也获封"拍披猜哇里"爵衔,负责管理王家帆船事务。郑王还任命一些潮州人担任行政官员。如潮州人黄贵,家居叻丕府挽空廊仓区,在吞武里王朝担任公职,负责从事帆船贸易。①

二 曼谷王朝时期

曼谷王朝(1782年至今)建立后,一些潮州人与王室继续保持着密切的关系,在泰国的官僚体系中占有相当重要的地位。有的成为政府垄断性质的包税人,成了税务官,包办国家某项税收;有的在财务部(兼管财务和外交)供职,成为国王的上层官吏;有的担任政府某些部门的商务官员,或在某些华人聚居的地区当个地方官,其中有的位至府尹。

20世纪以来,泰国政府推行同化政策,加入泰籍后的华人从政没有了法律上的障碍,在客观上有利于一些受过高等教育和有才干的华人及其后裔进入政府部门任职。

近几十年来,泰国历届内阁中都有华人、华裔官员。这些活跃在泰国政坛上的政治家中,有不少是潮州人及其后裔。巴实·干乍那越(许敦茂,澄海)、旺仓·三诗(陈其文、澄海)曾分别担任过国会主席。

担任过总理或副总理的为数不少。其中原籍澄海的有五位,即第7位总理比里·拍侬荣(陈家乐)、第17位总理察猜·春哈旺上将(陈姓后裔)、两次任副总理的披猜·拉达军(陈裕才)、前副总理针隆·西蒙(卢金河)、前副总理颂奇(曾汉光)。原籍潮阳的有五位,即第8位总理他旺·那哇沙瓦(銮探隆)、第14位总理他宁·皆威迁、第21位总理班汉·信拉巴阿差(马德祥)、前副总理巴曼·阿里绿讪上将、前副总理庵蕾·威拉旺(林日光)。原籍潮安的有两位,

---

① [泰]旺威帕·武律叻达纳攀、[泰]素攀·占塔瓦匿:《吞武里王朝和曼谷王朝初期泰国社会中的潮州人》,《泰国潮州人及其故乡潮汕·第一阶段(1767~1850)》,曼谷:朱拉隆功大学亚洲研究所,1991年版,第74—75页。

分别是前副总理披尼·扎禄颂巴、前副总理兼司法部长陈汉誉警察上将（辑猜博士）。另外，前副总理乍都隆·彩盛（刘鸿宇，潮州）。兄妹均曾任总理的他信·西那瓦及其妹英拉（丘姓后裔）的曾祖父是潮州人，其母亲是客家人。①

政府中的部长、副部长和许多省市县级政府要员，以及警察、法官、检察官、律师中，也有不少是潮州人的后裔。前副总理披猜·拉达军（陈裕才，澄海）之子披集·拉达军（陈年平）曾任曼谷市市长。

泰国潮州人后裔政治家对泰国的现代民主进程起过关键作用。1932年6月24日，泰国人民党领导人民发动推翻君主专制的革命，实行君主立宪制。人民党的主要领导人是比里·拍侬荣（陈家乐，1900—1983），祖籍澄海上华下陈村，曾留学法国并获法律博士学位。革命成功后，陈家乐受命编制了泰国第一部宪法。二战期间，日军进入泰国。陈家乐秘密组织和领导自由泰运动，配合盟军抵抗日军直至战争结束。当銮披汶政府同日本签订同盟条约时，身为摄政王的他没有在这份同盟条约上签名，从某种程度上拯救了泰国的独立。1946年3月24日，陈家乐出任泰国第7位总理。他还是泰国著名的法政大学的创始者和首位管理者，为泰国培养了政治学、法律学、经济学、行政管理等方面大量的优秀人才。

第四节　潮籍社团与文化传统的坚守

19世纪中期，已有泰华社团出现。其大量涌现则在二战结束之后。泰国潮籍社团众多，遍布全国各地和各行各业。大体上可分为同乡会、宗亲会、行业公会、慈善宗教团体和文化团体等五类。其特点是历史悠久，机构健全；形成中心，一呼百应；会务比较活跃；为华文教育出钱出力。潮籍社团大多关心祖籍国，盼望祖国统一，繁荣昌盛，同时努力保持潮州人的文化传统，进一步加强与中国的经济

---

① 他信和英拉兄妹的中文名，在泰国通常译为塔信·秦那越和仁乐·秦那越。笔者曾两次听他信说过，从他父亲这边算，他是潮州人，从母亲这边算是客家人。有资料说他信和英拉是祖籍潮州府丰顺县的潮州人。

合作。

一 功能完善的众多潮籍社团

泰国潮州会馆是泰国最大的同乡会,潮州华侨华人的最高社团,也是泰华社会最有影响力的社团之一。1936年秋,由蚁光炎、赖渠岱、郑子彬、余子亮、陈景川、廖公圃等55人发起组织,1938年2月14日正式成立。当时正值抗战爆发不久,在首届主席陈景川领导下,组织"潮州米业平粜公司",购运米粮回乡举行平卖,纾解潮汕粮荒。1941年8月日军进驻泰国,陈景川主席等会馆领导人坚持爱国立场,拒绝与日军合作,先后被逮捕入狱。会馆成立至今秉承联络乡谊,团结图存,热爱故土,敬重桑梓,协助同乡排忧解难,发展乡亲福利事业,促进中泰亲善之宗旨,致力促进泰中邦谊,弘扬中华文化,兴学育才,奖教助学,开展赈灾恤难。泰国潮州会馆是国际潮团联谊年会发起单位之一,曾主办过第二届、第十届国际潮团联谊年会。泰国内地一些府也设有潮州会馆。

图 5-4 泰国潮州会馆

历史上潮州府所属的潮安、潮阳、揭阳、澄海、普宁、大埔、丰顺、惠来、饶平等九县均先后在泰国成立各自的同乡会,南澳县也曾成立过同乡会筹备会。① 各县同乡会在泰国各府设立相应的分会或联络处。潮安同乡会是最早成立的县域同乡会组织。原乡一些的小区域，由于在泰人数众多，也分别成立有同乡会组织。如现在潮安的归湖、赤凤和文祠三个镇，历史上曾称为登荣乡，就成立有登荣乡亲会。也有由同一区域内同一姓氏组建的宗乡社团，如原籍潮州市官塘、铁铺一带的秋溪陈氏延华堂、古巷乡陈氏族亲会、磷溪溪口刘氏基金会等。

目前，在泰国华人宗亲会总会有60多个，其成员中绝大多数是潮州人。这些宗亲会分别是丁、刁、方、王、丘、田、朱、余、吴、李、杜、汪、沈、吕、巫、周、林、金、范、侯、姚、洪、纪、胡、孙、徐、连、马、高、韦、袁、翁、张、梁、庄、许、郭、陈、曾、黄、彭、温、杨、邹、廖、叶、熊、刘、蔡、邓、郑、卢、赖、谢、钟、萧、罗、苏、魏、蚁氏宗亲总会，还有六桂堂宗亲总会、龙岗亲义总会、舜裔宗亲总会、萧叶钟氏宗亲会等。蓝氏也曾成立过宗亲总会。2006年，泰华各姓宗亲会联合会（简称"宗联"）成立，是各宗亲的最高社团组织。

潮州人善经商，故泰华许多工商团体多以潮州商家为主。如华商联谊会、泰华进出口商会、纸商簿业公会的成员几乎全是潮州人。成立于1910年的泰国中华总商会是泰华社会中最具实力和影响力的社团之一，其领导层及会员中，潮州人历来占了大多数。其宗旨是促进国内外工商业发展；协助会员在泰国商会法律规定的范围内谋求工商业利益；协助增进会员与相关机构，或其他贸易组织机构的交流和合作；收集、摘录与工商业有关的统计资料和信息，作为在工商界中对贸易研究与其发布的根据；调解会员间的商业纠纷，如双方同意接受调解，则予以仲裁；从事社会公益事业；设立经济贸易研究机构，履

---

① 南澳在泰国的人数较少，同乡会组织一直不健全。1926年即成立南澳公所。1973年，由吴承波邀请林孝先、陈友梅、章梦龙等组织同乡筹备会，选出林孝先为理事长，吴承波为副理事长，唯因组织不健全而解体。1978年4月9日，再次成立南澳同乡筹备会，选出林孝先、杨兆麟二人为顾问，吴承波为正主任，章梦龙、林献文为副主任，恢复活动。吴承波逝世后，该会的会务也告终结。

行法律规定商会应遵守的条款；泰国中华总商会不参加政治活动。①该会现有团体、商号和个人会员数千人，大都是泰国知名的华商。

华侨报德善堂是泰国最大的民间慈善机构，享有极高的声誉，以至于在泰语中，"报德堂"一词直接以潮语发音。报德善堂源自潮州地区，早期主要从事收殓无主死尸或为贫苦人家收埋死者等慈善工作；后来事业不断发展，不但殓尸义葬，救灾济贫、施医赠药，还创办了华侨医院，兴办华侨崇圣大学。以潮人为主体的慈善机构还有泰京天华医院、世觉善堂、玄辰善堂、道德善堂、崇德善堂等，以及泰国蓬联总会、佛教众明慈善联谊会、泰国德教慈善总会、北榄养老院、挽卿养老院、华侨孤儿院、华侨妇女养老院、中华赠医所等。

图 5-5　华侨报德善堂（2013 年，黄晓坚摄）

同样，在以文缘为基础而成立的社团中，潮州人也占绝大多数。如泰国华文作家协会、泰华报人公益基金会、华文教师公会、泰国华文民校联谊会、泰华记者报业协会，以及太极拳健身总会、象棋总会等。各种校友会中，既有泰国早期华文学校的校友组织，如中华中学

---

① 资料来源：泰国中华总商会网站，2017 年 10 月 12 日查阅。http://www.thaicc.org.

校友会；也有曾在中国读书的学生所组织的校友会，如潮州金山中学校友会、汕头聿怀中学校友会、潮州韩师校友会、黄埔同学会、暨南大学校友会、中山大学校友会、泰国留学中国校友总会等等。

目前潮籍社团存在的突出问题是会员年龄老化比较严重，活动形式难以吸引年轻一代加入。近年来，各社团采取一些措施加强年轻一代的工作，争取青年人参加，取得一定效果。

二　努力保持文化传统

移民到泰国的潮州人在融入当地社会的同时，把自己的语言和文化传统带到居留地，办报纸、开学校、建寺庙，等等，多方努力保持自己的文化传统，促进了中泰文化交流。

（一）潮州话（简称潮语）流行于泰国

潮州话不仅成为泰国华人移民的通用语言，也对当地泰语产生了重大的影响，相当一部分潮语词汇被泰语所吸收融会，成为当代泰语的组成部分。泰国潮州人所讲的潮州话，由于在特定的环境和时空因素的影响，已逐步有别于现时潮汕本土的潮语，似可称之为泰式潮语。

（二）潮州人在泰国建起了具有潮汕地区特色的寺庙，供奉从家乡带来的神明

据说最早由潮州人建立起来的庙宇是1816年建在"万望"（地名）的一座神庙。在曼谷颇具盛名的"龙莲寺"，建于1871年。①"大峰祖师"的信仰，则始于1896年，由潮阳人马润传入泰国，并由此产生了泰国华侨报德善堂。大峰祖师已成为报德善堂和其他一些慈善机构所供奉的神明。与此同时，潮州人也创造了一些新的神明。在泰国各地可见的"本头公"，是潮州人塑造出来的在地化神祇。潮州历史上的名人翁万达，在泰国受到潮州人的敬重，为之立庙膜拜。甚至一些知名侨领，如二哥丰（郑智勇）、蚁光炎等，去世后也被当作

---

①　［泰］哇拉塞·玛哈塔诺本：《暹罗的华人文化——1851—1910年的活动与演变》，《泰国潮州人及其故乡潮汕·第二阶段（1860—1949）》，曼谷：朱拉隆功大学亚洲研究所，1997年版，第193页。

神明祭拜。源于潮汕地区，流行于泰国以及东南亚地区的德教，已发展成为潮州人的一种信仰，以五教（儒、释、道、基督、伊斯兰）合一、慈善济世的信念举办各种活动。各地的德教会通常都建有规模宏大的场所，在当地以慈善机构注册。

（三）潮人仍保持着潮属地区时年八节的风俗习惯

除夕家人团聚、长辈给子孙压岁钱、春节拜年、清明祭祖、冬至吃汤圆等传统至今仍在泰国的潮州人群体中得到延续。

（四）传统道德观念和价值观在一定的程度上传承

潮州人通常在家庭中重视伦理道德，尊卑有序，内外有别，孝敬父母，孝敬长辈，讲礼貌，重礼节；在外则奉行诚信、勤俭、助人为乐，以及重视宗族、乡土情谊等。许多潮州人还十分看重"名"，在社会活动中，讲究"正名"。特别是在社团活动中，更是十分注重名次。

（五）潮剧潮乐随着潮州移民的脚步很早就流传到泰国，以至于泰国有"潮剧的第二故乡"之说

最古老的潮剧班"老万年春"已有逾百年的历史。以往一些著名的侨领都是潮剧潮乐的爱好者。如20世纪初泰国著名侨领郑智勇（二哥丰）曾在曼谷的耀华力路和花会厂兴建多座戏院，供潮剧班演出，还买下"老三玉班"和"新三玉班"，作为花会厂的专用戏班。他的轮船公司也曾免费优待国内潮剧班到泰国，以及从泰国转到越南、新加坡、印尼等地演出。20世纪的20—40年代，是泰国潮剧的繁荣期。1940年前后，曼谷耀华力5个主要戏院，都由潮剧班包演，而没有固定场所的走唱班，竟多达百个以上。90年代初期，原籍潮安县官塘白水湖（现属潮州市湘桥区官塘镇）的谢慧如曾两次邀请潮州市潮剧团到泰国演出，1991年首次演出竟达2个月之久。

20世纪50—70年代，中泰文化交流中断，泰国当地的潮剧班演员得不到补充，于是出现了雇用佬族人（俗称佬仔）当龙套演员。据统计，当时泰国国内30个潮剧班中，竟有一半潮剧团用1/3的泰人或佬族人，最高的达到70%。

1979年，中国广东潮剧一团成为中泰建交后首次到泰国演出的中

国潮剧团。此后,经常有来自中国的潮剧团应邀到泰国演出,为泰国的潮剧带来了新的生气,掀起新的潮剧热。1993年在汕头举行首届潮剧节时,泰国的31个职业、半职业潮剧班组成阵容庞大的"泰国潮剧团"参加。

潮剧在泰国的演出出现几个变化:一是将电影改编成新剧目;二是采用立体布景、电灯活景;三是盛行长达二三十集的长连戏;四是采用"女小生"等,这些变化也在一定程度上影响了潮汕本土潮剧的表演,促进了本土潮剧艺术的发展。

(六)潮州人也把灯谜带到泰国

据泰国潮籍谜人李君玉1936年编纂出版的《文虎丛谭》载:1928年夏,泰华谜人许超然联合20多位同好成立"文隐深处谜学研究社",这是泰国潮人的第一个谜学团体。《文虎丛谭》则是该谜社出版的第一本专辑。林仲杰曾将灯谜在泰国的发展过程概括为:发轫(20世纪初)——蓬勃(20世纪60年代中期)——式微(20世纪80年代以后)三个阶段。由于泰国一度禁止华文教育,年轻一代的华裔对华文所知甚少。针对这种情况,泰国谜艺界人士还曾专门制作泰语诗谜,使不懂华文的华裔以及泰国人民也能参与谜艺活动,扩大谜艺活动的影响面。

(七)泰国华文教育发展历程坎坷不平,而潮州人为其发展贡献良多

20世纪初,暹罗的华文教育呈现出发展趋势。彼时,潮属华侨相继创办了大同学校和培英学校等,以潮语教学。据统计,至1934年,泰国华文中小学已发展到271所,其中有许多是潮州人所创办,这是泰国华文教育迅速发展的时期。

1938年,披汶·颂堪(銮披汶)执政后,实行"泰化"政策,并于1939年一年间关闭了285所华文学校。到1940年,全泰国所有的华文学校已荡然无存。

抗日战争胜利后,泰国的华文教育进入一个全盛时期,全国复办、开办的华文学校达500多所。

1948年,披汶·颂堪再次上台,继续推行排华政策。同年6月泰

国政府下令封闭所有的华文学校，逮捕进步教师，并将他们驱逐出境。此后，虽允许华文小学按民校条例注册，但只准初小班级开设华文课程，而且限制每周授课5课时。新中国成立后，当时的泰国政府出于对共产主义的敌视，将华文视为"社会主义语文"，属于"教育违禁品"。

1975年中泰建交后，随着中泰两国友好关系的不断发展，特别是两国经贸往来的频繁，泰国国内也急需华文人才。1990年伊始，泰国潮州会馆、华文教师公会、华文民校联谊会等社团，以及郑午楼（潮阳）、谢慧如（潮安）、丁家骏（丰顺）、黄继芦（揭阳）、陈克修（普宁）等一批知名华社领袖，积极向泰国政府进言，促使政府修改对华文教育的限制政令和法令。泰国华侨华人中的许多有识之士通过各种形式，努力振兴华文教育。如赞助华文学校经费，稳定华文教师队伍；输送华文教师和学生到中国进修；或纷纷发表文章、谈话，大力宣传华文学校多年来对泰国社会所做出的贡献等。在泰华各界的大力呼吁下，泰国政府对华文教育的态度开始有所转变。1992年，泰国政府纾解对华文教育的限制，华文教育在泰国出现了勃勃生机。

1990年初，由泰国华侨报德善堂董事长郑午楼倡建并带头捐资1亿泰铢（当时约合400万美元），在原华侨报德善堂创办的华侨学院和护士学院的基础上，创办华侨崇圣大学。泰华各界纷纷响应，踊跃输将，在很短的时间内就筹得泰币10亿铢（约合4000万美元）。1994年3月24日，泰王普密蓬亲临该校并为之揭幕。该校现为综合性大学，其中开设华文课程，是目前泰国华人开办的唯一高等学府。

1994年，泰华著名人士谢慧如任主席的泰华文化教育基金会，接办曼谷时代中学，在该校原址创办了东方文化书院，以开办各种类型的成人业余华文班为主，谢慧如生前为该书院的创办倾注了很多心力。1995年该院与北京大学合作，聘请中国教师到书院授课，并在泰国举办"泰国汉语水平考试（即NHK）"。

中篇　东南亚的潮州人

图5-6　东盟普吉泰华学校（2013年，黄晓坚摄）

（八）华文报纸从业人员多为潮州人

泰国的华文报纸肇自1903年。① 一百多年来，泰国的华文报业几经跌宕，先后出现过近百种华文报纸。有的如昙花一现，有的则苦心经营，延续几十年。目前在泰国发行的华文报纸有六种，分别是《星暹日报》《世界日报》《京华中原联合报》《中华日报》《新中原报》和《亚洲日报》。泰国华文报纸主要面向当地华人，而泰国华人的主体是潮州人。因此，该等报纸实际上是潮州人的报纸，无论是报社的老板、编辑、记者和撰稿人，绝大多数是潮州人、潮裔，或已经"潮化"的其他中国移民。

第五节　崭露头角的新移民

1975年中泰建交，两国友好关系不断发展。潮汕地区开始有民众到泰国探亲、旅游、做生意，乃至嫁娶、投资设厂等，其中有一些人

---

① 谢犹荣：《泰国华文报业小史》，泰国译报社1964年版，第1页。

在泰国居留下来，成为新移民。80年代后，潮州市的铁铺、官塘、磷溪，汕头市澄海的隆都一带，以及潮阳、普宁、揭阳等地，不断有人从中国带货到泰国摆地摊做生意，又从泰国带货回潮汕地区销售；或者在泰国亲戚的企业中打工等。90年代中期，有些人生意越做越大，开始站稳脚跟，在泰国当地开设工厂、商店，从事加工业务和中泰之间的进出口贸易。也有人办起旅行社，专门做中泰旅游业务。进入21世纪，在大浪淘沙的过程中，一些新移民已经事业有成，逐渐走到社会舞台中间，在各行各业中都涌现出有成就的人物。

新移民的增加也催生了如泰华青年商会等一些新的社团。与此同时，历史悠久的传统潮籍社团也注重吸收新移民会员，目前有些新移民已经在中华总商会、潮州会馆及各县同乡会、宗亲会等重要的华人社团中担任要职。泰国陈氏延华堂的会员乃至领导层中，已有相当数量的新移民。

原籍潮阳的李桂雄，20世纪80年代到泰国投亲创业，2000年创立泰华青年商会，出任会长；2012年以来，一直担任中华总商会的副主席。来自饶平的陈鸿辉，1990年初到泰国从事建筑业，事业有成，2018年当选为饶平同乡会理事长。原籍潮州市湘桥区官塘镇的陈英群，80年代末到泰国，从摆地摊开始，到设厂生产、销售家用电器，现是潮安同乡会副理事长，也是陈氏延华堂的主要领导人之一。1990年前后，原籍潮州市枫溪的吴炳林到泰国从事中国陶瓷销售生意，现是泰国中国和平统一促进会副会长，2008年中国北京奥运会圣火在曼谷传递时，他作为41号火炬手，参与圣火传递。泰华作家协会的秘书长温晓云，原籍揭西县，80年代末到泰国投亲创业，从商之余进行华文文学创作，其作品多次在世界性华文文学比赛中获奖。蔡彬，原籍潮州市湘桥区，曾是潮州市中医院医生，1990年前后到泰国行医，用针灸为病人治疗，疗效颇佳，2013年泰国中医总会成立以来，一直担任该会常务副会长。原籍潮州市的林广峰，笔名武风，20世纪80年代末赴泰国举办个人书画展览，获得成功并定居曼谷，现任泰国泰中书画院院长、泰国东方艺术联合会常务副会长，其中国画作品多次赴世界各地展出，并获得好评。来自潮安江东的刘少聪夫妇，其旅游、中国茶叶销售、茅台酒代理等业务颇有成就,现是中华总商会会董、刘氏宗亲总会副会长。

图 5-7 泰国华人青年商会(2013 年,黄晓坚摄)

第 六 章

港主传奇：新加坡　马来西亚

新加坡和马来西亚向来联系密切，原来都是英国的殖民地，新加坡独立建国前，是马来亚联邦成员。新加坡与柔佛还曾经是柔佛王国的属地。潮州人在两地的历程有许多共性。

第一节　新加坡的潮州人

新加坡开埠前为一渔村，但已有潮州人的足迹。传说昔时有十余名海阳（今潮安）人在此生活，经常受到当地土著人的残杀。随后有来自暹罗（今泰国）的潮侨同胞一起居住在山仔顶，即今粤海清庙所在地。嗣后有潮安庵埠东溪人王钦及王丰顺两人，首先航海来到新加坡，成为潮侨领袖，建粤海清庙（潮人俗称老爷宫），创义安郡。此后凡来到新加坡的潮侨，红头船舣于老爷宫前，宿于庙内；如要聘请店员，即亲至庙面议。英国人莱佛士于1819年登陆新加坡并成为控制者，其总部所在地就是潮州人的顺兴甘蜜园，即现在的皇家山。当时旅居新加坡的潮侨已达千人之众。

新加坡开埠后，潮州人不断增多。其中有不少是被贩卖而来的"猪仔"，即通过契约劳工形式来到新加坡当苦力。1845年，新加坡的潮州人已近万人，大多聚居在河口的山仔顶、皇家山脚和吻基（boat quay 俗称：十八溪墘）一带。也有与其他方言族群的华人混居在牛车水的宝塔街、史密斯街、硕莪巷，以及桥南路与桥北路之间的实打街、香港街、干拿街、马交街、珍珠街、克罗士街等区域。

根据新加坡的人口统计资料，1931年有潮州人82405人，1947年

中篇　东南亚的潮州人

图 6-1　早期潮商多聚集在十八溪墘

157188 人，1980 年 409269 人。① 1990 年 461303 人，占华族人口的 21.9%。② 到 2000 年，新加坡的潮州人约有 526000 人，约占新加坡总人口的 22%，居华族的第二位，仅次于闽南人。③ 目前，潮州人已经分布于新加坡各个区域。

一　几乎垄断早期的种植业

潮州人是新加坡第一批种植甘蜜者。

1820 年，15 岁的佘有进（1805—1883）只身南渡来到新加坡。当时新加坡刚开埠不久，华侨不多。佘有进出生于澄海玉莆乡（今属汕头市岐山月浦乡），其父佘庆烈曾为普宁县吏。在家乡读过书的他在当时那群南下谋生、几不识字的同侨中，如鹤立鸡群，深受大家所器重。初时，他当帆船理账，继而在各船舶料理账务，航行于马六甲

---

① 潘醒农：《新加坡潮人概况》，载氏著《潮侨溯源集》，金城出版社 2013 年版，第 38 页。
② 崔贵强：《新加坡潮州人对经济发展的贡献》，载《新加坡潮州八邑会馆成立七十周年纪念特刊》，新加坡潮州八邑会馆，2000 年，第 217 页。
③ 《新加坡的潮州人》，载《第十二届国际潮团联谊年会纪念特刊》，新加坡潮州八邑会馆，2003 年，第 63 页。

第六章 港主传奇：新加坡 马来西亚

海峡及廖内群岛、宋卡各地，在海上生活了5年。后来受聘为当时的大商号——金瑞号任司账，崭露头角。1830年，佘有进25岁时，已成为船舶代理人，闻名于珠烈街和十八间后（今 Circular Road）一带。凡航行廖岛、苏岛及马来亚各口岸的船只所载货物的销售、船上所需物品的购置，大多由他承办。数年后，他已积累了可观的财富，遂在吻基桥头、中街至文咸街一带广置地产。又在里峇峇利路（River Valley Road）至武吉知马路（Bukit Timah Road）与汤申路（Thomson Road）一带购地，致力于种植甘蜜和胡椒。

图6-2 发起创办新加坡义安公司的佘有进

其实，佘有进并非种植甘蜜的第一人，但潮州人的确是新加坡第一批种植甘蜜者。19世纪初，柔佛王朝的天猛公阿都拉曼已从廖内群岛（今属印尼）引进潮州人到新加坡种植甘蜜。新加坡开埠后甘蜜园与胡椒园在全岛迅速扩展。当时，初到新加坡的潮州人，甚至其他华人，全赖种植甘蜜或胡椒谋生，并借以发展商业。1836年种植园面积已达2350英亩，1841年扩展至新加坡岛的内陆——东陵区（Tanglin District）的大部分地方。到1848年，甘蜜的种植面积已达24220英亩，胡椒园地面积达2614英亩。大大小小800余座种植园坵的园主

图 6-3　新加坡早期甘蜜园的操作情况

图 6-4　马来亚胡椒园中的华工

和工人，几乎都是潮州人。那时，潮州人几乎垄断了这个行业，甘蜜店全集中于新加坡，柔佛出产的胡椒和甘蜜，必须交新加坡的潮州人经营的甘蜜店，再集中输往欧美等各地销售。而佘有进则是当时华族中最大的种植家,他把新加坡的甘蜜和胡椒种植业推向鼎盛时期,成为新加坡因种植甘蜜和胡椒致富的第一人。

除种植农产物之外,佘有进还开办"有进公司",兼营棉织品和茶叶。他在怒吻基(North boat quay)建有大厦一座,当时被称为潮侨四大厝之一。

事业的成功,也使佘有进成为新加坡政府所倚重的人物。1851 年以后,佘有进常任法庭陪审员,凡有关华侨的案件,政府多向他咨询。1863 年,各籍侨领集会讨论殖民地转归英皇直辖问题时,佘有进是唯一的华人代表。1870 年殖民地政权设立太平局绅,他成为首任太平局绅之一。1872 年再加任名誉推事,助理司法行政。

1864 年,他将产业交予长子石城、次子连城,及妻舅陈成宝管理,自己安享晚年。

曾亚六、苏添富等人是开发位于新加坡北部的义顺区的先驱人物,也是著名的潮籍甘蜜、胡椒种植业者。1850—1880 年间,曾亚六、陈二弟、苏大会与苏添富等人在此广置土地,将原始森林密盖、荒无人烟的地带,开辟为种植园,发展村落,奠定了日后义顺区拓展与繁荣的基石。此外与潮州人有关的种植园也分布于"头口鼎"(水仙门二马路升旗山下)、"双口鼎"(亚历山大路)、东陵区(Tanglin District)与实龙岗路(Serangoon Road)一带。

19 世纪 50—60 年代后,由于甘蜜和胡椒价格暴跌,加上劳工短缺,而且甘蜜的种植造成土地地力严重下降,使这类种植业无厚利可图,园坵逐渐荒芜,新加坡的甘蜜和胡椒种植业逐渐没落,代之而起的是黄梨(菠萝)与橡胶的栽种业。

19 世纪末,黄梨罐头业兴起,产品远销欧美市场。潮州人经营黄梨罐头业者有佘连城(佘有进次子),他在实龙岗路购地 90 英亩,专门种植黄梨,制成罐头销往欧洲远东各地,成为当时黄梨业的巨擘。

20 世纪初年,由于汽车业的蓬勃发展,以及橡胶的广泛应用,世界市场对橡胶的需求日增,胶价暴涨。因种植橡胶有利可图,潮州人也投资于橡胶种植业。著名的潮州人橡胶种植家有林义顺、廖正兴等人。

应当指出的是，当年从中国来到新加坡的潮州人，多数出身贫寒，抵达新加坡时几乎身无分文，或者负债累累；能靠种植业发财致富者，毕竟寥寥无几。潮州人的港主种植家，像佘有进这样知书识字的只是极少数，更多的是文盲或半文盲。这些人大多缺乏远大眼光，也没有长久的计划，且兼有烟赌为害，有些人虽能致富于一时，但终究难守成长久，后辈无法继起，园地多数最终归入他人之手，能够继承先业，发扬光大者屈指可数。[①]

二　纵横商海、长袖善舞

新加坡的潮州人历来从事商业人数最多，几乎参与了各行各业的商业活动，而且商业资本雄厚。

20世纪初，潮州人曾执新加坡商界之牛耳。当时的十八间后（今Circular Road）、十八溪墘（Boat Quay）、十三行后（即Circular Road东段）、山仔顶（今粤海清庙一带）、皇家山脚（Hill Street），以及以前的潮州新巴刹（Ellenborough Market），都是潮州人经营的地域范围，商店林立，为一时之盛。1906年中华总商会成立时，多位发起人都是当时商界的潮州人领袖。其正副会长虽然规定由粤闽两帮轮流担任，事实上粤帮之会长常由潮侨出任，潮帮名额也多于其他各帮。二战后由于商业情势变迁，一些潮州人占有优势的行业也随着改观。

根据潘醒农的《马来亚潮侨通鉴》所载，20世纪中期新加坡的潮商主要有：土产九八出入口商、暹郊及安南郊、糠米商、绸布商、罐头杂货商、洋货商、香油郊、京果粮食商、金银业商、汇兑信局、海屿郊、酒商、索络油漆铁器商、船务旅店、中西药商、果菜商、水果杂货商、鲜鱼商、屠商（猪肉店）、柴炭商、酒楼饭店、电器商、抽纱古董商、家私商、瓷器竹篾商、洋服新衣商、典当商、映像商（照相及其器材）和其他等等。[②]

[①] 参阅潘醒农《回顾新柔潮人甘蜜史》，载《新加坡潮州八邑会馆成立七十周年纪念特刊》，2000年9月，第208—214页。

[②] 潘醒农：《马来亚潮侨通鉴》，新加坡：南岛出版社1950年版，第265—270页。

许云樵在二战结束后的调查则将潮商从业分类为：银行业、汇兑业（批信局）、出入口商、保险业、运输业（海运、陆运、空运）、树胶商、锡商、米商（兼糖盐商）、海产商、绸布商、茶商、药商、电器材料商、杂货商（洋杂货、香汕郊、广货、行印人、杂货店）、百货商店、国货商、书籍文具商、当押业、金银商、汽车汽油商、五金商（兼建筑材料、索络、油漆商）、报业、电影业（兼游艺场舞厅）、乐器商、影相业、钟表眼镜商、皮件业、陶瓷器商、纸商、烟酒商、交通业（电车、公共汽车、出租汽车、三轮车）、旅店业、酒楼餐室、菜果商、鱼业（兼肉业）、咖啡店、理发店、镶牙店、成衣店、洗衣店、寿器店、旧货店、柴炭店、脚车店、合作社、小贩及其他（如玻璃镜庄、生花店、拍卖馆等）。①

两人的分类虽有不尽相同之处，但都反映出当时潮商遍布新加坡各行各业，其中有些行业几乎全由潮商经营。尤其是在米业、九八行、土产、瓷器、绸布、金融等行业，潮商成绩斐然，占有举足轻重的地位。另外，潮州人在京果业、五金业、建筑业、茶叶业等行业也有雄厚的实力。

（一）米业

新加坡的大米全靠进口供应，二战后泰国大米在新加坡一枝独秀，少部分来自越南和缅甸。新加坡米业的经营，大部分操纵在潮州人之手。大规模的米商称为暹郊。二战前潮侨领袖如陈永锡、陈德润与蔡子庸等人因经营米业而致富。他们在曼谷自设火砻（碾米厂），直接将米输入新加坡。战后著名的潮人米商有陈元利、蓝伟烈、洪开榜、张泗川、周镇豪等人。

（二）土产商与九八行

新加坡开埠后逐渐发展成为一个商业城市，是世界货物的集散地，也是一个转口贸易站。欧美与日本等国的工业品与棉织品，中国的生丝、茶叶与陶瓷，东南亚各国的锡、香料、农粮与橡胶等，进口到新加坡后，一部分供本地销售，一部分供转口输出。潮商则扮演了

---

① 许直、许钰（许云樵）编：《新加坡工商业全貌》，新加坡：华侨出版社1948年版。

中介商与零售商的重要角色。

潮商经营转口贸易商行代客批发土产时，征收2%佣金，清结账物时，一律按98%扣交，故称为九八行。据1938年调查显示，新加坡的九八行多达383家，① 经营者大多为潮州人，主要集中在源顺街（Telok Street）、中街（Market Street）、丝丝街（Cecil Street）、潮州巴刹、吻基（Boat Quay）一带。所经营的土产以椰干、胡椒、硕莪粉、栳枳和甘蜜为主，大多产自印尼，可用作工业原料、药物及食用等，运到新加坡后，再转由洋行运销欧洲市场。潮商的转口贸易活动在19世纪上半叶不断发展，并因此带动了航运业的发展。

此外，海屿郊、西势郊与香汕郊等土产的经营者也多是潮州人。经营海屿郊者从印尼诸岛及婆罗洲等地贩运土产来新加坡，转运东南亚各地及中国内地销售，产品大抵以鱼翅、燕窝、海参及猴子枣、犀角、鹿筋等贵重药材为主。西势郊是经营马来半岛与暹罗湾西岸的鱼干及橡胶、栳枳等土产。香汕郊则从香港、汕头等地运来包括烟丝、生油、白菜、元宝、柑橘、甜橙、花生、香菇、芝麻、酱料、莲藕、白果等货物，销往新马及印尼诸岛。

（三）绸布商

二战前，新加坡的布业批发商几乎都是潮州人，主要集中在十八间后（Circular Road）。早期新加坡布业市场几乎为欧美产品独占，潮商获得洋人的代理权，成为欧美布匹的批发商。后来，日本布匹大量倾销，潮商也代理日本布与中国布，分销给零售商，从中获利。潮州人的垄断局面持续到二战后才终结。著名的布商有陈永锡、陈德润、王邦杰、许戊泉、廖正兴、杨缵文等人。

（四）瓷器业

二战后，输入新加坡的中国瓷器激增，尤其是在20世纪60年代中期以后，中国瓷器超越日本而居第一位。除欧美瓷器外，新加坡的瓷器入口批发商均为华人，其中尤以潮州人为多。这些货品，除供应本地二盘商与零售商之外，也转口输往马来西亚、印尼等地分销。瓷

---

① 崔贵强：《新加坡潮州人对经济发展的贡献》，载《新加坡潮州八邑会馆成立七十周年纪念特刊》，新加坡潮州八邑会馆，2000年，第219页。

第六章　港主传奇：新加坡　马来西亚

器批发店多聚集在大坡牛车水、小梧槽路与美芝路一带。著名的瓷器入口批发商有新巴刹的吴春成、南兴合记、潮裕公司与森发等商号。1949年，新加坡潮商经营的竹篾陶瓷业的商号有52家。① 1990年前后，新加坡陶瓷商公会的会员登记资料显示仍有50家陶瓷器商号，其中绝大多数是潮州人所开办。②

（五）金融业

在尚未有银行之前，已有潮州人在新加坡经营批信局、汇兑庄。据不完全统计，1887年，新加坡已有49家民信批局，其中潮州人开设的有34家。③ 二战时，侨批业受到严重冲击。和平后，潮人批局陆续复业，且增至40余家，并组建有"潮侨汇兑公会"，为本地汇兑业成立最早的团体。李伟南家族的再和成伟记汇兑信局在当时独领风骚。潮人汇兑业一直延续到20世纪70年代，其业务由国家银行所代替，批信局才结束历史使命。

潮州人集资创设的四海通银行，是新加坡第二间华资银行。四海通银行的主要发起人与首任董事包括：黄松亭、陈德润、陈瑞麟、蓝金昇、杨缵文、陈清锐、陈俊合、锺癸添、廖正兴、陈瑞标、陈克俊和张扶来等。创业初期注册资金200万元，于1907年1月4日开张营业。行址设于山仔顶（Chulia Street）56号至58号，业务专注于储款与放贷，兼营汇兑与保险。1971年4月4日，四海通银行为了适应经济形势发展的需要，创办一间独资附属机构"四海通金融有限公司"。其主要业务着重于建筑业、汽车以及一切分期贷款，并吸收储户定期存款，从而使四海通银行成为一家资本雄厚的大金融企业。

华联银行的创办人连瀛洲（1906—2004）是新加坡银行业的杰出人物。他是广东潮阳大布乡人，年少时只受过短期私塾教育，1919年到新加坡，在一家船务杂货店当学徒。稍有积蓄，便于1928年创设华兴有限公司，专营出入口杂货，兼代理船务。经过10年努力，业

---

① 潘醒农：《马来亚潮侨通鉴》，新加坡：南岛出版社1950年版，第269页。
② 李炳炎：《枫溪潮州窑1860—1956》，岭南美术出版社2013年版，第105页。
③ 《新加坡的潮州人》，载《新加坡潮州八邑会馆85周年纪念特刊——狮城访谈录》，新加坡潮州八邑会馆，2014年，第44—45页。

务蒸蒸日上，在马来亚各大埠均设有分公司。抗战期间，连氏归返重庆，与各属领袖在重庆组织华侨联合银行，被推为董事长。抗战胜利后重回新加坡，与一些旧友着手筹办华联银行，公开招股，获得热烈反应。华联银行注册资金 1000 万元，于 1949 年 2 月 5 日正式开业，连氏任董事经理，其他董事包括胡文虎、陈六使、李伟南、林连登、刘伯群、陈祯禄等人。嗣后，华联银行业务蒸蒸日上，先后在马来西亚、香港、东京、伦敦等地开设分行，同时兼营其他业务。1971 年，文华酒店的开业，为华联银行集团树立了一个里程碑。1984 年以来，华联银行先后在中国的北京、深圳等地设立办事处。连瀛洲的开拓进取，使华联银行集团的业务范围扩大到金融、房地产、投资控股、报业和贸易等，成为新加坡主要的跨国集团之一。2001 年华联银行与大华银行合并，成为新加坡第一大银行。连氏的资产估计至少超过 3 亿美元，成为新加坡 10 大亿万富豪之一。

潮州人在新加坡参与投资的金融机构还有新加坡银行、亚洲商业银行、崇侨银行、利华银行等。

二战后，新加坡潮州人及其后裔从事的经济活动起了很大的变化，除了原有占优势的行业外，出现了大型企业集团并跨国发展，各行各业都涌现出一批事业有成的杰出人物。

1927 年出生的吴清亮，祖籍潮安县浮洋大吴村，幼年时随母到新加坡与家人团聚。因家境清贫、经济拮据，吴清亮 14 岁就开始在社会打拼，白天做小生意、当油漆工，帮助家庭，夜间则刻苦攻书。约 20 岁时开始设法自主创业。1955 年，吴清亮设立其第一间油漆店。1962 年，与日本著名老字号油漆制造商"日本漆"（Nippon Paint）合资创办立时集团，经营油漆生意。其中，由吴清亮掌控的私人公司吴德南集团持股 60%，日本漆公司占股 40%。立时创立后，其业务以新加坡为轴心，往周边的马来西亚、菲律宾、泰国等市场迅速扩张。1979 年后，吴清亮开始进军中国，相继在北京、天津、青岛、广州、武汉、海南等地投资设厂。如今，立时控股集团已是亚洲最大的油漆制造商，在亚洲各地建立了超过 47 家制造工厂，业务横跨 15 个国家和地区，拥有 15000 多名员工。除起家的油漆业外，吴清亮家族的事业版图还包括金融、银行、电子、百货、医院、房地产等多达300多家公司。2019年8月，吴清亮名列《2019福布斯全球亿万富豪榜》第203位。目前吴氏家族企业已交予吴清亮的儿子吴学人掌管。

出生于潮安浮洋的翁烈强（1919—2020），3岁时父母双亡，少年家境窘逼。1936年南渡新加坡，从打工开始，白手起家。从与朋友合作创办"三合兴"杂物店开始，到自创"新兴栈碾米厂"，再到"新兴栈集团"；从经营杂物到大米加工及销售、饲料生产及销售，发展到混凝土生产、房地产开发等，一路不断发展壮大。其业务遍及东南亚、日本、澳大利亚、中东和中国等，成为一个大型的跨国集团。2016年，新加坡潮州八邑会馆举办首届"潮人企业家奖"，特授予翁烈强首届荣誉企业家奖，是唯一获此荣誉者。现在集团已由其子吴木深掌控。

原籍潮安庵埠的郭明忠，出生于新加坡，幼年时家境困难，在新民学校毕业后，曾赴中国台湾半工半读，继续深造。其创业始于在中国台湾的百货公司门口摆卖龙须糖，随后开店营销，高峰期在台湾拥有十多家分店。1991年回新加坡发展，1992年创办"美食广场（Food Junction）"，1996年开始进入中国，从泰国菜到日本料理再到中国各地小吃，将东南亚各地小食集合在一起。在失败中不断吸取经验教训，克服困难，逐渐发展壮大。2000年创办"面包物语 Bread Talk"，2003年在新加坡交易所上市，成为世界上第一个以经营面包为主业的上市公司，集团属下拥有近千家门店，除新加坡外，还开到中东及亚洲等16个国家和地区。旗下有引进台湾的老字号餐馆"鼎泰丰"、自创的"大食代""土司工坊""拉面玩家"等饮食品牌。

出生于潮安东凤的张建安，年幼时随母到新加坡，投奔当工人的父亲。十几岁时就开始打工养家。21岁开始创业时，曾租用仓库作家庭用具的二手批发，后因资金不足而被收购。1972年，进入桶装煤气行业，用肩膀扛着桶装煤气走街串巷，送往各家各户。从最初向代理商购买煤气，发展到拥有自己先进的煤气罐装线；从当初在樟宜的简陋小木屋，发展到分布在新加坡各地多处设施齐全的厂房。现在他的"优联能源"在石油气桶装煤气市场的占有率达到50%，客户群包括小贩中心、食阁、住家等，并与许多大型企业有合作。2002年，新加坡政府开放出租车业，张建安看准机会，申请了执照，于2003年创办"得运德士公司"，开始另一段创业旅程。目前公司已发展成为拥有四百多名司机的大型出租车公司，几占新加坡出租车市场的半壁江山。

三 政坛上群星璀璨

潮州人在商业方面长袖善舞，在政坛上也涌现出不少明星。新加坡独立以来，有不少潮州人的后裔先后担任政坛的重要职务。2003年11月23日，李显龙总理在"第十二届国际潮团联谊年会"开幕仪式上讲话时指出："今天，新加坡仍有不少很成功的潮州人。在19名内阁部长中，其中7位，大约30%是潮州人。国会里有94名议员，其中接近30位，也是将近30%是潮州人。这些数字与新加坡约15%的潮州人口比例相比，高出了许多。"①

曾任新加坡国会议长的陈树群、曾任国会副议长的陈惠华和周亨，都是潮州人后裔。

2009年4月1日起，54岁的张志贤出任新加坡政府副总理，兼任国防部长，并在总理出国期间担任代总理。此前，从1995年4月起张志贤就在内阁中先后任代环境部长兼国防部高级政务部长、环境部长兼国防部第二部长、教育部长兼国防部第二部长、国防部长等职。10年后的2019年4月1日起改任新加坡国务资政兼国家安全统筹部长。张志贤祖籍饶平，是张永福的曾侄孙。当年孙中山在新加坡创立同盟会新加坡分会时，张永福任会长，并捐出他的晚晴园别墅给孙中山居住，对孙中山的革命作出重要贡献。

祖籍潮州的王瑞杰（Heng Swee Keat），1961年出生于新加坡。曾任新加坡财政部长，新加坡人民行动党中央执行委员会第一助理秘书长。2019年4月，出任新加坡副总理，兼任财政部长，并在总理出国期间担任代总理。

1954年出生于新加坡的杨荣文，祖籍潮安庵埠文里乡，33岁步

---

① 李显龙：《在"第十二届国际潮团联谊年会"开幕仪式上讲话》，载《新加坡潮州八邑会馆八十周年纪念特刊》，新加坡潮州八邑会馆，2009年，第174—178页。

入政坛，曾先后出任新闻和艺术部部长、贸工部部长和外交部长。2011年离开政坛后，往香港从商。

柯新治、林得恩、李文献、姚照东、林瑞生、成汉通、王志豪、洪茂诚、潘惜玉、杨木光、李玉云等潮州人后裔都曾分别担任过新加坡国会议员、政府部长。

四 潮籍社团，林林总总

新加坡的潮州人很早就结社。新加坡建国后，这些社团逐渐转化为该国民间社团。

（一）社团分类

1. 同乡会馆。如潮州八邑会馆、潮安会馆、揭阳会馆、普宁会馆、惠来会馆、潮阳会馆、饶平会馆。以及潮安宏安旅外同乡会、蓬洲同乡公会、潮安联谊社、潮安第三区同乡会、潮安东凤镇乡团联谊社、潮安龙湖同乡会、樟林旅外同乡会、怀德联谊社等以乡镇为单位的同乡组织。

2. 氏族团体。有潮州西河公会、潮州谢氏公会、潮州沈氏公会、潮州曾氏公会、潮州陇西公会、潮州西河公会、潮州弘农杨氏公会、潮州延陵联谊社、潮州江夏堂、西河上官路同乡会、刘陇同乡会、南洋西林孙氏同乡会、颖川公会、南洋礼阳郑氏同乡会、凤廊汾阳公会、潮安金砂陈氏同乡会、潮安仙乐乡杨氏同乡会、金鑑联谊社、潮安仙都林氏同乡会、潮安宝陇林氏同乡会、潮安东凤陈氏同乡会、颖川鳌头旧家同乡会、仙岛互助会、鲲江联谊社、澄海渔洲蔡氏同乡会、揭阳凤美陈氏同乡会、揭阳桂林刘氏同乡会，等等。

3. 商业团体。如布行商务局、潮侨汇兑公会、酱园金果香油三郊联合会、海屿郊分所、孵卵分会、瓷商公会，这些团体的会员潮州人占绝大多数。

4. 儒乐社、音乐社。潮人创立的音乐社以余娱儒乐社最早。现有余娱儒乐社、六一儒乐社、陶融儒乐社、星华儒乐社、南华儒剧社。

5. 慈善机构。有新加坡中华善堂蓝十字救济总会、修德善堂养心社、南洋同奉善堂、南安善堂、同德善堂念心社、同敬善堂诚善社、普救善堂、新加坡众弘善堂、报德善堂。

（二）主要社团

1. 万世顺公司

昔年，新加坡潮州人为管理粤海清庙而成立的万世顺公司，可以说是潮州人社团组织最早的雏形。它以宗教和节日的祭拜活动来整合族群，维系乡情，互相帮助和照应，同时也慰藉乡亲对家乡的思念。万世顺公司成立的时间已不可考，据说当年抵达新加坡岛的潮州人，登岛后必到粤海清庙礼拜天后，答谢、酬神、还愿或捐赠等。为了有效管理善款，原籍潮安庵埠的王钦、王丰顺等人便发起创立万世顺公司，宗旨是祭祀天后圣母及辅助教育。公司所得的善款，除部分用来祭拜外，其余用于资助创办端蒙学堂（后改名为端蒙学校）。万世顺公司在早期潮州人创办学校、兴学育才方面，起着非常重要的作用。后来，公司活动式微，但作为该公司的信托机构一直被保留下来。至今万世顺公司仍管理和统筹潮人祭拜"妈祖"事宜，每年农历三月二十三日，在粤海清庙的左庙"天后宫"，庆祝天后诞。

2. 义安公司和八邑会馆

义安公司和八邑会馆是新加坡潮人最为重要的两大团体。潮州八邑会馆作为潮州人最高的社团组织，处理潮州人社团对外诸事，并由义安公司拨款资助常年经费。义安公司是新加坡潮州人最早最大的慈善福利团体，现已发展成为新加坡主要的慈善机构之一，除奖助学金只予本地潮州人社群的子弟外，其他慈善捐助惠及所有社群。拥有地标义安城购物中心、店屋、独立式宅房、潮州殡仪馆及公墓等多处地皮及建筑物，通过子公司义安产业有限公司管理其产业。

1830年前后，澄海的余有进召集澄海和海阳（今潮安）两县乡人陈、蔡、林、黄、郭、张、吴、沈、杨、曾、刘、王等12姓氏代表，捐资组织义安公司，1845年正式成立。"义安"之名源自潮州古称。当时筹募的资金，一是买地修建粤海清庙祭祀神明、购置义冢；二是开展公益慈善事业。所购置的所有产业，由余有进掌管。义安公司通过管理族群的营葬和祭祀，同时也有效地发挥了团结、凝聚、整合社群的功能，具有积极的文化意义和重要的社会功能。

第六章　港主传奇：新加坡　马来西亚

义安公司成立之后，一直都由余氏家族担任总理，传袭三代，公司所购置产业也由他们掌管，但账目素乏公开，终于引发潮籍侨领的不满。后在殖民地政府的调解下，义安公司重组，成立新董事会，并于1933年修订章程，重组成为潮州人信托与慈善机构，以非营业公司的性质，管理酬神、庙宇、坟山，兼办潮州人公益及慈善教育事业等项目，资产由新董事会管理。2007年，义安公司修改章程，成为一个教育与慈善机构。现其资助的教育事业已形成从小学到大学的学校体系。其办公室所在地潮州大厦内还设有义安文化中心、文物馆和珍藏馆，保存历史文物，收藏各地潮州人书画家的艺术品，通过拓展文化活动，提高新加坡人对中华文化特别是潮州传统文化的认识。2000年设立义安中医药中心，为各界人士提供高水平但大众化价格的中医药治疗服务。

潮州八邑会馆设立的直接起因，是当时的潮州人侨领不满义安公司由家族世袭掌管，外人无权过问的做法。1927年12月28日，林义顺、杨缵文、陈立植、杨书典、林雨岩、陈源泉、刘葵如、吴扬屏、郭廷通、李伟南等14名潮州人侨领，认为总理一职世袭相传的做法有欠妥当，联名要求余氏交出公司资产管理权，改由潮社推选具有声望的侨领共同管理。但经过八九个月的交涉，始终无法获得解决。为充实力量以争取谈判条件，林义顺等40名潮州人侨领遂于1928年9月10日，联名登报发起筹组新加坡潮州会馆。9月15日假座中华总商会召开潮侨大会，议决定名为潮州八邑会馆，临时办事处暂设于登路97号端蒙学校。推举林义顺、李伟南、杨缵文、黄芹生、吴扬屏、蔡梦蕉、杨书典、洪令献等20人为临时筹备员，另由每县各举出二人为筹备员，又再聘请10人为顾问。1929年1月，决定成立潮州八邑公产维持会，作为会馆的过渡机构，具体负责交接和管理义安公司名下的产业、会务。公推林义顺为主席，并选出杨缵文、李伟南、吴竹村等32人为临时职员，另由每邑举出二人，总共48人。8月正式成立潮州八邑会馆，林义顺当选为首届董事会正总理。9月4日，首届董事职员在端蒙学校举行就职礼。1977年改为会长制。

八邑会馆早期的会务侧重于代表潮州帮争取和维护本地乡亲的利

益、救灾济贫、施医护老、排解纠纷、资助社群教育、传承潮州文化、加强与各地工商界联谊交流等；筹款捐修潮州韩江堤防，赈济潮汕灾难民，购买爱国公债，对故乡的公益建设与发展作出不少贡献。

　　1965年新加坡建国后，潮州八邑会馆逐渐转变为办学校、兴公益、济贫病、赈灾黎的民间社团，大力弘扬潮州人的传统文化，让新加坡人民特别是年轻一代了解潮州人的历史根源和文化习俗，共创和谐的多元种族社会。1983年设立文教组，后扩大为文教委员会，拥有教育、出版、文娱、书画、摄影、电脑网络、文史资料、潮剧及潮乐等活动小组。2001年增设"新加坡潮汕留学生联合会"（简称"新潮留"）。2004年开设讲演会。近年来与高等学府及学术机构合作，举办各类专题研讨会，建立资料库，整理出版潮汕文献和学术论文，举行"潮州周""潮州节"，开办潮语班等各种课程。

　　3. 潮安会馆

　　新加坡潮安乡亲人数众多，但潮安会馆筹建过程一波三折。1950年4月26日，首由潮安联谊社、潮安第三区同乡会、宏安旅外同乡会三团体发起筹建。1951年5月6日，假座登路端蒙学校礼堂召开同乡大会，推举35人为筹备委员，杨缵文为筹备委员会主席，着手开展筹建工作，但进展迟滞。1963年，上述三单位再次推动，辜美作等同乡热烈响应，遂于1964年3月15日假座登路潮州大厦举行成立盛典，李光耀总理出席主持仪式。初时暂借潮安联谊社作为开会办公之用，后购地自建会所，经历三次搬迁，2002年迁至位于芽笼八巷现会址。会馆下设康乐组、慈善福利组、功德堂小组、妇女组等，多次组织会员回祖籍观光省亲，举办华语演讲会和中秋晚会、春节团拜、圣诞晚会等传统节日庆祝活动，常年组织春秋二祭及盂兰胜会，还开办书法班、山水画班、花鸟画班、歌唱班、气功班、潮语会话班、社交舞班、太极拳班，以及保健讲座等，活跃会务。

　　4. 粤海清庙

　　潮州人通常称粤海清庙为"大老爷宫"。"粤"指广东，"海清"寓意广东籍人士在海水清平之下安然乘船抵达南洋。粤海清庙据说是在乾隆初年由林泮所建，旨在祭祀天后圣母，最初只是一间简陋的亚答屋，庙前是一片大海。昔日移民初抵新加坡必到此礼拜天后圣母，以答谢神恩。

19世纪20年代，当时在暹罗、新加坡之间从事航运的海阳县（今潮安）庵埠人王钦、王丰顺等将其改建为庙。随着移民日增，天后圣母信仰在本地传播开来，香火也愈来愈盛。1826年，在天后宫的基础上，增建了供奉玄天上帝的上帝宫，此后一再扩建。

在义安公司和潮州八邑会馆成立之前，粤海清庙实际上还是潮州人社群的仲裁机构，通过非官方的管道在庙宇内为族群调解个人或商业纠纷、家庭问题。

粤海清庙先由潮州人发起组织的"万世顺公司"管理。1845年，归义安公司管理。

2014年9月，经过长达五年大规模修葺，粤海清庙荣获联合国教科文组织2014年亚太文化资产保存优异奖。

5. 醉花林俱乐部

醉花林俱乐部成立于1845年，是新加坡历史最悠久的俱乐部。当年潮州人莅新日众，商业渐盛，应酬日繁，亟需一处幽雅活动场所，藉以交换知识、联络感情及休闲。陈成宝鉴此倡组"醉花林俱乐部"，暂假庆利路门牌190号茅屋为会所。1879年陈成宝去世后，陈永锡、王拓榴、吴合弟、陈亚两、余智章、庄振浩、刘老四、陈明和、何瑞吉、黄金炎等10人，各捐资400元，凑足4000元向陈氏家属购得该地作为永久会址。这10人便成为醉花林俱乐部的信托人。

俱乐部虽是作为联络潮州人感情及消闲去处，实际上是昔日潮州人社会商议筹划公益、教育、慈善事业之场所。据知当时义安公司、端蒙学堂、潮州八邑会馆以及余娱儒乐社等组织，大部分领导层都是俱乐部的主事与会员。而且各个组织的重要事件，事先均在此商议后，才正式提到会议讨论。也就是说，在早期它是潮州人社会从事种种活动的领导中心，着实扮演了社会上一个重要的角色。因此一般人若能受推荐成为其会员，往往被视为一项极为光荣的事。

新加坡独立后，醉花林逐渐式微。到20世纪90年代，这个历史最悠久的俱乐部，面临如何延续和发展下去的历史关卡。后来，时任内阁部长的李文献、杨荣文从文化遗产角度出发,为醉花林请命,使这个本地最古老的俱乐部出现新契机。2011年醉花林俱乐部在原址兴建了新的俱乐部大厦,开始转型成为潮州人社群的文化活动场所,经常举办多元内容的讲座、展览会;开办各种课程,宣扬潮州人书画、潮汕美食、潮曲和潮剧;资助余娱儒乐社等潮州音乐及戏剧团体,弘扬潮州传统文化艺术;设立慈善基金,常年向贫困学生提供资助。如今是举办有关中国历史文化活动最多、内容最为丰富的场所之一。

五 潮州人举办的学校举隅

端蒙学堂的创办开了新加坡潮州人自办学校之先河。此后,新加坡潮州人之教育事业逐渐建立、推广。早期潮州人社团曾创办了许多学校。1940年建立的义安女校和1963年创立的义安学院,更是新加坡潮州人教育事业的里程碑。现今,义安公司所创办或协办的学校,涵盖了从小学、中学、理工学院到大学研究生所有不同层次的教育课程。公司每年也提供数额可观的奖助学金给潮籍学生。

(一)端蒙学校

清光绪三十二年(1906),陈云秋、廖正兴、蔡子庸、杨缵文等20人发起捐资,创办"新加坡潮州公立端蒙学堂",后正名为端蒙学校。最初的校舍是禧街50号一个店屋,几经搬迁,校园最终设于福康宁山对面的登路。1953年义安公司接管端蒙学校,1955年增设中学部,易名为端蒙中学。1994年12月31日,学校因招生困难而关闭。同年,义安公司在淡滨尼另创了义安中学,继续为义安小学毕业生提供中学教育。

八邑会馆与端蒙学校的关系也非常密切。会馆在筹组时期曾在端蒙学校召开选举会议,进行义安公司产业的讨论,并选出临时之董事及职员。临时会馆会址更是设于登路的端蒙学校之内,一切有关潮社事务的商讨及办公地点都设在此处。

(二)义安女校

1940年由李伟南、杨缵文、林锦成等潮人侨领发起创办的义安女校,为当时潮州人在新加坡和马来亚所主办的唯一女校,显示了当时新加坡潮州人已经超越了"女子无才便是德"的重男轻女的观念，展现了一种以男女平等的思想培育下一代的态度。1974年，校董会拨出一笔基金在马林百列建设新校舍。1980年，学校正名为义安小学。

（三）义安学院

1963年，义安公司设立义安学院，校舍设于登路潮州大厦内。是当时潮州人在海外创建的少数高等学府之一，建校宗旨与理想在于培养科技与商科人才，以应社会经济发展之需求。1967年义安公司捐赠约36公顷土地，开增新院址及运动场。1967年9月改为公立学府，是新加坡政府创办的五所理工学院之一。1968年8月易名为"义安工艺学院"，90年代再改名为"义安理工学院"。义安公司每年把收入盈余的75%拨给义安理工学院，支持其发展。义安理工学院现已扩展成为新加坡一间颇有规模的理工学院，多年来为新加坡的现代化建设提供了源源不绝的科技和企业人才，对当地社会经济作出不可磨灭的贡献。

第二节　马来西亚的潮州人

马来西亚是潮州人下南洋的目的地之一，目前潮州人及其后裔遍布全国各地。20世纪中期前，潮州人主要从事商业、工业、农矿业、渔业等，尤以种植业、商业享有盛誉。除从事种植外，还开商店，设工厂，活跃商埠，促进了当地经济的发展。马来西亚联邦成立后，潮州人从业范围扩展至各行各业，涌现出一批知名实业家。马来西亚潮州公会联合会是全国潮州人社团的最高机构。在多元文化的环境中，潮州人坚持不懈传承自身文化。

一　潮州人遍布全国各地

郑和七下西洋时，多次经过今马来西亚的彭亨、吉兰丹、马六甲、砂拉越等地。之后，海路既通，闽粤沿海居民南下经商日益众多，马来西亚遂成为潮州人下南洋的目的地之一。明清鼎革之际，不愿事清的前明义士纷纷南下，不少人散居于马来半岛各地。

1790年前后，已有潮州人移居北马的威利斯省（简称威省）南部的峇都交湾地区种植甘蔗。19世纪中期后，从槟榔屿、威省到吉打和霹雳一带的一些市镇，以及沿岸岛屿渔村，包括今天的巴里文打、高渊、牛拉、古楼、加央、爪夷、邦咯岛等地，已成为潮语方言流行区域。有些地方实际上是由潮州人开发而发展起来的，如开发爪夷的，就是许武安的妹夫纪来发。

霹雳的潮州人，除了在巴里文打、牛拉、古楼这些传统以潮州人为主的市镇外，多在安顺附近地区从事渔农业。

吉打的亚罗士打、居林和双溪大年，为该地三大主要城市，潮商汇集。离亚罗士打仅约11千米远的十字港，20世纪初，由于原籍普宁北山乡的潮州人陆续涌入，导致此处形成新市场。离市场不远的乡路两旁，昔日数百间亚答屋门顶都高挂"高阳"二字红匾。华侨胼手胝足，披荆斩棘，使原为荒芜丛林的双溪大年成为吉打中部最大城市。至20世纪50年代初，潮州人已占双溪大年的华人总数的1/3。最早移入居林的华人多是潮州人，早期他们多数居住在老火较和新邦帝卡格拉迪。

大山脚位于威省中部，是玻璃市至霹雳州农渔产品中枢，又是泰马两国铁路的总汇，是威省的商业中心。20世纪20年代普宁人陆续到来，至50年代初潮州人已占了当地华人人口的1/4，有"小府城"之称。

在丁加奴，潮侨最早的居留地是甘玛挽，19世纪末开始就有潮安、澄海人移居于此。

清朝海禁大开之后，南下槟城的潮州人与日俱增，至20世纪40年代末已有四五万人，多集中在槟城湾岛头和丹绒武雅以及垄尾山地等处、槟城岛的西南区海边如新路头一带的海村。现在，槟城是马来西亚潮州人的主要聚居区之一。

中马地区的马六甲、森美兰、雪兰莪、彭亨也有不少潮州人社区。雪兰莪滨海地区的大港、适耕庄、沙峇、瓜拉呀岳之峇都老佛，马来西亚首都吉隆坡，都有潮州人聚居。

在南马地区，19世纪中期，陈开顺率领义兴公司会众开拓陈厝

第六章 港主传奇：新加坡 马来西亚

港，带动了大量的潮州人进入柔佛从事垦殖。新山、麻坡、笨珍、昔加末、哥打丁宜、居銮、峇株巴辖，以及丰盛港等处，均是潮州人聚居区。尤以新山、麻坡和笨珍三地，潮人占多数。麻坡开埠时，潮州人蔡大孙受苏丹委任为甲必丹，① 致力于修筑马路、市场，形成商埠，再引来同乡营商、垦殖。新山因有众多的潮州人聚居开发，曾有"小汕头"之称，至今潮州人仍占当地华人的多数。

在东马地区，潮州人在砂拉越的聚居地主要有古晋、美里、诗巫等大城市，以及木胶、达岛、伦乐、斯里阿曼、英吉利里、实巴荷、峇歌、成邦江、新巫瑶、宁木、民都鲁等城镇。据1964年的人口普查，砂拉越州有近82万人，其中华人有263000人，潮州人的数量居华人人口数的第3位。② 根据马来西亚政府统计数字，2000年砂拉越州的潮州人有38120人。③ 沙巴州的潮州人主要聚居在山打根和斗湖，其原籍以潮安为多。首府亚庇也有不少潮州人。

在现今的马来西亚，各地几乎都有潮州人聚居。目前，华人是马来西亚三大民族之一。自1963年成立以来，马来西亚共进行过5次人口普查，分别在1970年、1980年、1991年、2000年和2010年。据马来西亚统计局公布的统计数据，2019年，马来西亚总人口约3258万人。华人约占马来西亚总人口的22.8%，约742.8万人。④ 1991年，华族人口4623882人，其中人数最多的是福建人，其次是客家人、广府人。潮州人有521218人，位居第四，约占华族人口的11.3%，分布在全国各地。⑤ 如果以此占比估算，则目前潮

---

① 华人甲必丹（马来语Kapitan Cina）或简称为甲必丹，是葡萄牙及荷兰在印尼群岛和马来亚的殖民地所推行的侨领制度，即任命前来经商、谋生或定居的华侨领袖为侨民的首领，以协助殖民政府处理侨民事务，"甲必丹"即荷兰语"kapitein"的音译，本意为"首领"（与英语captain同源）。

② 嘉木：《砂勝越地理简述》，载《砂勝越古晋潮州公会百周年纪念特刊》，马来西亚：古晋潮州公会，第133页。

③ 《砂拉越华族各种籍贯人口比例》，《古晋潮州公会创会一百四十一周年纪念特刊》，马来西亚：古晋潮州公会，2005年，第26页。

④ 中华人民共和国驻古晋总领事馆经贸之窗：《对外投资合作国别（地区）指南·马来西亚（2020年版）》，2021年11月29日查阅。http://kuching.mofcom.gov.cn/。

⑤ 范如松：《东南亚华侨华人》，世界知识出版社1999年版，第70、78页。

州人约 83.9 万人。

二　20 世纪中期前多从事垦殖、商贸

此一时期，潮州人在马来西亚主要从事商业、工业、农矿业、渔业等，尤以种植业、商业享有盛誉。

（一）开垦拓殖，荒野成良田

早期来到马来西亚的潮州人，用他们的汗水，开垦荒地，从事农耕种植。正是他们的辛勤劳作，荒野成良田，僻壤成村镇。

在北马的槟城、吉打、威省等地，潮州人多从事甘蔗、水稻种植，后改种硕莪。在南马的柔佛则多种植甘蜜、胡椒，后来树胶种植业兴起，椒蜜种植业始告衰落。在东马的砂拉越，潮州人也从事甘蜜等农作物的种植。此外潮州人在马来西亚各地还种植蔬菜、瓜果、木薯、杂粮、烟叶等。

潮州人种植甘蔗和制作蔗糖历史悠久，而糖是当时欧洲需求于东方的产品。潮州人通过槟榔屿和威省，利用港口作为跳板，靠着亲友同乡的接应，深入马来半岛内地开垦种蔗和制糖。18 世纪末至 19 世纪初到达槟城的潮州人，已有不少人移居到北马的峇都交湾开垦土地，从事种植业。1830 年前后，许多来自潮州地区的劳工在威省南部种植甘蔗，他们有的已经开始拥有自己的甘蔗园坵。

许栳合早年从海阳县横陇乡宏安村（今属潮州市潮安区彩塘镇）来到峇都交湾当劳工，白手起家，1844 年开始在峇都交湾购地种蔗。他还在威省南部申请获得 135 英亩土地，另在樟角获得 100 英亩土地，大规模种植甘蔗。在 1840—1850 年的十年间，他的糖业规模称雄于当年的威省南部地区。稍后时间，许栳合又在霹雳州吉辇区取得 1000 英亩的森林地，辟为甘蔗和烟草园，由其长子许武安（出生于槟城，1825—1905）协助管理。许栳合也是槟城"韩江家庙"的创立人。1870 年，许栳合返回中国的故乡颐养天年，许武安全面接管其父开拓的种植园业，又在吉辇区增加了 2000 英亩土地，大力种植甘蔗和烟草；同时致力于糖业，创高兴糖厂于高渊，设高发糖厂于霹雳，又在古楼创办丰裕行，号称一代糖王。其种植园面

积竟达六千余英亩,① 有工人千余名,以至于当时当地流传有民谚:"武安的园,鸟飞不过。"许武安还是当时的一位华人领袖。1886年,槟州华人领导团体"平章会馆"正式成立时,许武安被推选为首任"董理"。同年,英政府委任他为霹雳州立法议会议员,并担任华人甲必丹,管辖范围为天定区,南至实兆远、邦咯,北至威北。1873年,霹雳拉律地区太平一带发生纠纷,英政府由新加坡派员前来找义兴领袖陈圣炎、许武安,寻求解决纠纷,为后来的邦咯岛和解铺路。1890年,槟城乔治市华人咨询委员会成立时,许武安受委为委员,任期至1904年。1905年,受委为太平局绅。②

1893年,林连登(1870—1963)从惠来县漂洋过海来到槟城,后转到吉打务农。1901年,稍有积蓄,在居林县的鲁乃开创万成发肉店,经营屠业,事业渐入佳境。1905年起,先后与林加如、戴振顺等人合作在吉打中部的双溪呀兰开辟泰丰园,创设泰丰火较,种植木薯。最初仅经营一百英亩(约600亩),逐渐扩大种植面积,后来拆股各自发展。林连登遂独资经营。20世纪初期,他在居林拥有数千英亩园坵,种植木薯及橡胶。1910年,在居林开辟老泰益火较,创设联泰和酿酒厂,以白米和木薯作原料酿酒。1916年,在双溪大年呀兰建设新市场,开泰兴号、泰隆号。同年从香港购得一轮船,川行于槟城与双溪大年之间,运输园内出产之硕莪、树胶,并在槟城设立泰丰栈,自收本园土产及经营九八行,成为各地联号的总枢纽,是当时马来西亚最大的独资经营的实业家。③

潮州人在柔佛开垦种植甘蜜、胡椒等,促进了当地的开发。1835

---

① 1英亩(ac)=6.0703亩=0.405公顷,当时许武安的种植园面积约36420多亩,2430公顷。

② 王琛发:《马来亚潮人史略》,艺品多媒体传播中心1999年版,第3—4、17页;许崇知:《许武安先生》,载潘醒农:《马来亚潮侨通鉴》,新加坡:南岛出版社1950年版,第165页;洪木玖:《许武安及其故居史迹》,载《北马潮安同乡会成立47周年纪念特刊》,槟城:北马潮安同乡会,1992年,第184—187页。

③ 唐镇邦:《林连登先生》,载潘醒农《马来亚潮侨通鉴》,新加坡:南岛出版社1950年版,第109页;《林连登翁传》,载《北马惠来同乡会庆祝50周年金禧纪念特刊》,马来西亚:北马惠来同乡会,1998年,第76—78页;王琛发:《简论林连登的平生》,载《槟榔屿潮州会馆庆祝成立134周年纪念特刊》,槟城:槟榔屿潮州会馆,1998年,第193—203页。

年，柔佛王朝的实际统治权掌握在天猛公依伯拉欣手中。当时的柔佛尚处荒芜状态的处女地，河流众多。每一条支流汇入主流的地方一般都适合于农业生产，方便交通。彼时，潮州人习惯称之为"港"，称河边靠近港口的地带为"港脚"。天猛公积极推行港主制度，① 大批引进华人进行垦殖，给华人承包者（即"港主"）发地契，指定他们拥有一条河和某一支流汇合处的土地开发权，让其带领同胞去开荒种植。据潘醒农的《马来亚潮侨通鉴》所载，当时全柔佛有138条港之多，潮侨开发者占十分之九，以陈厝港（亦名砂陇港）为最早。正是以潮州人为主的华人，用辛勤的劳动在柔佛开辟出一个个新市镇。

陈开顺（1803—1857）和陈旭年（1827—1920年）是其中最具代表性的人物，他们都是义兴公司的领袖，也是天猛公的支持者和挚友。由于这种历史的因缘，在陈开顺等义兴首领的领导下，以义兴公司结社的众多潮州人从新加坡渡海而来，率先进入柔佛，开垦出大片土地，种植当年的重要经济作物——甘蜜和胡椒。1844年天猛公发出开发柔佛的第一张港契。之后不久的10月份，陈开顺就取得了第二张港契，成为陈厝港的港主。陈开顺原籍海阳县南桂都东凤乡（今属潮州市潮安区东凤镇），年轻时远渡重洋到新加坡谋生，几经拼搏奋斗，成为新加坡私会党义兴公司的首领，在当地享有崇高的威信。1844年，作为以潮州人为主体的义兴公司的领袖，陈开顺响应天猛公的号召，率领会众从新加坡北上柔佛陈厝港，在原始森林中开荒种植甘蜜，继而开辟新山，使之成为柔佛王朝的新都。又率众平定麻坡之乱，受到柔佛苏丹的器重，被委为柔佛第一任华人甲必丹。在柔佛一直流行着一句俗话："没有陈开顺，就没有陈厝港；没有陈厝港，就没有新山。"

陈旭年原籍海阳县上莆金砂乡人（今属潮州市潮安区彩塘镇金砂）。他先在家乡当油贩，后来南下新加坡，沿途贩布为生。因信誉

---

① 港主制度源自廖内群岛（今属印尼）曾经风行一时的耕种制度。19世纪中期，柔佛的统治者实行港主制度，开发尚属处女地的柔佛。当时的华人种植者向柔佛的统治者申请一张港契（Surat Sungai）作为其"开港"的准证，开垦土地，种植甘蜜和胡椒。由于开发者多为潮州人，港（Kang）、"港主"（Kangchu）、"港脚"（Kangkar），均以潮州话发音。

第六章　港主传奇：新加坡　马来西亚

图6-5　被柔佛苏丹封为柔佛华侨侨长的著名潮籍港主陈旭年

良好，交游甚广，并且结识了当地贵族阿武峇加（天猛公依伯拉欣的儿子，后任柔佛苏丹），结拜为兄弟。陈旭年响应天猛公依伯拉欣号召，来到柔佛种植甘蜜和胡椒。1862年，在陈开顺和天猛公依伯拉欣相继去世后，阿武峇加继位天猛公，陈旭年遂脱颖而出。至1866年，他已崛起为收购胡椒和甘蜜的殷商，在柔佛拥有第一条至第七条港。1870年前后，被封为柔佛境内的华侨侨长（Major China），授宰相衔。现在新山市内的陈旭年街，就是为纪念他开发新山的劳绩而设立。陈旭年在新加坡创有广丰、宜丰、宜隆、谦丰等四大商号，经营甘蜜和胡椒生意，获利颇丰，乃在新加坡广置店屋。他在新加坡建造的一座中国式巨厦用于自住，名为"资政第"，是当时潮州人四大厝之一。晚年他回归故乡金砂乡终老，在故乡创建新居，其中的"从熙公祠"，现列为国保单位。

知名的潮籍港主还有林亚相，原籍潮阳，童年时到新加坡当佣工，后来移居柔佛，成为义兴公司的首领。他开辟了哥打丁宜大片土地，拥有新长兴港、新和兴港、新德兴港、新和林港的甘蜜园，并获得当时柔佛柴山的开采特权，同时在出口甘蜜、胡椒及进口米粮时，可以抽取一定的佣金，这些特权使他富甲一方。

图 6-6　马来西亚柔佛新山陈旭年街（2009 年，杨锡铭摄）

正是以潮州人为主体的华人不屈不挠，开荒拓殖，新山因此成为新兴城市，曾有"小汕头"之称。

在砂拉越，1850 年前后，刘建发（1835—1885，现潮州市潮安区庵埠刘陇人）从新加坡来到古晋寻找发展机会。他从潮州故乡带来了一些农民，在朋里逊路（老路）一带、峇都吉当附近以及峇哥地区种植甘蜜、胡椒。1868 年第二代拉惹①查尔斯·布洛克时期，承袭马来亚的成规，于 1870 年前后开始实行港主制度，鼓励华人前来开发砂拉越。当年古晋的朋里逊路（老路）、峇哥、山都望、马当等地，都是潮州人从事开发种植甘蜜和胡椒的地区，最著名的是古晋七条石的三合兴港。潮安东凤礼阳村人，多在成邦江、英吉利里开荒种植，兼

---

① 拉惹：马来文 RAJA 的译音，相当于中文的"王"。

第六章　港主传奇：新加坡　马来西亚

营商贸，成邦江甚至有"小礼阳"之称。①

移民到马来西亚的潮州人的辛勤劳动，不但开辟了新的村镇，也使一些已经荒芜的村庄重新获得新生。马六甲的阿逸沙叻曾是一个由曼族人开垦过的村落，后来又抛荒了。1885 年，年轻的卡密尔神父（Tr. Garmil）被调到这里后，致力于引进华族定居该地。在来自槟城的潮州人天主教友的参与下，这片土地获得了重新开发。1927 年，潮州惠来的百玲、葵潭等地的天主教友，在汕头天主教友的帮助下，南渡移居在马六甲的峇樟、罗朗班彰、吉宁望、阿逸沙叻等乡村，开荒种植。来到阿逸沙叻的惠来教友，在已变成荒山野岭的土地辛勤劳作，一代传一代，把阿逸沙叻变成独具一格的潮州人天主教新村。②

（二）工商贸易，活跃商埠

来到马来西亚的潮州人，除从事种植外，还开商店，设工厂，活跃商埠，促进了当地经济的发展。

早期潮州人在马来西亚涉足的商贸行业有：罐头杂货、烟酒、香油郊、暹郊、鱼业、陶瓷、菜业、土产、布赂洋货布疋、土产九八行、柴炭、汇兑、五金、药材、当店、抽纱及家私、五金首饰、饭店菜馆、建筑材料等。在全马各地，潮侨经营粮食店特多，这些粮店兼营京果杂货，在各地占有优势。

在工业方面，潮侨开办的企业有橡胶厂、酒厂、陶瓷厂、锯木厂、烟厂、面粉厂、硕莪厂、面包厂、糖果厂、车辆装修厂、电锯及五金厂、制簿厂、制饼、孵卵、建筑业、制秤、制造眼镜、木屐，以及农具、玻璃、米较（碾米厂）等。少数人从事开采锡矿。

清朝海禁大开之后，潮州人南下来到槟城从事农渔业、商业者不断增多。在槟城，潮州公司及韩江家庙最初所在地的沿海街道——美芝街的其中一大段落，一度几乎全部店铺都是由潮州人出入口商组成

---

① 潘醒农：《回顾新柔潮人甘蜜史》，载《新加坡潮州八邑会馆成立七十周年纪念特刊》，2000 年，第 208—214 页。

② 张锡山：《马六甲潮侨概况》，载潘醒农《马来亚潮侨通鉴》，新加坡：南岛出版社 1950 年版，第 47 页；王琛发：《马来亚潮人史略》，艺品多媒体传播中心 1999 年版，第 28—29 页。

的商业街区。这些被称为"香汕郊"的潮商云集，产生了潮商组织。1933年由周植南等人发起筹建，于1935年正式成立槟榔屿潮商公所，初时会员为经营香汕郊之商号。二战结束后，扩大至所有在槟城的潮商，至1950年代初，会员已有近百商号。

  1914年至1920年，时值第一次世界大战期间，泰国、缅甸的大米无法输入马、新两地，马来亚南部和新加坡闹粮荒。英殖民地政府在吉打平原地带（即哥打士打、古邦马素、铅区等）开辟更多新耕地，让各族人民种水稻。为了实现稻米商业化和机械化的目标，英殖民地政府更通过槟榔屿的英国代理公司，借出资金给槟榔屿华人在吉打稻田区设立碾米厂，生产白米，加速稻米机械化生产的步伐。1911—1921年间，吉打平原地区已有119名华裔谷商拿到稻谷收购执照，其中大部分是在亚罗士打收购稻谷的商人。几十间大型碾米厂也是华人所经营。在吉打首府亚罗士打，华人除经营稻米业之外，也从事其他商业活动，如批发业、零售业、建筑业、金饰业、五金业、交通与运输业、服务业以及金融业等。① 至20世纪中期，潮州人在吉打的商业中已颇有地位。林连登在吉打首府亚罗士打的联泰、双溪大年的联共和、新沓来的联益和、哂兰的益和栈等酒业，泰兴发米较，以及在槟城的泰丰栈，均是当地实力雄厚的商号。

  20世纪50年代初，在居林市区的商家中潮商几占一半。威省中部的大山脚是玻璃市至霹雳州农渔产品中枢，又是泰马两国铁路的总汇，是威省的商业中心。20世纪20年代普宁人陆续到此经商，至50年代初潮州人已占了当地华人人口的1/4，随后又不断有潮州人涌入当地从商，逐渐改变了原来人口的结构，成为华人人口中以潮州人为主的市镇。

  19世纪末开始移居到丁加奴甘玛挽等沿海各埠的潮安、澄海人，以贩运鲜鱼至新加坡及经营杂货土产为业。

  潮州人是早期砂拉越开发的参与者，在砂拉越的商业中也颇有建

---

  ① 陈鸿洲：《华人参与哥打士打的商业活动》，载氏著《吉打风雨路》，亚罗士打：富士出版及印刷社2005年版，第326页。

第六章　港主传奇：新加坡　马来西亚

树。19世纪末，古晋市区的商号，潮州人几乎占了90%。① 时至今天，砂拉越从古晋到各个小市镇，如木胶、民都鲁、伦乐、宝文然、诗巫、成邦江、英吉利里，以及第二省实巴荷的商业中，潮商都占有重要的地位。

美里盛产石油。早在20世纪初，已有澄海、潮安籍人士从古晋等地来此经商。尔后，有少量潮州人在油田工作。② 60年代开始，潮州人刘绍慧开始在该地进行房地产开发，先后建成"碧珊园""山顶花园""彬当商业中心""星城广场""禧纳定"综合发展区，办起了英文中学，参与创办澳洲科廷大学马来西亚分校等，成为当地华人的杰出者。③

沙巴州的斗湖，开埠至今已有百年余历史。最早移居斗湖的华人是潮州人。1893年，首批潮州人从山打根抵达斗湖时，潮籍商家荣顺行也在斗湖开设分店。1921年，斗湖计有潮州人282人。渣打公司为吸引更多华人移民沙巴州，提供免费船票，让定居在该州的华人每人由中国引进一名亲人，斗湖潮州人乃逐年增加。1942年1月24日，斗湖陷入日军手中，全埠经济活动停顿。1943年，日军大肆拘捕曾寄钱回中国资助抗日的华侨，潮州人沈祥麟、甲必丹陈高西、杨金凤等都被杀害；多名潮商被捕，惨受酷刑，或被押往山打根服劳役。日军投降后，斗湖市区满目疮痍，潮商凭借战前进行的物物贸易关系，从菲律宾和印尼等地以帆船运粮食、椰干、橡胶等土产到斗湖贩卖，迅速恢复商业运作，促进斗湖经济的复苏。1950年，朝鲜战争爆发，椰干、树胶价格高涨，印尼、菲律宾南部的土产大量涌进斗湖，潮商占此项贸易总额的80%。约至1951年，斗湖全埠150余间商店中，潮商占40%，多经营华洋杂货。60年代初期，斗湖潮州人店屋已有60余家。④

---

① 朱伯闻：《古晋潮州公会史略》，载《砂胜越古晋潮州公会百周年纪念特刊》，1964年，第85页。
② 林毅生：《闲话美里同乡前辈》，载《砂胜越古晋潮州公会百周年纪念特刊》，1964年，第115—116页。
③ 参阅刘绍慧《喜起乐落，逆境求存》，世界出版社2005年版。
④ 佚名：《潮人在斗湖》，载《马来西亚斗湖潮州公会100周年纪念特刊》，斗湖：斗湖潮州公会，2001年，第106—107页。

（三）农渔业

20世纪50年代以前，马来半岛已经形成大大小小以农渔业为主导的潮人聚居村庄，从事捕鱼为生者多为澄海人。浮罗交怡岛、丰盛港、兴楼、龟咯、龙引等处渔港，四处可见潮州人经营渔业。关丹与云滨亦有潮人小群渔业。

20世纪初，北马至霹雳的潮州人，在一些地区各自形成农耕或渔业小村区。在槟城的湾岛和丹绒武雅及垄尾山地，潮州人多以种菜为生。槟榔屿西南区的海边渔村，如新路头等，也是潮州人聚居区。威省各地的潮州人，则在威北及威中从事种植蔬菜、硕莪、椰子业等。在霹雳的安顺附近地区如双溪士里、双溪地毛、半港、冷甲、美罗，有千余名潮州人从事渔农业。而峇眼拿督、峇眼巴硕、双溪镇、双龙江、双怡丈、十八丁、对面港，40年代从事捕鱼的潮州人，也有2000余人，其中多数来自澄海。

在中马地区，吉隆坡巴生港之吉胆渔区，渔业旺盛，潮州人聚族而居。至20世纪初40年代末，已有5000余潮州人。该地现称为吉胆岛，原是巴生港外围的岛屿之一，为淤泥冲积地，潮籍渔民以木架屋，居于水上，棚屋相连，成为一个潮州人的社区。岛上居民大多属王、谢二姓，祖先于19世纪末至20世纪初来自澄海外砂乡。2008年笔者和黄挺教授到该岛调查时获知，当时约有9000人生活在岛上，有的家族已在岛上繁衍了6代人以上；多为年少或年老者，年轻人都往大城市谋生。而在20世纪80年代，岛上居民最多时曾达约2万人。

在芙蓉的马口以及马六甲，也有潮州人从事耕作。20世纪20年代，移居马六甲的惠来人不断增加，使耕作人数增至20000余人。阿逸拉沙、峇樟、罗兰班影、吉宁望各地，都出现潮州人村区。①

早期在沙巴州斗湖的潮州人除从事商业活动之外，也在亚巴士海边一带和灯楼区，以捕鱼、码头运输、做小贩等为生。

三　马来西亚联邦成立后潮州人企业名家辈出

1957年8月31日，马来亚联合邦宣告独立。1963年，马来亚同

---

① 王琛发：《马来亚潮人史略》，艺品多媒体传播中心1999年版，第30—31页。

砂拉越和沙巴、新加坡（1965退出）组成马来西亚联邦。建国后，马来西亚政府从单一的以农业为主的自然经济向现代多元经济转变。华人企业在原有的基础上，守业创业。潮州人的经济活动已不再局限于传统的行业范围，而是遍及各行各业，并且朝大企业进军，在银行、金融、制造业、百货市场、建筑业等都有杰出的贡献，涌现出一批知名实业家。

在出入口贸易、陶瓷器、杂货、塑胶、酒业、渔产、京果、餐馆、酒楼、报关、五金、印刷、运输、锡矿、文具、摄影、食油、电器、家具木业等行业，都有潮州人参与其中。在报馆、学校、电视台、电台等文化机构，不乏潮州人身影。还有不少潮州人充当律师、医生、教师、会计师、咨询师、工程师、化学师，以及从事电脑、秘书等职业。

马来西亚潮州人在经济领域，成就卓越，有不少潮籍企业家为大马上市公司之掌舵人。至20世纪90年代，涌现出像方木山、刘玉波、张泗清、钟廷森、郑鸿标、林源德、郑良得、郑镜鸿等著名潮商，合称"八大潮籍家庭"。

20世纪60年代，沙巴州的木材业迅速发展，潮商大规模参与木基工业、种植业和屋业的发展。1936年，刘玉波（1916—2008）从潮安归湖来到北婆罗洲谋生，起初在山打根当学徒，因水土不服，转到斗湖一家商行当职员，经过3年的勤劳工作，略有积蓄。接着，他与几位好友合作开了一间商店，经营杂货生意。二战时日军入侵沙巴，刘玉波逃入原始森林避难，战后重返沙巴创业。50年代初，刘玉波在继续经营杂货业的同时，开始涉足木材业。至1958年，他建立的合成公司已承包了当时由英国人经营的北婆木材公司的全部伐木工作。1960年，刘玉波向当地政府领取了木材业执照，在沙巴购买大片山林，设立加工厂，经营木材出口。在数年的时间内，不断扩大木材业的经营规模，同时创办船务公司，把木材运销到日本、韩国和中国台湾等地，业务蒸蒸日上，一跃而成为东南亚著名的木材商，被称为"木材大王"。在经营木材的同时，刘玉波也从事种植业。1963年他得到沙巴政府的批准，开发900多亩地种植橡胶树。1966年，收购当地北婆公司的全部可可园，招工大量种植可可，向世界各地销售，收益丰厚，因此也被称为"可可大王"。至七八十年代，刘玉波的业务遍及制造业、车辆销售、建筑业、商业和旅游业，成为该区域之跨国大企业，生意遍及马来西亚、新加坡、泰国、中国大陆和香港、台湾地区。1965年马来西亚沙巴州长官封赠给他ADK勋衔，1967年马来西亚最高元首颁赐给他PDN建国有功纪念章，1976年他又荣获沙巴州PGDK拿督勋衔，其后又再受封CPDK高级拿督勋衔。

钟廷森，原籍潮阳，出生于新加坡，有"钢铁大王""百货大王"之称。钟廷森19岁时加入其父钟水发的大马公司，1978年开始接管大马业务。他以五金制造业起家，先后涉足商贸、房地产业、种植业、汽车制造业、摩托车制造业、轮胎业、集装箱业、钢铁业、纸浆业、食品、百货、金融、电脑、建筑、办公家私、保安、旅游及度假设施、教育等众多行业。目前他的房地产公司是马来西亚5大房地产公司之一，金狮钢铁厂的产能占整个马来西亚钢铁产量的70%；其创立的百盛集团是马来西亚最大的连锁百货店，在马来西亚、中国、越南、印尼、缅甸和斯里兰卡共开设了140多家百盛购物中心，建起了一个庞大的零售及贸易网络。目前，金狮集团在马来西亚、印尼、新加坡、中国内地和香港，累计控制着13家上市公司。

马来西亚华人银行家郑鸿标，祖籍广东潮州，生于新加坡。1966年设立的大众银行（PBB），如今已成为马来西亚第二大银行，拥有100多家分行，资本广布于新加坡、马来西亚、中国内地和香港、英国、加拿大、澳大利亚、新西兰等国家和地区，还控制了"大众金融"等上市公司，被誉为马来西亚"最佳银行"。在2019年福布斯全球亿万富豪榜排名第233位，财富值67亿美元。2019年福布斯马来西亚50富豪榜排名第3位。

郑镜鸿（1915—2005），出生于潮安沙溪。1927年，郑镜鸿越洋到马来亚麻坡一个叫巴冬的小渔村投靠舅父。在舅父家干了3年后，郑镜鸿靠亲友的少许资助，做起贩卖鱼虾的生意，开始了自己的创业。后来他到新加坡、日本从事皮革生产生意，至60年代已成为日本皮革产量最高的巨头。1967年，他把在日本的"星东商会株式会社"交给其长子郑添谅经营，自己回新加坡，并开始向马来西亚寻求发展，在马来西亚买地种植橡胶树，也经营锡矿和房地产业务。他在柔佛州投资发展的房地产项目有马国花园、大丰花园、马星花园等，促进了城市的发展，创造了数以亿计的财富，也奠定了他在南马屋业称王的地位。

四 马潮联会，统领潮州人社团

马来西亚潮州人在19世纪中期就建立起社团组织，大多数社团成立于20世纪三四十年代以后。成立至今超过百年历史的有马六甲潮州会馆（1882）、槟榔屿潮州会馆（1864）、砂拉越古晋潮州公会（1864）、吉打居林韩江家庙（约1890）、沙巴山打根潮州公会（1889）、斗湖潮州公会（1901）等。初期的社团多是为了管理潮州人的寺庙和坟山而设立起来的管理机构，而后逐渐演变成潮侨同乡团体，之后陆续有商业、氏族、慈善、文化娱乐等团体出现。全国性的潮州人社团有马来西亚潮州公会联合会，以及近年成立的马来西亚潮州工商总会。

马来西亚潮州公会联合会为全马潮属同乡团体最高机构。1934年8月17日，槟榔屿、雪兰莪、吡叻、马六甲、柔佛和新加坡等6个潮属会馆在槟城成立"马来亚韩江公会联合会"，首任主席林连登。1935年3月获当地政府批准豁免注册，会务迅速发展。经几度改名，1973年至今名为"马来西亚潮州公会联合会"，简称"马潮联会"。马潮联会以团结潮州人力量，致力于同乡福利以及谋求社会稳定、国家进步与繁荣为目标。几十年来与各属会共同合作发展会务，重视中文教育，弘扬中华传统文化，总会及多数属会设立大学助贷学基金，每年颁发奖学金及贷学金予清寒潮籍学子供其完成学业。

1980年8月18日，马潮联会为配合46周年纪念大会，在云顶高原举行"东南亚潮团联谊座谈会"，由此诞生了"国际潮团联谊年会"。曾于1985年和2011年举办过第三届和第十六届国际潮团联谊年会。

马潮联会现有58个属会单位，并设有青年团、妇女组织，以鼓励更多年轻人及妇女同乡参与会务。采取轮值制度，按编定的轮流表，以州为单位依序担任值年主席，每年 8 月 17 日在值年主席所在区举行纪念会暨代表大会，周而复始。

五　传承文化，成就骄人

马来西亚潮州人在传承自身文化传统方面，做出巨大努力，也取得骄人成就。

早在 20 世纪初，马来西亚的潮州人就在其居留地办起华文学校，如槟榔屿的林连登等人倡办韩江学校、高渊潮州人共同倡办培德学校、双溪大年林栋臣等倡办新民学校、古晋刘友珊等倡办明德学校、民都鲁张进为等倡办普南学校、山打根陈拜雄等倡办明新学校、邦咯岛马开立等倡办鼎新学校。柔佛新山的宽柔学校，潮州人为主要的倡办人，麻坡的中华学校和化南学校，则是当地潮人联合各属华侨共同创建。进入 20 年代后，潮州人所建学校更是陆续出现。这些学校，初期以潮语为教学语言，后来逐渐采用华语（即普通话）作为统一的教学语言。

马来西亚华社为坚持华文教育做出不懈的努力。马来西亚独立后，对华文学校采取了限制措施。实施《1961 年教育法令》后，部分华文学校因坚持母语教学，拒绝改制为国民型中学而被迫自行筹措经费办学。这类学校由于没有得到政府一分一毫的资助，被称为"独立中学"。潮州人社团和知名人士，多方筹资，坚持办好独立中学。新山宽柔中学越办越大，成为马来西亚华教中的佼佼者。潮州人还和其他华人方言群体一起全力办好南方学院和韩江学院等大专院校。各地潮州人社团的领导人多数兼任独立中学的校董乃至董事长，为华文教育出钱出力。目前马来西亚华文教育从小学、中学到大学自成体系，潮州人功不可没。

马来西亚的潮州人坚持自己的文化习俗。潮汕原乡的时年八节习俗、饮食习俗、婚姻嫁娶习俗、"营老爷"游神赛会等仍在潮州人的聚居区延续着。经马潮联会的努力争取，马来西亚电台自 1995 年元旦起每天播送潮语新闻。自 1990 年代末，柔佛潮州八邑会馆结合传统节庆，举办一系列弘扬潮州文化活动。新山柔佛古庙正月

第六章　港主传奇：新加坡　马来西亚

图6-7　马来西亚槟城的韩江学院（2011年，杨锡铭摄）

"营老爷"游神，成为享誉海内外的嘉年华会；由著名华人陈徽崇、陈再藩等创造的"廿四节令鼓"，不但响遍全马来西亚，还反馈原乡，连通四海。这两项具有潮州文化特色的活动，均已被列入马来西亚国家非遗项目。

各地潮州人社团还通过举办"潮州节""出花园""潮州文化竞赛""团康日""红头船大讲坛"，以及与原乡侨务部门合作举办"冬（夏）令营"等活动，传承和弘扬潮州文化，教育潮州人后裔不忘根，保持潮州人本色。2004—2006年，马潮联会青年团组织"我们的长征"活动，提出"许潮州文化一个未来，还潮人族群一个明天"口号，走访全国各地潮州人社团，旨在唤起各地潮州人后裔传承潮州文化的意识，并为之努力。期间，各地潮团青年团组织了潮州人书画展、演讲会、潮乐演奏等丰富多彩且具有潮州文化特色的活动；之后，马潮联会青年团又组团访问中国原乡，掀起寻根热潮，加强与原乡的联系。"我们的长征"活动获得良好的社会效果。

图6-8 新山"三月初三锣鼓响"庙会广告（2012年，黄晓坚摄）

图6-9 马来西亚新山柔佛古庙游神（2012年，黄晓坚摄）

第 七 章
凤凰涅槃：越南 老挝 柬埔寨

位于中南半岛的越南、老挝、柬埔寨三国，因曾同属法国殖民地印度支那联邦，也称印支三国。越南的潮州人多数聚居在西贡（今胡志明市）及南部各省。柬埔寨华人中历来以潮州人为最多。老挝华人人数较少，但以往潮州人占多数，近来其他方言族群人数上升。

第一节 越南的潮州人

越南是东南亚潮州人的主要聚居地之一，潮州人也是越南华侨华人社会的主要族群之一。一般认为，越南现有华侨华人一百万左右，中国国内学者估计有近二百万。但越南在2009年第四次全国人口普查的数字表明，全国仅有华人823071人，占全国总人口的0.96%；胡志明市华人人数最多，有414045人。[①] 越南华侨华人以祖籍广东、福建为最多。广东籍中又以广肇、潮州籍人为最。潮州人主要集中在越南南部的胡志明市及湄公河三角洲一带。

一 潮州人迁越，源远流长

越南与中国山水相连。地处沿海的潮州，自古与越南联系甚多，潮州城南有"安南庙"，据说从唐代起，就是潮州人乘船出海到越南的出发地。宋代时随着交通的便捷，到越南各地经商贸易的潮州人不断增多，并且有部分人因"住蕃"而留居当地，成为早期在越南的潮

[①] 覃翊：《近年越南华人数量的估算与分析》，《南洋问题研究》2015年第1期。

籍华侨。

宋元交替时期,潮州都统张达(饶平人)在饶平、诏安一带组织义勇勤王,兵败后其随从士兵有些流落南洋,其中有的逃亡到占城一带。

明代潮州海上武装商贸集团十分活跃。林凤、林道乾、张琏等多个集团纵横海上多年,越南是他们经常到达之地,其随从中也有些人留居于越南。

在越南,明末清初沿海地区移居而来的明朝遗民遗臣,被称为"明乡人"。其中有一支来自潮州的温氏家族落户在庯宪(今越南海兴省兴安),至今在越南已枝繁叶茂,建有典型中国特色的"温氏宗祠"。祠中的《保大甲申温谱碑记》称:"闻家之有谱,犹国之有史……兴安城庯北和明乡会,原前明乡也。温氏即明乡中一家族也。"该祠中现仍保存多副对联,其中有一副明确表明其家族源自潮州:①

  源出潮州南海支派经五世,地居温带藤城德树自千秋。

16世纪以后,侨居越南的华商越来越多。庯宪、会安、顺化沱囊(今岘港)一带已形成唐人街,其中有不少潮州人。

越南的会安古城,兴盛于16—18世纪。《大南一统志》卷五《广南篇》对会安有过这样的描述:"会安铺在延福县,会安、明乡二社,南滨大江岸,两边屋瓦蝉联,清人居住,有广东、福建、潮州、海南、嘉应五帮,贩卖北货,中有市亭会馆,商旅凑集,其南茶饶为南北船只停泊之所,亦一大都会也。"会安洋商会馆所存的1741年的《洋商会馆公议条例》碑文,表明该馆是由福建、广东、海南、潮州和客家人合资兴建。会安潮州会馆初建于1752年,重修于1845年和1887年。这些资料都说明当时会安已有许多潮州人。

郑怀德《嘉定通志·域地志》曾记载:明末清初"柴棍距镇

---

① 李庆新:《越南明香与明乡社》,《中国社会历史评论》第十卷,天津古籍出版社2009年版,第208页。

第七章　凤凰涅槃：越南　老挝　柬埔寨

（嘉定总镇）南十二里，当官路之左右，是为大街，直贯二街，际于江津。横以中街一、下沿江街一，各相贯穿，如田字样。联檐斗角，华唐杂处，长三里许……大街北头本铺关帝庙，福州、广州、潮州三会馆分峙左右。大街之西天后庙，稍西温刘会馆，大街南头之西漳会馆，凡佳辰良夜三元朔望，悬灯设案，如火树星桥，锦城瑶会，鼓吹喧阗，男女簇拥，是都会热闹一大铺市"①。此铺市主要为华侨营建，铺内居民也主要是华侨，因而铺内的建筑、布局、风格和情调均具有深厚的中国特色。嘉定，即后来的西贡，现为胡志明市。

1773年，阮氏三兄弟领导的西山起义军，向越南中部广南进军时，当地的广大华侨华人和商人起而响应支持，许多人参加起义军，并形成由华商李集亭领导的"忠义军"和由李才领导的"和义军"两支华侨华人义军。李集亭的士兵皆是广东人，义军的主要领导人均是广东惠州和潮州人。华人义军冲锋陷阵，屡立战功，为西山政权的建立贡献良多。

在越南的其他地方，也逐渐聚集了不少潮州人，形成了潮州帮。清初，今安江省龙川市已有众多潮州人聚居。据《七府庙史略》载："七府庙乃闽粤各省华人共建庙宇。七府即指泉州府、漳州府、广州府、潮州府、惠州府、琼州府、徽州府。七府来源于清初。"②

越南史籍记载，绍治二年（1842），"安江巴川府永州铺有潮州帮陈信，愿出家粟一百五十斛赒给清土饥民。省臣以奏。帝嘉之……乃命赏飞龙银钱大小各三枚，准免陈信身税六年，示劝"③。绍治三年（1843），"增立安江省清人帮籍。安江省泊僚、茶糯二册（在丰盛县），清人居者百余户。省臣奏请别立帮号（在泊僚册号潮州第十五帮，在茶糯册号第十六帮）各设帮长，税例以来年起科"④。嗣德二年（1849），"准立西宁潮顺帮（潮州）帮民陈恭，募外漏清人十一

---

① 《嘉定通志·城池志·河仙镇条》，转引自陈显泗《柬埔寨两千年史》，中州古籍出版社1990年版，第545页。
② 向大有：《越南封建时期华侨华人研究》，中国社会科学出版社2016年版，第237页。
③ 《大南实录》正编，第三纪，卷二十六。
④ 《大南实录》正编，第三纪，卷二十七。

名,清立帮受税,许之"①。

17世纪初叶,现坚江省迪石市及各地乡镇已有潮裔先民定居立业,甚至遥远的穷乡僻壤也有零散的潮州人住户。17世纪初叶定居薄寮的潮州人已渐多,会馆、学校、义祠等都先后建成。薄臻潮州八邑安义祠肇建于清光绪丙戌年(1886)间,戊子(1888)年落成开光。芹苴省的丐冷镇中有关帝庙(协天宫),建于1856年。平顺省潮州会馆初建于1839年。

一般估计,② 20世纪末至21世纪初越南潮裔有30余万人。主要聚居在胡志明市及南方的芹苴省(芹苴市、丐冷镇)、薄臻省(朱洋市)、金瓯省、坚江省(迪石市、迪吹镇、吩港)、薄寮省、巴地头顿省(隆田市)、平顺省等地。祖籍潮汕地区的华人占胡志明市华人总数的34%,是当地第二大华人方言群。主要集中在第5郡(即堤岸)、第11郡、第6郡、第8郡和第10郡一带。2001年坚江全省的潮裔人数3万余人,省会迪石市约占一半以上,其余分布在明良、吩港、茶年以及河仙、富国岛、永顺、鹅高(音译)、隆鍊(音译)、新合各县。其中吩港(新旧园)一带的潮裔人数仅次于迪石省会。迪吹市的华人大多是潮裔,有200多户,2327人。金瓯省金瓯市华裔人口10余万,潮州人占95%。芹苴省的丐冷镇,人口约一万,潮裔占八九成。巴地头顿省华人约4000人,潮人约占90%,主要定居在隆田市。潮州人定居巴地隆田市始于1905年,来自潮阳、揭阳、潮安、澄海、普宁、饶平,其中有不少属今潮安凤凰镇。平顺省有潮州人约3000人,分布在各市镇与番切市等15个坊社居住。薄臻省的朱洋市、薄寮省均有"小潮州"之称,因其人口中潮州人占80%以上,也有说是因为当地其他民族如京、柬族人也跟着讲潮州话,也有说是因为当地保持潮州文化风俗,使来访者有置身潮州家乡之感,遂成其名。

---

① 《大南实录》正编,第四纪,卷四。
② 资料来源:范如松《东南亚华侨华人》,世界知识出版社1999年版,第228页;越南胡志明市潮州义安会馆编《越南胡志明市潮州义安会馆(关帝庙)特刊(2001年)》。

表7-1 越南部分省市华人数量统计及与两次人口普查华人数量对比① （单位：人）

省市（括号内为越文名）	地方公布数据	1999年人口普查数据	2009年人口普查数据
胡志明市（TP. Ho Chi Minh）	698087	428768	414045
平阳省（Binh Duong）	逾12万	14455	18783
北江省（Bac Giang）	17750（2007年数据）	17375	18359
庆和省（Khanh Hoa）	6653（2007年数据）	3731	3034
宁顺省（Ninh Thuan）	2790（2007年数据）	2479	1847
平顺省（Binh Thuan）	12380（2005年数据）	11204	10243
安江省（An Giang）	14089（2007年数据）	11256	8075
薄寮省（Bac Lieu）	20775（2007年数据）	22619	20082
坚江省（Kien Giang）	45027（2007年数据）	32693	29860
朔庄省①（Soc Trang）	75694（2007年数据）	68404	64910
永隆省（Vinh Long）	约6260（2006年数据）	6901	4879
茶荣省（Tra Vinh）	约21040（2007年数据）	9835	7690
同奈省（Dong Nai）	111456	102444	95162

二 经济活动

据越南胡志明市潮州义安会馆的资料，在越南安家落户的潮州人最初分散遍布越南各地，尤以最南端的金瓯、薄寮、薯臻、坚江、朱笃等地为最多。后来，几经战乱，各地的潮州人辗转来到西贡堤岸谋生，有不少人也参加越南的革命事业和民族解放斗争，一些来自柬埔寨的潮州人也在西堤立下了基业。也就是说，越南的各行各业几乎都有潮州人参与其中。

清代，在越南北部的矿区中已有不少来自潮州的工人。越南的有色金属矿藏主要集中在北圻。自清代康熙年间开始，越南北部中越边境地区开始出现华侨矿业，至乾隆年间达到鼎盛。早期当地人不谙习矿产的采炼之法，而华侨拥有采炼之技，于是便出现了"（越南）土人起炉开采，内地客人前来并力合作，食力相安"局面，双方合作，

---

① 转引自覃翱《近年越南华人数量的估算与分析》，《南洋问题研究》2015年第1期。

取长补短，开采矿产。由于对矿产品需求的增加和开采利润的驱使，当时的越南政府鼓励华侨商人前来投资开矿。清康熙五十六年（1717）十二月，越南政府颁布了矿场监当官制度。监当官负责公开招商开采，仅征取一定的税收，听任清人自行采矿。越南史书《越史通鉴纲目》卷四十三记载："自场厂盛开，监当官多募清人采之（矿）。于是，一厂佣夫万计，矿丁、嘈户结聚成群，其中，多潮州、韶州人。"高平、牧马、谅山沿边一带场厂，许多矿工都是来自广东潮州、梅州等处的民众，最兴盛时期，各矿场集聚了总人数不下十万的华工。

越南北部太原省通化府白通州，银锡资源十分丰富。康熙年间（1662—1722）太原宋星银厂开始开采，由粤籍人士张德裕、李乔恩等人合伙投资，是一处华侨矿业，也是当时越南境内最大的矿厂，招来许多祖籍广东潮州、韶州的华工进行开采。宋星银矿厂建立后，规模迅速壮大，最兴盛时期，矿工人数竟在5000至30000人之间，年产银锭高达200万两。"自有厂以来，前明至今，多内地遗置未回之人，落籍世居，子孙繁息。"以至于"厂内随居成市，饭店酒楼，茶坊药铺，极为繁凑。也是内地客人，于力作之处，自相贩易"的地方。①

在18、19世纪和20世纪前半叶，潮州人主要从事出口大米、经营米较（碾米厂）、木材、造船、砖瓦、陶瓷器、漂染业等。在胡志明市第六郡陈文娇（旧黎光廉）码头一带至今还有不少大型米仓、米较旧址存在。1887年，著名华侨郭琰，在堤岸新街市原址附近开设怡昌米厂，之后又开设了茂通、通兴和通源三大碾米厂，成为西贡华商经营的碾米厂巨头之一。②

郭琰（1863—1927），原籍海阳县庵埠龙坑村（今属潮州市潮安区），年少时父母双亡。十三四岁时，郭琰偷藏于南渡的船舱里到安南南圻。初时在堤岸（现属胡志明市）北郊的富寿村一带当苦力。不久，开始加工熟牛皮出售，进而扩展到皮革制造，产品不但销售整个

---

① 《军机处录副奏折》，外交卷，《乾隆四十八年八月十八日安南国王咨文》，转引自喻常森《清代越南华侨矿业与矿工》，《华侨华人历史研究》2000年第2期，第50页。

② 陈大哲：《越南华侨概况》，台北正中书局1989年版，第六章，第43页。

第七章 凤凰涅槃：越南 老挝 柬埔寨

南圻，还延伸到南洋各国。1887年，郭琰转向米谷市场，创办通合公司和怡昌、通茂、通盛、通源四家大型碾米厂，主营大米加工和进出口贸易，总产量占越南每年大米出口贸易额的一半，很快在西贡大米业中确立了自身的垄断地位。

之后，郭琰又创立糖较公司，其开办的机器制糖厂是当时印度支那最大的糖厂。继而着手创办酿酒厂。还在金边兴建现代化的纺织厂，开办时为全柬之最的通源棉花公司，将棉花运销印支三国及其他地区。随后又创建了湄公河轮船航运公司，川行于湄公河流域；设立远洋航运公司，开创了印支华侨使用自己设计制造的远洋巨轮，直接载运货物沟通欧亚的新时代。

郭琰还在汕头创办元亨轮船公司。先后购置陶朱公号、元利号、元贞号等轮船，航行于越南、香港、汕头之间，为往来的华侨和出入口商提供客运、货运服务。其中元利号轮船曾挂上中国国旗进出越南的堤岸，成了首挂中国旗进出该港口的轮船。

1901年，郭琰在堤岸发起成立潮州公所，后来扩展为西贡潮州义安会馆。他曾将华侨义山潮人公墓中一百多具遗骸标号化成骨灰，由公司的元利号轮船运抵汕头，通知亲属领回安葬。无法联系到亲属的，则由存心善堂代管并代为安葬，其善举受到华侨交口称赞。

1926年，他投资在堤岸兴建长达一华里的平西新街市，捐献给当地人民，竣工后很快便成为闹市区，当地华侨称之为"大街市"。为表彰他造福社会的善举，当时的安南政府特地为他在市中心树立了一尊铜像，以资纪念。中国、法国、安南和高棉等国政府曾先后给他颁发勋章，堪称奇迹。

20世纪中叶的越南，从传统性技艺如腌制咸蛋、卖甜面、酥饺、制菜脯，到塑胶、漂染、针织、进出口、银行等各行业都有潮州人的身影。

潮州人在西堤工商界留下不少知名产品商标、商行宝号。如当年潮州饼家最有名的是朱家本立斋、赵明合、陈益合，这三家的后人继承父业，至今还有营业，且产品仍然赢得消费者甚佳的口碑。振兴公司出产的马头商标是塑胶行业的佼佼者；味精、即食面的大亨有天香味精厂的陈城、味丰味精厂的蔡锡河;出口红茶有百里居省的刘光明;经营电影院的有远东影业公司的张伟雄、张伟大兄弟;潮菜酒家有大罗天、潮一、洪泉珍;东药药材贸易行有吴立丰创办的怡南兴宝号;调味、酱油行有永生栈酱油,就是连一些潮州小食如菜脯、杂咸等也出现如陈成丰、李正配等若干有名的商号;有些是小贩形式,推着小车沿街叫卖酥饺、甜面、果杂等;还有专卖潮州特制产品如咸鱼街、熟鱼街、五谷专卖街等。

越南学者阮孟强、阮明玉曾以坚江省迪石市为例研究华人经济情况,[①] 称华人出现在这里的几乎所有经济领域,但是大部分处于小型贸易形态,大型贸易公司或经营部还很少,但他们的经济角色具有特别重要的意义。而潮州人偏重于农业生产或经营与农业有关的商品,如:肥料、农药、兽药、饲料、碾米等;潮州人有丰富的农业生产经验,特别是善于种植各种蔬菜,如芥菜、菜花、白菜、青菜、甜芥、番薯、葱蒜、玉米、芹菜。他们常年打理菜园为市场提供蔬菜,但主要集中在年底的几个月,这段时间市场的需求增高,可为他们带来丰厚利润。1975年以前,潮州人的万发、大茂、新发、永大兴、南茂、新兴等工厂,地处市镇的城乡结合部。南北越统一后,这些工厂都被收归国有。

在胡志明市第六郡,2009 年华人从业者已占到塑胶行业的33.76%、鞋业和成衣纺织业的 37.86%、机器和建材业领域的36%。[②] 数据显示,胡志明市有 3000 多家华人企业。人口仅占胡志明市5%的华人,经济占比达30%,足见华人为胡志明市的经济发展作出的贡献之巨。

目前,越南的华人企业已经达到一万家左右,主要从事塑胶、食品、机械、玻璃等行业。其中潮裔工商业家的产品继续在国内外市场崭露头角。而最为突出的是原籍潮汕的陈金成、陈荣源兄弟。陈氏兄

---

① 阮孟强、阮明玉:《越南坚江省迪石市的华人经济》,陈金云、黄汉宝译,《八桂侨刊》2002 年第 4 期,第 46—49 页。

② 衣远:《试析革新开放以来越南华人经济新发展》,《东南亚纵横》2013 年 11 月,第 72 页。

弟的父亲早年到越南谋生，1967年在西贡开办加工副食品的设备制造厂和饼干副食店。1993年，陈氏兄弟在此基础上申办成立京都食品加工有限公司，陈金成任董事长、陈荣源是总经理。1996年，陈氏兄弟俩果断押上全部身家从银行贷款，进口价值75万美元的日本生产线，引进新工艺，专门生产适合越南消费者口味的小吃Snack饼产品。之后，不断扩大生产规模，从单一的饼干开始，逐渐扩大到蛋糕、巧克力和冰激凌等，产品超过100个品种，员工逾7000人，利润以每年20%至30%的速度增长。2005年，京都集团正式在胡志明市证券交易所上市。同年11月投资西贡饮料股份公司，开越南本国公司通过股市投资其他公司之先河。不久，京都集团进入房地产领域。该集团每年都安排数十万美元的经费，用于做社会慈善活动。

在2007年越南媒体首次公布的股市百名富豪榜上，陈氏家族总资产已达4亿美元，陈金成和陈荣源兄弟分列第10和第24位，堪称"越南食品大王"。2015年胡润全球华人富豪榜上，陈氏兄弟以30亿元财富成为越南华人首富。

三 主要社团

在越南，最早的地缘性组织可追溯到15世纪。郑怀德的《嘉定通志·域地志》曾记载，在南圻柴棍铺的华商社区有福州、广州、潮州、西温陵和漳州会馆等。

17世纪末年，越南阮朝统治的南方地区已建立有四个帮，即广肇、福建、潮州、海南四帮。潮州帮成员来自讲潮州方言的广东普宁、揭阳、潮安、潮阳、澄海、饶平和惠来等地。

初期的帮只是民间组织，后来演变成一个当地政权控制华人社区的组织。1807年，越南阮朝嘉隆帝批准以华侨方言、籍贯分帮管理的制度，设立帮公所，为政府征税及管理帮民。1814年正式承认帮会组织，将各地华侨华人"帮"的组织制度化，相继颁布关于成立各"帮""会""乡""村"组织的政策，规定华侨华人按籍贯、方言、习俗不同，分帮自行管理。设潮州、福建、广东、海南、琼州、福州和客家等七帮，每个帮都有自己的会馆，包罗该地域范围内所有的侨众。统治者让各帮设帮公所,由帮民公推正副"帮长"各一人。初时,帮长通过选举产生后,要得到皇帝的批准,后来下放权力给地方政府。任期四年,期满后需要重新改选一次。由当地政府批准的帮长,其权限和职责与越南市镇长相同,为一帮之最高行政负责人,实际上已经类似于越南的地方政府官员。"在每一帮内部有学校、医院、出版社、帮刊、银行、法院、旅店、俱乐部、教室、庙宇,甚至有领事机关和公墓地。帮长的权力大,相当于当地行政机关的领导,如果帮长没有完成任务,根据情况要受当地政权的处分(和地方官员受的处分一样)。"① 换言之,此时的帮长,在某种程度上已近乎越南政权体制内的官员。

1871年11月,法国殖民者将越南西堤等地的华侨,按方言和籍贯划定为广肇等七帮。1885年改为五帮:分成广州、潮州、海南、客家、福建五大帮,统一实行帮公所、帮长制度。规定华侨华人在其聚居的地方,必须加入所属的方言帮。各帮设立帮公所和帮长,帮长由殖民当局任命,代理政府部分职能,负责处理华侨华人内部事务,管理帮属坟场、学校,以及开展福利救济活动。

法国殖民当局在越南各华埠,每两年选举正副帮长一次,但实际上是由法国殖民者任命。此后,凡是中国人有意进入印支联邦(即现越棉寮三国),入境时必须先由帮公所收容,并由其代向法国殖民政府的移民局办理居留手续。如无帮长收容,则遭返回国。

二战结束后,1948年9月28日,中国政府官员向印度支那法国高级专员建议将帮改为中华理事会。于是,法属印支联邦取消各地的五帮公所,代之以中华理事会。50年代后,华人社团被取消,直到80年代末,各地的华人会馆才逐渐得以恢复。

主要社团:

潮州人在越南各地很早就成立潮州同乡会馆。1882年坚江省迪石市的潮州人已成立义安会馆,以北帝庙为会址(即潮州公所),下辖北帝庙、橡义祠、潮州义地、明德学校、同济鼓乐社。平顺省蕃切市

---

① [越]珠海著,甄中兴节译,戴可来校:《越南的华人社团》,《民族译丛》1993年第5期,第32页。

第七章 凤凰涅槃：越南 老挝 柬埔寨

潮州会馆于1839年成立，绥射县潮州会馆于1926年兴建。

规模和影响力最大的潮州会馆，则非现胡志明市潮州义安会馆莫属。现在，义安会馆是胡志明市潮属社团组织最高机构。会馆主要活动是聚集乡亲、敦睦乡谊、团结互助、共谋发展。该馆始建的确切年份已难稽考，会馆资料称可能建立于1737年。当时移居来越和前来经商的潮州人合资创立了会馆，以潮州古称义安为名，并置建一座庙宇奉祀"忠义千秋关圣帝君"，供各界善信祷求参拜，馆庙合一。

图7-1 越南胡志明市义安会馆（2014年，黄晓坚摄）

义安会馆也称"潮州公所"。1901年在郭琰（郭通合）号召下成立潮州公所，并于当年进行关帝庙的大规模重建。据说在越南法属时期，会馆收留大批从中国沿海一带来越谋生的侨胞，并帮助他们联络信息，安排就业。后来，其中有些侨胞勤奋克俭，从劳工、小贩做到经营大家，事业胜达，便回馈会馆，会馆因之有活动经费，会务日益扩展。

本着"取自社会、回馈社会"的宗旨，会馆也创医院、建义祠、兴学办校、组织文化艺术体育活动，以应社会之需并作出巨大贡献。因此，潮州义安会馆于2005年分别荣获越南政府总理颁赠最高奖状和国家主席授予三等劳动勋章。

在当地乡亲和历届会馆理事会的努力之下，附属会馆的关帝庙虽然历经了多个时代的风风雨雨，经多次大小修葺，庙中的文物、建筑物、神像、匾额、浮雕等等却仍能保持着当年始建的风貌，1901年重修时供奉的关帝圣君像现仍在庙中供善信膜拜。1993年关帝庙荣获越南政府文化部颁予国家级"文化历史遗迹"认证。

该馆历年来的活动内容均围绕节庆展开，通过这些活动，弘扬乡邦和中华文化，增加潮汕乡亲的凝聚力，密切与海内外潮州人社团的联系。

四 文化传承

越南的潮州人除了工商业发达，在文化传承方面也做出诸多努力。在西贡曾有过振华铜乐组、师竹轩、潮群、潮州、同德潮州大锣鼓，潮州"集庆堂"和东方、以云、新艺、阳明轩、玉雪丝竹社等五大潮州业余乐社，活动丰富，多姿多彩，百花齐放。不少乐社至今还保留着一些古老、珍贵的乐器、大铜锣及老一辈潮州人的衣饰、笠帽等等。1975年后五大潮州乐社合并组成了统一潮剧团，成为越南专业的演出剧团。除此之外，还有潮群古乐业团、东方古乐瑞狮团、师竹轩父母会（主要是为贫困会友料理丧事）、可妙坛余立善堂、明月居士林、灵福坛悟修堂等。

潮州乡亲无论是在饮食、风俗习惯、经商、办学等方面，仍努力保留了自己的特色。虽然不少潮州人都是经商能手、事业有成，可是许多人仍然保留着吃白粥送菜脯、花生、贡菜或色菜的习惯；初一、十五供神少不了潮州发糕和播放潮剧、潮乐，在家中尽量用潮语与家人交谈，保存自家的文化语文特色。原籍饶平的张汉明是越南著名画家，其水墨画享有盛誉。曾先后在胡志明市、河内，以及美国、法国、澳大利亚、马来西亚等国家以及中国台湾地区举办过几十次个人画展。

胡志明市潮州义安会馆利用潮州人的节庆活动，潜移默化地传承潮州人文化风俗。每逢新年，会馆在关帝庙举行酬神仪式，向贫困乡亲赠送新年礼物。正月十四日开始，循例庆祝元宵佳节，白天邀请龙狮团、锣鼓队表演，晚上请潮剧团演出。越南南方薄臻、坚江、薄寮、芹苴、金瓯、朱笃、茶荣等省的潮籍乡亲，也特意赶来参加庆祝元宵活动。是晚举行标投圣灯晚会，成员们通过竞标，以不同价位分别投得"天地父母财灯""福德正神财灯""文昌星君财灯"等。2016年义安会馆元宵筹款近35亿越南盾。每次投标所得的全部灯款通常被会馆充作社会公益事业和慈善基金。每年清明节，会馆都会举办扫墓活动。2001年，第三届理事会曾斥资将新平郡第十坊六和义祠内的13000座无主坟墓移葬至平阳省化安义祠，受到潮州乡亲的支持和好评；后因化安墓园所剩有限，又筹建新墓园。每年中元节，会馆都仿照祖籍地习俗，举办盂兰普度胜会，超度各姓氏门中先亡，赈济穷人。

除了胡志明市，越南南方潮州人聚居地，每年都举办盂兰胜会，普遍建有潮州义山、善堂、宗祠、潮乐社等。主要的寺庙有金瓯的天后宫和明月居士林，坚江省迪石市的北帝庙，薄寮的福德古庙、永潮明庙、永福寺（明月居士林）、关帝庙和地母宫，朱洋镇的清明古庙和天后宫，丐冷镇关帝庙（协天宫）。各地设立的华文学校有薄寮新华学校、朱洋镇育才学校和培青学校、丐冷镇新兴中学等。

第二节　老挝的潮州人

老挝（俗称寮国）为中南半岛内陆国家。19世纪末，开始有华商从越南、泰国或柬埔寨等地移居老挝，其中绝大多数为潮籍华侨。20世纪70年代，华侨大量移居他国。近年来，湖南籍华侨华人数量大增，潮州人作为"老侨"，其族群人口比例已大幅萎缩。

一　潮州人曾经是老挝华侨华人的主体

老挝地处内陆，交通不便，华侨华人人数历来较少。长期以来，潮州人在老挝华侨华人中占多数，主要集中在万象、琅勃拉邦、沙湾那吉、巴色（百细）和他曲等城市。潮州人一般经由越南、泰国或柬埔寨等进入老挝。如曾任琅勃拉邦中华理事会会长的许文华祖籍饶平，1949年出生于老挝。其父原侨居泰国，后迁移到老挝。母亲则于1933年过香港经越南来到老挝。① 现任老挝中华总商会会长的姚宾，1990年先到泰国，1991年转进老挝。

1893年法国殖民老挝后，施行允许华侨华人无偿开垦土地，免征收出入口货物税，自由出入境等一系列政策，以吸引更多华侨、华工移民老挝，并鼓励以往从老挝移居越南及柬埔寨的华人再回到老挝发展经济。受到优惠条件和追求新贸易领域的吸引，以潮州人为主的大批华人从泰国、越南和柬埔寨转入老挝中南部。根据1921年法国统治者的统计，当时老挝有华侨华人6700人。②

1937年日本侵华，引发了大量的中国人移民到老挝。二战后，又有部分中国人南迁，老挝华人社会逐渐壮大。根据1959年中国台湾方面的调查，老挝国内华侨华人最多的是万象，约为12000人，其中潮州人最多，客家人和海南人次之，此外还有广府人和浙江人。其次是南部的中心城市巴色（百细），华人人口达到了9000人，潮州人占了大多数。第三是琅勃拉邦，华人约有4000人，潮州人最多，海南人次之，还有云南人和福建人。沙湾那吉居住着3500名华人，潮州人较多。③

华侨华人人数在六七十年代曾达到高峰，约5万人（也有说10万）。其中万象市最多，约3万，占全市人口总数的1/3。1975年老挝政治形势突变，大量华侨华人出逃海外。这些人大多是在老挝发展时间最长、处于华人社会中上层的人物，祖籍多为潮州、客家、广肇和海南。当时老挝的华侨华人只剩下约5000人（一说4327人）。20世纪80年代末老挝实行改革开放政策后，改变对中国和华侨华人的政策，一部分原本逃离老挝的华人重返老挝以求发展，更多的华人从泰国、越南以及香港、台湾地区进入老挝。华人人数逐渐恢复，从80

---

① 范宏贵：《老挝华侨华人剪影》，《八桂侨刊》2000年第1期，第35页。
② 郭保刚：《老挝华侨概述》，《东南亚纵横》1984年第3期，第40页。
③ ［日］山下清海：《老挝的华人社会与唐人街——以万象为中心》，《南洋资料译丛》2009年第4期，第64页。

年代的 1 万人左右增至 1998 年的约 4 万人。①

近年来，大批来自中国湖北、安徽、湖南、四川、广西和云南等地华人涌入老挝进行投资、商贸等，这个群体被称为"华人新移民"。老挝变成华人新移民增长最快的国家之一。在万象，这座仅有 85 万人口的城市，华侨华人约有 12 万人。②

由于华人新移民的进入，一些地方的华侨华人人口构成发生了变化，潮州人在不少地方已不是人数最多的华人方言群体。1988 年出版的《寮国华侨概况》称，琅勃拉邦华侨最盛时期曾有 15000 人，以潮州籍为最多。③ 但 2000 年范宏贵在琅勃拉邦做调查时，发现"1975 年以前，琅勃拉邦的华侨全是广东（潮州人）、海南人，后来富裕的华侨迁居美国、法国，留下来的，直到现在只有八户了，其中广肇籍二户、潮州籍三户、海南籍三户。现在的琅勃拉邦的华侨华人有约 3000 人，95％是云南籍"④。

二　经济活动

近现代以来，华侨华人对老挝经济社会发展起着显著的作用。20 世纪 80 年代以前，老挝的潮州人几乎都从事商业、金融业和中小工矿企业。⑤ 老挝经济向来比较落后，潮州人大多是小本经营，实力较强的潮州人多是在抗战前后从泰国迁入，与泰国经济联系较为密切。

1957 年老挝政府为了促进经济发展，向外侨投资者提供若干优惠政策，在一定程度上促进了华人经济的发展。1975 年老挝人民民主共和国成立以前，华人在老挝经济生活中占有重要地位，当时老挝全国仅有的一百多家工厂，几乎全为华人所办；商业的 80％控制在华人手

---

① 傅曦、张俞：《老挝华侨的过去与现状》，《八桂侨刊》2001 年第 1 期，第 14 页。
② 大公网：《华人成老挝新移民主力》，http://news.takungpao.com/paper/q/2014/0902/2707884.html。
③ 蔡天：《寮国华侨概况》，台北正中书局 1988 年版，第 54 页。
④ 范宏贵：《老挝华侨华人剪影》，《八桂侨刊》2000 年第 1 期，第 35 页。
⑤ 参见蔡天《寮国华侨概况》，台北正中书局 1988 年版；香港《华人月刊》1985 年 8 月第 4 期《老挝华人状况》。

中，城市的商业如粮食店、百货店、餐馆等，多半也是华侨华人经营。① 由于潮州人是最大的华人方言群体，这些工厂和商店的经营者大多是潮州人。潮州人的经商网络，以万象为中心，遍布老挝各省市，并在经营范围和占有率都有绝对优势。

资料显示②，20世纪五六十年代，万象市的三大商业街约有500家商店，90%是华人开设，招牌多用汉字或老、汉两种文字。这些商店经营中国的传统产品，如绸缎布匹、当地土特产、木材、饭馆、咖啡馆、茶馆、照相、百货、洋杂货、服装、首饰、舞厅、五金、车辆、钟表、眼镜、水果等行业。工矿企业涉及铜矿、锡矿、酿酒、制茶、碾米、印染、皮革、肥皂、蜡烛、木炭、机械、砖瓦、锯木、陶器、汽水、糖饼、化妆品。当时全国最大的卷烟厂、碾米厂、锯木厂、酿酒厂、三合板厂、啤酒厂、制冰厂、汽水厂、制钉厂、胶鞋厂、金行都是华人所开。万象最大的碾米厂及木材厂均为潮籍侨商林新发所经营。越南堤岸市有许多潮籍、客籍侨商到老挝开设银行，万象的寮京银行、寮商银行和永珍银行则是当地华人与泰商合作开设的。

在老挝第二大的华人商业中心巴色（百细），一百多年前是一片不毛之地，经过以潮州人为主的华人与当地人民的共同开发，成为老挝南部重镇和水陆交通枢纽。20世纪50年代前，这里汇集了400多家商店，90%为华人所有。经商范围包括：土产、酒、木材、洋货、汽车等交通工具、汽水、制冰、舞厅、餐馆和咖啡馆等餐饮业、出入口、成衣、水陆运输、医药、金饰、电器、钟表等。华人所开的店铺招牌多用汉字或老、汉两种文字。

琅勃拉邦的华人商店也有300多家。

1987年后，老挝政府实行新经济政策，以潮州人为主体的华人所经营的工商业逐渐恢复，华人经济开始回升。万象的商业闹市，华侨华人开设的商店就有近500家，其经营者绝大多数仍是潮州人，主要行业有服装、钟表、食品、杂货、餐馆旅店等；开办的工厂有肥皂、

---

① 郝跃骏：《老挝华人现状及社团组织》，《东南亚》1992年第1期，第50页。
② 参阅郭保刚《老挝华侨概述》，《东南亚纵横》1994年第3期，第39—42页。

第七章 凤凰涅槃：越南 老挝 柬埔寨

碾米、木炭、皮革、水果、糖果以及机械等。另外也有经营进出口、批发、零售等小型工商业，规模不大，但均自成系统，产品销售遍及全国，并向泰国、越南、中国（包括香港和台湾地区）扩销。原来在70年代后期逃离的部分潮州人也陆续回原居地投资，其中不少人已成为富商，对当地经济发展有举足轻重的影响。

1990年代初，老挝最大的华人公司——工商业发展集团，是由老挝政府和华人共同投资，由华人独立经营的股份制公司，其中潮州人占大多数。该集团注册资金为30万美元，每股5000美元，华人占其中40股；老挝国防部投资10万美元，约占20股。该公司经营范围从军火、军用食品到木材、轮胎、水泥、发电厂、汽车修理厂。公司董事长为郭泽进（投资2万美元，占4股），副董事长许永光、林泽民、林初，总经理黄励荣，副总经理兼财政部长林振潮，董事中管外交者为蔡瑞才。该公司是万象中华理事会的主要财政资助者。①

老挝政府实施的改革开放政策，带动了海外华人在老挝投资的热潮，当地华商也开始与外商合资经营，寻求拓展规模和领域，如开发木材及锯木业，开办大商场、大旅馆、大餐馆和大戏院等。由于泰老两国政府签署了合作协定，泰国华商占有天时地利优势，不少泰籍华商公司与当地华商合作，投资纺织业、生产化肥、种植橡胶树、经营酒店业等。泰国盘谷银行、农民银行也先后在老挝开拓金融事业。90年代中期，泰国的资本在老挝外资中居于首位。其他地区的华商也以独资或合资方式共同经营投资项目。如继盘谷银行、农民银行之后，张贵龙联合澳洲、曼谷、中国香港、中国台湾和老挝的华商，先后集资1000万美元，创建老挝首家民营永珍商业银行，得到政府的支持，于1993年2月开业，旗下投资的项目有老挝巴莎大酒店、友谊大桥免税店、法国标致汽车、万象国际开发公司等。

祖籍广东普宁的张贵龙是老挝华人企业家的杰出代表，曾被誉为"老挝华人首富"。张贵龙1946年出生于老挝，其父母早年在万象从事百货生意。张贵龙高中毕业后随父经商，1972年转做进出口业务，

---

① 郝跃骏：《老挝华人现状及社团组织》，《东南亚》1992年第1期，第52页。

创办永光公司，进口泰国、香港等地货物在老挝销售。1990年创办辉龙木材实业公司，生产板材、地板木并成功出口到中国及东南亚其他国家，凭借独到的经营眼光和良好的商业信用迅速成为老挝同行业中的龙头。张贵龙涉足的行业有百货业、加工业、进出口贸易、建筑业、房地产业、旅游业等，每个企业都有不俗的经营业绩。旗下拥有辉龙实业公司、胜利贸易有限公司、现代建筑有限公司等17家公司，并创办了老挝首家五星级酒店——芭莎大酒店。

自20世纪90年代以来，不断有一些来自潮汕地区的新移民在老挝投资创业，有些人也定居在老挝。原籍潮阳的姚宾1990年先到泰国，后转到老挝发展，开办贸易公司。从做进口自行车、瓷砖开始，把各种各样的中国商品卖到老挝，事业不断发展壮大。姚宾于2005年成立的吉达蓬公司，是一家综合商业化运营发展的股份制公司，集工程建筑、工程监理、地产运作、房产开发、金融投资、酒店投资、旅游服务、商务咨询、项目代理、红木加工、农业开发等于一体。经过十多年的发展，现已经扩展为吉达蓬集团公司，成为老挝国内最具

图7-2 老挝潮州人姚宾的吉达蓬集团属下的地标酒店（相片由姚勇提供）

综合实力的企业之一。

2017年，潮州市凤凰镇人林中弈到老挝靠近云南的沙耶武里，投资承包当地老茶园，开办了三家茶厂，请潮州凤凰单丛茶制作师傅到当地传授制茶技艺，生产单丛茶返销中国，获得较好的效益。既提高了当地村民的收入，茶厂也成为当地龙头企业和纳税大户。

三 文化传承

潮州人长期在老挝的华人中占绝大多数，华人社会也带有深厚的潮州文化特色。一度在万象等地的华人社会，实际上起到普通话作用的是潮州话。在当地，广东人和客家人等其他方言群体的华人也懂得潮州话。潮州人的信仰和习俗，甚至饮食习惯也在华人区中占主流地位。

（一）信仰崇拜

长期以来，老挝的华人社会信仰多为传统宗教，包括道教、大乘佛教、祖先崇拜等，佛祖、观音、关公等均是其膜拜的神明。具有潮州特色的"本头公嬷（即祖母，潮语音 ma^8）"颇有影响力，本头公嬷实际上是全体华人供奉的土地神，传说他们开垦了这块土地，并繁衍下今天的华人。据说，当初第一个进入老挝的华人是潮州人，为了表示对故土的思念，就将家乡的"本头公"供奉起来。后来有了妻女，就在本头公旁添了一位本头嬷，合起来成为"本头公嬷"一起供奉。为了祈求"本头公"的灵魂保佑至今仍远离故土的华人，感谢"本头公"给当地华人带来的幸福，每年农历大年前25天，即本头公故去的这天，万象的华人就在福德庙举行隆重的欢庆聚会，举灯游行，并从泰国或广东请来潮州戏演出，为期一周。琅勃拉邦的中华会馆是由原来的潮州帮和海南帮两个帮公所合并而成的。之后，海南人在潮州文化的影响下，也形成了对本头公嬷的信仰。

20世纪70年代以前，老挝华人社会的传统节日有新年、清明、端午、中元、重阳等，现在节庆已有简略，主要是新年、清明和中秋节。农历新年到来时，全体华人会放假三天，中华理事会举办新年聚餐，一起庆祝新年。在家里，大年三十则会祭祖，用鸡鸭供奉，还有烧纸钱放鞭炮。初一要互相恭贺，给红包，也会请朋友过来吃饭，一起庆祝中国的新年。清明到坟场祭祖。永珍善堂是中华理事会下设专门负责旅老华人生老病死、婚丧嫁娶的福利性机构，所需费用全部由华人自己捐赠。

（二）华文学校

1934年万象华侨公所成立时，由公所帮长陈顺林等社会人士发起创办华文教学班，初时仅办一个班，学生10余名，为寮都学校的雏形。1936年，潮州人首领陈柳芳和陈盛泉在潮州公所内开办了拥有几十名学生的初级小学。1937年，陈柳芳和客家人首领江生等万象的华人共同创办了寮都公学。此后规模不断扩大，学生最多时达到5000余人，向来是老挝规模最大的华文学校。目前，寮都公学是万象中华理事会下属的一所全日制学校，所有经费开支由中华理事会提供。该校受老挝教育部和万象市、县教育局的业务领导，学校各科教学执行老挝教育部门颁布的教学大纲，开设幼儿园至高中课程，以中老双语教学而闻名，中文课程则从中国聘请来的优秀老师授课。学校不仅为华人子弟开办，也向各国籍人士的子女开放。

图7-3　万象寮都中学（2017年，黄晓坚摄）

早期在潮州人聚居的巴色（百细）和琅勃拉邦也办有华文学校。1934年，在巴色（百细）的潮州帮建立了华文学校——崇德学校。1939年该校与客家帮所办的华侨学校合并，成为巴色（百细）华侨公学。目前，由于得到当地侨团热心公益的华人企业家的资助，学校经费比较充足，设有幼儿园至初中部共10多个教学班，采用中老文双语教学，华语则采用普通话。1945年以前，琅勃拉邦的华侨分为潮州帮和海南帮两个帮公所，各自办有一所华文学校。1945年二次大战刚刚结束时，两个帮公所合并，取名中华会馆；两所华文学校也合并成为中正学校，开设6年制小学。到了60年代增设了初中部。1974年，改名为新华学校，一直沿用至今，目前采用中老文双语教学。

（三）华文报纸

老挝的华侨华人历来人数较少，华文报刊生存空间非常狭小，华文报业举步维艰。1959年，华人创办的《寮华日报》销路有限，不久停办。随后有《自然报》《虎报》《华侨新闻》《永珍日报》问世，但都好景不长。2018年2月2日，在万象举行的首届"一带一路"老—中合作论坛开幕式上，《中华日报》正式宣布创刊。该报由老挝中华总商会创办，该会会长是原籍潮阳的姚宾。

（四）华人社团

老挝华人社团相对比较单一。法国殖民时期，各大城市设立帮公所。万象有潮州、客家等帮公所，琅勃拉邦有潮州、海南等帮公所，巴色（百细）有潮州、客家等帮公所，沙湾那吉有潮州、广肇等帮公所，他曲也设有潮州公所。由方言群体组成的帮公所，实质上担任着综合的职能，帮公所的帮长在华人社会和老挝政府之间充当管理者和代表的角色。1934年万象把各帮帮公所合并为一，取名华侨公所。1946年改称为中华理事会。老挝独立后改组为中华会馆，并要求老挝籍的华人华裔加入。70年代中期，老挝政府曾对华侨华人采取强制政策，华侨华人社团一度被封闭而中断活动。1988年11月，万象中华理事会率先成立，各省也相应成立中华理事会，但尚无全国统一的中华理事会机构。

万象中华理事会（永珍中华理事会）成立于1988年11月8日，

首任理事长黄励荣,副理事长林振潮、陈复谋、蔡瑞才、王鸿辉和郑嘉丰。理事会下设常务委员会主席团和监理会,常委会主席为姚永光,副主席有张贵龙、林泽民、陈松盛、邵思忠、庄炎增;监事长为陈英华、副监事长郭泽进、许永光、杨瑞锦、张应明、林刘发。他们均是当地商界的头面人物,几乎都是潮州人。万象中华理事会下设有公司、庙宇、学校及福利等机构。

第三节 柬埔寨的潮州人

在东南亚,柬埔寨与泰国一样,潮州人占华侨华人的绝大多数。据估计,截至2019年,柬埔寨有华侨华人80万,其中潮籍约占八成。华侨华人主要分布在首都金边市,马德望、干拉、贡不和茶胶等省也有不少,绝大多数已加入柬埔寨国籍。

一 柬华社会中潮州人占绝大多数

至迟在明朝嘉靖年间,潮州人已来到柬埔寨。其时,林道乾为首的武装海商集团纵横海上30多年,多次与官军周旋交战,期间就曾到过柬埔寨沿海地区。汕头开埠后,潮州人到柬埔寨主要有两条路线:一是从汕头乘船到越南的西贡(今胡志明市),再沿湄公河从东而西经越南进入柬埔寨;二是从汕头乘船到泰国曼谷,再走陆路从西经泰国入境。

清末以后,潮州人移民柬埔寨高潮迭起,人数不断增加。从20世纪30年代开始,潮州人已成为柬埔寨华人中最大的方言族群。

1941年到1945年间,泰国一度兼并马德望时,有数以千计的潮州人从泰国移居到马德望,成为当地最大的华人方言族群。第二次世界大战以后,中国国内爆发内战,经济凋敝,沿海人民被迫更大规模地涌向海外。位于越南和泰国之间的柬埔寨,由于土地肥沃,物产富饶,交通便利,成了移居海外者重要流向地之一;与此同时,战后法国殖民帝国虽然卷土重来,但已元气大衰,力不从心,难以重建昔日的牢固统治。在这样的背景下,从1946年到1949年这四年间柬埔寨华侨人数猛增12

第七章　凤凰涅槃：越南　老挝　柬埔寨

万，平均每年增加3万，① 是20世纪以前华侨移居柬埔寨年均人数所达到的最高峰时期，其中来自潮汕地区的占了大多数。

1949年法国殖民当局颁布条例，规定移民入境必须事先领取签证，华侨移居潮因受限制而被迫停止。50年代初期，中柬双方国内政治经济形势发生了根本的变化，漫长的华侨移居柬埔寨的历史过程就此暂告一段落。1962年，柬埔寨的潮州人总数为32.4万人，占华侨华人总数的77%。②

近年来，随着柬埔寨投资环境的不断改善，尤其是西哈努克特区的设立，吸引了大量的外来投资者。与此同时，中国与柬埔寨友好合作关系不断深入发展，也带动了中国国内许多中资企业和各地民众到柬埔寨经商贸易、投资设企的新移民潮。在这一轮的移民潮中，也有不少潮汕地区的民众到柬埔寨投亲靠友，或投资商贸等，他们为柬埔寨潮州人族群增添了新生力量。这些潮籍新移民从事的主要行业有地产房产中介、建筑业、餐饮业、娱乐行业，以及商贸往来等。潮州市一些陶瓷、食品厂家也在柬埔寨设立经销店。

近代移居柬埔寨的华侨，按照他们不同的原籍和所操方言，可分为潮州、广肇、海南、客家、福建等五大部分。根据日本学者的调查，2002年，在柬埔寨的潮籍华侨华人有56万人，占柬埔寨全国华侨华人总人数的80%，③ 主要来自潮属的揭阳、潮阳、普宁、饶平等县，来自潮安和其他县的相对较少。潮籍华侨华人大部分聚居在首都金边，以及马德望、暹粒、磅湛、千拉等经济比较发达的省份城镇，广泛分布于柬埔寨城乡各地。

二　柬埔寨潮州人从事的经济活动

由于潮州人在柬埔寨华侨华人中占绝大多数，任何涉及柬埔寨华

---

① ［新西兰］W.E.威尔莫特：《柬埔寨华人人口概况》，陈森海译，《东南亚研究》1983年第4期，第90页。
② ［新西兰］W.E.威尔莫特：《柬埔寨华人人口概况》，陈森海译，《东南亚研究》1983年第4期，第91页。
③ ［日］野泽知弘：《柬埔寨的华人社会——关于金边华侨华人聚居区的调查报告》，《南洋资料译丛》2012年第2期，第46页。

侨华人的话题，实际上都离不开潮州人。

（一）二战以前以农、渔和商业为主

早期进入柬埔寨的外侨，被禁止插足于新设的橡胶园、棉田、茶山及椰园，不允许参与开矿。移居柬埔寨的潮州人主要从事农业、渔业和商业。

潮州人几乎拥有独占之米业。许多潮商经营贩运稻米，他们以帆船及舢板为家，沿岸停泊，替华侨米商运米；不少潮商还是碾米业的创办者，并促使其发展。

早期潮商经营的商业多为批发零售业，有的也从事朝贡贸易。海禁开放后，民间贸易逐渐取代了"朝贡贸易"，潮商有的开店铺，贩卖锦缎、瓷器、纸料、珠装、书坊、药肆茶铺、面店、南北江洋，无物不有。许多潮商自己也当技工，当工匠等，也有些人雇佣工人及学徒。在城市中，潮州人还充当裁缝、鞋匠及细木匠。

更多的潮州人从事种植业，与当地人民一起开荒拓土，把荒地变成良田，种植胡椒及蔬菜，使之成为农业发达之区。柬埔寨出产的胡椒曾占世界产量的10%，直至19世纪初仍占世界首位。[①] 潮州人不但为柬埔寨引进了潮汕地区先进的农耕方法，也引进了松鱼、鲮鱼、草鱼和鲤鱼等著名池养鱼以及芫荽、芥蓝等蔬菜品种，还带来了制作豆腐、冬菜、菜脯、冬粉、粿条、面条、豉油等技艺。

柬埔寨潮州人主要从事农业、渔业和商业的状况一直延续到二战期间。

（二）20世纪50—60年代主要从事工商业

在西哈努克执政时期（1954—1970），柬埔寨的潮州人以从事工商业为主。

在此时期，柬埔寨国内政局稳定，华人经济得到迅速发展。据说，当时华侨华人拥有柬埔寨70%的商店，掌握着80%的外贸业务。金边3000多家商店中，有2000家属于华侨华人。1961年，全国有1260家米厂，其中华侨华人办的就有1092家。而在1962—1963年

---

① ［柬］方侨生总编撰：《柬埔寨华侨史话》，金边：柬埔寨柬华理事总会1999年版，第二篇，第1页。

第七章 凤凰涅槃：越南 老挝 柬埔寨

间，柬埔寨华侨华人中84%从事商业经营；华商占柬埔寨全国总经商人数的95%。[①]

彼时，潮州人几乎主宰了柬埔寨的贸易和商业，他们在不同的省份里经营着不同的产业，譬如金边市区的黄金与换汇交易，磅湛的烟草种植等等。由于长期推广华文和成功的家族教育，加上潮州人社区团结一致的相互协助与支持，战前所有想要在柬埔寨做生意的人都必须学说潮州话，才能顺利经营。[②]

在这一时期，潮州人主要的工商业活动包括经营传统杂货零售业、批发业、手工业、化学品、五金机械、碾米、制糖、木材加工、食品加工、纺织品、制冰、榨油、罐头、造纸、化肥、印刷等许多方面，经营范围从制造业工厂到商行，几乎遍及柬埔寨国内经济的整个领域，遍布全国各个角落。

除工商业外，也有一些潮州人从事农业，主要是黑胡椒、橡胶和水果种植。居沿海地区的则多以捕鱼、盐业为生。在农村，有不少潮州人开钱庄，他们在一定程度上控制着柬埔寨农村的经济命脉。

（三）1970—1987年遭受重大打击

这是柬埔寨一段特殊的时期，潮州人的经济遭受重大打击。

1970年朗诺集团发动政变，推翻西哈努克亲王领导的王国政府，华侨华人被当作西哈努克和越共的支持者而受迫害。在红色高棉控制地区，华侨华人则被当成是资产阶级遭到清算。民主柬埔寨时期，华侨华人流离失所，所有财产被剥夺殆尽，成为身无分文的"赤民"。1975年红色高棉占领金边及其他城市，华侨华人家财被抄没。红色高棉强行搞合作化，取消货币，取消集市贸易，废除商品交易，实行配给制，将城市工商业者的一切生产资料收归国有，导致工业和商业活动全部瘫痪。1979年越南入侵柬埔寨，随之而来的是大规模反华排华，大量的华侨华人逃往他国，在工商业中占主要地位的潮州人遭受毁灭性的打击。

---

① 王士录：《当代柬埔寨》，四川人民出版社1994年版，第55页。
② 陈世伦：《海外华人研究柬埔寨潮州会馆记述》，载《柬埔寨潮州会馆20周年特刊》，金边：柬埔寨潮州会馆，2014年，第215页。

(四) 20世纪80年代末以来浴火重生

此一时期，华人经济逐步恢复和发展。

20世纪80年代末，柬埔寨结束了战乱，国内重建逐渐展开。1987年，柬埔寨当局在城镇恢复了工商业活动，允许华侨华人经营小本生意，茶楼、酒楼、杂货店、布店、理发店等逐渐兴起。1989年1月7日政府颁布法令，取消了80年代初期实行的商业经营中政府占30—40%股权的规定，允许柬埔寨公民和华侨华人以私人身份自由经商，允许原来在柬埔寨居住的华侨华人重返金边定居经商。政府为了吸引国内外资本投资，通过各种渠道争取逃离柬埔寨的华侨华人回柬定居，[①] 华侨华人经济开始恢复发展。不少在70年代末至80年代初逃离柬埔寨的华人陆续重返家园，并投入国家经济重建中去。他们带来了充足的资金、先进技术和比柬埔寨先进的经营方式和管理办法，投资经营进出口贸易、金融、开发房地产和旅游业等。有学者统计，1995年，金边市的商号已约有3000家，其中华人商号有1980家，约占65%，分布在各省的华人商号也有880家。[②]

80年代中后期以后，柬埔寨70%的华商从事第三产业，主要经营进出口贸易、房地产、日用百货、旅游餐饮业等；20%从事第二产业，主要经营食品加工、制衣、五金机械、建筑、木材加工等；10%从事农业和渔业，其中农业主要以种植橡胶、胡椒、瓜果蔬菜为主。占全国总人口5%的华侨华人，几乎控制着柬埔寨80%的经济。[③]

应该指出的是，到20世纪末，由于和平初现，柬埔寨的经济总量不大，华人经济绝大部分仍属于中、小企业。随着经济的恢复和发展，华人经济出现了由低层次向高层次的发展，还通过独资或合资的方式，投资制衣业、制鞋业、卷烟业、食品业、运输业、金融业等领域，开始出现华资自办的商业银行。

(五) 当前大部分从事工商业，尤以经商者较多

目前柬埔寨华侨华人从事第三产业、第二产业、第一产业（农业

[①] 庄国土：《二战以来柬埔寨华人社会地位的变化》，《南洋问题研究》2004年第3期。
[②] 傅曦、张俞：《柬埔寨华侨华人的过去与现状》，《八桂侨刊》2000年第3期，第36页。
[③] 蔡振裕：《东南亚华人系列报道》，马来西亚《星洲日报》2001年3月23日。

及渔业等初级产业）的比例仍是70%、20%、10%。但除第一产业的农业渔业外，第二、第三产业的行业范围都在不断扩大，华人经济在不断发展壮大。第三产业主要有：进出口贸易业、运输业、电信业、金融业、不动产业、旅游业、酒店业、饮食业、理发业、布料销售业、西服裁缝业、钟表销售业、家电销售业、摩托车销售业，以及经营夜总会、超市、日用杂货店和药店等。

近年来，柬埔寨潮州人的经济实力不断壮大，成为柬埔寨经济社会一支重要力量，涌现出一批拥有数亿美元资力的财团，加华银行集团的方侨生、皇家集团的陈丰明、PFC公司的刘明勤、泰文隆集团的许锐腾家族、冠霖国际集团的杨启秋等均是潮州人后裔。

潮州人在柬埔寨金融业尤为活跃。20世纪60年代，潮州帮在金融业中就占有明显的优势，现在又执金融业牛耳。潮州人设立的加华银行和湄江银行都是名列前茅的大银行。

加华银行前身为1991年方侨生与柬埔寨国家银行合作成立的加华黄金信托有限公司，1993年注册为商业银行并易名为加华银行。1998年完全私有化后，成为当地最大的私人银行，资产和客户存款分别占国内银行业的30%和35%，名列第一。

祖籍广东普宁的方侨生出生于柬埔寨金边市，早年他在父亲开办的公司当经理。20世纪70年代，方侨生一家被驱赶到农村。4年后，他抓住机会带着太太和孩子举家辗转泰国、越南，于1980年到加拿大。初时从事打造黄金首饰业务，并挤时间参加短期培训班，学习金融知识以及西方的管理经验。1981年，方侨生在蒙特利尔市唐人街开办东方金行及东方财务公司，客户主要是来自柬埔寨以及越南、老挝等地的华人。1990年代初，应其叔父方炳祯之邀回到柬埔寨发展。

1997年，柬埔寨国内发生动乱。方侨生冷静地审时度势，毅然决定加华银行照常营业，成为当时唯一一家照常开门的银行。因此在当地赢得了广泛信赖，声誉鹊起，建立了坚实的信用基础，业务不断攀升。

目前，加华银行的资产已由初时的几百万美元发展到几亿美元，存贷款量占全国银行业务量30%以上的，成为柬埔寨最大的商业银行。加华银行透过柬埔寨境内的8家分行和包括汇丰、渣打、中银纽约分

图 7-4 柬埔寨加华银行奥林匹克分行（2019 年，杨锡铭摄）

行、南洋分行、大华、法国巴黎等 18 家国际银行分行，联合提供个人银行、商业信贷、信用状、按揭、外汇及万事达卡等业务。方侨生还在金边市投资兴建占地 31 公顷的加华工业园，建造 28 栋厂房，不仅自备电厂、水厂、花园休闲区，还有小商品市场、餐馆、观音阁、电影院，园内厂房的招租率达 80%，成为全柬最具规范、最安全的工业园区。

在电信行业中，陈丰明独占鳌头。祖籍潮州的陈丰明，1968 年 9 月 1 日出生于柬埔寨，家中排行最小。其父是柬华混血儿，原是商人兼地主。70 年代期间，其父母死在劳改营中。越南入侵柬埔寨时，陈丰明与大哥趁乱逃往泰国的难民营。1980 年，陈丰明和家人以难民身份前往澳洲。

90 年代初，柬埔寨政局渐趋稳定。陈丰明返回柬埔寨，开始协助打理战后被归还的家族生意。其家族适时创立皇家公司（Royal Cambodia Company），初时业务只是给联合国驻柬埔寨机构供应家具、食品和办公室设备。1991 年，皇家公司获得了佳能复印机在柬埔寨的独家经销权。1993 年，皇家集团（Royal Group of Companies）果断与摩

第七章 凤凰涅槃：越南 老挝 柬埔寨

托罗拉（Motorola）公司合作，创建柬埔寨最早的无线通信网络。

1994年，陈丰明在其大哥神秘遇害后接管了家族生意。1997年，他创办了Cellcard电信公司，并逐渐成长为柬埔寨电信服务领域的龙头企业。此后，他又创办柬埔寨第一家宽带供应商，首家推出自动取款机（ATM）的银行，并推出电话银行业务。一系列的举措，使他在电信业务中保持独占鳌头的地位。

创办Cellcard电信公司之后不久，皇家集团又与卢森堡的米雷康姆国际移动通信公司合作，创立柬埔寨移动通信运营商MobiTel公司；与中国华为合作，由华为提供设备及服务，提高MobiTel在柬埔寨市场业务的占有份额。目前柬埔寨有7家移动电话运营商，其中规模最大的仍是MobiTel，占该国手机市场份额近70%。陈丰明还拥有多家跨国公司在柬埔寨境内的独家分销权，其中包括佳能（Canon）、西门子（Siemens）、摩托罗拉（Motorola），同时还有餐饮连锁店肯德基（KFC）等。柬埔寨现有13家电视台中，陈丰明投资并担任董事长的，就有CTN、MyTV和CNC三家。CNC电视台由陈丰明投资1500万美元成立，于2012年7月16日正式开业，是该国首家提供24小时新闻广播服务的电视台。

陈丰明还与澳大利亚的澳纽银行合办澳纽皇家银行，持股45%，担任合资企业的董事会主席。2006年，他收购豪华的"金宝殿大酒店"，创立"Infinity保险公司"，掌控了首都大量土地的开发权。

如今，陈丰明的皇家集团旗下至少有23家子公司，业务涉及电信、金融与银行、教育、运输、广告与娱乐、酒店和度假村、房地产等，在柬埔寨经济社会中占有举足轻重的地位。2000年，陈丰明当选"柬埔寨商会"（Cambodian Chamber of Commerce）会长。2015年，坐拥50亿元财富的陈丰明，登上胡润全球华人富豪榜，成为柬埔寨首富。

柬埔寨潮州人所从事的第二产业主要是独资或合资设立工厂。主要行业有：木材加工业、食品加工业、饮料水制造业、酿酒业、香烟制造业、金属机械制造业、建筑业、缝纫业和制鞋业等。1994年8月4日柬埔寨公布《王国投资法》以后，来自中国大陆以及香港、台湾地区等华商及投资者日益增多。这些被称为"新华侨"的华商及投资者投资的行业主要有：制衣业、摩托车经销业、旅游业（酒店、旅游、夜总会、高尔夫球场等）、农业综合开发、水电开发、木材业（森林开发、木材加工）、建筑业、纸品生产、医疗设施、电器产品、药品产销、运输业、餐饮业、金融业等。根据《王国投资法》，制衣业作为面向出口的劳动密集型产业之一，其中间货物和资本货物可以免缴关税及附加值税，从而成为新华侨参与最多的行业。1996年，柬埔寨的华商便组织起制衣厂公会，会员由来自中国大陆、港台地区和当地有实力的华人，以及外国投资者、回流华人（或原柬埔寨华人）组成，其中有不少是潮州人。截至2003年12月，该会会员有204家。在2001年柬埔寨制造业5.89亿美元附加值中，纺织、制衣业所产生的数额占了约70%，相当于柬埔寨GDP的12.6%。2001年，衣服占出口总额的比重达74%，成为该国主要的出口产业，也成为拉动柬埔寨经济增长的产业。①

制衣加工业迅速发展时，许锐腾购置了日本先进设备，从中国聘请了30多位管理人员，用4个月时间创办起佳安国际制衣厂。这家工厂面积达一万多平方米，职工达1000多人。许锐腾祖籍为现揭阳市揭东区，出生于柬埔寨，家中兄弟姐妹共8人。20世纪70年代柬埔寨国内战乱时，他从金边逃出来，流落在泰国、印尼、菲律宾等地重新创业，经营烟草和运输业。曾经与人合伙租船，往来于柬埔寨各地，为难民运送粮食、布料及日常用品。90年代许锐腾又投身金融行业，出资自办湄江银行。之后他踏足服务业，建设五星级酒店、综合性商场，拥有多架直升运输机和数百辆汽车组成的车队。他先后出资2650万美元和3500万美元在柬埔寨修建了一座年产60万吨的水泥厂和一座糖厂，设备和技术都借助于中国。

1995年10月，他组织成立了新的柬埔寨中华总商会，并被推选为首届主席。许锐腾致力于架设中柬的友谊桥梁。90年代，许锐腾属下的泰文隆集团曾出资100万美元参与修建在战时遭破坏的金边"毛泽东大道"，获得中国政府的肯定，以及当地政府和民众

---

① 参阅［日］野泽知弘《柬埔寨的华人社会——关于新华侨社会动态的考察》，乔云译，《南洋资料译丛》2013年第1期，第52—54页。

的好评。

三 主要社团

法国殖民者于 1863 年进入柬埔寨后,进一步将华社整合为潮州、广东、福建、客家、海南五大方言会馆,选定五个帮长,实行内部自治。从此柬埔寨华人社区便一直在五大会馆的领导下稳定发展,直到 1970 年爆发内战,华社的相关活动才被迫中止。战后,柬华理事总会、潮州会馆等五大方言会馆、宗亲会、中国商会等相继重新成立,开展相关活动。近年来,随着潮籍新移民的增加,也陆续出现了"柬埔寨潮汕商会""柬埔寨潮人海外联谊会"等社团。

(一) 柬华理事总会

柬华理事总会是柬埔寨华社民间服务组织,也是柬华的最高领导机构,负责协调全柬华人社团各项事务,推动和发展华文教育,推进全柬埔寨华人之间横向联系,增强全柬华人的友谊和凝聚力。由于潮州人在柬埔寨华社中占大多数,柬华理事总会的主要领导人和大部分成员均是潮州人。

1990 年,和平后的柬埔寨百废待兴,柬政府重新重视华侨华人的作用。在时任柬埔寨民族统一阵线主席谢辛支持下,柬华理事总会于当年 12 月 26 日正式成立。首届理事会会长倪良信(原籍潮州)及 10 位理事均由官方任命,任期 5 年。

柬埔寨华人社团重构后最注重的工作就是重振华文教育、弘扬中华文化优良传统。柬华理事总会成立后,立即推动华校陆续复课。华社领袖不仅慷慨出资购置校舍,派人赴马来西亚取经、延请华文教师,还从周边国家收集华文教材,编辑后送越南印刷成书,然后运回柬埔寨供华校使用。1992 年下半年,以"金宝殿"酒店华文招牌的出现和新加坡华语影片《妈妈心碎了》的播映为标志,华文开始逐渐解禁,华文教育重新开放。[①] 在华人社团的全力主持下,柬埔寨全国各地陆续复办或新办了一批华文学校,至 2017 年已有

[①] 黄晓坚:《柬埔寨华人社会的变迁(1991—2017)——兼论柬埔寨华侨华人在"一带一路"建设中的作用》,《华侨华人历史研究》2018 年第 3 期,第 30—31 页。

55所，在校学生约5万人。① 华校按柬埔寨学制采取半天华文、半天柬文（或英文）的教学模式，学生可以从幼儿园一直读到初中，个别华校还开了专修（二年制，相当于高中）课程，不仅接纳了大量华裔子女，而且因就业前景看好，也吸引了不少柬族、越南族、占族子女入学。因柬埔寨大学未设置汉语课程，不少人大学毕业后还特地进入华校夜校学习华文。

1995年4月10日，柬华理事总会首届理事会提前改选，倪良信蝉联会长。新的理事会成员不再由政府任命，改由经选举产生的21名理事和五大同乡会馆选派的10名代表共31人组成。2001年3月，原籍潮安的杨启秋当选为第三届会长，并连任第四、五届会长，直到2016年11月因身体健康原因辞去会长职务。2017年1月17日，祖籍普宁的方侨生正式接任第五届理事会会长。

图7-5 柬华理事总会会长、加华银行总裁方侨生（祖籍普宁）展示筹划中的柬华理工大学的校址（2017年，黄晓坚摄）

---

① 《广东华侨史》调研团调研资料，柬华理事总会常务副会长、柬埔寨广肇会馆会长蔡迪华口述，2017年5月9日。

柬华理事总会实行会长总负责制，日常会务由轮值常务副会长负责。目前总会下辖金边 5 大方言会馆、68 个各省市柬华理事会、13 个姓氏宗亲会，共计 142 个分支机构，78 所公立和私立华校。

（二）柬埔寨潮州会馆

柬华理事总会成立之后，原来的潮州、海南、福建、客属、广肇（广东）等华人五帮，也在 90 年代初期相继重建各自的会馆。柬埔寨潮州会馆是柬华规模最庞大、最具影响力的社团组织之一，一般认为有一百多年的历史。1970 年代会馆毁于战乱，会务停止。

1993 年，柬埔寨王国和平曙光初露之际，劫后余生的热心潮州人士就以杨启秋为首，发动组织柬埔寨潮州会馆重建委员会，进行复会工作。1994 年 4 月 18 日，通过民主选举产生潮州会馆复会后的首届理事会，杨启秋出任首届会长并连任至第六届。按照章程，理事会每三年一届。

复会后的潮州会馆会务发展迅速，组织逐步健全，致力于慈善福利文化事业，全力以赴重建曾经是柬埔寨华文教育最高学府的端华学校。2018 年 2 月 21 日杨启秋先生逝世。同年 3 月 12 日，柬埔寨参议院议员刘明勤勋爵出任潮州会馆第七届理事会会长。刘明勤上任后偕同夫人杨丹葡捐赠位于金边市永盛路繁华地区一块面积 13000 平方米的土地，又率先乐捐 50 万美元，用于新建潮州会馆会址大楼和端华学校新教学楼，带动众乡亲捐款数额突破 1000 万美元，为会馆的兴建工程奠定了基础。

会馆目前拥有潮州传统特色的协天大帝庙一座，端华正、分校教学楼三幢，新旧两处义地等资产。在历届领导和全体理事的努力下，潮州会馆始终秉持"敦睦乡谊、互助福利、弘扬文化、拓展工商"的创会宗旨，传承中华民族传统美德，自强不息，积极进取，注重华社团结，和谐发展，已成为广大潮州人沟通乡情、互助互爱的温馨大家庭，并在发展华文教育、拓展公益事业，服务潮州乡亲等方面不断取得新的成就，赢得了广泛赞誉。

战后长期担任柬华理事总会会长和潮州会馆会长的杨启秋（1944—2018），祖籍潮安庵埠，出生于柬埔寨，是著名实业家，他生前还担任《柬华日报》董事长、全球董杨童宗亲总会第六届理事长。

  1945年日本投降后,其父亲曾将他带回汕头读书。1949年后,他转学香港,两年后回到柬埔寨,进入金边著名的端华学校就读,毕业后开始学做生意。成家后曾帮助其岳父经营进出口贸易和工商产业。26岁时,独立创办纺织厂。

  20世纪70年代,柬埔寨陷入残酷的战争之中,很多人纷纷外逃出国。面对混乱的局面,杨启秋沉着寻找着发展机会。战后物资短缺,他瞄准市场各类急需物资,巧妙从事进出口贸易。1986年间,金边地产出现波动,杨启秋抓住时机,投资房地产,就此开启了成功之路。十几年苦心经营,杨启秋成就了闻名国内外的综合性、国际性和现代化的冠霖国际集团。集团旗下拥有多家大公司,分别从事进出口贸易、房地产开发、农用物资及农业开发、工程建筑、酒店餐饮、旅游观光、社会保险、印刷等产业,并负责供应政府各部门物资。1994年,杨启秋和夫人蔡巧娥荣获西哈努克国王钦封为"勋爵"。2002年,柬埔寨王国政府总理洪森亲王授予杨启秋及其夫人"国家卫士金质勋章"。2011年,杨启秋荣获中国国务院侨务办公室授予"海外热心华文教育人士奖"。

图7-6　柬埔寨潮州会馆(2017年,黄晓坚摄)

四　文化传承

柬埔寨的潮州人在融入当地社会的同时，也坚持自己的文化传统。时至今天，在潮州人的聚居区，潮州人的习俗仍在相当程度上得到传承。潮州人办起华文学校、华文报刊、建起神庙等，延续着自己的文化传统。

（一）端华学校

柬埔寨最早的华文学校，当推1901年潮州同乡会在磅湛成立的新民学校，以及1914年由潮州帮华人在金边创立的端华学校。端华学校创办之初，是潮侨先辈设立的私塾式学堂，以潮语授课，经数十年的经营发展，渐具规模。二次大战结束后开始快速发展，并全面采用普通话授课。50年代，端华学校改为校委制，进入全盛时期。除正校外，还扩展了一、二间分校，学生人数已达4000多名，老师约100位。50年代末期，还增开了高中课程的专修班。50年代中期至60年代的十几年间，端华学校有柬埔寨华校"最高学府"之称。1970年3月后，端华学校与全柬200多间华校一样，被迫停课。红色高棉时期，华文在柬埔寨绝迹。

1990年，柬华理事总会成立后，经过多方努力争取到政府在1991年归还原端华校舍，并新建8间教室，于1992年复课。1994年，重建后的柬埔寨潮州会馆在会长杨启秋为首的理事会领导下，组成端华学校董事会，从柬华理事总会接办原为潮侨公立的端华学校。杨启秋为该校题词：尊师、重教、培德、育才。1995年，时任潮州会馆荣誉顾问、加华银行总经理方侨生腾出一块私人地皮，并出资修建一个包括篮球场、乒乓球室等设备的体育场，无限期无偿借予端华学校使用。许锐腾、赖振义等也在经济上给予该校大力支持。同年7月，端华学校又承接华侨学校（原立坡学校），辟为端华分校。1997年4月，潮州会馆第二届理事会成立时，把学校董事会改为潮州会馆文教组，主管学校工作。目前端华学校是东南亚最大规模的华文学校，在校学生有1.6万人，分为正校和分校，开设265个班，教职员工300多名。端华学校还开设有补习班和夜校，合计2500名学生，生源大多数为华裔，也有一部分是当地柬埔寨人。

图 7-7 金边潮州会馆公立端华学校（2017 年，黄晓坚摄）

20 世纪至今，端华学校人才辈出，校友遍布世界各地，不少校友在多个领域卓有贡献。柬华知名人士杨启秋、方侨生等，都是 20 世纪 60 年代初端华中学的毕业生。端华学校的发展史，是柬埔寨华文教育的一个缩影。

（二）协天大帝庙及本头公庙

协天大帝庙与潮州会馆同处一地，机构合二而一，已有一百多年的历史。据说，20 世纪五六十年代，是该庙香火最为旺盛时期。70 年代后，毁于战火。1992 年，柬埔寨战火甫息，热心的潮州人黄宋清老先生等发起，在遍地瓦砾的旧址上搭建一座小木屋，代奉协天大帝神位，供潮州乡亲祭祀。柬埔寨潮州会馆筹备复会时，在杨启秋等人的努力下着手募集资金，于 1992 年 9 月 7 日动工重建协天大帝庙。为力求依照原貌和保持潮州古建筑的风格，琉璃瓦等建筑装饰材料、神像和仪仗、礼品等，以及能工巧匠，均来自原乡潮州。该庙于 1994 年 2 月 1 日举行隆重开光仪式。自此，中断 20 余年的柬埔寨潮州人风俗、习惯与传统文化重获传承和发展。

在金边城中心的塔子山上和城中最繁华的安英街上，各有一座供奉本头公的庙宇。元成宗元贞元年（1295），曾派使臣"招谕"真腊（即今柬埔寨），温州人周达观作为随行人员同往，因遇到在当地生活多年的同乡而在柬埔寨留居一年多，回国后根据所闻所见写成《真腊风土记》一书。柬埔寨的华侨华人将周达观奉为本头公，视作华人在此地的开山祖先和地域保护神，建庙奉祀。他们深信，懂得感恩，敬仰开荒拓土之先侨，才能安居乐业。

（三）华文报刊

柬埔寨华文报业经历了宽松——严格——宽松的过程。现在，在柬埔寨主要有《华商日报》《柬华日报》《高棉日报》《柬埔寨星洲日报》和《金边晚报》五家华文报纸，报业的从业人员有不少是潮州人。《华商日报》是柬埔寨战乱后最早创刊的华文报纸，1993年12月17日由方侨生创办并任董事长，该报率先开设有网站及微博、微信、客户端。《柬华日报》是柬华理事总会机关报，由时任柬华理事会总会理事长的杨启秋在2000年提议创办并长期担任该报董事长。此后陆续创刊的还有《新时代日报》《大众日报》《星洲日报》《高棉日报》和《金边晚报》等。这些报刊一般均靠广告来维持，发行量在3000份以内，只有《高棉日报》没有对外延揽广告业务、只打自己的广告。2015年3月27日，柬埔寨首份纯电子版中文报纸《吴哥时报》正式创刊，为当地华侨华人提供了一个全新的信息平台。

五 潮州人与政坛当局关系良好

柬埔寨政坛上，历来有不少潮州人后裔担任重要职务。黄意（1882—1964），原籍普宁，年幼时随父母先到暹罗，再转居柬埔寨。黄意进入政坛后，先后在各地任职，后进入内阁，1945年曾任金边王朝莫尼旺王之宰相。现任首相的洪森也是潮州人后裔。许明勤等人担任议会议员。潮州人后裔秦锡龙曾任金边市市长。各省市官员中也有不少潮州人的后裔。自20世纪90年代以来，杨启秋及夫人、方侨生、许锐腾及夫人、陈丰明、刘明勤及夫人等潮州人后裔，先后被授予了勋爵爵位。这是柬埔寨政府授予的最高荣誉，旨在表彰华人在国家重建和经济复兴方面的贡献。方侨生等一些杰出潮州人还担任柬埔寨首相洪森的高级经济顾问。

目前潮州人与柬政府当局关系良好。2017年2月4日是中国农历大年初八,柬埔寨王国首相洪森和夫人率政府主要官员,当晚与在柬4000名华人一起吃"团结饭",同贺新春佳节,并见证柬华理事总会第五届理事会会长及常务副会长就职典礼。

第 八 章

无远弗届：印尼　菲律宾　缅甸

印尼、菲律宾和缅甸也是华侨华人聚集的国家。相对于其他东南亚国家，这些国家地理位置偏远，潮州人总体数量不多，不是当地的华人社会的主要群体。尽管如此，潮州人在所在国的华侨华人社会中仍然占有一席之地，并呈现出不同的特点。

第一节　印尼的潮州人

印度尼西亚独立前称荷属东印度，是东南亚华侨华人数量最多的国家之一，与泰国不相上下。潮州人移民印尼历史悠久，但近代以来多属契约劳工移民，没有形成自由移民潮。因此相对于其他华人方言族群，来自潮州地区的人数较少，且其中有相当一部分为半山客。

一　人口变迁与地域分布

至迟在北宋初年，潮州已与今印尼有直接联系。潮州人很早就来到今属印尼的西加里曼丹的坤甸、廖内群岛和苏门答腊等地，并在这些地方逐渐形成潮州人的群体。

廖内群岛由大大小小几十个岛屿组成，其中最大是民丹岛（Pulau Bintan），也称廖岛。1784年前后，廖岛已形成潮州村。① 廖岛的首府丹绒槟榔（Tanjung Pinang），是一个海滨城市，现有居民大约30万人，华人居多，尤以潮州人为最。自古迄今，廖岛的各行各业多由

---

① 王琛发：《马来亚潮人史略》，艺品多媒体传播中心1999年版，第6页。

潮州人经营，潮语可以说是廖岛华人的"国语"，商场上、学校里讲的是潮州话，甚至少数土生土长的马来族人也能听能讲潮州话。①

从印尼泗水惠潮嘉会馆中保存的石碑可知该馆成立于清嘉庆二十年（1820），说明当时在泗水已有潮州人群体存在。

昔日棉兰的街道多以华文命名，其中就有汕头街（Jl Surakarta）、潮州街（Jl Porsea），潮州人早已在棉兰生活不言而喻。

根据荷印当局的统计，1930年在印尼的潮州人有87812人，占华侨人口总数的7.4%，其中33.5%是在当地出生的潮人后裔。② 据估计，目前印尼华侨华人总数有近1500万，约占全国人口的6%，大部分是当地出生的华人后裔，其中95%以上已在20世纪60年代加入印尼国籍。③ 如果按潮州人占华人人口总数的7.4%计算，印尼现有潮州人约为110万，印尼潮州总会则估计达到二三百万之众。

印尼独立不久，就将华侨经济纳入改造殖民地经济结构范畴，采取了一系列限制华侨经济的措施。1959年，印尼总统发布第十号法令，禁止华人在县府以下的小镇做生意，迫使华侨退出贸易、碾米、木材、运输等几十个行业，期间约有50万农村华侨被迫迁往城镇。

因此从60年代起，雅加达等城市的潮州人不断增加。目前潮州人主要分布在西加里曼丹的坤甸、山口洋、邦戛、道房，爪哇岛的三宝垄、泗水和雅加达，苏门答腊的占碑、楠榜、巨港、棉兰、巴淡和东印尼的朱鹿、明古鲁等地。

二 早期大多是从事商贸活动

《宋史·外国传·三佛齐传》载："太平兴国五年，其（室利佛逝）王夏池遣使茶龙眉来。是年，潮州言，三佛齐国蕃商李甫海乘船载香药、犀角、象牙至海口，会风势不便，飘船六十日至潮州，其香

---

① 陈友正：《廖岛潮人》，载《印尼潮州乡亲公会特刊》，印尼潮州公会2001年版，第20页。
② 庄国土、李瑞晴：《华侨华人分布状况和发展趋势》，2007—2008国务院侨办课题重点项目，国务院侨务办公室法规司编，第15页。
③ 施光碧：《印度尼西亚现状概述》，《印尼苏北华侨华人沧桑岁月》，印尼苏北华侨华人历史会社，2015年，第9页。

第八章 无远弗届：印尼 菲律宾 缅甸

药送广州。"① 三佛齐国就在今苏门答腊岛上的巨港一带。也许是在此之前，或是受此启发，当时的潮州人已知道地处海洋之中的印尼群岛具有丰富的香料、犀角和象牙等等，从而萌发与之进行商贸活动的动力。

明清时期，即使有中国朝廷的海禁，也阻挡不了潮州人往来印尼进行商贸的脚步。据《明英宗实录》卷一百一十三载：明正统九年（1444）二月，"广东潮州府民滨海者，纠诱傍郡亡赖五十五人，私下海，通货爪哇国，因而叛附爪哇者二十二人，其余俱归；复具舟将发，知府王源获其四人以闻"②。尽管有荷兰殖民政权对唐船载人数量的限制，尤其是限制广府和潮州府商民移居印尼，潮州人也敢冒险前往。1788 年，潮州人高充观、李乾元、陈榜观、陈承恩、郭揆临、高酌视、林业观等 13 人，在客头蔡玉振的牵引下乘行商颜六昆的船只抵达爪哇。③

彼时，逃亡到印尼的潮州人，在当地安定下来后也大多选择经商。明末饶平库吏张琏，聚众起事，对抗官军，活跃于粤、闽、赣三省，失败后潜逃至现苏门答腊的巨港。《明史·外国五》载："嘉靖末，广东大盗张琏作乱，官军已报克获。万历五年，商人诣旧港者，见琏列肆为蕃舶长，漳、泉人多附之，犹中国市舶官云。"④

清代的谢清高旅行到廖内岛，看到"潮州人多贸易于此"，他将其所见所闻记录在他的《海录》中。廖岛的潮坡是华人的发祥地，早年南下的潮州乡亲定居于此，因林业和水产业相当发达而安居乐业。"源合兴"号的陈祚钿清末时在故乡当过小官，后来弃官南下，刻苦成家。他的次男陈瑞锜受过英文教育，曾被荷印政府委任为"雷珍兰"（Letnan）之官职，负责调停当时华社的有关纠纷事件。

早期南下到印尼的潮商中，也涌现出一些杰出的首领人物。温雄

---

① （元）脱脱等：《宋史》，中华书局 1977 年版，第 14089 页。
② 《明实录·英宗实录》卷 113，正统九年二月己亥，《明英宗实录》，台北"中央"研究院历史语言研究所，1962 年，第 2277 页。
③ ［荷］包乐史：《18 世纪末巴达维亚唐人社会》，吴凤斌译，厦门大学出版社 2002 年版，第 47—48 页。
④ （清）张廷玉等：《明史》，中华书局 1997 年版，第 8408 页。

飞的《南洋华侨通史》中记载了一位潮侨的事迹。① 潮州人张杰诸，从少失学。12岁时因无依无靠，听说乡里有人驾船下南洋，就请求作为船上小使，随船周历南洋各岛，来到爪哇。张杰诸20岁左右往来于爪哇海、帝汶海（Timon）之间，与各岛土著贸易，习稔数年。后来到出产香料之安班澜岛，与土著人为伍，征服土人，在19世纪70年代被拥戴为该岛之王。但当时在安班澜岛上别无其他华人，张杰诸特制订办法，竭力招徕华商，优礼有加，供食宿，贷资斧，一时华商大盛。然而，1882年荷兰殖民者突然以兵力强借其海口。张杰诸势单力薄，无法抗御，只好隐忍屈服，忧郁数年而毙，身后无嗣，财产被荷兰官衙抄没，计金3800万余盾，还有无数珠宝。

三 18世纪中叶潮州人多在西加里曼丹岛从事开矿

在与印尼频繁的商贸往来中，潮州人发现西加里曼丹岛丰富的金矿的开采需要大量的工人，于是不少人离乡背井来到矿区当矿工。18世纪中叶，大量的华侨来到西加里曼丹岛，他们以合股的形式组成大大小小的采矿公司，从广东的潮梅地区各县招来矿工进行开采，促进了西加里曼丹金矿的开发。谢清高在其《海录》中述及：在加里曼丹岛西岸的坤甸到山口洋、三发等地区，"闽粤到此淘金沙、钻石及贸易、耕种者，常有万人"。据山口洋潮州公会资料，1709年已有潮州人居留山口洋，当矿工、挖金矿，这些潮州人主要来自现揭西县河婆镇。

四 契约劳工主要从事种植业

后来，殖民者在汕头开设机构，贩运契约劳工到东南亚，许多潮州人以契约劳工的形式在印尼各地从事着农业生产。"潮属华侨分布在东苏门答腊和西加里曼丹，从事烟草、橡胶种植业，经营小农场、小商业、小工业，苏东早期的烟草种植场和橡胶种植场，多由潮属契

---

① 温雄飞：《南洋华侨通史》，河南人民出版社2016年版，第247—249页。

第八章 无远弗届：印尼 菲律宾 缅甸

约华工开发的。"① 1840 年鸦片战争后，中国国内民不聊生，大批人民流亡海外，滨海而居的潮州人也争相移居东南亚地区，印尼群岛则是潮州人下南洋的目的地之一。此时，西方殖民者也通过契约劳工的方式，从汕头购买大量劳工到东南亚。1888 年起，荷兰取代英国成为购买契约华工的最大主顾。荷兰日里种植园主协会在汕头开办的元兴洋行，是贩卖华工的主要机构。1888—1908 年的 21 年里，便有 13.2 万多名契约华工自汕头贩运到苏门答腊东部的日里种植园。如在日里岛上辟有烟草种植园的新巴黎公司，1927 年前后有一千多名劳工，其中有四五百名是中国人。在这些中国人中，潮州人有 300 人以上。② 先达市开埠有 150 多年，早年在农园里当苦力的是从汕头来的华工。廖内群岛的树胶园、甘蜜园，最初的园坵主人和劳工都是道地的潮州人。

在荷印殖民者园坵里的契约劳工，生活充满艰辛，除了沉重的劳作，还要受园坵主的压迫，因此不时有抗争发生。在棉兰市西面约两千米处的路边有一处五人墓，被尊称为"五祖公"，土著人称之为"伯公里玛（Pekong lima，五爷公）"。据传此五人是陈炳益、吴士升、李三弟、杨桂林、黄蜈蚣，是 19 世纪 90 年代日里某种植园的契约工人，均为潮州人。在异国他乡，他们仰慕《三国演义》里刘关张结义的故事，结拜为同甘苦共患难之兄弟。后来，因不满荷兰园坵主的压迫，愤而杀死园坵经理。按当时荷印当局的法律，应当判处死刑。有人觉得五人一起死太可惜，劝说他们只让一人承担罪名受死，可以免致其余四人同死。但是这五个人决心共生死，不愿看着一人受罪。又有好义者受其感动，愿意帮助他们逃脱。五人视死如归，决不因此连累他人。他们死后，当地侨胞本着"生而不为英，死而为神"之义，奉之为神，男女老幼顶礼往拜者甚众。③

---

① 广东省地方史志编纂委员会编：《广东省志·华侨志》，广东人民出版社 1996 年版，第 53 页。
② 陈翰笙主编：《华工出国史料汇编·第四辑：关于华工出国的中外综合性著作》，中华书局 1981 年版，第 115 页。
③ 卞威：《二十世纪四十年代前苏北的华侨社会》，《印尼苏北华侨华人沧桑岁月》，印尼苏北华侨华人历史会社，2015 年，第 28 页。

五　20 世纪中期从事的行业不断扩展

随着时间的推移，潮州人在印尼除了从事农业生产和商贸外，也逐渐向其他行业发展。

廖岛海湾北面，丹绒槟榔的对岸，有一个名为幸加朗的古埠，历史上叫大坡，因居民多为潮州人，也叫潮坡。它是一个"水上人家"的村落，所有房子都是在海边插入木桩撑起来的高脚屋。潮坡背山临海，是一片富含铝土矿的丘陵地，胶椰并茂，海边有大片红树林；现在人口一千多人，几乎全是潮州人，他们多数靠出海为生，不是渔夫就是船员。从潮坡再往北走一二十千米，20 世纪 60 年代以前处处是甘蜜园、橡胶园。早年这些种植园无论是工人或是园坵主人都来自潮汕地区。后来，橡胶和甘蜜种植业都被其他产业所取代。如今在廖岛的建筑业、林渔业、金融业、成衣业、船务和超级市场，从业者多是潮州人后裔。

在占碑，潮州人经营的行业有橡胶、椰干、椰油和海产等。这些土特产及海产多数输出到新加坡、马来西亚及世界各地。其他还有三合板工业、洋行杂货、五金铁店、建筑业、旅馆业等。占碑市郊有一地区名为"大福园"，因已故的潮州人富商蔡大福当年在此开辟橡胶园而得名。

六、20 世纪末以来涌现一批实力雄厚的企业家

1999 年，印尼瓦希德政府执政期间，撤除了对华族的许多禁令，在一定程度上促使众多的潮州人走上经商的道路。在坤甸、三宝垄、占碑、廖省等地，潮州人经营的商行、企业迅速发展，成为当地经济社会的重要支柱。

现在，印尼的各行各业都有潮州人。印尼潮州乡亲公会的资料显示，至 2005 年，其会员开办的公司所涉及的门类有：广告、农业、水产、包袋、银行、汽车销售、陶瓷制品、化工、电脑、承包商、代理商、家用电器、电力设备、电池、时装、食品、文具、家具、服装、玻璃器具、五金器具、酒店、机械、海洋资源、原材料、采矿

第八章 无远弗届：印尼 菲律宾 缅甸

业、制药、塑料、印刷、房地产业、餐馆、清洁、航运、超级市场、旅行社、音像制品出租、看护、木材加工、棕榈油生产及营销、橡胶、律师事务所、交通运输等等。

随着市场经济的活跃，印尼潮州人开始涌现一些工商界实业家和企业家，财力雄厚的潮州人翘楚先后转向大城市投入社会基层建设的发展，很快拓展成为金融、房地产、海运、进出口贸易等经济行业，并且成就突出。如今，印尼的石油化工、木材、房地产、建筑、煤矿、饲料、食品、棕榈油、物流等行业均不乏潮籍殷商，他们都在经济上具有较高的地位和重大影响力。受过高等教育和到外国留学的年轻的潮州人后裔中，涌现如医生、律师、教授、会计师、技术人员、资讯人才、新闻出版等大批专业人才，印尼潮州人已成为该国经济社会中一支不可或缺的力量。

曾获潮州市第一批荣誉市民称号的印尼三务集团（Sambu Group）创始人郑维铨（Tay Juhana），出生于印尼，祖籍潮安东凤，父母早年到印尼谋生。1967年郑维铨在苏门答腊岛东部的廖内省创立Sambu公司，开辟种植园，设立加工厂，从事椰子种植和加工，生产供出口的椰油（白油、精炼油）及椰蓉。之后又陆续推出椰浆、椰粉、罐装菠萝和菠萝汁等产品，远销世界各地。公司创立以来，不断开疆拓土，种植园陆续扩大至14万多公顷。几十年来，Sambu公司将苏门答腊岛东部的沼泽地带转化为耕地，为印尼当地人民提供了长期的就业机会。

祖籍潮安彩塘的曾国奎（Eka Tjandranegara）创办的穆丽雅（Mulia）集团经过40多年的不断壮大，已发展成为印尼实力强大的综合性集团，商业版图涉及酒店、房地产、玻璃及建筑瓷砖生产等多个领域。2013年，曾国奎以11.5亿美元资产名列《福布斯》印度尼西亚50富豪排行榜第26位。

曾国奎是定居在印尼的第三代潮州人，童年在加里曼丹岛的河边乡村度过。后来全家人先是移居到加里曼丹首府坤甸，再迁居雅加达。高中毕业后，曾国奎到处打工。1970年，在四处寻找商机时，他无意间发现鳄鱼皮的买卖是一条发财的新门路，于是开始到乡下大量收购看来并不值钱的野生鳄鱼皮，略为加工后再转售出去，这成为他人生的一个重要转折点。

曾国奎于1974年建立穆丽雅玻璃厂，初期是生产技术含量不高的玻璃杯瓶之类的容器。几年后，随着新科技的引进，产品种类扩大到汽车安全玻璃、建筑玻璃等。1990年创建穆丽雅瓷砖制造公司，迅速发展成为世界最大及最现代化的瓷砖生产商之一。如今其工厂规模之大、产量之多，高居印尼同类企业之首，曾国奎更被誉为"玻璃及瓷砖大王"。

20世纪80年代初，曾国奎也曾当过建筑承包商，但自1985年起他就成为房地产发展商，并投资营建多家大型酒店。其所建造的楼宇、商城多坐落在黄金地段。高54层的穆丽雅大厦（Wisma Mulia），更是雅加达的地标。1998年落成的雅加达穆利雅酒店，其华丽的宴会厅号称当时东南亚最大的酒店宴会厅之一，面积达2500平方米，可容纳多达4000名宾客。2011年在旅游胜地峇厘岛大兴土木，打造超级奢华大酒店度假村，其投资四五亿美元的新酒店共有千间客房，开业一周年就被世界最大旅游网站TripAdvisor"旅行者之选"列为2014年世界最佳酒店。

在雅加达交易所，曾国奎有穆丽雅工业（Mulia Industrindo，包括Mulia瓷砖，Mulia玻璃）和穆丽雅置地（Mulia Land）两家上市公司。

七 重视保持自身的传统

印尼的潮州人重视保持自身文化传统。在潮州人聚居区，潮州的传统习俗仍在一定程度上得到传承。

坤甸的潮州人多，潮州文化色彩也浓厚。20世纪40年代，每逢春节元宵前后，整个坤甸充满节日热闹的气氛，持续好几天。元宵花灯队由舞狮、舞龙、游神、各宗亲祠堂的中乐队、标旗队、人物化装以及各种各样的灯笼组成，长达一千米多，从下午三四点汇合后就绕市区的主要街道巡游一大圈。每天晚上坤甸市万人空巷，街道两旁人山人海观看巡游，这是一年中坤甸最热闹的日子。还有各处搭起来的

第八章 无远弗届：印尼 菲律宾 缅甸

临时戏棚，上演着潮州戏和纸影戏。60 年代，坤甸曾有电影院上演潮语电影《苏六娘》，每天放映三场，场场爆满，连续放映了十几天。此后坤甸就风靡收听用留声机播放的潮州戏。至今，潮语仍然是坤甸市华人社会的通用语言，在坤甸市区的商店里也可以通行潮语。

图 8-1 印尼坤甸玄天上帝庙（2017 年，杨锡铭摄）

清末和二战期间，是潮州人移居占碑的两个高峰期。除省会外，属下的洞葛（旧称仲角）、文梧、迪帽、芒哥、素兰云、洞勿丝等地均有潮州人的足迹。潮州人几乎占当地华族人数的一半以上，潮语可以在当地通行。占碑的潮州人现在一般仍信仰佛教，他们在市区设立佛堂，郊外建有大伯公庙、关帝公庙。婚庆喜宴，亲朋好友均到场祝贺；白事治丧，由乡亲福利基金会协助办理。春节拜年、端午吃粽子，中秋吃月饼，清明扫墓等风习保持至今。

早年潮州人在占碑也办有华文学校。20 世纪 50 年代期间，沈伯英、陈仲衡、陈雁石等都对当地社会福利和华教做出重要贡献。荷兰统治时期，廖岛有两间华校，一是创办于 1910 年的端本学校，另一间是二战后开办的中华学校。"成源"商号的洪绍高、"鸿盛"金店的杨垂高、"福源堂"药材店的谢纯孝与吴荣华等潮州人先辈，都是这两间华校的董事部成员。吴应琳、林宅周两位先辈还曾分别出任中华学校校董会的董事长和董事。20世纪二三十年代，先达市已有中华学校、韩江小学等华文学校。

潮坡历史最悠久的是妈祖宫和元天宫，至今已有百余年历史。四时八节，庙里香烛照四方。不但本地人经常到庙里礼拜神明，每逢星期六，从新加坡来的游客和善男信女们都要去这两间神庙敬香。

随着潮州人群体的不断增加，一些潮州人聚居区也兴建义山，以解决逝世同乡的归宿问题。二战前，在棉兰的不帝沙地区曾有潮州人设立的韩江义山，1971—1972年间因政府扩建市区，下令搬迁，潮州人遂在丹绒勿拉哇兴建"五祖庙"及韩江义山。棉兰附近的颂牙本来也有潮州义山，90年代被逼迁。一些潮州人社团还设立如潮坡的"义安公司"等专门机构，协助同乡料理丧事。

1995年，潮籍青年企业家谢家悌捐献地皮，潮州众乡亲捐资在茂物兴建一座占地面积3600平方米的"乐龄敬老院"，随后又得到其他方言族群宗亲联谊会的鼎力支持和赞助，业务蓬勃发展。乐龄敬老院环境幽美，管理规范，设有护理室、诊疗室、阅览室、娱乐场地等，使无依的老人，老有所养。

八 潮州人社团

为了团结乡亲，维护自身利益，潮州人在荷兰殖民时期就已经组织起社团。

1820年间，泗水的潮州人就与当地来自惠州、嘉应州（今梅州）的华人共同组织起"惠潮嘉会馆"，其会所现仍在，是印尼唯一在原址超过百年的华人会馆。目前，该会拥有会员千多人，多数是惠州、潮州和客家人的后代，以客家人为最多，潮州人、惠州人其次。

占碑的潮州人早年有潮州八邑会馆、潮州青年组，20世纪50年代又曾成立潮州公会。苏北省的棉兰、先达、丁宜、厅妙兰、亚沙汉、兰都、民礼、吧敢、三板头、西利勿拉湾等地方，在60年代以前，也都有潮州公会、韩江会馆或韩江同乡会等潮州人组织。先达市"韩江同乡会"成立于20世纪初。1925年，由陈明春等潮州人先辈

第八章 无远弗届：印尼 菲律宾 缅甸

发起筹建的"韩江同乡会"大厦落成。同乡会每年除组织春秋二祭拜祖外，经常为乡亲们襄理喜丧事项，调停会员纷争事件。1942年日本占领期间被迫停顿。日本投降后，王定一等乡亲在参与筹建"华侨总会"的同时，也积极着手复办"韩江同乡会"。

20世纪50年代以前，雅加达的潮州人可谓是凤毛麟角。60年代，受政府禁止华人在县府以下小镇做生意的法令的影响，涌入雅加达从事商贸的潮州人不断增多，潮州公会也应运而生。李翠圆、朱三益、蔡美昌、黄介生（黄继俊）、林铭远、杨秀祥、庄礼建等都是当时会馆的核心人物。

1965年"九卅事件"后，① 各地与华人文化教育有关的一切活动被迫停止，华校被封，华文遭禁，社团、公会也被勒令解散。各地潮州人社团虽然无法公开活动，但历届国际潮团联谊年会举行时，都有印尼的潮州乡亲参加，并曾分别由黄继俊、杨金峰、朱三益、卢俊雄、谢家悌担任团长，组团赴会。

1998年印尼取消针对华人结社的条例，各地潮州人社团陆续重组。

2000年8月30日，雅加达潮州乡贤黄继俊、杨金锋、谢家悌三人在"大板酒楼"宴请众乡亲，并倡议组织"潮州公会"，得到大家的响应，遂邀得25位乡亲作为公会的发起人，2001年1月19日宣告正式成立"印尼潮州乡亲公会"，推举黄继俊为主席，曾国奎为大会会长，杨金锋为监事长。公会旨在更广泛地联络与促进印尼各地区潮州乡亲的感情，发扬先辈们之优良美德、友爱互助的精神，互相提供工商业资讯，促成"潮人一家亲"的愿望；提倡福利事业，积极参加社会慈善活动，融入主流社会并加强多元民族的团结，为建设国家的繁荣作出贡献。

潮州乡亲公会成立后，各位发起人慷慨捐款，集腋成裘，购买位

---

① 1965年9月30日，西方势力策动印尼军人发动推翻时任总统苏加诺政权的军事政变。但计划为苏加诺的手下翁东（Letkol Untung）所悉破，所有政变军方领袖，除了苏哈托以外都被处决。随后苏哈托组织反对的军人，在全国策动反共大清洗。事件除了导致大量共产党员被杀以外，大量华人也被当作共产党员处决。事件使大量华人被逼离开印尼，到海外生活。

于雅加达 Sentra Latumenten C 12 – 12A JL. No. 50 Jakarta Barat 的两座四层楼房作为会址，经修葺后于同年 5 月 27 日举行会馆落成启用典礼。设立办公室、客厅、会议室、课室、文娱场所等，以供乡亲们活动与欢聚；开设中文补习班、中文电脑班、中医针灸医疗等，弘扬潮州传统文化。2011 年潮州乡亲公会举办"乒乓球公开赛"，来自中国、新加坡、马来西亚、菲律宾、俄罗斯等国的 800 多名国内外选手参赛，此项赛事已被印尼乒乓球总会列为年度赛季。

印尼潮州乡亲公会自成立以来，提倡教育福利事业等工作，为发展印尼国家经济，构建社会和谐，为促进印尼和中国在各领域的交流和合作，弘扬中华文化等发挥了积极作用，深受两国政府的重视。

至 21 世纪初，除雅加达外，在印尼苏北省的棉兰市、廖内群岛的丹绒槟榔市、占碑省的占碑市、苏南省的巨港市、爪哇岛的三宝垄和泗水市、西加里曼丹省的坤甸市等 17 个大中小城市，都重新组建起各自的潮州公会等同乡组织。但彼此独立，互不隶属。

2011 年 3 月 13 日，在雅加达举行的印尼潮州乡亲公会成立 10 周年庆典上，来自全国各地 19 个潮州人社团的与会代表达成共识，宣布成立印尼潮州总会，推举时任印尼潮州乡亲公会理事长曾国奎为总会总主席。总会成立后积极联络与团结印尼各地乡亲，目前在全国有将近 20 个分会。总会及各分会的日常活动以公益慈善为主，如赈济灾区，义诊敬老，扶助乡亲，奖学助学。每逢春节、圣诞、斋戒月等重要节日，举行团拜会，向贫苦民众分发节日礼包，促进和睦相处。2012 年，巴淡潮州乡亲公会启动助学金及奖学金计划，资助潮州籍贫苦学生和成绩优异的学生；2014 年，资助计划已扩大到所有籍贯的华裔学生。2013 年 10 月，雅加达北部椰风郡近千户印尼居民遭受火灾，一千多人无家可归，潮州乡亲公会向灾民捐款捐物。丹绒槟榔潮州乡亲公会每三个月举行一次义诊，为当地贫苦居民提供健康服务。2014 年，坐落在茂物市的乐龄敬老院举行新楼竣工暨启用典礼。该院隶属于潮州乡亲公会旗下的爱心与福利基金会，由于入住的人数与日俱增，需要扩建，在乡亲公会众贤达的资

第八章　无远弗届：印尼　菲律宾　缅甸

助下，扩建工程得以顺利完成。2015 年，丹绒槟榔市近郊圆德寺举行佛像开光典礼，该寺也得到潮州乡亲公会的积极支持与资助。2017 年，潮州乡亲公会和雅加达红十字会共同举办献血活动，这是潮州乡亲公会首次举办献血活动，计划每三个月举办一次，以帮助有需要的病人。

潮州总会与潮州乡亲公会等经常接待来自中国和其他国家的访问团，与祖籍的联系密切，积极与世界各地的潮州人社团联谊。2017 年 10 月，印尼潮州总会在雅加达举办了第十九届国际潮团联谊年会。

图 8-2　第十九届国际潮团联谊年会团长秘书长会议在印尼雅加达举行
(2017 年，杨锡铭摄)

第二节　菲律宾的潮州人

菲律宾的华侨华人社会，历来是闽南人的地盘，潮州人只是少数族群。不过，历史上，这里不仅繁衍有为数众多的林凤集团的后人，还有不少改革开放后来自潮汕地区的偷渡移民。他们都在菲律宾深深地扎了根。

一 历史上的移民事件

菲律宾的潮州人历来不多。有史记载的潮州人大规模到菲律宾的事件当属林凤率舰队进攻马尼拉。目前在菲律宾的潮汕人，数量仍很少，主要是到菲律宾进行商贸活动者，部分是到菲律宾投资设厂。

16世纪时，菲律宾处于西班牙统治之下。根据菲律宾方面的资料，1574年11月29日，中国著名武装海商集团首领林凤（又称林阿凤）[①] 率领62艘战船，2000名士兵、2000名船员和1500名妇女，还有许多技工，以及农耕和家用物品来到马尼拉湾，准备建立自己的小王国。当天晚上他派遣600名将士登陆，11月30日一大早，就对城墙外的Bagumbayan发起攻击，杀死了年老的西班牙守将[②] Coiti，又进击马尼拉城，但遭到西班牙守卫者顽强抵抗，被迫退回船上。林凤无惧其第一次的失败，筹划着进行更大的第二次攻击。

与此同时，接到林凤入侵的警报，西班牙人派遣胡安·德萨尔塞多（Juan de Salcedo）前来马尼拉助战，并任命其为继Coiti之后的守将，极大地鼓舞了马尼拉市长和当地民众。

12月3日，林凤自己率领将士对马尼拉进行第二次攻击，大批的士兵猛攻城墙，战船上的大炮猛烈轰炸马尼拉城内，城市变成火海。眼看几乎就要占领一个重要城堡，但城内的西班牙人和菲律宾人在Salcedo领导和鼓舞下，顽强作战，又击退了林凤的部队。这次进攻马尼拉的战斗，林凤的部队先胜后败。受到挫折的林凤带领他的舰队和士兵，朝北面开向彭加西兰（Pangasinan），在那里的阿哥诺河口（Agno River）建立了一个落脚点，驻扎下来。

为了将林凤赶出菲律宾的土地，1575年3月22日，西班牙人组

[①] 中国史书将林凤称为海盗。菲律宾西班牙统治时期的资料也将其称为海盗。1974年菲律宾高中历史课本中有专门章节谈到林凤。原文将林（阿）凤称为famous Chinese pirate，即中国著名海盗。近年来有学者认为称为武装海商集团更为恰当。

[②] 1974年菲律宾高中历史课本原文用marshal，即元帅。

第八章　无远弗届：印尼　菲律宾　缅甸

建了一支有 1500 名菲律宾人和 250 名西班牙人的远征军，归属 Salcedo 指挥，分乘 59 艘船，于 3 月 23 日出发征战林凤。3 月 30 日，这支远征军到达彭加西兰（Pangasinan），出其不意攻击林凤，在林加延湾（Lingayen）几乎摧毁了林凤的船队。林凤退守驻扎地。此后 Salcedo 率军发动多次猛烈攻击，却一直无法拿下它。西班牙人于是包围了这块地方，企图将他们困死而迫使其投降。

就在双方陷于僵局相持期间，清朝军官王望高率领一支福建水师舰队，从漳州前来征剿林凤。王望高得知西班牙人初战取胜并已围困了林凤，十分兴奋，认为林凤必被擒无疑。他转赴马尼拉拜会西班牙总督。西班牙总督许诺必抓林凤以还，王望高则允许带西班牙神父到中国大陆。1575 年 6 月 12 日王望高离开马尼拉返回中国，随行的有西班牙统治者的外交代表 Martin de Loarca 神父等人。他们于 1576 年 5 月 11 日到达漳州，转赴福州拜见闽抚刘尧诲，呈献要求通商文书与贡物，以及擒拿林凤的部署。由于西班牙使节来访的目的是宣教和通商，刘尧诲不敢擅自定夺，因而奏报中央。之后中国政府派遣使节到马尼拉与西班牙人签署了贸易和开放厦门作为通商口岸的协定，这成为西班牙与中国之间的第一个贸易协定。

就在被包围的 4 个多月期间，林凤利用彼此僵持局面，全力伐木建造了 30 艘船只，又暗中开挖一条运河通往大海。8 月 3 日，林凤率领舰队冲出西班牙人的重重封锁而扬帆逃逸。没有随他一起逃出的人员则躲进山里，和当地的伊哥洛特人（Igorots）和汀金族人（Tinggians）混居一起。这些留居当地的林凤部队兵士中，有不少来自潮州地区，自是不难理解。

逃出菲律宾后，林凤返回中国，重组了他的军队，又集结起一支新船队，继续出没于海上。后来在帕拉霍恩（Palahoan）海战中被中国福建水师打败后，林凤逃往暹罗，但暹罗没有允许他长久居留。他只好前往周边其他王国，但没有一个地方敢收留他。之后，就再没有他的消息。

此次事件后再没有大规模的潮州人移民菲律宾的信息。但陆续有少数潮州商人经常往返菲律宾经商贸易，或者居留。1935 年，在菲律宾的潮州人,曾发起筹建同乡会,并在一位同乡创办的华绣公司中设立会所。60年代,又有乡亲分别组建潮州会馆和澄海同乡会,70年代两会整合为潮汕联乡会。这些同乡组织的成立,说明其时在菲律宾已有一定数量的潮州人。

图 8-3　菲华潮汕联乡会会员证(2019年,杨锡铭摄)

二　新移民群体概况

20世纪80年代后,不断有潮汕地区的潮商往返菲律宾从事商贸活动,其中有些人居留菲律宾。赵启平等人移居菲律宾,应属20世纪下半叶以来人数比较多的一次群体性移民事件。1981年,赵启平等27人乘船从汕头出发,准备到台湾岛。这27人来自几个家庭,其中有五对是夫妻,其余是兄弟姐妹等亲戚。船到台湾岛时,台湾当局不让他们登陆,全船人只好继续在海上随波逐流,后来到了菲律宾,登陆后被当地收容在拘留所三年,才获准出来打工。他们有的靠做鱼丸、卖小吃、摆地摊做点小生意等谋生。这27人中,有5人后来返回潮汕地区。1989年,菲律宾政府特赦,留下来的22人获得了合法的永久居留身份,正式在菲律宾定居。随后,也带动了一些亲戚朋友到菲律宾从事商贸或投资,以至居留。①

近年来到菲律宾经商、创办贸易公司、投资办厂的潮汕人越来越多,涉及各行各业。潮商每年从潮汕地区以及中国其他地方采购的物资达数十亿人民币,来自中国的日用品、玩具、陶瓷、糖果、不锈钢、农业机械等在菲律宾都是畅销品牌。有部分潮商因此在菲律宾各地居留,但数量仍不多。他们大多集中在马尼拉,其他省份则相对较少。留居在菲律宾的潮汕人正逐渐融入当地社会群体。

现在,菲律宾潮汕籍人数虽然不多,但在菲华社会中占有一席之地。

赵启平出生于汕头市。如上所述,1981年,赵启平夫妇俩与其他同乡乘坐的船漂流到菲律宾登陆,被收容了三年后,由当地教会担保,始得走出拘留所,在马尼拉打工谋生。一年后开始做从中国进口圣诞灯在马尼拉销售等生意。1990年前后,开始经营芒果出口香港业务。1996年,赵启平开办冷冻商店,进口冷冻海产品,出售给超市餐厅等。目前其威威企业有限公司拥有品牌weiwei冷冻食品,其从中国大陆及台湾地区、马来西亚等地进口的产品,畅销菲律宾国内各地。经过多年的奋斗,赵启平已成为菲华社会的知名人士。他曾任菲华潮汕联乡会会长多年,现任菲律宾菲华各界联合会副主席、菲律宾广东侨团总会决策委员、菲律宾潮汕联乡会荣誉会长、菲律宾中国和平统一促进会副会长,2019年10月出任菲华新联工商总会会长。赵启平也积极为菲律宾与中国友好往来做贡献,担任中国国内多个社会团体的职务。

三 主要潮州人社团

菲华潮汕联乡会是菲律宾最主要的潮州人社团。除此以外,近年来又出现菲华潮汕青年商会、菲律宾潮汕总商会等新移民社团。

1935年,在菲律宾只有数十名潮汕人,为联络团结同乡,他们发起筹建同乡会,设立会所。日本占领时期,会所活动被迫停止。1958

---

① 越启平口述资料,地点:马尼拉菲律宾潮汕联乡会,采访者:黄晓坚、杨锡铭,2019年9月4日。

年，在菲潮汕乡亲重建"旅菲潮州会馆"。方稚周、李岩溪、方稚旭、林庆标等先后出任该会会长。70年代，在菲律宾还有一个澄海同乡会，但当时潮汕人总人数并不多。1976年，祖籍潮阳的陈荣金整合潮州会馆和澄海同乡会，创建菲华潮汕联乡会，并慷慨出资，支持联乡会发展。联乡会成立至今已有四十余年，陈荣金之后继任会长有赵启平、赵俊平、林腾州、陈慎修、黄秋发等，目前该会有会员二百多人，分布在各行各业。

2017年7月29日菲律宾菲华潮汕联乡会成立41周年暨第35连36届及青年商会第二届职员就职典礼，黄秋发出任该会会长。该会执行副会长兼青年商会会长林翰是国信集团公司董事总经理，曾多次受菲律宾总统接见；副会长林顺现任菲律宾北伊罗戈省政府省长办公室中国事务部主任，协助处理涉及菲中有关事务。

黄秋发出生于潮安县磷溪镇（现属潮州市湘桥区）。20世纪90年代初，黄秋发背上行囊，开始走南闯北的经商之路。1998年，他来到菲律宾从事眼镜的批发贸易。生意的成功让他尝到了甜头，他决定留在菲律宾继续经商。期间他发现菲律宾是一个典型的农业国，农业的发展需要大量的农业机械。因此创立菲律宾卡比尼机械贸易公司，代理中国多家名牌农机产品，行销覆盖全菲律宾。2002年黄秋发获得绿卡而定居菲律宾马尼拉，2017年起担任菲律宾菲华潮汕联乡会会长。

第三节　缅甸的潮州人

今天在缅甸的华侨华人中，潮州人仍属少数，主要分布在仰光、曼德勒和景栋等地，以仰光为多，主要从事进出口贸易、开商店、办工厂、搞建筑、做地产等。在缅甸的华人中，潮州的地域概念仍是原潮州府所辖的范围。大多数的潮州人祖籍是丰顺县。他们有的是从泰国迁来的潮州人后代，有些是二战期间中国远征军的后裔，少数是从东南亚其他国家移民而来。近年来，也有一些来自潮汕地区的新移民。

第八章　无远弗届：印尼　菲律宾　缅甸

一　大约清代嘉、道年间始有潮侨

在元代，中国的商船已航行到缅甸南部各港口。至19世纪末叶，中国的帆船仍往返航行于缅甸南部各港口，直至轮船业兴起为止。当时，这些帆船从中国或海峡殖民地运来中国的丝绸、细布、瓷器、茶叶等货物来到缅甸，又从马来亚、印尼各港口运载槟榔及其他物产来仰光。它们返回中国或海峡殖民地时，带着虫胶、儿茶、①鱼胶等出口。后来，还运送米粮至马来亚及中国。在这些众多航行到缅甸的中国商船中，自然少不了潮州的商船。在仰光广东观音阁（观音古庙）内，镌刻于同治七年（1868）的石碑中，有"沈义合船"捐款题名，船主沈义合是以潮州船主的身份捐款，沈义合可能就是当年在仰光的潮州帮代表。②

早期到缅甸的潮州人，大多从马来半岛及泰国南部乘坐大帆船，在毛淡棉（Moulmein）③及丹老等地登陆。1885年英国占领全缅甸之后，在缅甸的潮州人逐渐增多起来，他们多聚居在泰缅边境的地方。

毛淡棉，也称棉城，位于缅南，是萨尔温江出口之重镇，彼时与马来亚、新加坡船程不过两天时间，因此成为闽粤华侨最早抵达缅甸之地。当时有卢阿荣、张文炽、林阿细、周阿早、容贵、阿戴、阿海等七家潮籍华侨先后来到毛淡棉，他们与语言相近的闽南籍华侨共同生活在称之为岭顶的地方。他们大都有自己的农园，种植果树等农作物。林阿细则除农园外，还兼入山烧炭。而阿戴则以制造木桶为生。至20世纪60年代，张文炽之孙张丁山还生活在岭顶，并且是该村的村主。

---

①　儿茶，中药名。为豆科植物儿茶Acaciacatechu（L. f.）Willd. 的去皮枝、干的干燥煎膏。具有活血疗伤，止血生肌，收湿敛疮，清肺化痰的功效。主治跌打伤痛，出血，疮疡，湿疮，牙疳，下疳，痔疮，肺热咳嗽。参阅：中国医药信息查询平台https：//www.dayi.org.cn/cmedical/300798。

②　陈孺性：《缅甸华侨史纲》，载《旅缅仰光潮州会馆新厦落成庆典特辑》，仰光：旅缅潮州会馆，1960年，第14—15页。

③　毛淡棉，当地华人常称其为棉城，是缅甸孟邦首府，莫塔马（马达班）湾重要港口，现为缅甸第三大城市，位于安达曼海的莫塔马湾东岸，萨尔温江、吉英河和阿特兰河的汇合处。

早期旅缅潮侨以丹老为最繁盛。丹老在缅甸最南部，属丹那沙林区，是一个蛋形的海岛，盛产鱼虾等海产，海底又出珍珠，陆上铁锡等矿产也极丰富。道光年间，潮籍华侨已从槟城乘船漂洋过海抵达该岛。据说道光三年（1823），丹老的华侨建筑凤山寺时，即有潮州人参与其中。至同治年间（1862—1874）潮州人已达300余人。20世纪30年代，丹老有潮州塚，后来由义兴公司接管，改名为义兴塚。之后，潮侨逐渐移居他处，至60年代，丹老的潮侨仅有三四十人。除少数经营生意外，都是以种植蔬菜果木为生，有些与当地土人通婚，生活已趋缅化，对祖籍已没有什么观念。

二 20世纪20—30年代从泰国边境迁入者不断增加

至1931年，全缅甸的华侨已达193594人，其中粤侨有31978人，居第三位。① 在粤侨中，潮州人已有一定的数量。

1931年，当时的景栋埠原是缅东高山中的一座古城，地连泰国，距边境仅一百多千米，还属相当落后的地方。当地的土司看到各地商埠的繁荣离不开潮侨，乃派人到泰国曼谷，邀请二哥丰（郑智勇，原籍潮安凤塘）等人来景栋开赌场，希望借赌场税收来促进地方经济发展。景栋因此开始引起泰国潮侨的注意，一些潮侨从泰国不断带着货物来到景栋贩卖。继潮侨在景栋自创"顺合泰"商号营销之后，刘能合、蔡捷盛、宋德昌、黄秉元等几家较有资力者接踵而来，这些商号大多经营纱布及日用品。此时在景栋的潮侨不过数十人，除上述商号老板外，其余多系其员工，或自作小本生意者。

随着华侨的增多，当地政府令各籍华侨各推选一名代表，对内可为同侨排难解忧，对外负责与政府接洽一切侨务工作。潮侨遂推举刘慕隐为代表，与滇侨合作创办中华会馆及华侨学校，设立关帝庙。此时景栋的王家酒厂、烟厂等均为潮侨经营。1938年，泰国政府排华，著名侨领蚁光炎特派其侄到景栋开办景（栋）海（云南佛海县）运输公司，专门接送一些有志往云南边陲开垦或经商者，于是同侨纷纷

---

① 陈孺性：《缅甸华侨史纲》，载《旅缅仰光潮州会馆复办新馆落成特刊》，仰光：旅缅潮州会馆，1960年，第18页。

第八章　无远弗届：印尼　菲律宾　缅甸

到来景栋。蚁光炎在曼谷被刺杀后，公司停办。但部分旅泰潮州人仍纷至沓来景栋开办联号业务，如陈振源、敬丰隆、谢朝记、孙广发、广华兴、徐昌盛、徐德记等大小三四十家，人口增至七八百人，形成景栋商业繁荣的黄金时期。景栋商埠沟通云南与东南亚的货物流通，从云南运出的大宗货物是茶叶，其次为铅条、樟脑、乳酪片、胡桃、烟丝等；运往云南的则是海盐、火油、铁把、锄头、棉纱、粗布及一些日用品等，直销到昆明、贵州等地。

二战中，1942年日军轰炸景栋城，用机枪扫射，致居民死伤众多，华侨逃离，商业萧条。

二战结束后，潮侨又重返景栋开创商号，潮侨人口一时剧增至将近二千人。先是四财公司、巫明利、巫义利、陈惠发、丘兴泉、徐德记、陈振源、刘能合、惠发兴、宋德昌、刘炳文、陈友利、黄裕昌等数十家捷足先登，接着有陈远立、周信利、周远泰、翁钦成、巫廷汕、陈人和、荣兴利等大小百余家商号陆续创立，大部分经营纱布及日常生活用品。这些商号多为零售商，有部分兼营小型碾米厂、汽水厂、冰厂，也有经营菜园、养猪鸡鸭者，还有少数自购汽车，专营运输。彼时的景栋王家酒厂先由四财公司主办、继由巫明利先生经营，生意鼎盛。

战后景栋华侨重建中华会馆，恢复华校，重建上帝庙。第二、三届中华会馆理事长均由潮侨刘慕稳连任。1956年，潮侨姚逢良、巫明利、陈武元等同乡发起倡建广东华侨商会，共有三百余家入会，于7月2日正式成立，选出首届理事19名，陈武元当选正理事长，姚逢良、巫明利为副理事长。商会帮助会员办理婚丧喜庆事务，设立康乐组，组建篮球队，曾几次到仰光参加比赛。此外还有潮州大锣鼓和大其力埠同乡所送的全套潮州管弦乐器，以娱同乡。60年代，景栋潮侨仍占当地华侨总数的40%左右。[①]

二战结束后，由泰国边境迁入缅甸的潮州人逐渐增多，也有一批中国抗日远征军中的潮籍士兵留居或从云南边境进入缅甸北部地区。

---

① 宋德昌：《景栋潮侨三十年的沧桑》，载《旅缅潮州会馆复办新馆落成特刊》，仰光：旅缅潮州会馆，1960年，第4页．

瓦城（即曼德勒）是缅甸故都，也是该国第二大商埠。二战前，当地潮侨寥寥无几。战后，从景栋、仰光移居该地的潮侨人数与日俱增。1947年春，李炎林、陈潮音等共创铁山糖果厂，继而老山、丰盛、三亚、金记、锦山等糖果厂陆续创立，其后再有联成兴、再联兴、同丰利、瑞兴达等冬粉厂及星光洋服店涌现。

三　目前多居于仰光

大约在雍正与乾隆年间，便有华人聚居于仰光今唐人坡一带地区。早期旅居仰光的华侨，以闽粤两省籍者为多。1824年以前，仰光的华侨已建有自己的坟场，后分设广东坟场和福建坟场，各设有专门的管理机构，以解决故去华侨入土为安问题。在广东公司直接管理下，广东坟场拥有新旧两处坟地，粤侨在仰光逝世者，概以此两地为埋骨之所。潮籍华侨亦属粤侨之一，自不例外。旧坟地西部的永久性坟墓始建于同治六年（1867）。内有一座潮侨公墓，位于坟场大水塘之西北角，坐北向南，占地长约二十尺，宽约十六尺，埕八尺。始建于何时，已不可考，据推测当在同治年间。现墓碑上刻有"潮郡众故友总坟墓，光绪二十四年戊戌一八九八年仲冬重修"，据此可知在同治年间（1862—1874）已有潮州人移殖仰光。至迟在1852年，仰光的广东华侨已建有广东观音阁（观音古庙），该庙在1855年毁于火灾，1864年重建。庙中有镌刻于同治七年（1868）的石碑，其中有潮州船主"沈义合船"的捐款，也佐证了同治年间仰光已有潮侨的事实。同治十一年（1872），广东公司值事名单内，巫南（巫南长）也是潮州帮的代表。

光绪末年，潮州华侨黄狗熊在仰光市南勃陶街口开设一家"文成兴"潮州饭店。在唐人坡有潮侨经营的瓷器业辅益号。闽侨林振宗所经营的轮船上的航运工，大多是潮州人。

被誉为"万金油大王""报业大王"的南洋华侨传奇人物胡文虎（1882—1954）之外祖父李朝阳，是道光年间来到缅甸谋生的潮州人。在缅甸，他娶了棉城一位汶族土女妈磨，生六子，及女若干人。李朝阳卒于光绪二十二年（1896），淡汶福建塚场内有其遗塚。李朝阳之长女李金碧即是胡文虎的母亲。胡文虎的父亲胡子钦精通医术,于同治元年(1862)大约30岁时只身抵缅,在仰光创永安堂国医行,与李金碧结婚后,生文龙、文虎、文豹、文彪等。

表8-1　据缅甸官方统计①,1881—1911年在仰光的华侨人数

年 份	1881	1891	1901	1911
人 数	3752	7576	11018	16055

20世纪50年代,仰光的潮州人虽不多,蔡武榜、陈钧山、姚逢良兄弟等,却是其中可圈可点者。

1948年,原籍潮安的蔡武榜从勿外埠举家迁至仰光,次年在唐人街开设南成公司,专营瓷业。1955年,又在永盛县之直迈,扩建塑胶工业公司,其规模、设备和管理制度,开当时缅华工业之新猷。蔡武榜识见深远,慷慨尚义,重信诺,尤为缅华各界人士所推崇。蔡武榜在勿外埠时,是当地南华学校创办人之一,兼首任校长。迁仰光后,兼任各侨团学校要职。曾任缅甸洪门青莲堂和胜总公司四大忠贤,历兼执委会财政、副主委及总堂协办等重职;1960年8月,被公举为缅甸洪门青莲总堂正总理,协助部堂主席李瑞宗主持处理一切堂务,深受洪门昆仲拥戴,是当时缅华杰出人物之一。

陈钧山,原籍潮安,也是当时在仰光的潮侨杰出人物之一。他早年来到缅甸,备尝艰辛,几经奋斗,终于在仰光独力创办金山糖果厂,勤奋经营,业务兴隆。后又设厂制造胶圈汽球,事业更加发展。事业有成的同时,致力服务社会,历任仰光建德总社等社团要职。

姚逢得、姚立章、姚逢良三兄弟也是当时的知名人物。姚逢良祖籍潮安,20世纪30年代即在勿外埠自设振益公司,复又创志成公司自任经理。二战前与友人在仰光市创建锦成安号。二战时返回中国,和平后即复归缅甸,在仰光市捧衣坦创设中缅经商处,专营中国瓷

---

① 引自陈孺性《缅甸华侨史纲》,载《旅缅潮州会复办新馆落成特刊》,仰光:旅缅潮州会馆,1960年,第17—18页。

器。1948年姚逢得、姚立章、姚逢良三兄弟，联合在仰光复办陶再兴，营业鼎盛。

1964年，缅甸政府在全国范围内推行国有化运动，使缅甸工商界发生剧烈的变化，一些工商业者一夜之间财产荡然无存，有办法的外侨纷纷选择离开，潮侨也不例外。1960年前后，全缅甸潮侨仅约3000左右，其在景栋人数为最多，近2000人，仰光、瓦城次之，其他各地则寥寥无几。[①]

20世纪80年代末，缅甸军政府上台，推行市场经济政策，发展经济，一批来自缅甸东部边境地区的潮州人后裔来到仰光，后来又有来自中国潮汕地区的潮人陆续来到仰光营商。他们的到来，壮大了仰光乃至缅甸潮州人的队伍，从此缅甸潮州人以新的面貌活跃在缅甸的社会舞台上，成为当地经济社会的一支重要力量。

徐丛苍出生于景栋，祖籍丰顺县汤坑大坑村。年少时曾读过三年华文，再转读缅文至初中八年。因家中弟妹多而辍学从商，先后在景栋、大其力、东枝之间贩卖土产等。1989年，徐丛苍看准缅甸新政府实行经济开放政策的机会，从景栋迁来仰光发展。他买下铺面，继续经营缅、泰边贸生意。1990年创办"盛明塑料厂"，主要生产塑料尼龙手提袋和尼龙绳子。初创时仅有工人10多人，经十几年发展，成为仰光著名十大厂家之一。2009年，又投资办起"盛明电缆厂"，同时涉足房地产，成为缅甸工商业巨子。

2006年，徐茂苍在仰光市以北约17英里处达干路工业园创办铝合金挤压厂，是缅甸首座铝合金挤压工艺成型厂，并一直处于同行业领先地位。

1963年出生在景栋的陈修桐，1987年毕业于曼德勒大学，毕业后与其兄陈修松一起在东枝市创办该市第一家百货公司。1995年移居仰光，主要经营进口贸易和轮胎生意，之后又投资超市、地产，成为知名地产商。事业成功的同时，积极投身公益事业，在缅华社会中享有一定声誉。

---

① 曾迪嘉：《旅缅仰光潮州会馆发展史略》，载《旅缅潮州会馆复办新馆落成特刊》，仰光：旅缅潮州会馆，1960年，第1—4页。

第八章 无远弗届：印尼 菲律宾 缅甸

谢永发原是出生于马来西亚吉胆岛的潮州人，祖籍澄海。1992 年曾到柬埔寨西哈努克港市管理一家冷冻厂。1994 年来到缅甸，经营进出口公司，后在仰光开办海产品急冻公司，产品出口马来西亚、孟加拉国、中国台湾省，远销欧美。还拥有 2800 多亩地的棕榈种植园，以及养殖燕窝等。

图 8-4 魏子波兄弟在仰光开发的 TIMES CITY 城市综合体（2019 年，杨锡铭摄）

据旅缅仰光潮州会馆介绍，目前潮籍新移民大约有 500 家，他们大多从事商贸活动，有些在缅甸投资。来自揭阳的魏子峰、魏子波兄弟，据说其拥有资产名列缅甸前三名之内，仅其投资建设的仰光市 TIMES CITY 综合体，投资金额达人民币 30 多亿。魏氏兄弟的父亲原在揭阳经营阳泰铜业有限公司，20 世纪 90 年代与缅甸客户做电缆线生意，因追欠款而到过仰光，并由此发现缅甸商机。后来为了方便做生意，在中缅边境的瑞丽开店经商。1999 年全家来到仰光开办电线厂，拉开了在缅甸投资贸易的序幕。2006 年开办钢铁厂，2008 年进入建筑行业，承建仰光人民公园，2009 年修建路桥，2013 年年底开始投资兴建 TIMES CITY 综合体。魏氏兄弟已成为缅甸华侨华人新移民的领军人物，也是潮籍新移民中最突出的成功者。

四　潮州人社团

早期旅缅潮侨以丹老为最繁盛，潮州会馆首先出现在丹老。同治年间（1862—1874）聚居在丹老的潮侨林亚家、张世耳、许大成、林亚佛、张同吉、林怡顺、林亚松、张老旺等人发起组建潮州会馆，推举林亚家、许大盛为首届正副会长，并在丹老锐衙街区自建一座会所。其时，到丹老的潮州乡侨，都可在会馆中寄宿。会馆也为乡侨介绍职业、给予小款贷款资助做小本生意。丹老的上帝公庙（真武宫），是缅甸有名的华侨庙宇，庙中供奉的上帝公祖神像，是光绪八年由张世耳从潮州故乡携来的。1913年前后丹老发生瘟疫，民众多到上帝公庙求神明保佑，一时香火鼎盛，此时也是潮州会馆的全盛时期。会馆中除附设有自中国购买来的潮州乐器和锣鼓外，还有潮州戏的演出。1908年后，乡侨陆续迁移他处，导致潮侨逐渐减少。后来又因会馆为重建事借债无法清还，主持人也先后谢世，会务只好停顿。

二战后，瓦城（曼德勒）的潮侨日渐增多。为联络乡情，守望相助，1954年4月中旬，曾明、李炎林、陈潮音、梁锡周、庄俊芳、胡锡熙、吴玩松、林汉光等八人发起，并于5月17日正式成立瓦城潮州同乡会，暂租城中84条街35号大厦为会所。曾明出任第一届理事长，并连任四届。此后会员不断增加，至60年代，会员约有二百人。1960年仰光旅缅潮州会馆理事长蔡武榜访问瓦城，期间谈起会址租用问题，建议购地自建会所。在仰光旅缅潮州会馆的支持下，经过多方努力，瓦城（曼德勒）潮州同乡会在83条街转入29条街角购得一地皮自建会所。现在该会是曼德勒广东社团的重要组成部分。现任会长李奇威，是当地出生的第三代潮人后裔，祖籍普宁，其祖父是当年中国远征军留居人员。

光绪末年，仰光的潮州人已有团体性活动。其时仰光的潮侨，每年在清明节期间，由一二殷实潮商轮流以韩江公会名义，负责向在仰光的全体乡友募集若干祭款，祭祀潮州总墓。此为仰光的潮州同乡组织的雏形。

第八章 无远弗届：印尼 菲律宾 缅甸

1923年，吴逸岩、姚焕楠、陈清合等人发起首创潮州会馆于仰光，赁居于20条街上段，嗣后再迁河滨街与南勃陶路相交之西北角处为临时会所。推举陈维岳为首任会长，吴耀初为副会长。其后有姚焕楠、陈清合、李海滋、许甦魂、陈芳如等继任会长及其他要职。

1942年日军入缅后，馆务遂告停顿。二战结束后初期，因原会馆歇闭已久，馆所已失，诸同乡联络叙会，皆假姚氏兄弟之陶再兴及蔡武榜主持之南成公司为临时活动处所。1951年，蔡武榜、陈钧山、姚逢得、姚逢良、吴成、唐少英等人发起组织，于1952年成立韩江青年音乐社，借以团结各地乡友，逐步推进建馆计划，姚逢得、蔡武榜为第一届正副社长。之后，韩江青年音乐社逐渐赢得缅华各界的好评。1955年年底，蔡武榜被推为广东公司修建完工庆典筹庆会副主席，韩江青年音乐社因此被视为等同潮州会馆地位。

1957年秋，音乐社已有公积金六万元，由姚逢得、姚逢良、姚立章昆仲主持的"韩江公会"每年祀清扫墓亦有积余一万多元，蔡武榜认为时机已基本成熟，乃提议两单位将款捐出先购地皮，获得陈钧山、姚逢良、吴成诸位附议同意，遂先购下现址地皮，紧接着分工向仰光及缅属各地同乡发动募捐，获得热烈响应。1958年6月2日奠基开工建设会所，1960年元旦举行落成及会馆复办庆典。蔡武榜任复办后潮州会馆第一届理事会理事长，陈钧山、姚逢良为副理事长，李锦奇为复办第一届监事长。其时缅甸潮州人人数并不多，潮州会馆复办并建成四层楼会所，轰动了仰光华人社会。

但在随后的国有化运动冲击下，有门路的外侨纷纷离开缅甸。华人社团活动经费倍感紧张，有些被迫出租会所以维持会务。其时仰光埠的潮州人已所剩无几，但节约开支，坚持不出租会所。

20世纪70年代末中国开始实行改革开放政策，经济迅速发展，国际地位不断提高。1988年缅甸军政府上台，改行市场经济政策。此时，一批来自缅甸东部边区的景栋、大其力一带的年轻潮籍人士来到仰光谋生，寻求发展。他们出生在缅甸，通谙缅甸风习，受过较高水平的教育，有较好的经济条件，而且仍然懂华语，有些还懂华文，深受中华传统文化的熏陶，活力充沛。他们加入潮州会馆后，积极参加

· 239 ·

各项活动,逐渐熟悉仰光华埠华社状况。至90年代中期,中缅关系更加密切,当地华社环境也比较宽松。彼时,复办会馆时的那批潮州人已所剩无几,这批年轻人成为潮州会馆的生力军和接班人,并于1996年,接棒会馆领导班子。会馆每年元月期间,藉举办会庆活动,邀请缅甸各地潮州乡亲代表共聚于仰光,举行联欢敬老活动,联络乡情乡谊;并捐助相关华文学校及华语文艺团体经费,支持发展华文教育。现在仰光旅缅潮州会馆是当地的华人社团的重要组成部分,现任第21届会长陈修桐,祖籍丰顺,是在缅甸出生的潮州人后代。

图8-5 仰光缅甸潮州会馆(2019年,杨锡铭摄)

值得一提的是,仰光潮州会馆早期领导人许甦魂(1896—1931),是中共侨务工作的先驱者,也是红军出色的政治工作领导干部。许甦魂原名许统绪,又名许进,潮安彩塘人,出身贫寒,小学毕业后当了店员。1916年,因生活所迫,出走南洋。但他仍坚持自学,练习写

第八章 无远弗届：印尼 菲律宾 缅甸

作，在新加坡报刊撰写文章，宣传新思想，并创办华侨工人夜校。1921年任《益群日报》和《新国民日报》编辑。1923年10月以特派记者身份从新加坡回国。1924年初加入中国共产党。同时他又以个人身份参加了改组后的国民党。1924年3月赴缅甸，任国民党缅甸总支部常务委员兼仰光《觉民日报》总编辑。其在缅甸工作一年多时间，对整合缅甸华社力量，宣传革命道理，动员华侨支持中国革命贡献卓著。

第 九 章

商海弄潮：中国香港　中国澳门　中国台湾

港澳台地区历史上也是潮州人向外谋生的目的地之一。尽管港澳台地区如今不属于海外，但出于尊重历史的原因，此处也单独成章加以论述。

第一节　香港的潮州人

香港从一个默默无闻的小渔村发展到今天的世界大都会，潮州人功不可没。19世纪中叶以前，已有一些潮州人来到香港务农，零星居住于新界一带。香港开埠后，来到香港的潮州人多为经商者。据说潮安沙溪人陈开泰（1807—1882）是第一个在香港创业成功者。[①] 他于1845年来到香港，初时在小食摊当雇工，随后在港岛三角码头附近搭草寮，白天卖凉茶，晚上当小童启蒙老师。稍有积蓄，便在现时文咸西街开宜珍斋饮食店和宜珍饼店。1848年后，陈开泰在西营盘兴建四层楼房，把宜珍斋改为富珍斋糕饼店。又设立富珍栈，开办旅社，再与潮籍友人合作创立义顺泰行，经营南北行进出口贸易。

至清末民初，香港已成为国内外贸易缊毂之点，之后更逐渐发展成为重要的国际大商埠。二战后，香港成为亚洲最大的国际贸易中心之一，世界各地潮商纷纷向香港转移，他们经营的业务遍布各行各业。香港成为现代潮商活动的中心。潮州人是香港经济社会发展的重要力量。

[①] 陈启川：《旅港潮商先驱陈开泰》，载《潮州市文史资料选编·海外潮人》，潮州市地方志办公室、潮州市外事侨务局编，2004年，第17—19页。

第九章　商海弄潮：中国香港　中国澳门　中国台湾

香港潮州人绝大多数拥护香港回归祖国。香港回归前夕，庄世平等多位香港潮籍知名人士被委为特别行政区筹备委员会委员。回归后，大力支持特区政府依法行政，多位潮籍人士担任特首推选委员会委员，或担任特区政府的各级领导；担任全国人大代表、政协委员，或有关省市的政协委员，以及众多社会职务。香港潮州人为促进香港顺利回归、维护社会的繁荣安定、社群和谐作出了努力。

一　潮商枝繁叶茂

20世纪初，香港社会已初步形成了一些以潮商为主的行业。除南北行外，主要有米业、药材业、瓷器业、纸业、茶业、菜种业、凉果业、柴炭业、饼食业、汇兑业和批业等。50年代后，部分潮商转而发展轻工业。尤其是70年代，香港的塑胶、纺织制衣、钟表和电子产品四大轻工制造业中，潮商工业家迅速崛起。80年代后，香港经济朝多元化、国际化发展。以1980年李嘉诚成功控制老牌英资企业和记黄埔有限公司为起点，潮商开始超越英美商人，成为香港最强大的商人群体。进入21世纪，香港成为世界金融、工业、贸易、航运、旅游和讯息中心。潮商在香港迅猛发展中担当着举足轻重的角色，在进出口业、金融业、金银贸易、地产业、交通运输及物流、电信及电力，以及其他各行业，都有骄人的成就。在当今的香港商界，潮商已成为香港各行各业的风云人物。活跃于当代香港商界的潮商，繁若星辰。

（一）南北行

南北行实际是香港整个从事进出口行业的总称，是早期华人的主要商业。其时，华商以香港为轴心，直接营运或间接通过行商把我国东北和华北的药材、京果、生油、豆类和土产等产品运来香港，再转运至南洋各埠出售；又把我国南方和南洋各地的树胶、木材、藤、白米、椰油、皮革等货物运来香港，再转到我国东北和华北出售。后来，内地许多商家也参与经营，香港南北行中先后形成了山东帮、闽帮、广府帮和潮州帮等，其中潮州帮几占70%。1894年前夕，香港有南北行商号90余家，其中潮州人经营的商号60多家。1868年"南北行公所"成立,得自当时潮商高满华、陈焕荣、陈殿臣、蔡杰士之赞襄,是为香港华商最早的商业行会。

潮州人是南北行的拓荒者。继陈开泰之后,潮州人高元盛在文咸西街创办元发行。高满华(1820—1882,一名高满和)原籍澄海,昔年往暹罗谋生,稍有积蓄后购买红头船航行于潮州与暹罗之间,经营大米贸易。1850 年高满华到香港,接手元发行作为其中暹贸易的中继站。南北行的另一拓荒者是今澄海隆都前美村人陈焕荣。1851 年,他在香港元发行附近创建乾泰隆行。元发行和乾泰隆行大批量进出口暹罗大米,开创了香港南北行之先河。

20 世纪 70 年代末,中国开始实行改革开放政策,香港再次凸显其转口贸易港的重要地位,而潮商则在进出口业中扮演着重要角色。1980 年港府批准的 45 家入口米商中,23 家是潮商,其进口米额超过总额的一半,约为 18.4 万吨。① 原籍饶平的南泰行董事长汤秉达(1909—1996),曾任南北行理事长多年。时至今日,南北行仍以潮商为主体。

(二)交通航运业

著名的红头船船主陈焕荣,是潮州人最早经营香港航运业者。陈焕荣的孙子陈立梅还代理挪威 BK 船务公司的中暹船务业务,专走泰国、香港及东南亚各口岸,前后经营达 40 年。元发行、聚益、捷顺船务公司,以及其他由潮州人经营或参与经营的船务公司等,都有轮船川行于暹罗、新加坡、汕头、厦门等地至香港之间,有力地促进香港航运业的发展。

潮人的益南、捷顺、金荣、安江、顺利、惠南、金球、永和祥等海运船务公司,在香港的交通运输业中一直居于举足轻重之地位。20 世纪 70 年代,罗新权任董事长的益南船务公司,在香港船务界中名列第三,次于船王包玉刚和董洁云。1921 年林俊璋创办的捷顺船务有限公司,是香港历史最悠久的轮船公司之一。李嘉诚的长实系香港国际货柜码头公司,是世界最大、最繁忙的私营货柜码头。潮阳人颜成坤,在香港原有的中华汽车公司的基础上,改组创建中华巴士有限公

---

① 陈维信:《香港进口储粮商对民食的贡献》,载《香港潮州商会六十周年纪念特刊》,香港潮州商会,1981 年,第 145 页。

第九章 商海弄潮：中国香港 中国澳门 中国台湾

司，简称中巴，1933年投得港岛巴士专利权，成为负责港岛公共交通的主要机构之一。

（三）金融保险业

现代金融业在香港工业化进程中起着龙头作用，因此也带动东南亚潮商银行家纷纷挺进香港银行业。

潮州人在香港经营金融业，早期有银号，俗称找换店，主要从事银钱找换，从中赚取"贴水"。潮州人在港创立和经营的银行，最早是四海通银行。该行原是潮侨于光绪三十二年（1906）创立于新加坡，1915年来港创设分行。继办的有嘉华储蓄银行，还有香港汕头商业银行（后改名为香港商业银行）。1972年后，香港逐渐发展成为亚洲金融中心，尽管激烈的竞争，四海通银行、嘉华银行、香港商业银行、廖创兴银行、泰国盘谷银行香港分行、大生银行、华联银行和京华银行等八家较具规模的潮商银行稳步发展。廖创兴银行以中小客户为储户对象，大量吸纳存款，开创了香港现代银行业的经营模式。创办于1949年12月14日的南洋商业银行，虽不能算是潮商银行，但在创办者庄世平（原籍普宁）的领导下，业务蒸蒸日上，70年代末已成为香港第二大中资银行，1999年在世界千家大银行中名列第251位，还曾获得亚洲地区第六位最佳银行。该行对祖国的经济建设，对香港的经济发展和为居民提供优质服务等方面都做出了重大贡献。

潮州人在香港的保险业中也占有重要地位。潮阳峡山乡人周华初是最早在香港经营保险业的潮州人。二战后潮商林连登的南洋保险公司、陈弼臣和马泽民的亚洲保险公司、廖宝珊的廖创兴保险公司、刘振亚的中华保险公司等相继应运而生。这些保险公司多以银行业为依托，拥有强大资本实力，从而在香港华商保险业中居于领导地位。

1961年香港金银贸易场约有二百名会员，潮商约占1/5。潮籍人士开办的主要证券公司有：萧炎坤主持的大中华证券有限公司、吴鹤立主持的柏联证券有限公司、杨瑞炎的联安证券有限公司、林本典的万利证券公司、亚洲金融集团的亚洲乾昌证券有限公司和亚洲泰平证券有限公司、永泰隆证券公司和益丰公司等。李嘉诚是香港股票市场叱咤风云人物，刘銮雄、刘銮鸿兄弟均为香港证券业界著名人士，港澳发展及伟益置业总经理詹培忠,在证券界有"金牌庄家"之称。

(四) 三盘米业

香港经营米业的机构,俗称"三盘米业",分为入口商行(俗称"上盘行",多数为南北行商号经营)、批发商行(俗称"米行"或"二盘米行")、零售米铺(俗称"米铺"或"三盘米铺")。早期香港所销售之食米,多来自暹罗和越南,而在这两个国家经营大米加工出口业者多是潮商,同乡之间形成了商业网络,使香港潮商在米业中占有很大的优势。华兴、振隆、恒裕泰、行昌、建发、利昌等商号,均是香港潮州人最早创营的零售米店。20世纪30年代,香港有潮州人开创的三盘米铺150余家。① 二战前,在香港经营大米进出口的,大部分是以乾泰隆为首的几家潮商南北商号,每年入口大米近亿包,除供应香港居民外,还转口输出华南、日本。二盘米商中,虽然潮商所占比例不多,但由于零售米铺多由潮人经营,二盘米商与三盘米铺互相配合,其营业额却占整个批发数目65%以上,零售量占全港零售米业总额75—80%。②

(五) 塑料制造业

香港的塑胶制造业起源于二战结束后。到20世纪50年代后期,潮商开办的塑胶厂已占该行业厂家数的四成。这些厂家多数是白手起家,小厂占绝大多数。1950年李嘉诚集资设厂时,只有五万港元。1957年,他扩大厂房生产当时世界塑胶市场上的新产品——塑胶花,翌年便成为世界著名的"塑胶花大王",资产突破一百万港元。1969年,香港塑料产品出口额为14.4257亿港元,其中潮商塑料产品出口占55%,③ 潮商已经开始执香港塑料制造业的牛耳。80年代末,长江、福达、侨星、再光、大生、美丽斯、宝星、永成等著名潮商塑胶厂,大多采用电脑全自动化塑胶机设备,制模技术、装潢设计、生产管理、经营政策等各方面都日趋现代化。

---

① 周佳荣:《香港潮州商会九十周年发展史》,中华书局2012年版,第45页。
② 《香港潮人商业调查概况·米业》,载《旅港潮州商会三十周年纪念特刊》,旅港潮州商会,1951年,第20—21页。
③ 陈焕溪:《潮人在香港》,香港:公元出版有限公司2006年版,第41页。

第九章　商海弄潮：中国香港　中国澳门　中国台湾

（六）纺织制衣业

潮商在香港的纺织制衣业中成绩斐然。郑光是香港第一个涉足现代棉纺界并卓有成就的潮商。1953年他创办远东棉产工业厂有限公司，年产棉纱约二千万磅，占全港棉纺年总产量的6.25%。① 1958年又创办新建荣行棉纺厂，两厂生产的"红棉"牌棉纱在香港和欧美都享有盛誉。

1957年，香港时兴牛仔布，潮商相继投资生产，还率先引进先进的空气纺纱机，生产能力与产品质量大大提高。60至70年代，大部分牛仔布染织厂为潮商所有。以生产牛仔布为主的捷德、大丰等潮商织布厂家，一跃而成为香港纺织业的骨干企业。

纺织业的发展带旺了制衣业。到70年代，成衣出口额已占全港工业出口贸易总额的四成左右。潮商起步快，参与人数特别多。1969年香港成衣出口额为30余亿港元，其中潮商厂家产品约占20%，仅潮商林百欣所属的丽新公司营业额就高达七八千万港元。② 自80年代以来，潮商开办的捷德、港新、远东、美光、精棉、大丰、新平、茂丰、乾丰等都是较著名的大型棉纺厂、织布厂和印染厂。林伯欣的丽新、陈俊的鳄鱼恤、郑翼雄的永泰，以及蓝雀、美罗等制衣厂，多已实现电脑化，有的还实现了纺、织、漂、染制衣系列化，并且在欧美澳等多个国家设有自己的销售网站。

（七）钟表业

早在第一次世界大战后，潮商林厚德开设的林源丰钟表行，已在香港享有盛誉，在上海、广州、汕头、湛江等城市均设有分店。二战以后，潮商开创了香港自制时钟之先河，生产电钟、闹钟。潮商的捷和制造厂于1951年率先大量生产廉价时钟，倾销到远东地区。1961年，潮商在香港开设的14家钟表公司，年营业额已达五千万港元，占全港钟表总交易额四成以上。80年代后，钟表业已成为香港第三大工业，出口数量占世界第一位。庄静庵的中南钟表行有限公司、捷和集团属下的东方钟表厂有限公司，以及立兴表行、瑞华表行、东亚钟

---

① 周佳荣：《香港潮州商会九十周年发展史》，中华书局2012年版，第47页。
② 周佳荣：《香港潮州商会九十周年发展史》，中华书局2012年版，第48页。

表有限公司、通城公司辖下的表带厂等潮商钟表企业,都是该行业中屈指可数的大户。

(八) 地产业

地产业是香港最大的行业,地产巨子中的长江实业、鹰君、廖创兴企业、大生地产、丽新发展、华人置业、中华娱乐、世纪城市、百利保国际、正大国际、英皇地产等均为香港潮商企业。李嘉诚于1971年成立长江实业地产有限公司,开始集中力量经营地产业。1972年,改为长江实业(集团)有限公司,挂牌上市。1979年,成为香港最大的私人地产商。1986年,长实集团已名列香港十大财团的首富。80年代末至90年代初,李嘉诚集团的长实系拥有长江实业、和记黄埔、香港电灯、嘉宏国际四大公司。除庞大的房地产外,还拥有多个码头、移动电话、通信卫星、超级商场、零售店等,成为一个以香港为中心、业务遍及全球的多元化国际商业集团。从90年代起,李嘉诚连续多年成为世界华人首富。

林百欣的丽新集团成为以地产业、制衣业为龙头的多元化国际商业集团,也是依靠地产业发展的推动。20世纪80年代初期,林百欣凭借其在制衣业积累的大量资金,开始从事房地产开发。90年代,林百欣拥有4家上市公司,在香港财阀榜上名列前茅。

罗鹰石原在泰国经营土产、洋杂、布匹。1956年,罗鹰石见香港居民日增,住房日益紧张,而此时的暹庄贸易也日渐衰落,于是转营房地产,于1963年创办鹰君置地有限公司,是香港最早的房地产公司之一。1991年,鹰君集团市值达到35亿元,成为香港20大财团之一。

(九) 电子制造业

香港在20世纪60年代末开始掌握电子技术,之后不断吸收新技术并将其应用在生产上,使电子工业迅速成为香港制造业的四大支柱之一。潮商的宝力电子有限公司拥有庞大的生产规模,并有多项新产品获港府颁发的设计奖。苏章盛的依利安达电子有限公司,是潮商在电子业界的另一重要机构。周振基于1981年创立振基电子集团,主要经营电子专业产品,成为全球超声铝线和一系列半导体及电子工业物料的主要供应商。

第九章 商海弄潮：中国香港 中国澳门 中国台湾

（十）金属工业

在中重型工业中，最有声色的潮商是郑植之、郑则耀、郑翼之和郑荣之四兄弟的捷和制造厂。该厂1922年成立于内地，1933年在香港成立分厂，专门生产金属器具及钢盔等军需品。二战时香港沦陷，该厂被劫掠一空，战后复办。1947年扩组为有限公司，承办打捞、拆卸战时沉没于港内的船只，并将船上拆卸下来的钢材加工成钢筋等产品出售。当时捷和厂仅钢筋产量就占香港总产量的2/3，部分满足了香港战后恢复重建的需要。以捷和公司为主导的香港拆船业在50年代末达到最高峰，每年拆船50万吨，占全球拆船总吨数的1/6，香港成为世界最大的拆船中心。

郑氏兄弟于1950年成立香港第一间轧钢厂，同年又成立美亚制造厂有限公司，是香港最大的手电筒制造厂。1955年创设捷和钟表厂有限公司，同时在北婆罗洲、泰国投资设厂。至50年代末，已在香港工业界独占鳌头。其集团属下拥有规模庞大的钢铁、制钢、制铝、钟表、电筒、集装箱等工厂，80年代以来，一直在香港钢铁工业界保持领先地位。另外，蔡章阁创办的鼎大华昌金属厂有限公司，是香港最大铝制品厂，其生产的"三元"牌铝制器皿，风行国际市场。蔡氏还拥有全港首家纯铝及合金原料的制造厂——益大金属有限公司。

（十一）饲料业

20世纪60年代初期，港英政府对禽畜饲养甚为重视，鼓励发展饲养业。陈伟南抓住机会，开办饲料加工厂，工贸并举，事业发展很快。1981年，他在新界建立屏山饲料厂，发展成为亚洲最大的饲料加工厂之一。其子陈幼南继承父业，引进农业生物科技，发扬光大。

（十二）其他行业

在电信电力方面，李嘉诚的长实系通信有限公司属下的和记电话公司、和记传呼公司，均拥有该行业半壁江山；长实系的香港电灯公司，是香港第二大电力公司。眼镜业中，马宝基兄弟的宝光眼镜制造厂有限公司，是香港首屈一指的眼镜生产厂家，年产眼镜500万副，占全港眼镜出口量的1/4。香港钻石市场占世界第三位，潮商有利兴钻石公司、胡良利钻石公司、琢珊珠宝行、明隆公司、英皇珠宝有限公司等，都是同行中的佼佼者。香港抽纱商会成立于1956年，会员多为潮籍商家。个人经营抽纱而最有成就者当推翁锦通的锦兴集团，其分公司遍布美国、意大利、新加坡等国，其供销的抽纱产品，在阿拉伯世界颇受欢迎。林德利香港有限公司、合兴昌有限公司、港大公司、沈正成、陈南发、林信发港行、罗瑞兴行、协兴行、和兴泰、恒昌泰、天成行、宏兴百货等，在百货行业中占有一定的地位。李嘉诚长实系的和记洋行集团拥有最大规模的消费推销、分发网络，其属下的百佳超级市场、屈臣氏零售店，是香港主要的零售商。

二　热心兴学育才

香港潮州人兴学育才主要体现在两个方面，一是举办学校，二是有众多热心人士捐助办学。

在办学方面，既有社团举办的，也有私人设立的学校。如1921年旅港潮州八邑商会成立后，即设立小学，虽然规模甚小，但商会自始即将教育确立为社团事务之一。1926年，由曹善光（1868—1953）等倡设的民生书院，聘请潮人教育家黄映然（1891—1991）为校长，不但潮籍学生就读该校者众，四方学子也闻风而至。之后继任的几位校长，多为潮州人。至60年代，由潮属社团及潮籍人士兴办的学校已近40间。[①]从幼稚园、小学、中学至大专院校，以及特种学校，中英具备。

众多热心人慷慨捐助办学。曾任香港潮州商会会长的郑植之兄弟，1984年捐款1200万港元予城市理工学院（现为香港城市大学）。1996年香港瑞安集团有限公司董事长罗康瑞捐资2500万港元予香港科技大学。2002—2006年，香港彩星集团创办人陈大河先后捐款3000万港元支持理工大学，支持城市大学和公开大学各500万港元。2000年以来，李嘉诚先后捐款超过20亿港元予香港大学、中文大学、浸会大学等多所高等院校。2003年，林伯欣捐款2000万港元，设立"林伯欣学术基金"，翌年，捐款1000万港元予香港大学设立"林伯欣中国文化讲座教授席"。2012年，张安德捐款1000万港元予香港浸

[①]《香港潮侨之教育事业》，载《潮侨通鉴》第二回，第10—13页。转引自周佳荣《香港潮州商会九十周年发展史》，中华书局2012年版，第56页。

会大学。这些捐助，有力地促进了香港文化教育和科技事业的发展。

三 文教事业，人才济济

香港教育界中高校的领导、知名教授、专家学者中不乏潮人精英。著名教育家、香港大学首位华人校长黄丽松和世界级经济学大师、中文大学第六任校长刘遵义，被誉为"港大""中大"双星校长。香港各高校中担任副校长等职务的有不少是潮州人。饶宗颐（1917—2018）先生是当代中国百科全书式的古典学者，其茹古涵今之学，上及夏商，下至明清经史子集、诗词歌赋、书画金石，无一不精。他贯通中西之学，甲骨敦煌、梵文巴利、希腊楔形、楚汉简帛，无一不晓。人谓"业精六学，才备九能，已臻化境"。学术界尊他为"整个亚洲文化的骄傲"。享誉国际的摄影家陈复礼原籍潮安，国际摄影沙龙主席陈绍荣原籍普宁。此外，还涌现出一批卓有成就的作家、书画家、演员、文物收藏家，以及新闻媒体与出版界知名人士。

四 文化传承

潮剧潮乐在香港生根开花。清光绪年间已有潮剧进入香港演出，最初是为潮州人酬神、送神和欣赏之需。20世纪二三十年代，随着潮州人在香港日益增多，受聘香港演出的内地潮剧班相继而至。之后，一些喜爱潮剧潮乐的潮州人便开始组织业余团体，利用工余自娱自乐。1930年香港潮商互助社成立后，即建立音乐部，业余演奏潮剧潮乐。1940年7月，香港第一个本土专业潮剧班成立，名为"老正兴"。战后，一些在南洋各地的潮剧艺人相继来港定居。1959年汕头商会在原音乐组的基础上组织"韩江潮剧团"（后改称"香江潮剧团"），经常演奏潮剧潮乐，成为香江第一个由社团创办的潮剧表演团体。20世纪六七十年代，潮剧在香江得到更具规模的传播。一些潮剧还拍成电影上映，扩大了潮剧的受众，使其影响力日增。除原来的"老正顺""中正天香"等几个潮剧团，还出现"新岭东"等一批潮剧表演团体。香港潮剧团体还进入东南亚各地演出，在港岛、东南亚和台湾等地，出现持续时间很长的香港潮剧热。

20世纪末，由于新媒体的出现，潮剧在香港逐渐走向低潮。但不时有来自内地的潮剧团应邀到香江演出。每年盂兰胜会期间，潮剧表演仍是不可或缺的节目。一些剧团还与影音公司合作，制成音像制品，开拓东南亚市场。

潮州人两个传统民俗活动——盂兰胜会和太平清醮，在香港得以传承和弘扬，已名列国家级非物质文化遗产名录。

五　潮州人社团

香港潮籍人士有100多万，他们以血缘、地缘、业缘以及文化宗教为纽带组成各种各样的社团，现有宗亲会、同乡会、商会、文教联谊会等约100个。国际潮团总会常设秘书处也设在香港。

（一）香港潮属社团总会

2002年4月23日，由香港潮州商会、潮州会馆、九龙潮州公会、汕头商会、潮商互助社、潮侨塑胶厂商会等20多个潮属社团发起，正式成立香港潮属社团总会。其宗旨是：团结香港潮属社团和各界人士，为香港社会安定、经济繁荣作贡献，促进香港与内地的交往与合作，配合及支持家乡潮汕三市的发展。潮属社团总会正式成立，标志着香港的潮人社团组织形成了统一的领导核心，顺应了历史潮流，进一步促进潮籍乡亲与香港其他族群人士的融洽相处，有利于广大潮籍乡亲为香港的繁荣及祖国的建设做出更大的贡献。总会第一届荣誉会长：李嘉诚、庄世平；名誉会长：洪祥佩、廖烈文、陈有庆、林百欣、饶宗颐。主席：陈伟南，副主席唐学元、马松深、欧阳成潮、刘宗明、佘继标。香港潮属社团总会成立以来，举行了多次活动，获得了社会各界的好评。

（二）香港潮州商会和潮州会馆

民国初年，方养秋、蔡杰士等旅港贤达，鉴于潮商在香港各行业中均占有相当重要的地位，为"联络乡谊、研究商务，促进贸易、协助社会家乡公益以及共谋同人福利"[①]，于1920年秋倡议组织旅港潮

[①] 关汪若：《旅港潮州八邑商会三十周年纪念特刊·会史纪要》，香港：旅港潮州八邑商会，1951年，第2页。

第九章 商海弄潮：中国香港 中国澳门 中国台湾

州八邑商会，得到乡亲和商界巨子的支持响应，参加发起者达40人。1921年夏，发起人召开会议，制定会章，选定会址，募集经费，吸收会员，筹备工作基本就绪。同年7月25日召开会员大会，宣告旅港潮州八邑商会成立，选举首届会董40名，再从中选出正副会长、正副司库、核数员以及干事。第一届正副会长蔡杰士、王少平。1946年第十四届会董会决议改名为"旅港潮州商会"，将董事制改为理监事制。1956年再次恢复会董制，正名为"香港潮州商会"，每届会董由会员大会选举产生，复由会董互选会长、副会长和常务会董。商会的会章和组织机构，经过多次修改和充实，日臻完善。

直至1971年，香港潮州商会一直兼顾操办应由同乡组织承担的任务。商会各届会董以及广大乡亲早在抗日战争前，就多次议及成立潮州会馆一事，由于战乱等原因而迟迟未能实现。至1966年，新任第25届会长廖烈文、副会长林继振、吕高文等再次倡议筹建潮州会馆，决定把建馆作为当届的奋斗目标。廖烈文先生连任第25、26、27三届会长期间，出钱出力，全力以赴营造会馆大厦，并得到香港乡耆硕彦、工商领袖和南洋各地乡亲解囊襄助。1971年大厦终于建成，耗资200多万港币。它的落成，标志着当时香港数十万潮州人建立起自己统一的同乡机构。

潮州商会和会馆一直本着联络乡谊、服务社会、弘扬中华文化的建会宗旨，开展会务。商会成立伊始，于1924年创办了香港潮商学校，1949年增设分校，稍后又集资为潮商学校修建图书馆。1925年在家乡办汕头港商义务学校。1987年兴建潮州会馆中学。这些学校的创办，为潮州人子弟提供了求学场所，也为香港和桑梓造就了人才。商会于1924年即在香港创办义山，之后多次扩建，为会员提供身后归宿之处。商会开展多形式的保存和弘扬潮州文化活动：图书馆编印了一套《潮州文献丛刊》，已出版的有《潮州耆归》《东涯集》等；赞助开展潮学研究，定期出版《国际潮讯》；近年来，多次在香港举办潮州节活动，促进香港民众对潮州文化的了解。每逢香港以及祖国各地发生灾祸，商会和会馆都尽力捐款赈济。

在促进国际潮州人大联合方面，商会和会馆也发挥了至关重要的

图 9-1　香港潮州商会 90 周年庆典（2010 年，杨锡铭摄）

作用。1980 年，香港与东南亚各地区的潮团组织共同发起召开国际潮团联谊年会。潮州商会和会馆曾于 1981 年和 1995 年，分别在香港举办首届和第八届国际潮团联谊年会。

（三）国际潮团总会

国际潮团总会前身为国际潮团联谊年会，1980 年由东南亚潮团倡议成立，2005 年在香港设立常设秘书处，处理日常事务，协调全球数十个国家和地区潮团的活动。随着会务日益发展和服务需要，2019 年年初在中国内地首设深圳代表处。国际潮团总会现有会员单位 128 个，下设信息委员会、国际潮学研究会、财贸委员会、国际潮籍博士联合会、国际潮青联合会等机构。

第二节　澳门的潮州人

澳门曾受葡萄牙统治多年，与葡语系国家和地区有着紧密的联系。澳门的潮州人凭借着这种独特的条件，架设起中国内地与葡语系

第九章 商海弄潮：中国香港 中国澳门 中国台湾

国家和地区联系的桥梁，不断发展壮大。

一 潮州人概况

澳门何时开始有潮州人移民，史料能提供的信息甚微。在1660—1680年期间，泰国当时正处于大城王朝时代，澳门与暹罗及其王室进行贸易。来自暹罗的船只在澳门停留，购买给养，装运货物和雇用水手。当时这些船只的航线是广州——澳门——大城。曼谷王朝时期，澳门与暹罗的贸易往来仍然继续。① 而当时的暹罗，"该国民不谙营运，是以多依福、潮船户代驾"②。既然当时暹罗的船只经常往返暹罗与澳门之间，而暹罗的水手又多由福建人和潮州人充当，可推知当时应有一些在暹罗商船上充当水手的潮州人来到澳门乃至居留。

鸦片战争之后，内地大量华商涌入澳门。晚清时期，澳门华人商铺遍及街头巷尾。各类商铺，多聚集成商行，如九八行、南北行等。"'臣基薄念知澳门行店福潮行八家为最大，嘉应四家次之，省中皆有栈房。'这类商人不管大小，为数众多，是晚清澳门华商中最大的群体。"③ 也就是说，彼时潮商在澳门经营的商行，已是当地最大的商行之一。

澳门的潮州人数量有较大幅度的增长应该是20世纪下半叶。东南亚一些国家的排华，使包括潮州人在内的一些华人华裔移居澳门定居。尤其是70年代末，印支地区排华，不少潮州人及其后裔被迫再次离乡背井，移居澳门。另外，由于港澳相邻，有不少香港潮州人经常往返于港澳之间，或者在澳门定居。又因为澳门的特殊地理位置，也有不少其他国家和地区的潮州人到澳门从事商贸而留居者。据澳门潮州同乡会介绍，2018年澳门人口约63万，其中潮州人约占1/10—1/8，大约有7万多人。

近年来，澳门各行各业中都有潮州人的身影。祖籍潮州市的刘艺

---

① 参阅吴志良、金国平、汤开建主编《澳门史新编》，澳门基金会2008年版，第63—65页。
② [英]赛乐：《东南亚的中国人》，载《南洋问题资料译丛》1958年第1期，第44页。
③ 吴志良、金国平、汤开建主编：《澳门史新编》，澳门基金会2008年版，第248页。

良,创业40多年来,一步一个脚印,从一间小企业发展成为澳门创世企业集团有限公司,以地产建筑业为主、兼营制造加工业、酒店业、林木业、出入口贸易和零售批发。近年来,刘艺良除立足澳门投资外,更将商业网络扩展至美国、香港及内地多个省市。李莱德创办的澳门德昌制衣公司和德昌洋行有限公司,是澳门知名企业,他也是澳门澳新贸易投资有限公司董事。刘雅煌创建的澳门万国控股集团被誉为澳门最多元的集团化企业之一,自20世纪90年代初创立至今,以港澳为基地,拓展内地、亚太市场,现已拥有二级企业65间,员工4000余名,业务主要涉及资源、投融资和实业三大板块。

澳门回归时,许世元、唐志坚、柯为湘等三位潮籍乡彦被委任为澳门特别行政区筹备委员会委员;许世元、唐志坚、刘艺良、柯为湘等九位潮籍人士在澳门特别行政区推选第一届和第二届行政长官委员会中担任委员。唐志坚曾出任澳门特别行政区行政会委员兼发言人;潮州同乡会会长刘艺良是第九届至第十三届全国人大代表。不少知名潮州人担任全国或有关省市政协委员,以及澳门的众多社会职务,为促进澳门顺利回归、维护社会的繁荣安定、社群和谐作出了努力。

二 澳门潮州同乡会

澳门潮州同乡会成立于1985年10月21日,现有会员逾千人。创会以来,坚持爱国、爱乡、爱澳的原则,以敦睦乡谊、团结乡亲、服务社会为宗旨,会务长足发展,得到澳门特区政府和澳门社会的广泛认同,成为澳门具有一定规模以及影响力的社团之一。2015年,成立澳门潮属社团总会,现有潮汕总商会、潮汕妇女协会、潮汕青年协会等属会。

一直以来,该会不遗余力地加强与桑梓的联谊和相互了解。经常组团返潮汕故里参观访问及参加有关活动,增进旅澳乡亲对家乡经济建设和社会发展情况的了解。多次发动乡亲赈济潮汕和内地其他地区的自然灾难,襄助潮汕地区相关社会公益事业。另方面,多次接待来自家乡的各级政府领导和有关团组。同乡会努力促进同海内外潮团的交往,敦睦乡谊,互助工商,发展文化,曾分别于1989年、2005年

第九章　商海弄潮：中国香港　中国澳门　中国台湾

图9-2　澳门潮州同乡会举办潮州美食文化嘉年华（2010年，杨锡铭摄）

主办了第五届、第十三届国际潮团联谊年会。

该会积极投身澳门的社会活动，并以支持澳门特别行政区政府依法施政为己任。每年募捐支持澳门同善堂、澳门日报读者公益基金会及参加公益金百万行。为了培育英才，弥补澳门当时学额不足的问题，该会于1995年创办了培华中学，现已发展成为颇具规模、设备较为先进的全日制中学，获政府及社会的赞许。

第三节　台湾的潮州人

潮州人移居台湾具有悠久的历史。概言之，历史上移居台湾的潮州人中，有随海上武装商贸集团移台者，有随郑成功收复台湾后定居者，有随清军治台而居留者，有受清政府招募前往垦殖者，有因天灾人祸等所迫移居者，以及经商贸易人员留居者。1949年新中国成立前夕，国民党军队撤退台湾时曾在潮州地区掳去一批壮丁。至今，台岛各地仍有潮州人的聚居地及其文化遗存。2017年，有人估计在台湾的潮人约有一百万人。① 这个数字也可能相对夸大。

与来自福建漳泉等地的族群相较，在台潮州人移民年代稍晚，因战争迁台的较多，其族群文化的保持尤为不易。

一　潮籍移民概况

早在400多年前，已有潮州人有组织地登陆台湾。饶宗颐总纂《潮州志·大事记》记载，明朝末年，惠来人林道乾为首的潮州海商集团活跃海上时，就曾到过台湾。另据台湾省文献委员会编印的《台湾省通志·人民志·民族篇》记载：

> 明代以来，沿海居民，或因渔商、或为海盗、或私自出海觅食，多移向台湾。尤以闽粤两地，山多地峡，狎习经，故迁省外者尤众。迨及明清鼎革，为避战乱，而迁南洋、台湾者，更不可胜数。②

明清时代，因潮州南澳岛接近台湾南部，帆船朝发夕至，移民高雄、恒春、枫港、车城的潮州人日多。明末清初，郑成功据台湾抗击清廷，曾先后占领南澳等地，海阳（今潮安）、潮阳、饶平的潮州人随他一起到台湾者甚多。③ 晚清时期，台南市、台北市的两广人士，组织两广同乡会，其中大半系潮州人。当时潮州镇（今属屏东县）的居民中，有本地人、客家人和潮州人，但以潮州人占多数，因而得名。由于潮州人移民渡台的时间较泉州、漳州为晚，故在台的潮州人人数比不上漳泉人之多。

日本占据时代，也有潮州人旅居台湾。据沈野先生资料，日本最后一次对台湾人口的调查是在1943年，当时全台湾人口为6133867

---

　① 佚名：《中华台湾潮汕同乡总会在台湾成立》，2020年10月19日查阅。https://www.sohu.com/a/137759797_543957。

　② 转引自沈野《潮州人在台湾》，载《潮学研究》第六辑，汕头大学出版社1997年版，第574页。

　③ 饶宗颐：《南澳：台海与大陆间的跳板》，《潮学研究》第三辑，汕头大学出版社1995年版，第4页。

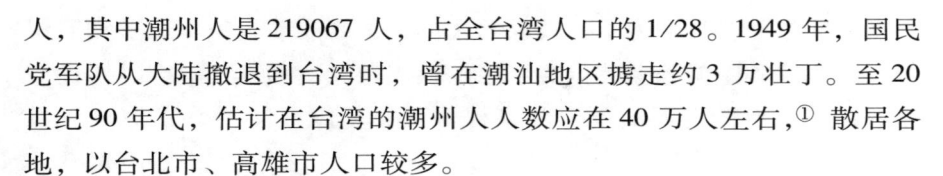

人，其中潮州人是219067人，占全台湾人口的1/28。1949年，国民党军队从大陆撤退到台湾时，曾在潮汕地区掳走约3万壮丁。至20世纪90年代，估计在台湾的潮州人人数应在40万人左右，① 散居各地，以台北市、高雄市人口较多。

1998年，饶平县台湾事务办公室和饶平县志编委会办公室联合出版的《饶平乡民移居台湾纪略》，其中估计该县在台人数（包括饶籍潮州人和客家人）有502700人。有许、林、卢、张、邓、刘、陈、袁、熊、杨、蔡、郭、邱、周、李、赖、萧、詹、黄、王、沈、赵、胡、涂、严、吴、曾、朱、谢、郑、余、巫等姓氏。主要分布在台湾的新竹、桃园、台中、彰化、基隆、屏东、台北、云林、嘉义等地。并说明此数字系"依据台胞所带来的族谱及向台胞询问，及县内残存族谱资料粗略估算，并非绝对准确数，但可供参考"②。

台湾现有的地名，如屏东县"潮州市""潮厝村""大埔村"，屏东市的"海丰里""大埔里"，高雄县的"潮州寮"，台南县的"大埔""海丰厝"，彰化县的"潮洋（阳）村""海丰村""陆丰村""饶平""海丰寮""大埔""大埔里""大饶里""惠来村"，台中县的"大埔厝"，苗栗县的"大埔里"，新竹县的"大埔"，台北县的"大埔"，宜兰县的"南澳"等等，可以看出潮州人在台湾的蛛丝马迹。其中的大埔、海丰、陆丰，以前均曾属潮州府管辖。

二　潮州人社团

目前，在台湾的台北、高雄、台中、台南、基隆、花莲、新竹等地都有潮州（汕）同乡会。近年来，也有一些潮汕商会相继成立。部分潮州人社团已有70年以上的历史。

台北市潮州同乡会正式成立于1951年10月，会员有五百多人。由陈素、林作民等人发起，以联络乡亲情谊、传承潮州优良传统文化

---

① 沈野：《潮州人在台湾》，载《潮学研究》第六辑，汕头大学出版社1997年版，第575—576页。
② 饶平县台湾事务办公室、饶平县志编委会办公室编：《饶平乡民移居台湾纪略》，香港文化传播事务所，1998年，第34—35页。

为宗旨。目前会员多为军公教退休人员。主要活动是每年春节期间组织乡亲团拜和慰问养老院单身乡亲、重阳敬老、颁发奖学金、协助乡亲寻亲朋、为孤苦无依单身乡亲提供帮助，以及接待来访海内外社团等。

台中市潮州同乡会成立于1954年3月23日，由陈积中与朱日千、王建竹、辜国华等发起筹组。1957年间辟建"潮州山庄"，占地1.2369公顷，以供会员逝世安葬之处。1962年冬购得台中市北区太平路120号平房会所一栋，面积163平方米，作为集会及各项活动之场所。自1957年起，每年于农历正月初一日上午十时，在会所举行春节团拜，互贺新禧，并分送柑橘一份，象征新春大吉，或间有摸彩等活动助兴，数十年来从未间断，已蔚为良好风气。重阳佳节，举办敬老大会，邀请70岁以上之男女同乡到会参加，由全体理监事亲自接待，并备有寿宴及分送寿桃礼金。设置会员子女奖学办法，凡就读高中（高职）、大专学校，学业、操行、体能三项成绩符合规定标准者，均可申请奖励，分别致送奖学金及奖状，并予公开表扬。

高雄市潮汕同乡会成立于1956年，由饶平在台乡亲蔡义初、岳秉卿等31人筹组，蔡义初为首届理事长，设有董事会、理事会和监事会。理事会下设奖学金、潮州公祠、文献、潮州墓园、救济、康乐、福利策进、调解、公关和财务等十个委员会，以及潮州大锣鼓队等。同乡会成立后，先后募集资金兴建五层楼会馆、购地建设潮州公祠和墓园、设立奖学金、搜集刊印潮州文献等。

台北市饶平同乡会成立于1986年2月15日。该会宗旨是团结饶平在台乡亲，敦睦乡谊，造福社会。蔡义初、欧树文分别为首届理事长和名誉理事长。设有奖学基金会，举办慈善福利事业，开办文化娱乐活动等，曾组团回饶平参加中秋联欢、潮州市升格三周年庆典等活动。

2017年4月15日，由台北、台中、台南、基隆、高雄等市潮州（汕）同乡会联合设立的中华台湾潮汕同乡总会，在台北圆山大饭店隆重举办庆祝成立大会暨优秀学生奖学金颁奖典礼，台湾岛内外共计200余人参与大会。中国文化大学教授李南贤博士荣任首届会长。

本篇结语

始自宋元鼎革之际，一批又一批的潮州人下南洋，在东南亚开垦拓殖，经营发展。随着时间的推移，东南亚各地形成了众多的潮州人聚居区。时至今天，海外潮州人在东南亚已成为当地华侨华人社会的主体族群或重要组成部分。关于海外潮州人的历史和现状，诸多专家学者已进行过多学科的研究，硕果累累。笔者囿于学力和所能收集的资料，只能在前贤的基础上试将本篇所述作一小结，以就教方家。

一　开枝散叶：日久他乡即故乡

潮州人移民海外，历史悠久，高潮跌宕起伏，大规模的移民潮持续至20世纪中期。之后，由于国内外各种因素的共同影响而趋低潮。自20世纪下半叶以来，潮州人移民海外人数不多，且主要集中在柬埔寨、泰国等少数几个国家和地区。因此，现时海外潮州人的主体是在当地出生成长的潮州人后裔。他们有的已经在海外"落地生根"，繁衍数代，日久他乡即故乡。对于这些生于斯长于斯的潮州人后裔来说，潮州只是其祖辈的故乡，是根之所系的原乡。他们的宗乡观念，已与其祖辈大异其趣。另一方面，由于受生长环境的影响，目前在海外的潮州人后裔多数已不懂讲潮州话。近年来，受"华文热"的影响而学习华文者，其所习得的是华语（即普通话）而非潮州话。即使在潮州人是当地华人主体的泰国，随着老一辈潮州人逐渐退出历史舞台，曾经是泰华社会通用语言，乃至泰国商业语言的潮州话，也已日渐弱化，年轻的泰国潮州人后裔绝大多数也已不懂潮州话。语言的隔阂是潮汕原乡侨眷属与海外亲人之间的联系逐渐疏远的重要因素之一。

二 归化入籍：从效忠祖国到效忠所在国的转变

中华人民共和国成立后，面临着西方国家的政治敌视和经济封锁，外部环境极为恶劣。为打破东南亚各国当局的顾虑，打开外交突破口，我国在1955年的万隆会议上宣布不再承认双重国籍，鼓励华侨根据自愿原则加入所在地国籍。东南亚各国也采取各种措施促使华侨归化入籍。而在当地出生的潮州人后裔，也依法自动成为所在国公民。因此，目前就国籍而言，广泛分布于东南亚的潮州人，绝大多数已是所在国的公民。仍然保持中国公民身份者，也即是法理上的华侨，只是少数新移民及个别老华侨。因此，不应将海外潮州人统称为华侨。宜以乡亲相称，既不违法理，也更亲切。

应当看到的是，国家认同的改变，固然使潮州人及其后裔与祖籍国产生了隔阂，但也为其融入当地主流社会扫清了法理上的障碍。今天，潮州人后裔的精英活跃于泰国、新加坡等东南亚国家的政坛上，即为实例。

三 抱团发展：根植于心灵深处的宗族文化

昔日潮州人闯大海，下南洋，经历千辛万苦，栉风沐雨，筚路蓝缕。有人客死异国他乡，有人衣锦还乡，有人在当地成家立业，成就了一番事业。勤俭持家，善于积累，善于发现和抓住机遇，从小到大，不断发展，是绝大多数成功的海外潮州人必经之道。早期移民海外的潮州人，多数先在种植园做苦工、在码头当挑夫、在矿山挖矿、在工厂当工人、在商店做店员，或做小商小贩等等，手胼足胝，克勤克俭，努力拼搏；稍有积蓄后，即投资办实业，营商贸，并不断扩大经营。海外潮人用自己的辛勤劳作，为所在地的繁荣和发展做出了不可磨灭的贡献，其经济是当地民族经济的组成部分。海外潮州人是当地经济社会中一支重要的、甚至是举足轻重的力量。

海外潮州人社会中存在着以地缘、血缘、业缘、善缘、文缘等建构的网络，早期海外潮州人社会中的私会党、帮，现时的各种社团，是这种网络的具体表现形式。这种网络，既联结乡亲，敦睦情谊，团结互助，扶贫济困，也是潮商借以抱团发展的平台。海外潮商凭借着这个网络，与当地乃至世界各地的潮商相互联系，构筑更大的平台，协作发展，互利共赢。家族企业是早期海外潮商的主要经营模式。20世纪下半叶以来，潮商家族企业逐渐向现代化企业转型，不少潮商企业成为上市公司，乃至跃居世界最强企业之列。但不少企业中家族文化的影响仍然浓厚，潮州人企业的核心仍由家族掌控者不乏其例。

四　坚守传统：对潮州文化的继承与发扬

潮州人在移民海外的同时，也带去潮汕地区的文化传统和生活习俗。保持和传承潮州文化，是海外潮州人保持自身特质的需求。目前在海外潮州人聚居区，潮州文化在一定程度上仍得到传承发展。潮州地区的游神活动（"营老爷"）、盂兰胜会（施孤）等习俗，在一些海外潮州人聚居地仍然得到比较完整地传承，并且已经融入当地，成为当地主流文化的重要组成部分。潮州文化在海外传承的过程中，也产生弱化、异化或在地化现象。与此同时，海外潮州人还在居留地创造和发展了潮州文化。海外潮州人的文化是潮州文化的有机组成部分，海内外的潮州人共同创造和发展了潮州文化。换言之，潮州文化是维系海内外潮州人的重要纽带。潮州是海外潮人根之所在，海内外潮人文化互相学习借鉴，交流补充，有利于潮州人族群的发展，有利于增强海外潮州人对故里潮州的认同感和归属感，也有利于潮州文化的弘扬、传承和发展。

五　二次移民：欧美澳潮州人族群的主体是印支难民

东南亚也是潮州人走向世界各地的原发地之一。20世纪70年代中期，印支三国风云突变，大量难民被迫逃离越南、老挝、柬埔寨，流离失所。在逃离途中，有的葬身鱼腹，有的家破人亡，幸运者后来被中国、欧美澳等国家和地区收留安置。这些印支难民中有为数众多的潮州人。再次背井离乡的印支难民，是潮州人播迁至世界各地的重要因素。时至今天，欧美澳各国数量不等的潮州人族群中，来自印支

中篇　东南亚的潮州人

三国的潮人及其后裔仍是其主体部分。他们与来自港澳和潮汕地区的潮州人，一起构成现在欧美澳等国家和地区的潮州人族群。关于欧美澳地区的潮州人族群，笔者将俟今后有合适时机，另行研究、探讨。

下篇

东南亚潮州人与潮汕侨乡

本篇分五个专题，论述东南亚潮州人与潮汕侨乡的互动关系，反映东南亚潮州人对潮汕地区特别是当代潮州市经济社会发展的深刻影响。

华侨与原乡、祖国的关系，可谓盘根错节，涉及社会、经济、政治、文化等方方面面。这种关系是互动、双向的，并非局限于海外华侨对原乡和祖国的贡献和影响，还包含着原乡、祖国对海外华侨的关怀和保护，不乏中外经济文化交流的绚丽多彩。囿于篇幅，本篇仅聚焦潮侨在中国国内的宗乡关系、慈善捐赠、投资活动、政治参与和文化影响五个方面，进行专门的概述，分别是：潮侨与宗乡关系；举办慈善公益；投资经济建设；参与政治变革；引领文化风尚。

第 十 章

慈乌反哺：潮侨与宗乡关系

潮州传统上是一个典型的宗族社会，自唐宋以来就开始了宗族文化建构。明清至民国时期，其宗族制度得到进一步的发展，在各个乡村形成鲜明的宗族文化特色，并被移民带往东南亚各地。正是由于宗族文化的强烈影响，海外潮侨具有独特的身份认同和文化心态，并使之与宗族、乡村结成牢固的命运共同体。

第一节 潮侨与原乡宗族社会

潮籍华侨与原籍宗亲的关系，既受到宗族制度的深刻影响，也是与其特殊的家庭结构密切相关的。在东南亚侨居的潮州人，由于其深厚的宗族背景和承担的家庭义务，与眷属、宗亲之间存在着牢固的精神、经济纽带，贡献良多。华侨反哺宗亲的行为，是华侨建立与侨乡、祖国种种关系的起点和基础。

一 剪不断的宗亲纽带

宗族是近世中国乡村最为普遍、也最具本质性的社会组织形态，并对乡村文化传统产生深刻的影响，这在民国时期的潮汕地区更是如此。有学者指出，潮州宗族及其文化建构最早可以上溯至唐宋时期，而在16世纪的明代有了迅猛的发展。[①] 到了16世纪至18世纪的明清时期，随着儒家伦理思想由传统的"重儒轻商"转变为肯定儒士的"业贾治

[①] 参见黄挺《十六世纪以来潮汕的宗族与社会》，第一章，小引，暨南大学出版社2015年版，第2—5页。

生"，儒士业商的情况已很普遍，商人亦开始接受儒家教育、"笃慕儒道"，这对早期潮侨的文化心态产生了重要影响。在中国农耕社会"安土重迁"文化传统和儒家"孝"道思想的浸润下，早期经商海外的潮侨由此心系故土，并以行义赈灾和光宗耀祖作为自己人生的行为准则，这在潮安彩塘华美村以成公祠碑铭中所记录的清同治、光绪年间，新加坡潮侨沈以成、沈绍光（镜波）父子从事海外贸易致富后热心祖国家乡公益事业、捐输赈灾而受诰封的事迹中，表露无遗。①

辛亥革命后，海外华侨民族主义空前高涨，爱国主义已成为逾越宗族、乡村情怀的主旋律。尽管如此，宗族、家乡仍然是华侨精神世界的根基。他们身在海外，心系故园，家乡的风土亲情，无时不萦绕在其脑海里。他们把自己看成是旅居者，有朝一日，便要衣锦还乡、

图10-1 曼谷的三聘街为著名的侨批一条街，最高峰时有批信局78家之多

---

① 参见黄挺《十六世纪以来潮汕的宗族与社会》，第四章，第二节，暨南大学出版社2015年版，第229—238页。

第十章 慈乌反哺：潮侨与宗乡关系

落叶归根。正是基于这种思想观念，海外潮侨首先将家眷留在原籍，藉由宗族的势力予以庇护；自己则放手在海外打拼，积蓄银钱赡养家乡的眷属。

潮汕的乡村聚落多为聚族而居，一般是一姓一乡或数姓一乡。相比于广东乃至国内其他地区，这里的姓氏宗亲居住较为集中，很多小则上千、多则上万人口的村落，村民往往源自一个开基始祖，因此宗族势力更加强大，能够对华侨眷属提供更好的安全保障。如距离潮州府城仅数千米之遥的溪口乡，村民数万大部姓刘，号称"溪口刘"，始祖为宋末来潮立业、卜居溪口怀德里（涵头）的"建阳公"。至北宋、五代年间，因子孙繁衍，乃筑迁入大寨，他姓居民随后先后外迁，而刘姓也于明朝成化以后逐步成为一姓聚居。此后代代相传，至20世纪40年代末，已历20余代、族众7000、祀祠32座；[①] 至21世纪10年代，溪口刘氏人口已繁衍多达数万之众，主要聚居于磷溪镇溪口一至五村、七村、八村和桥东街道六亩村（原溪口六村）。自清末以还，"溪口刘"侨居暹罗者不少，溪口乡中侨眷亦众。留守原乡侨眷，皆有赖于同乡宗亲的护佑。

潮汕的乡村聚落，明代中期以后为防倭寇、盗匪侵扰，多筑有寨墙并设若干寨门出入，可谓固若金汤。如饶平县隆都前美村"永宁寨"（现属汕头市澄海区），始建于清康熙年间，雍正朝建成，占地面积万余平方米，三面寨墙高达8米，一面护寨河，兼具防盗、防洪之效。自清末民初华侨"小富即安"衣锦还乡营建新厝后，侨眷方逐渐搬离寨中，住进邻近"侨宅"。这些侨宅通常深宅大院，或连片成群，皆有守望相助之功，有益于侨眷安居。

诚然，华侨眷属留守原乡，亦有不得已之苦衷。早期潮侨出国谋生，多属未成家的单身汉，家中父母自有兄弟姐妹关照，无需多虑。待稍有积蓄返乡娶亲、成家生子，鉴于海外生活艰辛、环境动荡，亦只能狠心将妻儿委托宗亲照料，再独自出洋务工经商。倘若发展所需、要将子弟带出海外，则往往留下长子长孙，以使宗族香火延续不

---

① 溪口刘氏续修族谱组委会、溪口刘氏续修族谱编委会编印：《溪口刘氏族谱》，第61页。

绝。如此，通过家庭的血缘纽带，潮侨与宗族紧紧地联结在一起，形成命运共同体。

二 "两头家"

潮州人侨外，历史上以暹罗（泰国）及英属马来亚、法属印度支那、荷属东印度及香港居多。早期南洋华侨女性极少，加以暹罗、柬埔寨等地原本"妇女易求"，土著女性多愿意嫁给华侨，华侨单身汉若在外久居而无力回唐山娶亲，或有就地娶"番婆"成家者。部分在原籍已成家的，因生活和生意需要，则往往另娶"番婆"又成一家，形成"两头家"的局面。中国传统婚姻家庭尽管实行一夫一妻制，但官宦人家和殷实商人纵有三妻四妾亦不稀罕，因此华侨在乡原配无可奈何，只能听之任之。

华侨原配在乡，既要孝敬公婆、抚育儿女，往往还需参加生产劳动，家庭生活压力不小。早期华侨一年、数年方能回乡探视省亲，聚少离多，倘若丈夫在外有个三长两短、不能回乡团圆，原配就要顶起家庭经济的大梁，个中辛酸难以尽述。

此外，潮侨普遍重视子女的中华传统文化教育，即便是在海外出生的华裔"番仔"，通常也会送回原乡读书，或进"家塾"，或进"学堂"，期能保留下中华传统文化之根，助力其日后在海外商界之发展。这些"家塾"和"学堂"，通常系由潮侨自家所设或海外华侨在族中合力开办。

三 落叶归根

"叶落归根"也称"落叶归根"，源自宋代释道原所著《景德传灯录》卷五："叶落归根，来时无口"等处，后人用此比喻事物总有一定的归宿，也指作客他乡的人最终还是要回到故乡的。远在海外的华侨，常用此表示思念故土之情。为了实现家庭团圆梦，他们省吃俭用积累财富，寄款回家置田建屋，期望着有朝一日能够打道回府。在20世纪30年代以前，潮汕侨乡处处点缀着不少华侨新建住宅和宗祠，他们多不惜投入巨资、采用潮州传统样式规制精心营建，或石刻木雕巧夺天工，或装饰构件中西合璧，足以彰显财富、光宗耀祖。

图 10－2　陈慈黉回国颐养天年的"文园小筑"

但是，对于大多数海外华侨来说，能够发财致富、衣锦还乡的毕竟还是少数，光耀门楣、颐养天年更是难以企及的梦想。在暹罗等潮侨居多的华侨社区，无数潮州人病死、伤亡、终老异域，葬身义山，只能寄望于佛道做法、魂归故土。实际上，民国时期回乡安居的华侨，除了少量回国参与政治活动的革命者和从事经济活动的殷商外，许多都是因侨居地战争、排华（如暹罗）或经济萧条而被迫从海外回国的华侨难民和失业华工。所幸的是，在原乡，尚有一个不会嫌弃他们的家庭，以及一个愿意接纳游子归来的宗族。

值得一提的是，鉴于民国时期潮汕地区乡村匪患较多、治安不好，很多回籍华侨并不回乡常居，而是在汕头市区或各县城镇购置或盖建房产自住，兼营各种商业，这也在一定程度上促进了侨乡经济的发展。

当然，也有一些在海外发迹的潮州人，虽然没有回乡定居、叶落归根，但这并未影响他们惠及家眷、光宗耀祖。郑智勇及其兴建淇园新村的故事，便是一个生动的案例。

郑智勇无论在泰国还是潮州，都是一位颇富传奇色彩的华侨人物。他原名郑义丰，海阳县大和都（今潮州市潮安区凤塘镇）淇园村人，1851年出生。少时家境贫寒，父亲出洋谋生客死暹罗；母亲无依无靠，只好带着两个孩子以乞讨艰难度日。其后兄长为人放牛，下落不明；母亲被迫改嫁，寄人篱下。少年郑智勇浪迹街头，年仅13岁即只身下南洋闯天下。在暹罗，他先在湄南河码头栈行当跑街和小伙计，养成刻苦耐劳和机灵果敢的秉性；不久被吸纳入原太平天国旧部、揭阳人林莽为大哥的洪门会党，至34岁时成长为会党领袖的第二号人物——俗称"二哥丰"。迨至大哥莽去世，他进而领导会众，却因敬重大哥莽而不肯称大哥。他承办暹京花会、包揽赌税，开办出入口贸易行、航运公司、银行、碾米厂、印刷厂和报馆，把业务扩展到新加坡、香港、汕头、厦门、上海和日本横滨、长崎，成为当时泰国首富和华侨社会最有权势的领袖。尤其难能可贵的是，郑智勇事业成功后乐于扶危济困、广集善德，带头出巨资兴建培英学校、报德善堂和华暹码头等，深得民望，被暹王拉玛六世封为"坤伯"（伯爵）。1908年孙中山到曼谷与郑智勇见面，二人以兄弟相称，郑赞助孙革命经费数十万元，孙亦嘉其品德而书"智勇"大字相赠。

汕头开埠后，轮船运输业勃兴，红头船很快遭到淘汰。郑智勇不忍外商长期操纵汕头港航运，乃于1905年组织"华暹轮船公司"，集资三百万铢购置轮船八艘，分别航行于曼谷至汕头、香港、厦门、上海和日本、马来亚、荷属东印度、越南、柬埔寨各地，其中四艘专行汕头。相传，他优待会讲潮州话的旅客可按半价购票，如有老贫病残者要求减免均可酌情照顾甚至资助旅费。由于他对汕头海运贸易的重视和贡献，经营汕泰线的汕头出口商都设法与之建立承包关系，并在1909年成立"暹商公所"相配合。

光绪年间，清政府在南洋华侨社会拉拢侨领殷商，卖官鬻爵，郑智勇也因向清政府捐献十万两银子赈灾，获得二品衔花翎顶戴的"荣禄大夫"封号，慈禧太后为此还答应接见他。此后，他不仅在曼谷建筑豪华的"大夫第"，还在祖籍淇园乡东南面约一华里处购地另辟"新乡"，于1911年建成，占地达140多亩、房屋300余间，主要包括"荣禄第""海筹公祠"和"智勇高等小学校"三大部分的建筑群落。新乡南面以"荣禄第"为主体,附以"驷马拖车"构成华夏巨宅。与南面宅平行,建有罗马式拱门二层洋楼二座,成为"智勇高等小学校"校址;新乡东面以"海筹公祠"为主体,左右两旁建有四座院宅,形成巨大的建筑群;全乡筑有围墙,并有更楼,结构严密,可谓是中西合璧、富丽堂皇、气派雄浑、别具一格。新乡落成之后,郑智勇即广招郑姓人入乡居住,每人给良田四亩,房屋二间,未成家者还代为娶妻。一时间,除淇园本村外,揭阳白石郑、蕉塘郑,潮安窑头郑、后洋田郑、前陇郑等 130 余人纷纷入户新乡,"二哥丰'养仔'创新乡"佳话不胫而走。此外,他还在新乡周围建起忠美(今沈畔村)、信美(今港尾村)和仁美(今陈谟村)三个卫星村落,同样以田地屋宇换取村民入族为子。一时间,淇园新乡人气鼎沸,成为一方望族。到了此时,郑智勇再风风光光地将母亲迎回,并在新乡南畔新盖一座庵堂供母亲礼佛(后被日军炸毁无存),极尽人子之孝,荣耀之至。

如同潮州本土商人崇尚儒道、热心教育一样,郑智勇本人虽从小无缘私塾,亦深知教育之重要,况其长年侨居海外、心系故土,其见识才智、勇气毅力自然不在他人之下。与新乡同时建成的"智勇高等小学校",占地面积 1107 平方米,拥有一个大操场及两座洋楼,内分教室、教务处、礼堂、膳厅、乒乓球室及学生宿舍,教学设施可谓齐全。不仅如此,学校还不惜重金礼聘各地名师前来执教,学生的住宿、膳食、用品、学费、书籍亦一概免费,潮州九邑大批学子纷纷慕名前来就读。这所高级小学,无论其规模、设施和师资,在当时的潮汕地区均可谓数一数二。

郑智勇创建新乡的活动,其动机有着各种猜测、众说纷纭,或曰其在淇园乡原系弱房、受人欺侮,发迹之后藉此在族人中炫富;或曰其原本打算将母亲接回淇园乡安度晚年,但遭族长反对,以其母改嫁变节而不见容,遂一气之下购地另建,以便迎母返归,等等。无论出自何种动机,客观上都有泽被桑梓、造福一方之功。

事实上,海外潮侨回乡兴学行善、光宗耀祖之举,在清末已非罕见个案。以兴办私塾来说,即有香港富珍斋创始人陈开泰,于同治末年（1871）回到家乡潮州东浦都（现沙溪镇）仁里乡，建富珍家塾一座，作为子孙读书之所；后又建造指甲花馆，"其中有4座书斋及后花园，专供4房头子孙读书之用"①。1880年，海阳县新加坡华侨以高薪聘请名师，在家乡指南轩开办私塾，时有学生16人；第二年，又在爱日居办一所私塾，有学生20人左右。1897年，海阳华侨吴声锦，也在南薰轩办起了私塾，学生最多时有85人。②至于兴办新学，海外潮州人因其较早接触到西式教育，对新学制的优势有所了解，故支持更大。特别是在光绪二十八年（1902）诏颁《钦定学堂章程》及《壬寅学制》，翌年又诏制《奏定学堂章程》，改《壬寅学制》为《癸卯学制》，以及光绪三十一年（1905）废除科举制后，海外潮州人在原乡创办的新式中小学校就更多了。事实上，光绪二十七年（1901年）以后潮汕地区兴起的大量新式学堂中，即有不少侨办学校。如揭阳下义村籍荷属东印度西加里曼丹华侨林奕荣1905年回国探亲时创办的义和学校，潮安彩塘籍新加坡华侨沈纯庵1907年专程回国创办的育华小学堂，新加坡金砂陈氏同乡会组织的光裕公司集资在祖籍金砂乡创办的时新小学堂（今金砂一小）。光绪二十九年（1903），泰国侨商陈慈黉返回故乡隆都前美颐养天年，同时慷慨出资筑桥修路、疏浚沟渠，并独资兴办粤东地区较早的侨办学校——成德学校。该校招收本村儿童免费入学，师资、设备、教学仪器均为当时全县小学之冠。

这一时期，华侨商人在其故乡从事公益慈善活动，已不仅仅限于兴办教育。他们在原籍甚至更大空间场域内开展赈灾济难的社会活动，并积极与官府合作，表现得相当耀眼。例如，同治、光绪年间，马来亚新加坡潮商沈以成、沈绍光父子热心祖国家乡公益事业、慷慨捐输义款赈灾而受诰赠"通奉大夫赏戴花翎道员加三级"；光绪四年（1878）山西、河南大饥荒，丁日昌在潮汕地区和南洋各埠发动商人、华侨赈灾，曾募集到潮汕捐款和南洋捐款数十万元，许多侨商也因此获得清廷封赏的职衔顶戴。

---

① 陈中璐、陈健民：《富珍斋创始人陈开泰先生事略》，《潮学》2005年第1期，第24页。
② 刘权：《广东华侨华人史》，广东人民出版社2002年版，第264页。

华侨商人通过经济的抨注，积极参与乡村宗族建设和社会公益活动，不仅使自己在宗族中的地位得以迅速提升，而且也悄然改变了潮汕地方社会的权力格局。从此，有关华侨事迹便频频出现在宗族谱牒和地方志书之上。

第二节 潮汕侨乡的形成

第二次鸦片战争后，随着海外潮州人数量的激增，其与家乡的交往也日趋紧密。诚然，这是与清政府的护侨引资新政分不开的。随着海外潮侨与家乡联系的密切，潮汕地区很快完成了侨乡的形塑，形成了独具特色的潮汕侨乡社会。

一 清政府护侨引资新政的推行

19世纪60年代后，随着晚清政治的发展特别是其经济现代化政策的推行，清政府漠视海外华侨的政策和态度发生了戏剧性的变化。促成这一变化的主要动力，源自华工受虐事件和侨居地排华运动对大清帝国政治的冲击，以及清政府在洋务运动中对于海外华侨经济潜力的重视。通过设领护侨、支持文教、豁除海禁、卖官鬻爵、抚慰侨民、设局保商、承认国籍等等举措，清政府将海外华侨与祖国紧紧地联结在一起，华侨与家乡的联系空前密切，最终形成了潮汕侨乡的基本格局。

（一）护侨引资

对于出洋谋生的海外华侨，中国封建政府向来是把他们视为化外之民、"概不闻问"的。清代乾隆以后开放海上大米贸易，但并未允准人民出洋侨居；苟有华侨回乡，即不免遭到地方官府的勒索和陷害。在今潮安区官塘镇石湖村，仍然遗留有华侨古宅"卫分府"及其主人陈式令人唏嘘的传奇故事。

第二次鸦片战争后，清政府被迫允许英法在华招工，华工出国合法化，但这只是放松了对"华民"出境的控制，华侨入境的禁令并未废止，它丝毫也不表明清政府沿袭多年的海禁政策和对海外华侨的态度有了根本改变。事实上，由于海禁条例未废止，海外华侨仍为大清罪犯，苟有挟资回国之人，不免遭受地方官吏及豪绅的骚扰和敲诈；而他们往往一遭诬陷，则控诉无门，因此不欲归国，视归国为畏途。

不过，在19世纪60年代后，清政府传统的华侨政策逐渐发生了变化。

华工大量出国后，各地虐待华工事件屡屡发生，排华运动此伏彼起。所有这些，都陆续通过外交途径反馈到国内来，严重损害了清政府的国际形象。尤其是在1869年、1871年获悉秘鲁、古巴华工受虐情形真相①后，清政府自知如不设法制止，"不独无以对中国被虐人民，且令各国见之，亦将谓中国漠视民命，未免启其轻视之心"②。基于这种考虑，同时，也为防止华工因侨居地排华而大批回国可能引起的政治混乱，清政府将其对海外华侨的态度和政策由消极转向积极，便势所必然了。

诚然，导致清政府华侨政策转向的推动力，更重要的还在于其经济方面的考虑。众所周知，自19世纪六七十年代后，以张之洞、李鸿章等为首的地方官僚极力推行富国强兵的洋务运动。随着清朝派遣使臣和出国游历人数的渐增，海外华人的经济实力及侨居地所具有的战略地位逐渐为朝野上下所认识，并形成利用华侨振兴商务、巩固海防的具体想法。如同治五年，广东巡抚蒋益澧便已建议朝廷效仿西方"以官吏为经""以商人为纬"，以商护国、以官护商的做法。他指出，"内地闽粤等省赴外洋经商者人非不多……若得忠义使臣前往各处联络羁维，居恒固可窥彼腹心，缓急亦可藉资指臂"③。稍后，福建巡抚王凯也建议朝廷在海外各埠设官招徕华商回国贸易，以使中国"不受洋人勒索，是又暗收利权"④。江苏布政使丁日昌更具体建议朝廷："设立市舶司，赴各国有华人处管理华人……精选忠勇才干官员如彼国之领事，至该处妥为经理。凡海外贸易皆为之扶持维系。商之

---

① 陈翰笙主编：《华工出国史料汇编》第一辑，第三册，中华书局1985年版，第965—969、971—972页；第一辑，第二册，中华书局1985年版，第562—565页。
② 陈翰笙主编：《华工出国史料汇编》第一辑，第三册，中华书局1985年版，第1078—1079页。
③ 宝鋆等：《筹办夷务始末（同治朝）》卷43，中华书局2008年版。
④ 宝鋆等：《筹办夷务始末（同治朝）》卷99，中华书局2008年版。

害，官为之厘剔；商之利，官不与闻。则中国出洋之人必系念故乡，不忍为外国之用，而中国之气日振。"① 还有不少有识之士如王慕寿、薛福成、张之洞从海防战略上考虑到海外华人特别是南洋华人的作用，主张以华侨为耳目、窥西夷之动静，甚或主张直接藉华侨经济力量来筹建海军，以兵轮护侨，以侨养船。此议后虽无果，但却显现清政府内部不仅已开始将海外华侨视为振兴商务中可资凭借的经济力量，而且还对其寄予军事上的厚望。事实上，自19世纪80年代以后，清政府便十分重视"用侨"的工作。如1883年，郑观应便受命前往南洋刺探法国军情，策动华侨配合中法战争。1889年江苏、安徽旱灾，清朝派驻新加坡领事左秉隆曾发动华侨赈灾。至于在海外公开卖官鬻爵，争取华侨巨商对朝廷的效忠，更在中法战争以后盛极一时。此举不仅满足了侨商光宗耀祖的虚荣心，同时也在一定程度上解决了清朝自身的财政危机。

基于上述背景，清政府在外交上加快了遣使设领的步伐，渐次开展一些护侨活动并取得了立竿见影的成效。

为减轻海外受害华侨对中国国内的政治、经济压力，维护大清帝国的尊严，在洋务派官僚的倡导和努力下，清政府首先在华工受虐最为严重的秘鲁、古巴等地开展护侨活动，并取得了一定的成效。1875年，清政府进而向海外派遣常驻公使，随后又在马来亚新加坡（1877年）、日本横滨、美国三藩市以及秘鲁等地设置领事，保护华侨。截至1895年，中国出使国家已达12个，设立的总领事馆和领事馆也有11个之多。在此过程中，其对海外华侨的态度和政策，亦发生根本的改变。

诚然，由于没有强大的国力做后盾，清政府的护侨工作成效是极为有限的。西方列强对中国设领活动就予以重重的阻挠，即便是已设领的领事馆亦无甚外交权利，难以达到护侨的目的。尽管如此，中国政府的护侨政策在培育华侨民族意识、增进华侨对祖国的向心力方面，还是可圈可点、成绩斐然。在芸芸众领事之中，不乏颇有建树的外交官。出使美国的陈兰彬、郑藻如，驻新加坡领事馆的左秉隆与黄

---

① 宝鋆等：《筹办夷务始末（同治朝）》卷55，中华书局2008年版。

遵宪等，都对护侨工作殚精竭虑，有所作为。他们都很重视向当地侨民灌输热爱中国及其文化的意识，赞助发展华侨教育，组织文化团体开展活动。如左秉隆于1881年就任新加坡领事后不久，即组织一个名为"会贤社"的文学团体，为该社举行的每一期诗文比赛草拟题目，给优胜者以奖励。1891年黄遵宪继任为新加坡总领事后，把"会贤社"改名为"图南社"，鼓励当地华侨不仅要系念中国，而且也要关心本地时事，并重视宣扬中国的传统价值观。每逢中国的重要节日，他们还组织侨民隆重庆祝，寓爱国于娱乐之中。显然，中国政府由取缔华侨转为设领护侨，对于保护华侨利益、密切华侨与祖国的联系，起到了很好的效果。

（二）豁除海禁

在内政上宣布豁除海禁，使华侨归国合法化，是清政府在华侨政策上改弦更张的另一个重要举措。

晚清"护侨""用侨"政策的确立，使其原有的华侨归国禁令显得十分不合时宜，废止旧令已是迟早之事。黄遵宪接任驻新加坡总领事后，积极执行清廷招诱华侨的政策，力图促进华商与祖国的联系；有感于清廷旧令未废，华商归国顾虑重重、为国服务之热情大受影响，乃于光绪十九年（1893）具书呈禀顶头上司、驻英大臣薛福成，历数海外华民正朔服色、保持传统文化及近年报效祖国的种种表现，要求豁除海禁，保护归国华民。薛福成据此上呈《请豁除海禁招徕华民疏》，获清廷准纳。当年8月，朝廷即谕令："嗣后良善商民，无论在洋久暂，婚娶生息，概准由使臣领事馆给予护照，任其回国治生置业，并听随时经商出洋，毋得仍前藉端讹索。"[①] 至此，明清时期沿袭二百余年的海禁条例正式废止，海外华侨自由返回国内已无法律上的障碍。

当然，在实际执行中，华侨归国遭遇迫害的情形仍难根绝，"偶一归来，则关卡苛求，族邻侵扰，以至闻风裹足"。为此，清政府分别于1899年和1900年在厦门、广州成立福建保商局和广东保商总局，照料

---

① 《清实录》光绪朝，卷153。中华书局1986年影印本。

出洋回籍之人（1904年又由商部奏请设立商务总会取代之），并一再谕令地方官切实保护回国华商。由于吏治的腐败，保商局未几便成了"勒捐局"，朝廷的谕令也无法贯彻，归国华商仍是怨声载道。

从在外设置公使领事、保护华侨，到在内谕令保护回国侨民、使之安居乐业，清政府以空前的姿态维护华侨的正当利益，确实难能可贵，并且取得了一定的成效。作为基于"用侨"目的的孪生政策，二者均应当予以充分的肯定。然而，长期以来，侨史学界研究设领护侨的多，研究豁除海禁的则几乎没有。事实上，清政府从被动地在《北京条约》上签字、允许华工出国，到主动宣布豁除海禁、允许华侨回国，尽管前后相距30余年的漫长时间，仍然清楚地表明了其华侨出入境政策最终有了根本性的变化。它标志着明清时期沿袭了二百余年的海禁条例的正式废止，是近代中国最终结束闭关锁国政策的重要标志。

作为清政府招徕华侨投资的"用侨"政策的产物，豁除海禁无疑顺应了侨心，为华侨回国探亲、置业和定居打开了大门。海禁解除后，清政府频频派官员到海外巡访，或筹款赈灾、劝说侨民回国投资发展实业，或卖官鬻爵、抚慰侨民，不一而足。1909年3月，清政府还颁布血统主义原则的《大清国籍条例》及实施细则，将华侨一概视为大清国臣民。所有这些，都有助于培育华侨的内向之心，华侨与祖国的联系空前密切。

尤为重要的是，豁除海禁还极大地开阔了国人的视野，促进了中国对外开放和社会变革的步伐。随着国门的开启，新思想的传入，以及其后以孙中山为首的资产阶级革命派频频从海外回国策动反清的军事斗争，清政府的腐朽统治也很快归于终结，而这恰恰是它所始料未及的。

二 潮汕铁路与潮汕区域一体化

诚然，晚清时期，海外华侨对于潮州乡土社会的影响，莫过于回国投资工商企业和交通运输业。受1884年中法马江海战和1895年中日甲午战争失败的刺激，在"实业救国"思想影响下，大约自光绪十五年（1889）起，海外华侨以汕头为中心，陆续兴办了一批工商企业和交通运输业。其中著名的见下表。

表10-1　　1889—1911年华侨在汕头兴办知名企业一览

时间	投资者	企业名	投资额
1889年	新加坡华侨	福盛行	合资，不详
1889年	越南华侨	和祥行	合资，不详
1893年		吉祥行	
1899年		吉源行	
1903年	荷属东印度张榕轩、张耀轩兄弟	潮汕铁路公司	300余万元
1905年	泰国郑智勇	暹罗华侨通商轮船股份公司	300万铢
1905年	泰国华侨	吴丰发出口商行	合资10万银元
1906年	日本高绳芝	开明电灯公司	20万银元
1906年	日本高绳芝	自来水股份有限公司	68万银元
1909年	马来亚华侨	裕耕出口商行	合资5万银元
1909年	新加坡华侨	吴春成出口商行	合资3万银元
1909年	荷属东印度李锦韩	庆发百货公司	投股4万银元
1909年	荷属东印度郭仲眉	振源百货公司	投股5万银元
1911年	荷属东印度李柏桓、李海烈等	南生百货公司	20余万银元

由上列投资企业可知，清末华侨在汕头投资主要集中在商贸、交通和市政三个方面。因华侨大量投资建设，汕头一跃而成为潮汕地区最为繁华的商埠，从而奠定了其作为粤东中心城市的地位。

值得注意的是，在华侨投资企业中，尤以潮汕铁路公司投资额最多，并对潮汕地区产生了较为深远的影响。潮汕铁路也是清末华侨投资祖国经济建设的代表性项目。

（一）张煜南回国投资兴办铁路的思想基础

张煜南原本是荷属东印度（今印尼）日里（日惹）富甲一方的著名南洋客属侨领。他在晚年毅然投巨资创办潮汕铁路，是有其外在的影响因子和内在的思想意识的。

1. 外在影响

首先，让我们追溯一下近代中国发展铁路的历史进程。

鸦片战争后，中国被迫走上半殖民地半封建社会的发展道路，这

第十章 慈乌反哺：潮侨与宗乡关系

让不少爱国的仁人志士痛心疾首。从 19 世纪 60 年代初开始，一些地方封疆大吏开始筹划洋务，"师夷之长技以制夷"，但那时中国人并未认识到铁路的重要性。1877 年（光绪三年），由英国怡和银行修建的中国第一条 10 英里长的淞沪铁路，因遭到沿线民众的反对而被清廷以 28.5 万两白银赎回，废置不用（后来设备被拆卸转运到了台湾），就是一个典型的例证。此后，清廷勉强批准开平矿务局修建了唐山至胥各庄的唐胥铁路，是为中国自筑铁路之始，但却闹出"马车铁路"的笑话来。

中法战争后，铁路运输在军事上的重要性引起了国人的注意。1889 年（光绪十五年），湖广总督张之洞上疏建议修筑京城至汉口的卢汉铁路，获上谕赞许，并允诺每年拨款 200 万两银子备修路之用。一年之后，为应对沙俄修筑西伯利亚大铁路对我国东北地区的威胁，清廷"移卢汉路款先办关东铁路"，卢汉铁路筹办搁置。但关东铁路修建到 1894 年就停工，并未通车。

1894 年（光绪二十年）中日甲午战争中国战败后，帝国主义加紧瓜分中国，俄、法等国大肆攫取中国铁路建设权。在民族危机空前严重的时刻，以孙中山为首的革命党人策划以军事手段颠覆腐败的大清帝国，但源于体制内的收回利权、实业救国的"经济民族主义"思潮，亦在海内外泛滥。1896 年（光绪二十二年）10 月，直隶总督王文韶、湖广总督张之洞奏请成立铁路总公司，以盛宣怀为总理，统筹卢汉铁路的修建。此后进行的引人瞩目的收回路矿权运动，其焦点便是从西方列强手中收回铁路和矿山利权，以图中国的经济命脉不被列强把持。从这时开始，直至 1911 年大清帝国覆亡，中国进入了一个铁路建设的高潮时期。

其次，让我们看看海外华侨是怎样介入中国铁路建设的。

兴办实业，首要在有资金来源。外国资本力量雄厚，但清廷担心自己经济上被控制，未敢贸然利用；① 本国华商原本弱小，加以国内绅商对"官督商办"的弊端心知肚明，各怀观望，要他们出资兴办大

---

① 1888 年（光绪十四年），英国怡和洋行就曾谋划建造潮州至汕头的铁路，并聘请工程师测量，遭到当地居民的反对。1896 年，英国太古洋行又禀请两广总督开办潮汕铁路，亦未获批。

型企业并非易事；至于官款，则穷于应付国内战事和国外赔款，更无着落。于是，清廷将引资的目光投向了海外华侨社会。

早在19世纪70年代，清廷就一反漠视华侨的态度，开始在海外设领护侨，派遣使团前往招徕侨资。1893年，驻英公使薛福成上奏《请豁四禁招从华民疏》，清廷下令解除海禁、准许华侨自由出入并可以"回国治生置业"。此后，为了争取更多的华侨回国投资，清廷除了承认华侨的合法权利外，还授官鬻爵，极尽笼络之能事。

正是在这一背景下，1896年，中国驻海峡殖民地代理总领事张弼士应盛宣怀之召，回国磋商兴办卢汉铁路筹股事宜。由于畛域观念作祟，海外华侨对修建卢汉铁路并不热心，张弼士在南洋的筹股没有成功。不过，张弼士的"内向"以及粤汉铁路的推进，却带出了他的客籍同宗、追随者张煜南及潮汕铁路项目来。

2. 内在思想

对张煜南先生兴办潮汕铁路的动机，有学者指出："他很可能是受个人抱负、民族主义情感和受张弼士影响这些因素的驱使。"① 此说似乎有一定的道理。笔者以为，大致上可以从以下四个方面去探究：

一是，张煜南确有中国人传统的光宗耀祖思想与表现。张煜南、张鸿南兄弟在荷属东印度的爪哇日里（今印尼日惹）取得事业的辉煌后，以开埠有功、掌控当地金融大权，被荷兰殖民当局分别授予雷珍兰、甲必丹之职，张煜南还被提任为华人玛腰职务。尽管他们在南洋有钱有势，但在当时的清廷看来，他们还属于中国传统的"士农工商"阶层中的最底层，其社会地位并没有得到中国官方的认可。恰在此时，清政府的华侨政策发生了变化，海外华侨获得了跻身中国政坛的快速通道。张煜南于1895年出任清朝驻槟榔屿副领事，从此步入中国的仕途。尽管这个职位职级很低，手下只有翻译官和书记员两人，且均不领薪水，但它却标志着张煜南获得了足以光耀门楣的中国官衔。此后，张煜南继续运用他拥有的巨大财富的影响力，取得更高的官衔。他因赞助清廷扩充海军和赈济陕西旱灾、顺直饥荒有功，获

---

① [澳]颜清湟著，吴凤斌译：《张煜南和潮汕铁路（1904—1908年）——华侨在中国现代企业投资实业研究》，《南洋资料译丛》1986年第3期。

二品卿衔花翎顶戴。1902年，他拿出8万两银子捐建广州一所高级中学，获候补四品京堂。

二是，民族主义是张煜南参与中国实业建设的原动力。如果说，张煜南参与祖国的实业建设仅仅是因为传统的光宗耀祖观念使然，那就未免过于浅薄了。19世纪末、20世纪初，中国的民族主义思潮汹涌澎湃，海外华侨民族意识迅速兴起，这不能不对张煜南产生潜在的深刻影响。但张煜南是位实业家，不是思想家，我们无从获知他对中国政治建设和经济发展的直白想法。尽管如此，我们还是可以从他存世的编文集《海国公余辑录》中，窥知一二。在《海国公余辑录》中，张煜南收录了晚清著名改良主义思想家薛福成、冯桂芬及洋务运动代表人物张之洞等人的不少著作和奏章。薛福成主张改革政治，发展资本主义。他称赞西方的君主立宪制度，认为资本主义国家"以工商立国""工实居商之先"，主张效法西方国家发展中国的工商业；他主张让私人集股成立公司，不赞成洋务派对新式工业的垄断政策。冯桂芬则是洋务派"中学为体，西学为用"论的鼻祖，他的理论观点直接影响了后来的戊戌变法。从张煜南推崇他们的著作文章来看，至少可以认为，张煜南是赞赏他们的改良主义观点的。

三是，张弼士参与晚清铁路建设对张煜南的深刻影响。张弼士与张煜南是嘉应宗亲，后者早年曾投前者门下任职员，自立门户后仍然与前者保持着紧密的合作关系，双方合资开办日里银行。1897年（光绪二十三年），张弼士应清廷之邀回国商议筹办中国通商银行事宜，曾将自己的企业全部委托张氏兄弟"挂账"（即全权委托代理），后来又与张氏兄弟合股创办远洋轮船公司、筹办中华银行，彼此在经济上联系极为密切。值得注意的是，早在1891年（光绪十七年），张弼士就应盛宣怀之邀，由香港北上烟台"商办矿务、铁路等事宜"[①]。迨至1896年盛宣怀担任清廷督办铁路大臣后，张弼士即被邀参与卢汉铁路的筹款工作，负责在南洋华侨社会中招股，从而介入中国铁路建设。1898年清廷批准粤汉铁路开筑后，张弼士随即成为粤汉铁路的

---

① 张振勋：《奉旨创办酿酒公司记》，中国史学会主编：《洋务运动》（7），上海人民出版社2000年版，第582页。

总办及佛山铁路总办。在他的直接参与和领导下，粤汉铁路的筹备工作堪称顺利，其初期工程——广州到佛山、三水支路的建设，很快完成了购地、修筑工作。1903年1月（光绪二十八年十二月），修成广州至佛山双线16.5千米，竣工通车后称省佛支路；1903年10月（光绪二十九年八月），续建成佛山至三水段33.36千米单线，改称省三支路。同年11月14日（九月二十六日），广州至三水铁路正式通车。① 应当说，张弼士办理粤汉铁路及其支线广三铁路是卓有成效的，这无疑给随后回国投资兴建潮汕铁路的张煜南以极大的信心。

四是，潮汕铁路的兴建将使广东嘉应州及福建汀州客籍乡亲直接受益。嘉应州自太平天国运动失败后，流亡、迁徙海外者众，海内外联系极为密切。当时，客家人出洋一般均由梅口镇（今松口镇）码头登上篷船、驳艇（木船），顺着梅溪（民国以后改称梅江）、韩江的180余里水道南下，经潮州而达通商口岸汕头，再换轮船远赴南洋各地；如若自海外返乡，则由此航线逆水行舟。然而，韩江下游自潮州府城起，河道分叉，泥沙淤积，舟船搁浅之事时有发生，英国怡和洋行行驶于潮汕之间的小火轮也常常因此而停运。尤其是在距汕头30里的梅溪头一带，"秋冬水涸，仅容一舟，舟行至是，必待前行者全数通过，后行者始得进前……潮安旧为府治，距汕头九十余里，行旅往来日凡千人，每一出入辄与困难之叹"②。对此，张煜南曾在其1903年致清廷的禀文中这样描述道："查该埠（广东之汕头）为潮州一带咽喉要隘，由该处至潮州计九十余里，历来有水路可通，但河道淤浅，春夏之间，舟船无阻，一交秋冬，水涸舟滞，凡有载船人客来往，无不视为畏途。煜南等每次自洋回籍，目击其情，深叹行役之艰……"③ 修建一条从潮州到汕头的铁路，无疑能较好地解决潮汕之间客货运输的迫切需要，对于必须经过这条水道的客家乡亲来说，不啻是个重大的利好。

---

① 广东省地方史志编纂委员会编：《广东省志·铁路志》，广东人民出版社1996年版，第63页。
② 谢雪影：《潮梅现象》，汕头时事通讯社1935年版，第69—70页。
③ 王琳乾：《潮史采辑》（1996年）之《潮汕铁路史略》（黄梅岑），第2页。

第十章　慈乌反哺：潮侨与宗乡关系

当然，张煜南此时介入中国的铁路建设，还应归因于张弼士1903年（光绪二十九年）应诏回国商议国事时向清廷提出《商务条议》十二条及其随后清廷在铁路建设政策上做出的调整。在《商务条议》中，张弼士奏请清廷"招徕侨商兴办铁轨支路"，建议实行铁路商办政策，并解除清廷铁路总公司对支路垄断的政策，获得清廷的肯定。此后，铁路商办成为风潮，"一时提出创设铁路要求的，不下20起"①。在1903—1907年间，全国竟有15个省先后创设了铁路公司，共筹集资金达9000余万元；按当时每千米所需造价计算，可筑成2000—3000千米铁路（后来实际建成900余千米）。而领其风气之先者，正是张煜南筹建的潮汕铁路。

图10-3　潮汕铁路潮州车站的月台

---

① 宓汝成：《中国近代铁路发展史上民间创业活动》，《中国经济史研究》1994年第1期，第71页。

图 10-4　潮汕铁路"潮汕"号火车头

（二）潮汕铁路的独特历史地位

有清之世，中国自办铁路有官办、商办之别。官办之路有 12 条，分别是京汉、京奉、津浦、京张、沪宁、正太、汴洛、道清、广九、吉长、萍株、齐昂铁路。商办之路有 5 条，分别是浙江、新宁、南浔、福建、潮汕铁路。① 浙江铁路连接上海和杭州；新宁铁路连接台山和新会；南浔铁路连接南昌和九江；福建铁路连接漳州和厦门；潮汕铁路连接潮州和汕头。

1. 中国第一条商办铁路

张煜南是应张弼士之邀于 1903 年回国洽谈兴办铁路事宜的。他抵达京城后，觐见了光绪皇帝，并获慈禧太后接见。在张弼士的"大力激劝"下，他接受了清廷工部和矿务铁路总局的意见，在韩江下游的汕头至潮州间修建铁路，准备以后再从潮州延伸至梅县地区。随后，他向清廷提出了修建潮汕铁路的计划和成立公司的章程，很快获得批准。在侨办铁路的利益得到光绪皇帝的具体保证后，他便与清廷工部和矿务铁路总局商议条件，着手成立潮汕铁路有限公司，自任董事长。

---

① 赵尔巽:《清史稿》卷 149。

潮汕铁路建筑方案确定后，张煜南即带着光绪皇帝的谕旨来到汕头，开始筹建工作。他先通过盛宣怀请来中国著名铁路建筑工程师詹天佑，进行勘地选线；与此同时，日本三五公司为染指潮汕铁路，亦聘请日本工程师佐藤谦之辅进行线路设计，分别形成甲线、乙线两个方案。张煜南请英国方面就两个方案的工程及设备费用进行估价，以乙线价低而采纳了该方案（后来证明，乙线费资实际上大大超过估价，还是詹天佑的选线最为经济合理）；然后，邀集亲朋认股。股额总数定为300万元（后来实际上超过此数），其中张煜南、张耀南兄弟各认股100万元、共200万元，荷属东印度梅县籍华侨谢梦池认购25万元，侨商张某认购20万元，台湾厦门籍人士林丽生认50万元，不足之数由张氏兄弟负责。最后，选定林丽生推荐的日本三五公司承包兴建。经筹备妥当后，1904年3月正式开工。

潮汕铁路作为中国第一条商办铁路的历史地位，是不容置疑的。无论是筹建时间还是开工、建成通车时间，潮汕铁路都明显领先于其它4条商办铁路，详见表10-1。

表10-1　　　　　　　　　清末条商办铁路一览

	浙江铁路（沪杭铁路）	新宁铁路（宁阳铁路）	南浔铁路	福建铁路（漳厦铁路）	潮汕铁路
筹建时间	1905年①	1904年	1904年	1905年	1903年
开工时间	1906年	1906年	1907年	1907年	1904年
部分竣工通车时间	1907年建成江墅线	1909年	1916年	1910年	1906年
全线竣工通车时间	1909年	1920年	1917年	未完工	1908年续建成意溪支线

资料来源：根据有关数据综合整理而成。

---

① 据史料记载，早在1898年（清光绪二十四年），清政府督办铁路大臣盛宣怀就与英商怡和洋行签订了《苏杭甬铁路草约》四条。草约签订后，一直未签订正约，也未动工兴建。1903年，两位浙江商人向盛宣怀主持的铁路总公司请求修筑杭州江干到湖墅的一段铁路。1905年，为抵制英美掠夺浙江路权，浙江绅商在上海集会，决定自造铁路。经商部奏准朝廷，创设"浙江全省铁路有限公司"，推选原两淮盐运史汤寿潜为总经理，揭开了兴建浙江铁路序幕。由此可见，浙江铁路酝酿时间在全国5条商办铁路中无疑最早，但其建筑方案数度更迭，真正开始筹建的时间并不先于潮汕铁路。

潮汕铁路开创了华侨投资祖国现代交通运输业之先河，也是清末华侨回国兴办实业费资最大的项目。它的成功建成，不仅带动了海外华侨移资建设家乡的热情，对于国内民族资本大胆投入实业建设也起了有力的促进作用。

2. 清末侨办铁路之比较

上述清代5条商办铁路，其中有3条主要是依靠侨资兴办的，这就是广东的潮汕铁路、新宁铁路和福建的漳厦铁路。潮汕铁路始于潮州西门，终于汕头厦岭，续建有意溪支线。台山原名新宁，新宁铁路始于台山，终于新会，有干线（北街—斗山）、支线（宁城—白沙）两条。福建铁路又称漳厦铁路，始于厦门岛对岸嵩屿，终于漳州城外江东桥。

这三条侨办铁路，都有哪些异同呢？下面试作一分析。

不同之处主要有四：

里程长短。从已建成的路线来看，新宁铁路全长133千米，漳厦铁路全长28千米，潮汕铁路全长42千米。潮汕铁路居中。漳厦铁路之所以最短，是因为后续建设资金不济，其二期工程江东桥至漳州城区17千米路段不了了之。① 实际上，这三条侨资商办铁路的修建，原本只是在清末铁路干、支路网构架中倡办者雄心勃勃的铁路建设计划中的一部分：新宁铁路欲连接佛山铁路、粤汉铁路；潮汕铁路欲延伸至梅县地区、连接广厦铁路；漳厦铁路欲延伸至福州。遗憾的是，或因筹资的困难（漳厦铁路），或因人为的反对（新宁铁路），或因计划的搁置（潮汕铁路），它们都最终成了孤立的地方性铁路。

耗费大小。据记载，潮汕铁路招股实收资本为302.587万银元；② 新宁铁路共招股本365.8595万银元；福建铁路收集股本170万余银元，另加在全省各县粮、盐税中收取的路捐每年约银17万两，以及向交通银行广东分行借款50万元。从每千米建筑成本来看，潮汕铁

---

① 根据福建铁路公司暂定章程，该公司原计划在全省修筑干线2条、支线3条：上游干线为福州至延平（今南平）及邵武，并由延平至建宁（今建瓯）连接浙江铁路、邵武连接江西铁路，下游干线为福州至漳州；支线分别为漳州—厦门嵩屿、泉州—东石和福州—马尾。参见詹冠群《陈宝琛与漳厦铁路的筹建》，《福建师范大学学报》（哲学社会科学版）1999年第2期。

② 《本路沿革史略》，《潮汕铁路季刊》1933年第1期。

第十章 慈乌反哺：潮侨与宗乡关系

路在三条侨办铁路中也居于中游。

资金及技术背景。潮汕铁路渗有日资（后赎回）；为单线，宽轨距1.617米。钢轨购自英国，机车3台（后增至5台）购自美国，枕木及车厢购自日本，建有水塔3座、机车厂1处，全路使用电话通信。工程施工由日本公司承包，技术管理也聘有若干日本人协助。新宁铁路由熟谙铁路工作的工程师、旅美华侨陈宜禧倡建，号称"不招洋股，不借洋款，不雇洋工"，是全部不用外国资本和技术人员建造的铁路。1.435米标准轨，使用3台德国制造、13台美国制造的蒸汽机车和2台自制的小机车。清廷于宣统二年（1910）曾委派商部检查大员胡朝栋查验铁路，查验报告指出"铁路各车站点缀完美，形势整齐，水塔、车厂等设备都很理想，尤其是煤仓之建设与装卸火车用煤方法，不费人力，堪称先进；涵洞、管道、桥梁之架设，亦甚得法"。漳厦铁路系"专招华股"，其股票主要由福建商界、沪粤同乡以及东南亚华侨认购，故非纯粹侨资。该路亦采用国际标准轨距（1435毫米）设计，动力为蒸汽机车牵引，采用单线路基并预留地亩以备日后进行双线建设，路基标高设计在历年洪水最高位以上。使用2台分别由英国、美国制造的蒸汽机车。从技术背景上看，三条铁路可谓各有千秋。就配套设备尤其是机车修理厂投入的10万元资金和装备的检修机器而言，潮汕铁路尚不落人后。

运营历史。新宁铁路如果从它部分通车的1909年6月开始计算，至1939年2月拆毁时止，共运营了近30年。潮汕铁路1906年11月正式通车，1939年6月正式拆毁，运营了近33年时间。漳厦铁路1910年5月开始运行，至1930年11月漳嵩公路开通后停运，历时20年。可知，潮汕铁路在三条侨资铁路中运营时间最长。

相同或相似之处主要有五：

筹建年代。潮汕铁路、新宁铁路和福建铁路，都筹建于清末；确切地说，筹建时间都集中在20世纪初。这似乎可以说明，尽管维新变法已然夭折，但是清政府仍然试图通过振兴实业以自救；晚清政府吸引侨资的努力，终究取得了一定的成效。

所处地域。位于人口稠密、海外华侨众多的闽粤侨乡。潮汕铁路所在的潮汕地区，在东南亚的泰国、英属马来亚、荷属东印度、法属印度支那拥有众多乡亲，"潮州帮"势力甚为可观；新宁铁路所在的四邑（即台山、开平、新会、鹤山，今加上恩平为五邑，属江门市）地区，在美洲特别是美加一带拥有大量侨众；福建铁路所在的闽南地区，则在英属马来亚、美属菲律宾、荷属东印度及台湾地区拥有庞大的移民群体，"闽南帮"势力独占鳌头。海外乡亲众多，这是它们的相似之处。华侨乐于率先在家乡投资修建铁路这一现象表明，在清朝末年，海外华侨的畛域观念还是相当浓重的。

功能定位。三条侨资铁路在规划设计时有一个共同的出发点，这就是连接内陆城市和港口城市、交通重镇，以便利于客货的长途运输及进出口。潮汕铁路的港口城市是汕头，漳厦铁路的港口城市是厦门，新宁铁路的交通重镇是江门。从实际作用来看，三条铁路无疑在一定程度上强化了沿海港口城市和交通重镇的特殊地位，促进了它们的繁荣。尤其是江门，它能从一扼江海要冲的交通重镇发展为该地域的中心城市，不能不说是受惠于新宁铁路。

经营管理。作为侨资民营商办铁路，潮汕铁路、新宁铁路和漳厦铁路均采用股份制公司的经营模式和董事会管理制度，这种现代企业在东南沿海侨乡无疑是崭新的事物。然而，由于庞大的机构开支、培训费用和债务、社会负担，公路汽车和水路汽艇的竞争，地方军政无偿征用和经营管理不善等弊端，以及洪灾和战争的影响，它们无一例外地从开始营运时的略有盈余，逐渐出现付不起股息、利息的亏损局面，最后陷入只能勉为维持甚至停运的窘境。

结局。无论三条侨办铁路终止运营的具体背景有着怎样的差别，它们最终遭到毁弃的命运却是基于共同的原因——这就是由日本侵华引起的战乱。1938年5月，漳厦铁路嵩屿火车站房舍被日军炸毁。为避免铁路遭到日军的利用，国军在撤退时将残存的铁路全部拆卸，并将拆不掉的部分悉数炸毁。1937年9月3日，日机初次轰炸汕头，潮汕铁路成为敌机轰炸的主要目标之一；至1939年5月，潮汕铁路被日机轰炸共达五十余处，站房、轨道遭到严重破坏。为避免铁路为日军所利用，6月16日，国民党军警拆毁了汕头至庵埠一段10千米的铁路,并对沿线桥梁进行破坏,将大批枕木、铁轨盗卖一空。不久,日军占据汕头、潮州,又将剩余的部分铁轨器材运往日本,潮汕铁路从此名存实亡。新宁铁路则于1938年10月广州沦陷后,被国民政府下令拆毁,以防日军利用铁路推进。到了1942年,国民政府仅收集到33782条铁轨用来修建黔桂铁路。三条侨办铁路的最后结局,令人惋惜,但它也说明了,华侨在祖国的投资权益,与国运兴衰密切相关。

（三）潮汕铁路对粤东侨乡的深远影响

潮汕铁路建成后,不仅开了全国兴修商办铁路之风气,还直接带动了粤东铁路的建设热潮。

赵尔巽等撰写的《清史稿》在评述潮汕铁路时指出:"商办铁路,始于唐山至阎庄,更自天津、大沽以达林西镇,皆开平公司为之。嗣是武举李福明请修京至西沽路,粤人许应锵等请办卢汉路,俱不获,自此无复有言商办者。二十九年,粤人张煜南请设公司承办潮汕铁路。既得请,而川汉继之。"在广东,由于潮汕铁路的兴建,人们体会到铁路的优越性,掀起了铁路热。1915年春,大埔人杨俊如、肖亦秋等倡议铺设汕（头）樟（林）轻便铁路,并于翌年成立汕樟轻便铁路公司。到1923年,实际修成由汕头至澄海长约10英里的铁路,共设8站。后汕头市政府以市区不宜设立车站,又以车轨横越中山公园前,阻碍交通,而于1933年8月限令拆去。1919年,潮阳人陈坚夫、陈毅夫兄弟筹办从汕头蜈田乡到普宁贵屿的潮汕电车铁路。该路1924年开工,1927年完工,为窄轨式。公司有机车一台,车厢十八台（其中客车十二台,货车六台）,可容客600人。后因广汕公路通车,其营业大受影响,1933年被迫改为手推轻便车。1938年日寇迫近,全路奉命破坏,一切器材移往贵屿,再迁兴宁。路基租让给潮兴汽车公司,行驶于县城、海门间。

就潮汕铁路来看,在其兴建、运营的36年中,对于粤东侨乡社会产生的各种深刻和长远的影响,值得我们加以认真审视。

1. 对地方宗族、乡绅势力和传统观念的冲击

潮汕铁路位于韩江盆地,所经之处庵埠、浮洋、枫溪,村落众

多、人口稠密。这一带的居民聚族而居，画地为牢、故步自封，宗族势力大、传统观念深。铁路工程的推进，必然触及田园水道、拆毁乡村庐墓，影响"风水"和"龙脉"。因此，当铁路勘地进行之时，便有沿途乡民屡屡予以阻挠，破坏勘测标识。澄海县蓬鸥都十八乡乡绅连续半个月在《岭东日报》刊登告白，声言潮汕铁路造桥有害地方水道，请求"另择别处"。① 对此，铁路公司均以该路系张煜南奉旨开办，商部、督抚严令保护的特殊地位，禀请府、县衙门予以制止，概不支持更改路线之要求。1905年1月21日庵埠发生乡民殴毙两名日本施工人员、打伤三名铁路护勇的葫芦市血案后，日本驻汕领事馆出面交涉，省、道、府、县官员以事涉外交，亲临事发现场办案并派兵驻扎震慑，勒令各族绅捆送凶犯讯办正法并出巨资赔偿日方财产损失。在选址、勘地、缉凶、理赔等过程中，路方、日方和官方与当地乡绅、民众进行了多回合的较量，显示出"强龙"压倒"地头蛇"的阵势，无论是对地方宗族、乡绅势力还是对传统文化观念，都造成了巨大的冲击，客观上有利于潮汕农耕社会的进步。至于在随后的购地、建造、营运、管理等环节上，路方与当地民众的诸多利益妥协与关系协调，其对潮汕社会传统势力和思想观念的影响，亦不容忽视。

2. 便利了潮梅地区物产流通和对外输出

韩江及其上游支流梅江流域、汀江流域和梅潭河流域，是清代粤东、闽西南重要的经济作物栽培区，手工业发达。第二次鸦片战争后，扼守韩江入海口的汕头迅速崛起，成为潮梅地区、闽西南地区物产输往南洋及世界各地的重要商埠。据统计，潮海关在1892—1911年间，从海外进口汕头的大宗货物计有鸦片、粮食、棉纱、煤油、火柴、肥料等；而从汕头出口海外的大宗产品，则有糖、烟叶、纸、纺织品（麻袋、土布、麻布）、陶瓷、花生油、薯粉等。② 潮汕铁路开通后，这些货物便大量地经由便捷的轨道交通往来于沿海和内地之

---

① 陈海忠：《从民利到国权：论1904—1909年的潮汕铁路风波》，《太平洋学报》2008年第10期。

② 中国海关学会汕头海关小组、汕头市地方志编纂委员会办公室编：《潮海关史料汇编》，1988年，第193—216页。

间，对促进潮汕地区商品经济的活跃和海运贸易的发展，起了极为重要的作用。尤值一提的是，为连接韩江水运，1908年，潮汕铁路特地再从潮州车站向北延长至北堤内意溪的对岸，便利和促进了韩江上游客属地区的人员通行和货物流转。

潮汕铁路是一条客货兼运的交通大动脉。正常情况下，它每日行车12次（往返6次）。1910年，它运送旅客80.513万人次，总载货量为2.2475万吨；1912年，运输货物超过3万吨，运送旅客达100万人次。当然，由于天灾人祸种种原因，潮汕铁路的经营也存在着运力严重不足的问题，这多少制约了它作用的充分发挥。

3. 密切了海外侨胞与家乡的联系

潮汕铁路建成以前，从汕头往返潮州，那些坐不起轿的人不得不乘船，或坐轿、徒步跋涉。在最佳情况下，乘坐木船逆水要行驶十八个小时，顺水也得十一个小时。铁路建成后，全路设汕头、庵埠、华美、彩塘、鹳巢、浮洋、乌洋、枫溪、潮州、意溪等10个车站。来往汕头、潮州之间的旅客只需一个多小时就能走完全程，这对回乡探亲旅游、投资兴业和兴办公益事业的海外华侨来说，堪称便利。据1935年11月1日公布的《潮汕铁路开车时刻表》，当时首车系于早上7：00由潮、汕对开，此后每隔1：55开车一次。列车分头等车厢、二等车厢和三等车厢，男女不同席。

4. 促进了潮汕地区一体化

今日的潮汕地区，为清代以前的潮州府地界。"潮汕"一词的出现，客观上是缘于汕头的崛起、潮州与汕头并重；但首次将这两座城市并称、将这两座城市紧密联系在一起，还是应当归功于潮汕铁路。

第二次鸦片战争后，清政府被迫增开潮州府等10处为通商口岸。当时选定澄海县沙汕头（后改名"汕头"，并取代《天津条约》口岸部分"潮州"一词），面积不足1平方千米。但汕头一带地理位置极为重要，自然条件也十分优越，遂很快取代了樟林港的地位，成为潮州府属的中心港口。至20世纪初，汕头埠逐渐繁华起来，并在潮汕铁路开通后增强了其作为通商口岸的特殊地位。而"潮汕铁路"的定名和"潮汕"号机车头的通车，则使得"潮汕"一词开始传播开来。

5. 结论

潮汕铁路作为粤东地区重要的历史遗产，无论是在中国铁路建设史上还是华侨投资史上，都占有独特的历史地位；其对于粤东地区经济社会的发展，曾经发挥了重要作用，功不可没。遗憾的是，受历史条件的局限，这条铁路的作用与命运，与倡建者张煜南的理想仍然存在不小差距。

令人欣慰的是，张煜南先生当年的未竟理想，正在逐一实现。中华人民共和国成立后，国家多次谋划在粤东地区修建铁路；1995 年广梅汕铁路正式通车，圆了人们半个世纪的梦想。此后，总投资约为 300 亿元人民币、横越潮汕地区的厦深铁路（高铁），也于 2013 年 12 月 28 日通车。这条设计时速 250 千米的客运专线，东接福厦高铁、杭福高铁，西接广深港高铁、京港高铁，将闽粤两省沿海地区串联起来，对于粤东地区的经济社会发展发挥了巨大的推动作用。2018 年 12 月 31 日，厦深铁路汕头联络线正式开通。2019 年 10 月 11 日，梅汕铁路（高铁）又开通运营。从广梅汕铁路、厦深铁路到梅汕铁路，粤东的铁路建设不断加速和完善，内部交通和对外联系臻于便捷。

三 潮汕侨乡的特征

侨乡是大量人口移居海外并与原乡形成密切联系的结果。第二次鸦片战争尤其是 1893 年清政府"豁除海禁"并准许华侨"回国治生置业"之后，潮汕地区侨外人口大量增加，他们与原乡保持着紧密的经济联系和人员交往，并对原乡的政治、经济、文化和社会生活产生了深刻的影响。与华南其他地区的侨乡相仿，潮汕侨乡大致形成于同治年间，至清末民初已初具规模。在 19 世纪末、20 世纪初，潮汕地区以汕头、潮州等城镇为中心的侨乡社会已基本形成。

（一）华侨华裔、归侨侨眷众多

如前所述，潮汕地区海外移民历史悠久，在中南半岛和东印度群岛有着颇具规模的移民群，华侨、华裔数量不菲。汕头开埠后，随着轮船交通工具更加便利快捷，汕头港很快成为我国出入境主要口岸之一，不仅大量粤东潮州人由此移民海外或抵返原籍，许多闽粤交界的客家人也循此口岸出入海内外，侨民出入境人数历来高居国内各口岸之首。其结果，是这些地域海外华侨、华裔及国内归侨、侨眷数量的激增。

关于潮籍华侨华裔、归侨侨眷数量，直到清末民初，向无官方正式人口统计数字。但我们仍然可以根据20世纪30—40年代国民政府侨务机构有关海外华侨人口分布的统计数字，就潮州人较多的国家或地区，作一观察与推测。

表11-2　　　20世纪30—40年代海外部分地区华侨数量

侨居地	华侨人口	调查时期
暹罗	2500000	1939年
英属马来亚	2358335	1940年
荷属东印度	1344809	1937年
越南	462466	1940年前
沙捞越	86000	1936年
合计	6751610	

资料来源：节选自国民政府侨务委员会编：《三十五年度侨务统计辑要》，第30—42页。

上列国家或地区华侨人口中，都或多或少地包含潮侨（或潮州府属的客侨——如"河婆客"）人口，而尤以暹罗为最多（含混血潮裔）。若按75%占比估计，[①] 仅暹罗一国即有潮侨180余万人，加上其他地区当不少于200万人。考虑到潮州人出国谋生者多属男性单身汉，其在原乡的眷属——父母妻儿，当数倍于此数，则可知潮汕地区侨眷数量之可观矣！

（二）侨汇数量可观，侨批业发达

在晚清、民国时期，潮汕地区的侨眷，其主要经济来源为华侨的赡家费——侨汇。普通侨眷家庭皆仰赖侨汇生活，侨眷妇女很少从事农耕等繁重的体力劳作，部分从事挑花刺绣或抽纱者也仅将其作为家庭的辅助收入。一般估计，潮汕人民靠侨汇过生活的约占全

---

① 蚁锦中：《蚁光炎传》，泰国新时代出版社1999年版，第102页。

部人口的40—50%。潮汕地区外贸入超比例历来很大，却仍能保持繁荣而不衰落，亦因有侨汇之挹注。[①] 以大米贸易来说，潮汕地区自清代以来粮食一直不敷所需，自暹罗进口的大量大米，就是依赖侨汇购入的。

不过，潮侨每年究竟有多少款项自海外汇回家乡，向来缺乏完全的统计。日本外务省通商局根据汕头当局的统计，在其大正十一年（1922年）四月付梓的《驻汕头帝国领事馆管辖区域内事情》一书中，对1917—1919年汕头收解的侨汇主要来源地及款额作了统计，可知汇款最多的侨居地为暹罗，占62%；次为新加坡，约占16%余；再次为安南，约占11%余。具体如下：

表10-3　　　　　　1922年汕头化解侨汇来源地一览　　　　　　单位：元

地区	1917年	1918年	1919年
新加坡	5620000	5590000	5725000
安南	3880000	4040000	4030000
菲律宾	1600000	1650000	1635000
日里（苏门答腊）	1550000	1580000	1545000
八达维亚	410000	430000	400000
暹罗	21500000	21541000	21652000
合计	34580000	34831000	34987000

侨汇送达侨乡的方式，主要有华侨自身回国携带、托水客带回、托批局汇寄、托客头寄送、托客栈汇回等几种方式，而以批局汇寄最为普遍和安全。

---

① 饶宗颐在其总纂《潮州志》中云：潮州"都市大企业及公益交通事业多由华侨投资而成。内地乡村所有新祠夏屋，有十之八九系出侨资盖建，且潮州每年入超甚大，所以能繁荣而不衰落者，无非赖批款之挹注"。又云："潮州每年由南洋华侨汇入批款数字，国人前未注意，缺乏调查统计。兹据老于此业者较确实估计，民国10年以前，汇回国内批款达数千万元（银圆）；10年以后，在1亿元以上，民国二十五六年间即略见衰减。"另据日本人安重龟三郎所撰《南支汕头商埠》（原件藏于日本国立国会图书馆），汕头港年年约2000万两的进口超出额，即通过海外移民外出务工所得的汇款填补。

第十章 慈乌反哺：潮侨与宗乡关系

侨批，是海外侨胞通过民间渠道寄回国内、连带家书及简短附言的汇款凭证，"批"为闽南语系"信"的发音。与国内其他地区侨乡一样，潮汕地区大约自19世纪中期起，就出现一种专为华侨、侨眷收解侨汇，代送信函，并从家乡带人出国的行业——侨批业，其经营者或机构通常称为水客（或称"客头"），其后发展为批局（或称"批馆"）。

据考，潮汕地区的侨批局，最早建立的是光绪中期马来亚华侨黄松亭（澄海外埔人）在汕头创办的森丰号（与实叻致成号联号），到1882年，汕头市已有侨批局12家。第一次世界大战中，英、法等国货币贬值，而马来亚、暹罗、安南各地土产价格飞涨，华侨获利不菲，侨批业利润丰厚，于是新批局相继成立，至1918年已发展到67家。继汕头市创设批局后，潮汕各县也陆续成立。如在揭阳县，1887年设有批局新合顺分号，1895年澄海人周良开设光德成分号，1909年设有林太记和黄太发分号，1911年又设立魏启丰批局；在河婆，设有泉利、裕华庄、侨商行、宗顺等批局。侨商吴潮川家族在潮安县城设立的吴祥瑞批局，分号遍及新加坡、越南、香港各大商埠。在一些华侨众多的侨乡村镇，也同样是批局林立。如在饶平县隆都（今属汕头市澄海区），当地华侨在泰国、新加坡、香港、汕头等地创办的侨批局计有14家；自1906年至1948年，陆续在隆都开业的批局计有11家（均属投递局），分别是潘合利银信局、陈宣气批馆、许泰万昌批局、许福成批局、集成发批局、金广顺批局、林荣利批局、万兴昌批局、许广和成银信局、利发隆庄分发局、许和丰泰批局。[①] 第二次世界大战期间，邮路不通，潮汕地区的侨批业顿形萧条，汕头市仅残存批局36家。迨至战后，海空通航，潮汕地区的侨批业得以迅速恢复和发展。饶宗颐总纂的《潮州志·实业志》记载，1946年，潮汕地区的侨批局恢复和发展到131家，其中汕头市由抗日战争期间的30多家增至73家，另有潮安6家、澄海13家、饶平9家、潮阳13家、揭阳10家、普宁5家、惠来1家、丰顺1家。而同一年，南洋各地侨

---

① 《隆都镇华侨志》编纂委员会编：《隆都镇华侨志》，文化走廊出版社2012年版，第98—101页。

批局共有428家，其中马来亚183家（含新加坡80家）、泰国118家、东印度群岛76家、北婆罗洲22家、越南28家、柬埔寨1家。①

图10-5 汕头澄海隆都侨批馆旧址——明德家塾（2015年，黄晓坚摄）

上述这些遍布海内外的潮帮侨批局，进行了卓有成效的工作：设在国（境）外的批局负责收集当地华侨寄回的侨批，运转到香港、汕头等地的批局，最后把回批送到寄批人手中。在汕头开设的侨批局，都有一个共同的任务：负责把联号在海外收寄的侨批及批银，分拣后中转到投递网络覆盖地域，力求迅速、准确、无误地送到侨属手中，再把回批收集后，回邮到海外联号。潮汕各县市侨批业者皆以汕头市为枢纽；各地侨批局和批业商号成为侨乡沟通汇路、传递乡情家讯的重要媒介。

为规范业界行为，侨批业者很早就成立了业缘组织。清光绪年

---

① 广东省地方志编纂委员会编：《广东省志·华侨志》，广东人民出版社1996年版，第168页。另据汕头侨批文物馆"潮汕侨批文化图片展"陈列资料（2018年9月4日），泰国曼谷117家，戈叨1家；马来亚新加坡80家，槟城28家，柔佛12家，马六甲10家，吉隆坡9家，巴生5家；东印度群岛日里、邦夏、英得其利等29家，坤甸43家，山口洋2家，三发1家，巴城1家；沙拉越17家；北婆罗洲山打根5家，斗湖3家；越南堤岸25家；柬埔寨金塔4家；香港22家。

间，汕头已有南侨批业公所。至1926年，改组为汕头华侨批业公会，1931年又改称汕头市侨批同业公会，拥有会员批局66家（尚有规模较小者30家未参加公会）。1947年，汕头市还出现了南洋水客联合总会的组织。在揭阳、潮阳等侨批局较多的县，也曾有批业公会的组织。

（三）侨房遍布城乡，蔚为壮观

华侨汇款回乡，其用途除作为日常赡家生活费外，大宗支出还有购买田地、盖建房屋。

潮汕华侨热衷于营建屋宇，自有其深厚的文化背景。他们在海外创业成功后，往往以落叶归根、光耀门楣为荣，盖建房屋不仅能炫富乡里、提升自身的社会声誉，还具有居家养老的实用功能。因此，许多华侨富商都乐于修筑大厝、祠堂、书斋和坟墓，以完成人生的"全福"大事。

早期华侨因为海禁政策，即使发家致富也不敢轻易盖建大厝。迨至光绪年间豁除海禁、允许"治生置业"后，侨宅才纷纷出现。在农村，一般华侨所建房屋种类很多，既有"平屋""下山虎""双剑背""四点金"和"驷马拖车"等样式的传统建筑，也有西洋楼房，还有中西合璧的大型宅院；其房屋少则几间、面积近百平方米，多则数十、上百间，面积从几百平方米至几千、上万平方米不等。

在海阳县（今潮州市潮安区、湘桥区），华侨建筑比比皆是。较具规模和特色的华侨所建房屋有：马来亚华侨1870—1872年间汇款在宏安侨乡盖建的洋尾、旗地两个新村；新加坡侨商沈以成等先后在华美乡盖建的新厝，面积达6.9万平方米；马来亚柔佛港主陈旭年在祖籍上莆金砂乡盖建的新村，有祠堂及大厝多座；暹罗华侨郑智勇在凤塘盖建的淇园新村；暹罗华侨张君丁在西坑劈山盖建的梯形新村，以及民国时期新加坡华侨莫修毅兄弟四人合建的庵埠莫陇"振福兴"等。新加坡华侨刘喜日、刘玉田家族集体回乡所建的成片屋宇——庵埠"刘陇新乡"，其中间为"刘氏宗祠"，两旁"资政第""昭武第""中宪第"等一字排开，均为四点金建筑；屋内多装饰有名人书画石刻，木雕、壁画堪称精美，为潮汕地区清末、民国时期建筑的代表作。

在揭阳县，有婆罗洲坤甸（今属印尼）华侨林毓瑞20世纪20年代在磐东乔林村长房围盖建的兰香大厦，有住房101间，占地面积3000平方米。

在普宁县，华侨自1930—1935年间在流沙盖建100多座住房和店铺，占了流沙镇私房的一半。

在饶平县隆都区前美乡（今属汕头市澄海区隆都镇），有旅居暹罗的陈黉利家族自1910—1939年陆续盖建的4座大宅院（包括郎中第、善居室、寿康里和"三庐"别墅），占地面积达25400多平方米。此外，该家族还在东里建有铺屋18间，在汕头市区建有400多座楼房，后把大部分楼房转卖给到汕头经商或定居的华侨。至1949年，尚拥有173座楼房，面积43424平方米；代管租业34幢，面积4867平方米。

据1956年不完全统计，汕头市区民国以前华侨盖建的房屋有2925座（不包括托管部、银行和其他单位代管侨房），占全市房屋14833座的19%。[1]

关于潮汕侨乡特点，以上仅略述人口、侨汇和侨房几个方面，期能窥见一斑。实际上，潮汕侨乡特点表现在经济、政治、文化和社会生活的诸多方面，如华侨投资工商企业多、慈善公益事业发达，华侨参与地方治理、国家政治，以及教育进步、观念开放、外向型文化突出等，反映了该地区在海外华侨的影响下，自晚清以来所发生的急遽社会变迁，并在民国时期有了进一步的发展。所有这些，将在后续章节中予以论述。

日本外务省通商局于大正四年（即1915年）12月刊行的《汕头事情》一书，以日本人特有的敏锐视角，对民国初期以汕头为中心、兼及潮州府、嘉应州一带的诸多事项进行了详细记录。其中"总述"和"第十九章　移民"中关于汕头埠及其南洋移民的描述，或许有助于我们了解潮汕侨乡的特点与概貌：

---

[1] 参见广东省汕头市地方志编纂委员会编《汕头市志》第四册，卷六十九《华侨》，新华出版社1999年版，第569页。

"汕头位于广东省东北潮州府南部海岸,拥海湾,临韩江、揭阳江(译者注:即榕江)二大河流,水路交通四通八达。公元1858年依天津条约开埠,年均贸易总额5000万两以上,大正元年(1912年)跃至5900万两以上。在中华民国拥有5000万两以上贸易额的八大贸易港中,仅次于上海、汉口、天津、广州、大连,列第六位,超过胶州、牛庄……港口的国内外大小船舶辐辏,向国内外进出的货物集散于此,极为繁华。铁道通至潮州而达意溪,全长二十六英里半,一日发车三次,来往旅客日约2000人。汕头有日本及欧美诸国领事馆,有电灯、自来水,有海关及其他各种政府机关,国内外的大小公司、商店。房屋鳞次栉比,白壁皑皑如雪。"

"经汕头、厦门两港口出行者在过去十年间年平均达十六万人以上,且其中的十万人属当地出身。其中多数是潮州府下、嘉应州下各县的,在南洋各地成为巨富或者携巨款归乡者不在少数。此二者投资家乡的营利事业,其中前者为土产品的大量买入者。如此而形成当地与南洋地区的通商及经济上的密切关系。当地对外出口贸易的主顾为这些华侨。对每年超出额达2200万两以上的进口贸易造成的货币流出的遏制,反倒导致了其发展的趋势,这也是华侨的回馈。如此,应知说汕头的贸易为这些华侨所支配亦不为过。"①

四 著名侨乡要览

(一) 澄海樟林

樟林位于澄海县北部,居韩江下游南溪河出海口处。明末清初,已是盛名在外的港口和繁华的商埠,拥有"八街六社",有"樟林埠"之称。清康乾以后,成为聚集木制大帆船"红头船"的重要港口,通航安南、暹罗、马来亚等地,被称为粤东"通洋总汇"之地。"红头船"利用天然风力航行海外,每年11月间乘东北季风从樟林启

---

① 文铮宇译,(日)外务省通商局:《汕头事情》,日本大正四年(1915年)十二月刊行,第1页、第60页。

程赴南洋，待翌年 3、4 月份西南季风劲吹，再由南洋扬帆飘荡归来。在汕头开埠之前，樟林与南洋的商贸联系、人员交往十分密切，是粤东及闽西南地区民众移民海外的最重要港口。

（二）饶平隆都（今属澄海）

隆都位于韩江下游冲积平原三角洲，三面环水。清乾隆之前，即有人往海外谋生。前美村旅居泰国著名侨商陈慈黉之父陈焕荣，于鸦片战争后伙同族人远赴汕头、香港做船工，后自购帆船、躬任船主，航行于汕头、香港和南洋各地，获利颇丰，咸丰元年（1851）创设乾泰隆行于香港南北行街（今文咸西街），其次子陈慈黉于同治十年（1871）创设陈黉利行于曼谷，经营进出口贸易；后又与族人集资在新加坡创办陈生利行，以利暹米运销；19 世纪末，再创乾利行于西贡。1927 年国共合作破裂，蒋介石集团清共，后沟村一带成批民众逃亡海外。抗日战争时期及内战期间，又有大批民众为躲避战乱、饥荒和国民党军队抓壮丁而远遁南洋。隆都 72 村，村村有华侨，有的村如章籍甚至户户有侨眷。新加坡昔日有条章籍村，街上商店几乎全为该村华侨所开设。华侨回乡盖建房屋者众多，尤以前美村陈慈黉宅第、仙地头"明德家塾"和上北侯邦"七落"最具规模，富丽堂皇。

（三）潮安银湖

银湖村民出洋谋生大约始于鸦片战争前后，侨民分布于新马、泰国等地。自同治年间开始，经商致富后的侨商陆续回乡建屋置业，计有吴庆逢于同治十三年至光绪十二年（1874—1886 年），建筑厝屋 8 座，其中书斋 1 座、祠堂 2 座、住宅 5 座，总面积 4535 平方米；吴庆腾于光绪三年至十三年（1877—1887 年），盖建厝屋 6 座，其中书斋 2 座、祠堂 1 座、住宅 3 座，总面积 3268 平方米；接着，新加坡侨商吴声锦等人继起兴建厝屋，使银湖村在 19 世纪末期即已出现侨房林立的景象。华侨先驱发财致富，吸引了众多村民相继渡洋。抗战以前，华侨回乡省亲者几乎年年不断，年老叶落归根者也不罕见。吴庆腾海外发迹后回乡家居优养 10 余年，1914 年终于故里。抗战以后，银湖部分侨眷移民海外团聚，还有侨户将产业委托亲朋代管、请其代为祭祀祖先，全家出国而变为空户者。

(四) 揭阳蓝兜

蓝兜位于揭阳仙桥北侧。西社村民郑连足因灾荒兵祸,于清咸丰元年(1851)流落至澄海樟林,在一艘"红头船"上做厨工,随船漂泊至婆罗洲坤甸定居,于光绪十六年(1890)60 余岁时带回半生积蓄,营建房屋"南乔里"。同治年间,蓝兜村遭潮州镇总兵方耀清乡,不少人走投无路冒险出洋。光绪年间,复有不少乡民因生活所迫以契约华工身份出洋。侨民主要分布于婆罗洲、暹罗和越南,在婆罗洲坤甸者多从事树胶种植业。经多年打拼,蓝兜华侨事业逐渐发展,并陆续回馈于故里。至 1925 年,蓝兜侨乡已甚繁荣,不仅侨汇多,回乡建屋买地者亦众,有"富贵蓝兜乡"之美誉。

(五) 潮阳峡山

峡山是潮阳著名侨乡,乡民出国历史悠久。特别是民国时期,峡山及其周边的泗联、义英等乡村民众迫于生计,前往南洋谋生的人很多。1910 年出生于泰国春武里府的陈弼臣原籍即是峡山,他曾回峡山读中学,1927 年返泰。30 年代中期,陈弼臣在朋友的帮助下开设五金木业行,后又开设"亚洲贸易公司"等企业。1944 年,他联合中泰商贾、集资 20 万美金,在曼谷创办"盘谷银行"。由于其"用人不疑,疑人不用"的用人之道,盘古银行的业务迅速发展,在泰国经济中居于举足轻重的地位。

(六) 普宁流沙

流沙为普宁大镇,原名流沙圩,海外移民历史悠久。早在清道光年间,该镇赤水村即有村民前往暹罗谋生。鸦片战争后,又有很多人因家贫而"卖猪仔"过番,到苏门答腊日里烟叶种植园务工,后又引带众多族亲前往垦殖和经商。1927 年、1932—1935 年间和 1946—1947 年间,受国内动荡局势的影响,流沙一带又有大批民众为躲避战乱和饥荒而相率过番。其在海外的主要侨居地为泰国,其次是越南、柬埔寨和老挝。自 20 世纪 20 年代起,流沙逐渐发展为具有侨乡特色的圩镇。1930—1935 年,华侨在流沙所建住房和店铺达 100 余座,占当地民房之一半,仅泰国华侨陈辅庭就建有 24 座楼房。流沙镇中华路,其房屋绝大多数都是华侨盖建的。

（七）揭阳北坑

北坑乡由老寨、埔龙凹、大湖岭 3 个村落组成，为揭阳著名侨乡。据该乡刘氏族谱记载，自 23 世祖可杰公于乾隆五十一年（1786）前后出国往暹罗始，以后历代都有族人前往泰国侨居。民国年间，由于贫困、战争及政治动乱，北坑乡民众去泰国谋生者众，并在 1929 年以后几年、1938—1939 年间、1946—1948 年间出现移民海外高潮。北坑乡华侨绝大多数未曾上过学，在泰主要从事苦力劳动，在山芭垦荒种植；只有极少数人做小生意、当工人。即便如此，他们也还是省吃俭用，多寄批回乡赡养家眷。

（八）潮州庵埠

庵埠镇位于汕头市区北端，为粤东著名古镇。早期庵埠先民迫于生计，多有侨居新加坡、暹罗和安南等地者。清嘉庆年间，仙溪村王钦、王丰顺置船从事海运，在新加坡倡建粤海清庙，发起组织万世顺公司，为著名侨领。此后，乡民纷纷南渡，在异域立足，有的成为巨富。道光三十年（1850）前后，亭下村人陈亚汉在马来亚霹雳被委任为甲必丹。晚清已还，庵埠籍著名侨领、侨商仅新加坡一地即有陈德润、刘振藩、刘炳思、杨仕添、杨缵文、林受之、卢浩川等。他们在外艰苦创业、发家致富，却不忘怀乡思祖、为国奉献，举凡慈善赈灾、革命救国，皆能慷慨解囊、竭尽全力。

第三节 侨眷生活状态

潮州作为国内著名的侨乡，其境内侨眷和归侨数量众多，与海外的联系极为密切，有着不同于普通民众的经济收入来源。在南洋华侨社会和国内社会的多方位作用下，潮汕侨乡发展出独具一格的社会形态，形成独特的消费习惯和生活方式，对当地社会产生了潜移默化的影响。不过，受国内外政治、经济形势的制约，侨乡社会生活既丰富多彩又动荡不安，潮州侨眷的社会地位和经济收入并不稳定，时常处于风雨飘摇之中，这也使得他们的生存处境显得愈加艰难，并对海外潮州人族群产生极大的影响。

一 侨汇依赖

如前所述,早在第二次鸦片战争后的清代同治年间,潮汕侨乡即已现雏形。到了19世纪末、20世纪初,潮汕地区以潮州、汕头等城镇为中心的侨乡社会已经基本形成。

民国时期,潮汕地区特别是在澄海、潮安、潮阳、揭阳和普宁县,其侨户、侨眷数量占当地总户数、总人口的比例很大,侨乡社会特征特别明显。普通侨户、侨眷家庭由于家中缺乏男性劳动力,无法胜任需要高度体力的农业生产,家庭收入只能仰赖于来自海外的侨汇。一些侨汇收入不高的侨户,其眷属还需从事低强度的手工艺劳动,用挑花刺绣或抽纱的微薄收入来辅助家庭开支,因此侨汇收入与侨眷的生活可谓息息相关。有学者调查,在1934年9月—1935年9月间,澄海樟林华侨家庭平均每家每月有侨汇收入53.9元国币,占总收入的81.4%;华侨家庭的生活费,其大部分实际依赖于南洋华侨的汇款。① 据估计,在新中国成立前的20世纪40年代末,潮汕人民靠侨汇过生活的约占全人口的40—50%。②

从现存民国时期众多侨批资料中,可以看到一个很耐人寻味的现象:从海外寄到潮汕的侨批,批文中华侨总是向家属表白自己在外如何平安,衣食无忧,请其放心;反之,从潮汕寄往海外的回批,侨眷总是向侨胞反映其生活之拮据、入不敷出,希望多寄银钱、以敷急需。而实际上,寄批的侨胞经济状况未必很好,接批的侨眷经济状况亦未必很差。显然,这种现象的背后,反映了国内侨眷对于海外亲人在经济上的严重依赖。

二 时尚消费

毋庸讳言,在潮汕侨乡,侨户的收入水平一般要明显高于非侨户。据调查,在1935年前后,澄海非侨乡的非华侨家庭平均入款,

---

① 陈达:《南洋华侨与闽粤社会》,商务印书馆2011年版,第103页。
② 广东省地方志编纂委员会编:《广东省志·华侨志》,广东人民出版社1996年版,第167—168页。

比重点侨乡樟林华侨家庭的平均入款,"相差不止三倍"。① 但经济收入提高后,除建屋、置地等大宗开支外,并未投入生产、经营性事业,而是用于衣、食、住等消费领域,比如着西装(旗袍)、穿皮鞋,吃饼干、喝咖啡(牛奶),建(购)新屋、设书斋(或同时立祠堂、筑坟墓),由此夸耀于乡里,② 带来了一些时尚甚或奢侈的消费习惯。在潮汕地区,人们已习惯于用"沙茶酱""咖喱末"做调味料,穿"暹绸"的也不少,而这些显然都是华侨从南洋带来的。

众所周知,潮汕地区产生过不少著名的华侨家族。他们富甲一方,穷奢极欲,过着纸醉金迷的生活。其奢侈、炫富的生活方式,多以民间故事或熟语流传于世(详见后文),对社会风尚造成负面影响。

三 困难时期

诚然,潮汕地区侨眷的生活状态是极不稳定的,受到国内外局势变化的深刻影响。正常年份,潮汕地区每年尚缺粮约200万公担,其中大部分需依赖侨汇进口暹罗大米;一旦遇到战争或灾荒,侨汇断绝或暹米无着,很多侨眷生活便陷入困境,后果不堪设想。关于困难时期潮汕侨眷的悲惨生活,《广东省志·华侨志》有如下记述:

> 太平洋战争爆发后,除缅甸、泰国有少部分侨汇经云南、广西转到揭阳外,新加坡、马来亚和荷印侨汇基本断绝,很多侨眷谋生无计,被迫卖田、典屋,或贱价出售衣物,不少侨眷流落江西、福建,有的甚至饿死或被迫改嫁。潮安县全县抗日战争前人口62万,战时损失人口11万多,其中相当一部分是原来主要依靠侨汇生活的侨眷。澄海县澄城镇东湖村邱姓原有150户、800多人,日本侵占东南亚时,由于侨汇断绝,被迫卖厝屋20多座、350多间。该县冠山村原有9886人,侨眷占一半以上,由于侨汇中断和日本占领澄海,全村被杀37人,饿死283人,流亡234人。日本占领汕头市期间,侨汇断绝,期间生活得不到接济,大

---

① 陈达:《南洋华侨与闽粤社会》,商务印书馆2011年版,第103页。
② 陈达:《南洋华侨与闽粤社会》,商务印书馆2011年版,第101—128页。

第十章 慈乌反哺：潮侨与宗乡关系

部分侨眷倾家荡产，很多人靠出卖家具、房屋度日，不少人流落到福建西南部及海南岛，或靠求乞过活，冻死饿死者不计其数，仅2000人口的砻石就饿死100多人。建国前几年，国民党政府滥发纸币，导致通货膨胀，侨汇送到侨眷手里时只相当于汇款时原币值的三四成，最后竟变成废纸，侨眷生活也是极端困难。汕头市归侨柯梧生将其子从南洋汇回的款换成"金圆券"，只慢约1小时到市场购物，就变成废纸。①

抗日战争及内战期间，侨眷先后经历米荒、邮路不通、日伪统治、旱灾和通货膨胀等多种劫难，生活委实不易。

---

① 广东省地方志编纂委员会编：《广东省志·华侨志》，广东人民出版社1996年版，第168页。

第十一章
情系桑梓：举办慈善公益

东南亚潮州人对祖籍慈善公益事业的捐助，始自19世纪末。20世纪期间，曾有过跌宕起伏，甚至一度短暂中断，但总体上一直持续不断，并在进入80年代后逐渐达到高潮。21世纪以来，海外潮州人的捐助逐渐趋于低潮。从捐助的项目看，则有兴学育才、赈济灾难、捐修堤防、施医赠药、修桥造路、改善饮水条件、修复文物古迹、支持弘扬文化事业等，不同时期因故乡的需求不同而各有所侧重，其中以修建学校、医院为最大宗。

如上所述，潮汕侨乡民众宗族观念浓厚，同时也普遍相信因果报应。在这样的文化氛围中，能够为桑梓的公益事业做贡献，被认为是光宗耀祖、行善积德的义举。这种文化传统，促使民众乐意为家乡的公益做出力所能及的贡献，既为自己家族增光，也为自身积德，福荫子孙。换言之，在这种文化氛围中，士绅商贾只有为家乡的慈善公益做出贡献，才能获得乡民的认可与赞誉。此类记述在明清以来的地方志书中颇多。而对于海外潮州人来说，正是孕育于这种文化传统之中的故土情结，使其愿意为故乡的公益事业做出奉献。

考察海外潮州人对故乡的捐助者，可以看出其中大部分是出生于潮州，后来移居海外，即通常所说的第一代海外潮人，他们从小在家乡受到潮州文化的熏陶。少数捐资者虽在海外出生和长大，但他们从小浸淫在潮州文化传统浓厚的生活氛围中，有的甚至还一度回故乡读书。也就是说，这些捐助者的捐助行为的原动力来自潮州文化传统。

潮州侨乡历来重视对捐助者的褒扬。尤其是20世纪80年代以来，侨乡各级政府，更是以各种方式为海外捐赠者树碑立传，包括以捐赠人或者其父母先辈的名字来命名其捐助项目,有的还为捐赠者或其先祖塑像纪念等,大力弘扬他们造福桑梓的精神。不但使捐赠者有衣锦还乡之荣耀,其在故乡的亲属也咸与有荣,从而进一步激发了海外潮州人捐办公益事业的积极性。

进入21世纪以来,海外潮州人对于原乡公益事业的捐助进入低潮。究其原因,一是改革开放以来,潮汕侨乡经济社会取得了长足的发展;二是现在海外潮州人社会的主体已是在当地出生的潮州人后裔,他们对潮州原乡的情感与其先辈不可同日而语;三是1997年亚洲金融风暴之后,东南亚不少地方的潮州人的经济实力相对削弱,生活水平相对低落。

第一节 资助文化教育事业

兴学育才是东南亚潮州人在故乡兴办慈善公益事业中持续时间最长的项目。早期潮汕地区教育落后,移居东南亚的潮州人多数没有受过正规的学校教育。在海外艰苦奋斗的过程中,他们深知要使国家富强,桑梓繁荣,教育是重要途径。因此,旅居东南亚地区的海外潮州人当中许多有识之士很早就开始在家乡捐资兴办教育事业,从办私塾开始,进而新式学堂,再到现代教育学校,涵盖了从幼儿园到大学各个层次。他们兴学育才的义举,有力地促进了潮汕地区教育事业的发展。

20世纪80年代以来,海外潮人还热心捐资支持振兴潮剧、赠建文化事业设施和开展潮汕文化研究工作,推动文学创作,以及奖教奖学等,在文化事业上给予潮汕地区有力的资助。

一 兴办新式学堂,开风气之先

东南亚地区一些西方殖民地,现代教育开办比较早,旅居这些地区的潮州先侨有机会较早接触到新式学校。20世纪之初,一些海外潮州人受近代教育思想和国内维新思潮的影响,开始在故梓兴办新式学堂。这些新式学堂,一般都建立校董会,负责筹措经费和决定学堂的重大事项。学生分班级上课,除讲授国文外,还开设数学、史地、自然等课程，开启了潮汕侨乡兴办现代学校之先河。

而在兴办新式学堂之前，已有一些东南亚潮州人在故乡开办私塾。1880年开始，旅居新加坡的吴庆腾、吴声锦（原籍现潮安龙湖镇银湖村），暹罗黉利行的创办人陈慈黉（原籍现澄海隆都前美村），以及原籍揭阳、潮阳、普宁等地的海外潮侨也先后在自己的家乡办起了一些私塾，教授同宗或同乡子弟。

1905年，原籍揭阳城郊义和村的印尼华侨林奕荣等，捐资在家乡创办义和小学堂。同年，暹罗陈黉利家族将在家乡所办的私塾改为小学堂，招生对象扩大到隆都界内的陈姓子弟。1912年，又将小学堂改称成德学校，每年由陈黉利行拨付办学经费约4000大洋，招生对象扩大至隆都的各姓子女。他们揭开了海外潮州人在故乡兴办新式小学堂的序幕。此后，先后有旅居新加坡的潮侨在今潮安彩塘、旅居印尼的潮侨在揭阳仙桥篮兜村，兴办新式学堂。1916年，暹罗著名侨领郑智勇（二哥丰）在家乡潮安凤塘淇园新村独资创建设备齐全的新式学校——智勇高等小学校，向潮属各县招收学子，学生的膳宿等一切费用均由他负责，如此规模办学善举，在民国初期，实属罕见。

进入20年代，东南亚潮侨在家乡兴办的学校越来越多，不但办小学，也开始创办中学等。新加坡的杨敬好在故乡潮安庵埠文里、杨缵文在庵埠外文村，分别创办了培才学校和达道小学，廖正兴在潮安金石创办维正学校。少年失学的暹罗侨领赖渠岱，不仅在家乡潮安登荣乡凤洋村（今属归湖镇）创办世德学校，而且还出力募集捐款，资助汕头礐光中学和海滨中学的办学经费。1927年，越南潮籍侨领陈澄初，捐资帮助韩山师范学校建筑校舍。

抗战胜利后，海外潮州人在家乡兴学育才的积极性进一步高涨，有效地促进了当时潮汕国民教育的恢复和发展。

据不完全统计，1949年以前，东南亚潮州人在故乡捐资创办的学校有35家，教育层次涵盖私塾、小学堂、小学、中学等。①

---

① 杨群熙：《海外潮人兴学育才纪事》，汕头：潮汕历史文化研究中心，2000年；饶平县归国华侨联合会编：《饶平县华侨史志》，1999年；潮州市侨务办公室和潮州市归国华侨联合会主编：《潮州市华侨志（初稿）》，1988年，等。

二　1978年后的捐输高潮

新中国成立后，东南亚潮州人把在家乡兴学的行动和支持新中国的建设事业紧密联系起来，积极为祖国和故乡培养人才。1950年，汕头市接受泰国华侨观光团的建议，将私立海滨中学改办为汕头市华侨中学。此后，普宁、潮安、揭阳、澄海、潮阳、饶平、惠来等县都在海外侨胞的热情捐助下，陆续创办起来县级以至乡镇级的华侨中学。与此同时，独资或集资在家乡创办中小学校者也不在少数。

十年动乱期间，在极"左"路线的干扰和破坏下，国家的侨务政策遭到歪曲，不少归侨侨眷以至于华侨蒙受冤屈污辱，使海外潮州人在潮汕的兴学活动陷于停顿，潮汕的教育事业也因此而遭到严重的损失。

1978年后，中国实行改革开放政策，落实了各项涉侨政策，激发海外潮州人在祖籍故乡捐办学校的热情。1981年，香港的李嘉诚在汕头创办广东省全方位及中国唯一私人资助的公立大学——汕头大学，是为海外潮州人在故乡创办大学之发轫，至今支持款额逾100亿港元。[1] 资料显示，1978—1987年，原籍潮安县（包括现潮州市潮安区、湘桥区和枫溪区）海外乡亲在原乡捐资兴学资金折合人民币达1720.8万元，新建、扩建、修建中小学校120多所，幼儿园14所，总建筑面积7万多平方米。捐资者分别来自香港、泰国、新加坡、马来西亚、印尼、加拿大等地的潮州人，以香港、泰国、新加坡为多。[2] 进入90年代，海外潮州人捐资兴学育才高潮迭起，资金额不断创新高。据不完全统计，1978—2008年，由海外潮籍侨胞捐资在潮汕地区新建、扩建和助建的大中小学近4000所，[3] 成为侨乡一道靓丽风景线。

---

[1] 朱邦凌：《李嘉诚捐款1亿！40年总捐260亿港元，资助汕头大学100亿港元》，https://baijiahao.baidu.com/s?id=1658151560778368096。

[2] 资料来源：《潮州市华侨志（初稿）》，潮州市人民政府侨务办公室、潮州市归国华侨联合会主编，1988年，第128—130页。

[3] 汕头市委宣传部、汕尾市委宣传部、潮州市委宣传部、揭阳市委宣传部编：《潮汕华侨历史文化图录》，2008年，第216页。

图11-1 侨胞集资捐建的潮州溪口七村学校（2011年，黄晓坚摄）

此外，海外潮州人还以社团或个人名义设立各种奖教奖学金，赞助"潮汕星河奖"，奖掖潮汕优秀子弟；捐助振兴潮剧、开展潮汕历史文化研究和本土文学创作等；襄建图书馆、体育馆等文体设施，极大地支持了潮汕文化教育事业的发展。原籍潮州市官塘奕湖村的泰国大慈善家谢慧如在1989—1995年间，先后捐资约6800万元人民币，大部分用于发展文化教育事业，捐助项目共22项，涉及慧如公园、泰佛殿、谢慧如图书馆、潮剧团艺乐宫、潮州日报社、潮州体育馆、潮州市优秀市民基金会、潮州韩愈研究会基金会、潮州市奖励创作艺人福利基金会、汕头市谢慧如潮剧艺术中心、汕头市潮汕体育馆等。①陈汉士于1999年设立"陈汉士资助贫困大学生助学金"，连续十余年资助潮汕三市优秀贫困大学生，每年800多人得到资助，总金额达1000多万元人民币。2017年，又捐资100万元予广东以色列理工学

---

① 资料来源：《潮州市首届荣誉市民芳名册》，潮州市人民政府编印，1995年。

院奖学金,以激励在该院学习的潮汕籍优秀学子。①

在潮州市,旅居海外的乡亲郑镜鸿、陈中明、陈伟南、林进华、杨成、陈家铭、刘贵海、蔡儒添、曾铭培、林希炎和柯紫蓉伉俪、黄週璇、詹培忠、翁烈强、颜锡祺等,无不对潮州文化教育事业大力支持。

三 修复文物古迹

1984年,潮州市荣获国家历史文化名城称号。为保持古城风貌,早在80年代初起,潮州市就开始了一系列文物古迹的修复和建设。1981年1月2日,潮州市成立"修建潮州开元寺筹委会",开始向海外华侨华人募捐重修资金,获得热烈响应。新加坡、泰国、马来西亚、香港等地的海外乡亲和本地的善信踊跃乐捐善款,重塑了寺中众佛像。泰国的陈弼臣、香港的庄静庵等40多位乡亲共捐资港币73万元重修地藏阁。李嘉诚以其母亲的名义捐资修建观音阁,之后又独资捐修天王殿。接着,李嘉诚和庄静庵,以及三学圆明讲堂定因法师暨众善信又同敬建开元山门。2000年,开元寺修建大悲殿,泰国的乡亲蔡卓明为此捐赠白玉佛像85尊。开元寺的修复,是潮州市众多文物古迹名胜修复过程的一个缩影。潮州市的韩文公祠、北阁佛灯、湘子桥、牌坊街等,乃至潮汕地区一系列文物古迹的修复,都得到海外潮州人的鼎力捐助。

第二节 赈济灾荒

海外潮州人,身居异国他乡,不忘故土。桑梓遭遇各种自然灾害,总是牵动着海外乡亲的心。他们迅速出钱出力,赈济灾区,赤子之情,血浓于水。

一 赈济风灾

1922年8月2日,潮州沿海的澄海、饶平、揭阳、潮阳、惠来、

---

① 资料来源:汕头市泰国归侨联谊会。

南澳和汕头遭受风灾，损失严重，仅澄海、潮阳和揭阳就倒屋1190座又38943间；全地区被溺死者总共34500人，其中澄海县26996人，饶平县近3000人，汕头2000多人。① 东南亚各国和香港等地的潮州人，纷纷行动起来，赈济故乡所遭受的特大风灾。

暹罗中华总商会于8月20日发起成立"暹罗潮州飓风海潮赈救会"，设立筹捐处，接受各潮侨团体和个人捐款。并由廖宝珊觐见暹王拉玛六世，陈述灾情，获暹王同情，御赐暹币5000铢，以作赈灾之用。暹罗潮州人共募集资金25万铢，折成大米、衣服、耕牛等，回潮州赈灾。9月28日，"暹罗潮州飓风海潮赈救会"推举许少锋等6人，携带善款，抵达汕头，大力支持家乡的救灾工作。

新加坡潮州人获悉家乡遭受特大自然灾害，许多人自发向廖正兴（祖籍潮安）、李伟南（祖籍澄海）等主持的四海通银行汇寄赈灾款，总共约叻币20万元。不久，由潮州人参与领导的新加坡中华总商会发起募款救济，继而新加坡潮州人文化娱乐团体——醉花林俱乐部主持义演，各界纷纷捐款，共筹得救灾善款叻币30多万元，全部汇回潮州救济灾民。

越南西贡（今胡志明市）潮州公所、唒叻布行公所，以及台湾的台南、台北等地潮州人，也陆续捐款赈灾。

香港潮州八邑商会（抗战胜利后改称香港潮州商会）名誉会长陈殿臣（澄海人）、方养秋（潮安人）在8月初即与商会诸同仁商议，呼吁旅港潮人捐输施赈，得款64.8万余元，并迅速用善款在香港购买一批大米和其他用物，运回潮州赈灾。商会又在香港组建了卖物筹赈会，继续筹集善款，作为济助家乡灾后修堤和灾民修屋等项费用。还与中华总商会、东华医院以及越南赈灾团，共同推举商会董事王少瑜为总代表，组成赈灾团，到汕头协助赈灾。

1986年，潮汕地区遭受强台风正面袭击，灾情严重。香港潮州商会、潮商互助社等潮籍团体，成立"香港潮汕同乡支援汕头地区救灾委员会"，总共募集赈灾款300多万港元，赈济灾区。

---

① 王琳乾：《潮汕自然灾害纪略》，广东人民出版社1994年版，第23—45页。

1991年7月19日，太平洋第7号强台风在汕头市正面登陆，造成极大的损失。泰国潮州会馆立即召集潮属十县同乡会负责人紧急会议，研究援助和慰问灾区事宜，一致通过筹集大米10000包，折泰币750万铢，作为救济受灾乡亲之需。泰国各地的潮州人及同乡会组织也纷纷捐款捐物，共折泰币117万多铢。8月5日，由潮州会馆副主席陈吴顺率领的泰国潮州会馆暨十县同乡会慰问团，携带上述善款抵达汕头市，对潮属受灾各县进行慰问。泰国报人公益基金会也对赈灾做出了重大的贡献。该会永远名誉会长谢慧如率先捐献大米1万包，其他同仁和热心人士也踊跃响应，在不到一个星期内，基金会共募集大米20500包，并于9月上旬由该会主席陈世贤率领放赈团到达汕头市，送交有关部门代转受灾乡亲。与此同时，香港的潮州人及其社团也纷纷捐款。李嘉诚捐款500万港元，潮州商会捐款人民币100万元、港币50万元，潮商互助社捐款40多万港元，其他社团也各有捐输。

2006年初夏，台风"珍珠""碧丽斯"和"格美"相继袭击潮汕大地，潮州市遭受百年一遇的洪涝灾害，151.2万人受灾。香港潮属社团总会组团分别到汕头、潮州、揭阳三市慰问，各捐赠40万港元支援灾区抗灾复产。7月30日，李嘉诚捐资1000万元人民币，帮助灾区乡亲重建家园。泰国潮安同乡会、华侨报德善堂，澳门潮州同乡会，新加坡潮州八邑会馆等，也分别捐款支持潮州市灾区。

二 赈济水灾

东南亚潮州人对中国国内重大水灾的赈济，不但救助桑梓，也惠及其他灾区。

1931年秋，中国洪水为灾，延及16个省，灾民达6000万人。暹罗中华总商会成立"暹罗中华总商会筹赈祖国水灾委员会"，先后共筹集暹币158566铢，国币91073元，汇往国内支援灾区。

1947年华南地区遭受水患，潮汕各地也多次暴雨成灾。五六月间，潮属各地连降大雨、暴雨，加上上游各地山洪暴发，韩江水位猛涨，致使潮州城南春城楼附近的南堤、庵埠附近的赐茶庵、小长桥等处韩江堤围溃决，潮安、饶平、澄海等县发生数十年来未遇的大水灾。与此同时，榕江、练江的堤围也多处崩溃，揭阳、潮阳等地也遭受水患。10月7日，台风登陆潮州，汕头、澄海、潮阳等地连降暴雨，再次造成严重水灾，农作物几乎全部失收。泰国华侨报德善堂获悉灾情后，立即举行该堂董监事联席会议，商议赈灾办法。因当时泰国大米出口受到限制，该堂遂在数天内购买地瓜1000担，由五福船务公司（系潮籍人士陈振敬等创办）之美福轮义务运抵汕头，交由汕头存心善堂代为施赈。暹罗救济祖国粮荒委员会于10月17日召开理事会，一致通过速汇法币10亿元，交在汕头的救荒会监赈团协同汕头6大善堂急赈灾区。泰国潮阳同乡会也于当年10月募集法币2000万元，汇到潮阳赈灾。

新加坡潮州八邑会馆特邀余娱、六一、陶融、星华4个潮人儒乐社联合义演二晚，共筹得赈款叻币36900元，全部善款作为赈济华南水灾之用（其中一部分赈济潮汕灾民）。会馆还拨出叻币4095元，汇交汕头贫民工艺院和存心、养莲、延寿、诚敬、慈爱、诚心6个善堂，请代向灾民施赈。新加坡潮阳籍侨胞也筹集法币8000万元，汇交潮阳棉安、存德两个善堂，分至各区、乡善堂放赈。

越南西贡（今胡志明市）潮州公所和潮阳旅越侨胞，也捐献大米87包，向受灾乡亲表示亲切慰问。

1991年7月，我国的长江、淮河流域连续普降大暴雨，华东、华中一带江河泛滥成灾，江苏、安徽、河南、浙江等省灾情尤为严重，灾民逾亿。中国政府向海内外发出请求援助的呼吁，广大海外潮州人怀着深切的爱心，纷纷响应。7月14日，香港的李嘉诚以长江实业、和记黄埔、香港电灯和嘉宏等4家公司的名义捐款5000万港元，支持华东、华中灾区人民抗灾救灾，此举在香港起到很好的带头作用。各大财团、企业界知名人士、各界市民通过各种方式、场合踊跃输将，短短时间内便筹集5.6亿港元赈济灾区。当时正在香港的泰国华侨报德善堂董事长郑午楼闻知后立即返回泰国，主持召开泰华各社团联席会议，决定以由中华总商会、九属会馆、潮属十县同乡会、泰华各姓宗亲总会，以及各华文报社、各慈善团体、各宗教团体等42个单位联合组成的泰华各界救灾机构的名义，呼吁泰华各界赈济中国灾区人民。至8月初，就募集到大米30000包和一大批药品，迅速由曼谷运抵上海、汕头转送各灾区。8月24日，郑午楼率泰华各界慰问团赴北京慰问，并请中国红十字会将赈米分送各灾区，时任中国国家主席杨尚昆亲切接见了郑午楼及慰问团的成员，并对泰华各界的义举表示衷心感谢。泰华报人公益基金会也筹款5万美元，送交中国驻泰国大使馆转交灾区赈灾。

1994年夏季，我国的华南6省、区发生严重水灾，人民生命受到巨大损失。消息传到泰国，华侨报德善堂暨各侨团联合机构在请示了川·立派总理之后，向泰华社会发出赈灾的呼吁。泰华各界纷纷响应。郑午楼、谢慧如等知名潮州人，中华总商会、九属会馆、十县同乡会等社团，迅速带头捐赠大米、钱款。至9月底，共募集大米、钱款折合人民币2700多万元送交中国驻泰国大使馆转送灾区。其数量之巨，捐赠者范围之广，在当时世界各国民间对中国灾区的赈灾中属少见。

三　救助地震灾区

2008年5月12日，汶川发生里氏8级强烈地震，造成近9万人遇难和失踪，数十万人受伤。在这场大灾难面前，海外潮人再次显露出深情厚谊。

截至5月22日，中国驻泰国大使馆已经收到泰国各界人士捐款超过1.2亿泰铢。其中胡玉麟（原籍潮州湘桥区）4000万铢、陈汉士（原籍潮阳）400万铢；泰华9个潮属同乡会2200万铢；华侨报德善堂100万人民币。谢国民的正大集团在灾区有6家企业也遭受损失，但他仍毫不犹豫地代表正大集团总部一次性捐助了救灾款物人民币1300万元，其旗下各地公司陆续捐款共约人民币2000万元。得知灾区急需帐篷时，以潮籍侨领吴宏丰为主席的中华总商会迅速组织救灾物资，并于5月22日向四川灾区捐助了2000多套帐篷，成为泰国社会捐助地震灾区的第一批物资。

在港澳地区，仅李嘉诚一人就先后向地震灾区捐赠1.4亿人民币，并表示负责免费为在地震中受伤截肢的灾民安上假肢。香港潮属社团总会、香港潮州商会各捐款人民币200万元，潮阳同乡会捐款人民币60万元，九龙潮州公会捐款人民币30万元、香港汕头商会捐款人民币20万元。澳门潮州同乡会也捐赠澳门币750万元。

据不完全统计，至6月上旬，全球海外潮州人社团捐款捐物总额折合人民币超过6亿元。

四　救济粮荒

抗战前夕，潮汕各地遭受粮荒。泰国、新加坡和马来亚等地的潮州人急家乡之所急，积极开展救济粮荒的工作。1937年，新加坡潮州八邑会馆举行募集潮汕防灾义捐活动，共募集法币19132元。与此同时，新加坡余娱儒乐社举行演剧筹赈，由潮州八邑会馆代售剧券，共得法币43000元，也作为救济家乡粮荒之用。1938年，刚刚成立的泰国潮州会馆面对当时潮州各地出现严重粮荒，粮食价格暴涨，侨眷和其他贫苦民众生活受到严重威胁的情况，该馆主席陈景川与蚁光炎、廖公圃、余子亮等会馆同仁，发起组织潮州米业平粜公司，筹集资金，从泰国购运大米至潮州进行平粜，以此作为救济家乡粮荒的实际行动，极大地缓和了当时潮州粮食的紧张。1939年6月，潮州沦陷，此项工作才被迫停顿。

抗日战争刚刚结束，经过8年残酷的战争，祖国各大城市惨遭破坏，交通阻塞，农村破产，各业凋敝；其时全国各地又遭旱灾，灾区多达19个省，灾民总共不下3000万人，灾黎遍野，民生贫困。当时潮州和岭南一带灾情更为严重。1945年10月11日，泰国的潮州、客属、福建、广肇、海南和江浙等6属会馆联合发动"救济家乡"运动，并与华侨报德善堂和陈景川等39位侨领一起成立"救济祖国粮荒筹备委员会"，设立秘书处，推举郑午楼为秘书处主任，苏君谦等4人为委员。1945年11月3日，暹罗华侨救济祖国粮荒委员会（简称"救荒会"）正式宣告成立，郑午楼被推举为理事长，潮州人创办的《中原报》代表李其雄任监事长。救荒会一方面按照泰国的法律，向政府申请并获准募捐金额，另一方面发动泰国各地华侨华人参加救济祖国和家乡粮荒的运动。前后经历了 2 年 7 个多月，共募得捐款 1741 万余铢，支援祖国。郑午楼、苏君谦还分别带领监赈团到中国检查放赈情况，视察灾情，慰问受灾民众。新加坡潮州八邑会馆专门成立救乡委员会，发动广大潮州人捐款捐物，积极办理救济家乡粮荒的善事。1946 年 10 月 27 日，新加坡潮州八邑会馆主持了在吉隆坡举行的马来亚潮州公会联合会特别代表大会，一致通过了统一救济故乡的议案。会后，新马各地潮州人热烈捐助家乡灾民。香港潮州八邑商会于 1946 年春牵头召开香港潮属各同乡团体会议，成立旅港潮州人救济潮属粮荒委员会，发动香港潮州人捐款救济家乡粮荒。该委员会一方面向国内有关当局呼吁，请允许他们在苏皖两省购粮赈济家乡灾民，一方面向海外各潮州人同乡团体发出协同救济的呼吁。随后将募捐所得的款项，从苏、皖等省余粮区购买了一批赈米运到潮汕，为缓解家乡粮荒做出积极贡献。

五　捐修堤防

1918 年 2 月 13 日，潮州地震（史称戊午地震），造成韩江多处堤围严重受损。东南亚潮州乡亲闻风而动，慷慨输将，修复堤围。

韩江北堤因受震而堤身松动，江水穿泄，存在崩塌的危险。南堤罅漏百出，危机四伏。郑智勇在暹罗闻讯后，立即慷慨捐出巨资修筑南北堤。当时修筑北堤工程，主要是在北堤松动的地方，筑三合土龙骨长 38 丈、深 3.7 丈，并在各处添筑龙骨、灰篱和填石、打桩等，耗资共 7 万多银元，全部由郑智勇捐助。他还委派儿子郑雄才、郑法才和侄郑庆宾、郑芳躅、郑材宝、郑家修等人，赴潮州主持修复南堤工程，并委托往返于曼谷和汕头之间的五福船务公司的轮船运载大批修堤物资，抵汕头后转运至修堤工地，以供应用。有关资料显示，1918—1919 年郑智勇捐资修筑南北堤，累计金额为 38 万银元。① 工程完成后，潮州民众分别在南北堤建起"郑公智勇纪念碑"和"郑公智勇纪念亭"，盛赞郑氏善举。

---

① 《华夏》1986 年第 5 期，广州：广东省侨联主办。

地震造成潮安秋溪的韩江堤围崩溃,殃及潮安的官塘、铁埔、磷溪和饶平的隆都(现属汕头市澄海区)等地方。至6月间,城甲堤也崩溃,隆都等地再遭水灾。其时回故乡颐养天年的旅暹侨商陈慈黉,立即命其在暹罗之子陈立梅捐献巨款,并组织募捐。旅暹潮州人纷纷响应,踊跃捐款赈济家乡受灾民众,同时协助修复被洪水冲决的堤防。

彼时,潮安的登云、登隆、隆津、东莆、上莆、南桂、龙溪七都(即今浮洋、龙湖、金石、沙溪、彩塘、东凤、庵埠等地)的韩江南堤段也受到损伤,严重威胁这一带的民众。七都旅居新加坡的侨胞获悉后,在廖正兴、陈德润、杨缵文等的带动下,纷纷慷慨解囊,捐款整修潮安云步至庵埠的韩江南堤,总计达叻币40多万元。七都同侨经过协商,决定设立新加坡潮安七都修堤局,专司修筑潮安七都韩江南堤事宜,一致推举廖正兴为该修堤局总理,陈德润为副总理,委派杨缵文、吴楚碧、陈友让为代表,驻潮州监督修堤工程并管理修堤局用款。杨缵文等人不仅在潮州完成监督修堤任务,而且在其后又多次返回两地,继续关心和支持南堤的整修工程。

潮安江东四面被韩江东、西溪环绕,自民国以后,西陇堤屡遭崩溃,而此堤每次溃决,韩江洪水猛涌而入,自西北直泻东南,江东全境顿成泽国,当地民众受害极大。20世纪20年代,江东乡(现为江东镇)派出代表,前往东南亚各地向乡侨募捐修筑西陇堤的经费,得到了海外乡亲们的热烈支持。新加坡的潮安籍华侨廖正兴、杨缵文、刘荣丰、吴潮川,以及与廖正兴、杨缵文有亲密交情的澄海华侨李伟南等,都带头捐资。新加坡、马来亚12州府及印尼等地潮籍华侨,纷纷捐款支持修筑西陇堤,共筹得大洋29761元,使西陇堤修筑工程得以顺利进行,至1927年竣工。江东民众特在西陇堤上建"惠荫亭"一座,撰文记事,连同捐款芳名,勒碑于亭中,以资纪念。

1949年之前,韩江南北堤及下游的东凤、龙湖、江东一带堤围历年多有修筑,均得到泰国、新加坡、马来亚、印尼等东南亚潮州乡亲的大力支持。

第三节 施医赠药

捐建医院，施医赠药，历来是海外潮人造福桑梓的一项善举。早在20世纪初，东南亚潮州人已开始在故乡施医赠药。1978年以后，更掀起兴建各种医疗设施，造福民众的热潮。

一 民国时期

1916年，潮州城南门堤顶兴建潮州福音医院，对贫苦民众施医赠药。暹罗潮侨先贤郑智勇所捐款额占了该院全部费用的一大半，潮州民众特地在该医院的门碑刻上"郑智勇建"，以感谢其仁风善举。

1922年，潮州地区遭受"八·二"风灾的袭击，导致许多地方疫病流行。澄海侨胞在旅暹侨贤高晖石的带动下，纷纷慷慨解囊，共捐资大洋20多万元，于澄海城北蜈蚣桥边（今澄海中医院地址）创建便生医院。建院期间，先在陈家祠（今澄海中心小学地址）设点，救助危急病人。1927年该医院落成，分设内科、外科、妇产科、中医科等，并设置简易病床20张，每天为病人提供义务诊治、免费赠药等医疗服务。一直到1939年，因澄海城沦陷，侨汇中断，这所医院才被迫停办。

1949年以前，东南亚潮籍乡亲兴建的医疗设施还有：1929年，潮安、澄海、饶平3县的旅外侨胞，共同捐资在澄海樟东大路顺天善堂后面创建潮澄饶顺天医院（院址在今东里镇卫生院）；20世纪初期，暹罗侨商陈慈黉在故乡隆都（今属汕头市澄海区）的住宅寿康里开设一个中药房，由其学过医的长媳负责管理和诊治病人；1939年，旅暹潮阳籍侨胞集资于在潮阳塔下洋（今峡山义英）创办宏济医院；这些医疗设施，都以施医赠药为宗旨，治病救人，还免费提供药品。

除了兴建医院，潮籍侨亲也赞助已设立的医疗机构，或施赠药物，救治患病的贫苦民众。陈慈黉之子陈立梅、其孙陈守明先后捐款赞助潮州福音医院、澄海便生医院和上海红十字会等医疗机构。早年旅居暹罗的侨贤赖渠岱（祖籍潮安），多次为潮安红十字医院等慈善单位提供赞助，因此义声远播，清政府曾赐其"奉直大夫"美衔，民国政府也给他特奖"嘉禾章"。1944年，越南潮侨林国英（祖籍澄海），得知澄海的鮀浦、外砂、新溪等地霍乱流行，病人急需救治，即以利济为怀，亲赴广州配制特效药品回乡施赠，使病人药到回春。

二 新中国时期

1978年中国实行改革开放政策以后，海外潮人更加热心帮助家乡改善卫生医疗条件，捐资新建和改善了一批医疗卫生设施，有效地帮助家乡解决了就医难问题。

香港的李嘉诚无疑独占榜首。李嘉诚对医疗事业的赞助始于其故乡潮州市，而后推向其他地区。1980年，李嘉诚捐资在潮州市区襄建潮安医院（现为潮州市中心医院）和新建潮州医院（现为潮州市人民医院），并为其购置先进医疗设备，还设立医疗福利基金协助贫困病人。随后，李嘉诚不仅捐巨资予汕头大学医学院及5间附属医院，还开展全国医疗扶贫行动。1998年，在他倡导和资助下，在其捐建的汕头大学医学院第一附属医院中设立了"宁养院"，这是全国首家免费上门为晚期癌症病人提供镇痛治疗等照护的临终关怀机构。2008年服务扩展至28所"宁养院"，捐款累计逾2亿元。2008年4月，李嘉诚基金会捐款5000万元，加上民政部配套资金共1亿元合作开展全国贫困唇腭裂儿童手术康复计划的"重生行动"，为病患及其家庭带来希望和新生。2004年底，李嘉诚支持汕头大学医学院统筹的"关心是潮流"可持续发展农村扶贫医疗计划，设立非营利性的医疗"卫星点"网络，使农村有需要医疗服务的人能负担自身的医疗费用，减低政府负担，饶平县山区三饶镇卫生院成为第一个试点。计划得到汕头、汕尾、潮州和揭阳四市政府的全力配合推动，并获得香港潮州商会、香港潮属社团总会、香港潮州商会青年委员会以及国际潮青联合会的响应。

80年代以来，海外潮州人捐建的主要医疗设施有：1984年，原籍潮安庵埠的香港李春融、林本典、陈家铭、杨文波等人，发动香港及新加坡等地乡亲共同集资港币300万元，在家乡兴建一所占地20亩，总建筑面积4085平方米的庵埠华侨医院，并于1986年2月落成。原籍潮州市区的香港永成国际集团公司董事长沈广河慷慨解囊，先后捐资襄建潮州市福利院、红山医院、颐养中心等项目。香港民间慈善机构慈云阁永远主席林世铿，多次独资或带动其他乡亲一起捐款支持惠来县兴建医院，购置医疗设备，改善家乡的医疗条件。香港潮属社团创会主席陈伟南对故乡医疗机构也多有赞助。被誉为泰国"影业大王"的辜炳标，祖籍普宁大坝镇，捐建普宁华侨医院门诊大楼。

第四节　改善民生

对于地处农村地区的广大侨乡来说，基础设施不足无疑是制约着当地经济生活、影响民众幸福感的重要因素。为此，海外潮州人不惜慷慨解囊、兴办公益，为侨乡人民的福祉献出了宝贵财力。

一　修桥造路

修桥造路，一向被视为行善积德的义举，也是海外潮州人在家乡热心捐办的公益事业之一。

早在19世纪后期，暹罗的陈慈黉就已在祖籍隆都前美村（今属汕头市澄海区）修桥多处。1917年，暹罗潮侨先贤郑智勇，在故乡海阳县淇园村（今潮安凤塘）独资兴建两条贝灰路，分别由淇园通向潮州城和浮洋圩，各长6.5千米和6千米，方便家乡的村民上县城、赶圩集和出入。同年，旅暹侨胞张君丁捐资在家乡潮安磷溪西坑山区修筑一条通往潮州城的贝灰路，长15千米，有效地解决了行路难的问题，使西坑村生产的水果、山货得以顺利挑运进城贩卖。1919年，揭阳籍海外潮州人倡议并捐款大洋3万元，在今仙桥镇境内建造仙桥，于1920年竣工，对揭阳、普宁之间的交通运输起着重要作用。

20世纪30—40年代，不断有海外潮州人在故乡筑路、建雨亭，方便村民和过往行人。1931年，暹罗侨领余子亮在故乡饶平黄冈捐资修建长达 2.5 千米的虎板桥道和北郊纱帽岭雨亭。1931 年，越南潮侨刘柳波独资购买潮安贫民教养院门前的田地，赠予该院辟为公路，方便行车。该院感其德行，将公路命名为"柳波路"，并在路口建碑坊以示纪念。抗日战争前后，潮安县旅港同胞方继仁，"为俾行人可避风雨"，独资在潮安福洞、林泉、乌树、潘刘、南门桥等地盖建雨亭 13 个。在福洞的雨亭，是他遵从母命，节省了准备为其母亲做生日宴请宾客的一笔钱建造的，建成后命名为"慰慈亭"。

70 年代末以来，海外潮籍乡亲在潮汕大地捐建、襄建及维修的桥梁多达 200 多座，其中规模较大的有潮州韩江大桥、广济桥（湘子桥）和江东大桥，有效地缓解了潮汕侨乡交通不便的困难。

1985 年动工兴建的潮州韩江大桥，总投资额为人民币 5950 万元，除国家拨款支持外，潮州市人民政府呼请海内外捐资支持大桥建设。李嘉诚率先响应，捐资 450 万港元，庄静庵、陈伟南各捐资 60 万港元。香港潮籍各界人士于 1985 年 10 月组成以庄静庵为主任委员的香港潮州同乡支助韩江大桥委员会，积极发动香港潮州同乡捐资，数日内就募集了 470 万港元的捐款。泰国、新加坡、印尼、马来西亚、美国和台湾等地的潮州同乡，也纷纷慷慨解囊。海外各地潮州人社团和知名人士捐款总数达到 1000 多万元。在海内外各方面的共同努力下，韩江大桥于 1988 年顺利建成，主桥长 1153 米，宽 18 米，东西引桥共 7630 米，对改善潮州市的公路运输条件，起着重要的作用。

2004 年，潮州市动工修复列入国家重点文物保护单位的广济桥，海外潮籍乡亲又一次踊跃捐输。李嘉诚带头捐款人民币 720 万元，谢国民捐款人民币 480 万元。泰国、香港等地潮籍社团、知名人士先后共捐款超过人民币 3000 万元，襄助修复古桥，使千年古桥重辉，文化古城增色。

在侨乡各地，海外乡亲捐资修筑道路的善举广为传颂。仅潮安县海外乡亲捐资修筑的道路就有 60 多宗。新加坡知名实业家郑镜鸿，原籍潮安县金石湖美村。20 世纪 80—90 年代，先后捐资人民币 2500 多万元，资助家乡公益事业，其中仅捐资为家乡修筑的镜鸿路就达人

第十一章　情系桑梓：举办慈善公益

图 11-2　遍布潮汕侨乡的华侨记功碑（2011 年，黄晓坚摄）

民币 1000 万元。镜鸿路的修筑，使沿途 10 万人民受益。印尼的郑维铨在故乡潮安东凤礼阳村，捐资人民币 1000 万元，兴筑东彩路，沟通了东凤、彩塘两镇，对两镇的经济发展意义重大。

二　改善饮水条件

20 世纪 80 年代，一些乡村由于经济发展不足，村民缺乏符合卫生标准的自来水。海外潮籍乡亲乐善好施，捐资捐物，为故乡改善饮水条件。泰国谢慧如捐款在其家乡官塘白水湖乡（现属潮州市湘桥区）建起了自来水厂，使白水湖一带的父老乡亲饮上了洁净的自来水。香港的陈伟南和新加坡的吴清亮等也在其家乡捐资修建自来水厂，改善村民饮水条件，深受乡民赞誉。庵埠、龙湖、金石、沙溪、古巷、东凤、浮洋、官塘、归湖等地旅居东南亚地区的乡亲，也先后捐资在家乡兴建了一批自来水厂，为村民提供符合卫生标准的自来水。

第 十 二 章

泽被故里：投资经济建设

投资祖国和家乡的经济建设，是海外潮州人与潮汕侨乡互动关系的主要内容之一，也是其报效祖国、情系桑梓的重要体现。作为西方现代文明的重要载体，潮侨无论是在输入西方工业设备、还是在引进企业管理制度上，都扮演了令人瞩目的角色。海外潮人积极参与家乡经济建设，极大地促进了潮汕侨乡的发展和繁荣。

东南亚潮州人投资家乡的经济建设，始于清末，发展于民国时期、抗战之前，繁荣于改革开放之后。以下试以1949年为界，分别对近现代和当代的海外潮州人投资加以叙述。

第一节　近现代东南亚潮州人在潮汕侨乡的投资

近现代潮汕侨乡经济的快速发展和繁荣，是与海外华侨的投资息息相关的。对此，国内早在20世纪50年代，已有厦门大学林金枝等学者进行过系统调查和研究，并给予高度的评价。近年来，广东也有王绵长、冷冬、王本尊、杨群熙、黄绮文、姜振逵等诸多学者开展过相关研究，进一步深化了对东南亚潮州人投资潮汕地区的认识。

一　总体概况

东南亚潮州人在家乡的投资始于19世纪末期，到20世纪30年代达到高峰。日本侵占潮汕时期，海外潮州人投资处于低潮。抗战胜利后，侨汇虽然再度活跃，但受制于当时的国内环境，华侨资本很快萎缩。

第十二章 泽被故里：投资经济建设

1889—1949年，华侨投资在潮汕地区创办的企业有4062家，总投资额约8000万元（折合人民币），占同期中国侨资总金额7亿元的11%，同期广东华侨总投资额的20%。汕头则是华侨投资的重点城市，投资额有5300多万元，占全地区华侨投资总额的66.2%。①

实际上，并非所有在潮汕地区投资的华侨都是海外潮州人，如潮汕铁路的主要投资者就是客籍华侨，但海外潮州人一直是投资的主力。在潮汕地区投资的海外潮州人主要来自东南亚。据汕头市华侨投资474家企业的统计资料，泰国华侨投资200家，居第一位；其次是新加坡、马来西亚华侨投资，151家，居第二位；再次是越南，39家，居第三位；印度尼西亚居第四位，32家；缅甸居第五位，5家；其余有48家情况不明。这与潮州人在东南亚的分布状况相一致。②

东南亚潮州人投资的重点是在汕头市。1880年已有旅居新加坡和越南的潮商在汕头合资创办经营出口业务的福成行、和祥行。辛亥革命后，海外潮州人在家乡的投资大大增加。进入20世纪，华侨投资汕头的企业人数众多，规模大，资金雄厚。如潮汕铁路资本300多万银元，暹罗郑智勇（原籍潮安）创办的华暹轮船公司资金300多万铢，暹罗高绳芝（原籍澄海）创办汕头开明电灯公司资本20万元等，汕头华侨企业占全市民族工业的60%。③ 汕头之所以成为华侨投资的重点城市，是因为汕头自开埠后，成为对外开放和贸易的主要窗口，也是近代海外移民的中心，华侨进出口人数众多，对汕头情况较为熟悉；汕头又是潮汕地区侨汇的主要集中点和转汇点，保存利用侨汇便捷现实；开埠后的汕头市区的市政建设蓬勃发展，比潮属其他各县更为安全。这些因素的叠加，吸引着华侨尤其是东南亚潮商回来投资。

30年代，东南亚潮州人投资潮汕地区达到高峰期，重点在汕头市的房地产和商业，投资企业约有1900户，投资金额为5300多万元，

---

① 林金枝、庄为玑合编：《近代华侨投资国内企业资料选辑》（广东卷），福建人民出版社1989年版，第93页。
② 冷东：《东南亚海外潮人研究》，中国华侨出版社1999年版，第437页。
③ 冷东：《东南亚海外潮人研究》，中国华侨出版社1999年版，第438页。

投资行业有工业、交通业、商业、金融业、服务业和房地产等。其中以房地产为最多,有1426户,投资金额2100万元,占全汕头市投资金额的39.71%;其次是商业,投资金额1020万元,占全市投资总额的19.03%;再次为金融业,投资约800万元,占15.21%;交通业投资约750万元,占14.20%;服务业投资290万元,占5.58%。①

图12-1 汕头百货大楼(2014年,黄晓坚摄)

至1949年前,东南亚潮州人投资经济建设,对潮汕地区的经济社会的发展起着重要的作用,繁荣了汕头等城镇的房地产业、金融

---

① 参阅林金枝、庄为玑合编《近代华侨投资国内企业资料选辑》(广东卷),福建人民出版社1989年版。

业，也促进了对外贸易的发展。①

二 投资城镇建设

20世纪二三十年代，汕头市的主要街道如外马路、升平路、中山路、民族路、至平路、安平路、商平路等市政建设费用，采用按汕头商家店铺和工厂的营业额推派办法筹集，而当时较大的商家店铺和工厂均是华侨投资所建，实际上这些市政建设费用来源于华侨资金。除汕头市区外，各县镇的房屋，华侨投资兴建的也不在少数。农村侨户的私房绝大多数更是华侨出资盖建。

20年代后期，许多海外华侨纷纷投资汕头的房地产业。有的华侨在汕头购地建房后，把家眷迁到汕头；有的在汕头建造新楼房，作为商行之用；有的富裕侨商到汕头兴建成批楼房，除部分自用外，还把楼房出卖或出租。据统计，1919—1949年华侨在汕头投资房地产业达到1426家，共建造楼房2000多座，占当时汕头市建成房屋的一半，有效地促进了汕头市政建设和经济的发展，繁荣了汕头的房地产。

泰国的陈黉利家族在陈慈黉的次子陈立梅（1881—1930）、陈立梅的次子陈守明（1904—1945）先后掌管时，除了增加经营海上航运、金融、保险等行业外，还重视在海内外投资经营房地产业。陈立梅除在泰国曼谷和其他东南亚商埠广置房地产外，也在汕头购买大量地皮。1930年，陈守明开始掌管家族时，就立即着手在汕头兴建新楼房。经过数年时间，陈黉利家族在"四永一升平"（即永兴街、永泰路、永和街、永安街和升平路）、海平路、福合埕等地带，共兴建新楼房400多座。后来，这一家族虽把一部分楼房转卖给来汕头经商或定居的华侨、侨眷，但至50年代初期，该家族在上述地点仍拥有楼房170多座。祖籍潮安庵埠刘陇村的荣发源家族，是近代新加坡颇有资财的华侨家族。该家族于20世纪20年代末至30年代初，积极投资汕头房地产业，拥有几条街道的新楼房，其中整条荣隆街和潮安街、

---

① 厦门大学林金枝教授曾调查华侨在1889—1949年对潮汕地区的投资，认为潮汕地区百余年的建设和发展，都是以海外潮州人的大力投资为基础的。参阅林金枝、庄为玑合编《近代华侨投资国内企业资料选辑》（广东卷），福建人民出版社1989年版。

图12-2 主要由华侨投资建设的汕头小公园街区

通津街的不少新楼房，都是荣发源号家族兴建的。在该家族的带动下，刘陇村的一些华侨，也踊跃投资汕头的房地产业。20—30年代，该村在汕头兴建的楼房，不少于200座。

出生于潮州枫溪的吴潮川，起初在家乡当瓷工，因改革潮瓷工艺而致富。后来，到香港创设利丰亨行，又到泰国、新加坡、越南等地设立利丰亨行的分店，专营销售潮瓷，获利丰厚，成为东南亚一带著名的华侨家族。30年代初，该家族在汕头的永和、永兴这两条街道，兴建楼房多座。

海外潮州人也在潮属各县投资建设城镇。在潮州城，上述吴潮川家族在利源街购置和兴建楼房多处。潮安凤凰的华侨茶商黄太昌、陈协盛两家商行，也在潮州城兴建了数座楼房。在澄海城，泰国华侨高元发建成几座大院宅，陈黉利家族在澄海东里镇也建造了18间铺店。在普宁的流沙镇，泰国华侨陈辅庭一人，就在该镇盖建了24座楼房，除小部分由其代理人居住外，其余全部出租。

第十二章　泽被故里：投资经济建设

图12-3　20世纪三四十年代商铺林立的汕头安平路

三　投资修筑公路铁路

进入20世纪，潮汕地区工商业日益繁荣，而交通建设滞后成为发展瓶颈，东南亚华侨的投资开创了潮汕地区铁路和公路建设之先河。道路的建设，促进了商品流通，方便民众出行。潮汕铁路和汕樟轻便车路，主要是由客籍华侨投资建设。而其他的公路建设中，海外潮州人投资占了相当大的分量。如汕樟公路（汕头至澄海樟林）、安凤公路（潮州城至凤凰）、普揭公路（普宁至揭阳）、潮普惠公路（潮阳—普宁—惠来）的兴建，则是潮籍华侨为主投资或占了很大的比例。

1930年，普宁泥沟村归侨张声运等申请承办路基刚筑成的普揭公路的行车权，获得批准后组建普益行车公司。暹罗和合祥批局负责人

· 331 ·

张声器决定投资15000银元入股，占普益行车公司注册资本额的一半，张声器出任董事长，张声运任副董事长兼总经理。普益行车公司成立后，立即投入普揭公路的加固和修筑桥梁等工程，使普揭公路于同年通车。1932年，张声器又增加投资7500银元，其他股东也各按原股份增加股金一半，作添购汽车和重建乌石汽车总站之用。普揭公路的建成和普益行车公司的营运，方便普宁、揭阳民众和商旅往来，方便华侨回乡探亲，促进潮州西部地区与其他地方的物资交流。1939年6月日本军队入侵潮州时，普揭公路遭到破坏，普益行车公司也被迫宣告结束。

1946年，时年已79岁的林连登从马来亚回到故乡惠来县溪西鲁阳村，设立连通筑路行车公司，亲任董事长，修建潮普惠公路（潮阳—普宁—惠来）进行营运，首次投资港币80万元。该公司成立后，首先修筑了惠来县城至石坑、惠来县城至溪西、华湖至司马浦、顶溪至靖海、隆江至览表等公路，以后又不断扩展延伸至陆丰、海丰，使行车路线总长达到337.8千米。林连登本人对公司的投资，先后共计208万港元。该公司是20世纪上半叶潮汕公路运输业最大的一次投资，使当时潮汕大部分地区形成公路运输网络，对促进潮汕经济的发展作用重大。

四 发展航运业

东南亚潮州人对航运业的投资，大多集中在海运。汕头开埠之前，澄海的樟林是潮州的主要海运贸易口岸，红头船是航行于中国沿海和东南亚等地的主要交通工具，有不少潮侨曾从事这种海运。轮船代替红头船之后，更多的东南亚潮商投资运营潮汕海运业。

经营红头船最著名的当数暹罗的陈黉利家族。鸦片战争后，陈黉利行创始人陈黉利之父陈焕荣的红头船航行于汕头、香港、曼谷、新加坡、上海、青岛、天津等港口之间，把暹罗出产的大米运到新加坡、香港、汕头等地出售，又从汕头、上海、青岛、天津把当地的特产和日用品运到香港、曼谷、新加坡等地贩卖，促进上述地区的物资交流。

第十二章 泽被故里：投资经济建设

在汕头开埠前后一段时间，除陈黉利家族以红头船起家外，原籍梅县松口溪南村的暹罗华侨伍淼源和原籍澄海隆都前埔村的暹罗华侨许必济等也赫赫有名。此外，还有一大批潮州人在当年的红头船上当舵手、船工。

1905年，暹罗的郑智勇倡议并联合一些华侨火砻主和从事出入口贸易的侨商共集资泰币300万铢，创立"暹罗华侨通商轮船股份有限公司"（简称"华暹轮船公司"），购置轮船8艘，分别航行于暹罗、马来亚、新加坡、印尼、越南、香港、汕头、厦门、上海和日本等地，其中有4艘轮船专门行驶"汕暹线"。

20世纪初，红头船航运遭淘汰之时，暹罗陈黉利行已由其创始人陈慈黉之子陈立梅执掌。陈立梅果断地租赁轮船数艘，以运米运货为主，兼载旅客，航行于暹罗、新加坡、越南、香港、汕头之间。一战结束后，陈黉利行代理挪威BK船务公司船务，调派轮船10多艘（俗称夏辈船），川行于暹罗、新加坡、马来亚、缅甸和香港、汕头、华东、华北、日本等地。陈黉利行设立中暹船务公司总管挪威BK船务公司所委托的业务，在航线所经各港口设中暹船务公司分行。

1922年，陈振敬（原籍澄海）等五人集资创办五福船务公司，租用美利、美福等轮船，航行于暹罗、新加坡、汕头等地，并在汕头设立五福船务行。二战后，五福船务公司租赁和代理的轮船达10多艘，其中美利、美福等3艘轮船，定期往返于泰国、新加坡和汕头之间。除五福船务公司外，泰国华侨卢雪卿组建的捷华船务公司，在汕头开设捷利船务行。泰国揭阳籍华侨创办的长安保险公司也代理轮船，行驶香港、新加坡、汕头等港口。战后泰国华侨组建的大生船务公司，也有行驶汕头的轮船。

越南华侨郭琰（原籍潮安）于20年代初期在汕头创办元亨轮船公司，先后购置陶朱公号、元利号、元贞号轮船，航行于越南、香港、汕头之间，积极为华侨和出入口商服务。他还用巨轮运货，直航欧洲各地进行贸易。

从1945年秋至1946年秋，在汕头创办和复办的轮船（船务）公司或船务行中，计有五福、和丰、捷利、美昌、福利、丰华、四维、粤侨、泰生、大生、元华、信德、建运、泰成等，其中大多数是侨商所创设。

近代潮籍华侨创办的与汕头海上航运密切相关的轮船（船务）公司，在其营运期间，促进了当时潮汕海上交通运输和对外贸易的发展，也促进了20世纪30年代汕头商贸和汕头港的繁荣。并且，他们以自身的努力，打破外国人操纵潮汕海上航运的局面，在激烈的竞争中发展了民族海运事业，为潮汕海上航运事业做出了贡献。

在内河航运业中，1931年潮汕地区营运的三大轮船——东成公司、利民公司、大宁公司，都有东南亚潮州人的投资。1947年，越南华侨廖赛龙购置永川号客轮，行走汕头至揭阳。①

五 创办经济实体

20世纪初期，汕头作为新崛起的港口城市，进一步吸引着许多包括海外潮州人在内的海内外投资者前来投资设厂，开办商贸公司。1949年以前，汕头绝大多数的工厂是华侨投资建成的，商业和服务业的主要经营者也是华侨。

暹罗潮侨高绳芝（1878—1913）于1908年创办"商办汕头开明电灯股份有限公司"，1909年11月正式营业供电。该公司是中华人民共和国成立以前，汕头规模最大、发电时间最长的电灯公司。高绳芝还在汕头创办了汕头自来水公司、汕澄电话公司等。汕头因之成为当时国内少数有电灯、电话和自来水的城市之一，改善了投资环境和民生，大大促进市政建设的发展。

至40年代，海外潮籍侨胞在汕头市投资创办的民用工厂近20家。其中有暹罗潮商高绳芝创办的锦发、昌发两家机器榨油厂；新加坡潮商陈木合创办的文美机器厂等。1925年，新加坡华侨胡文虎在汕头独资创办永安堂制药厂，资本额80万银元。胡文虎祖籍福建省永安县，父亲胡子钦当年是从汕头乘船出洋到达缅甸的，母亲李金碧是潮州人。胡文虎创办的永安堂制药厂，有新旧楼各一座，新楼共有七

---

① 详见王锦长《海外潮人对汕头经济和海运贸易的贡献》，载《汕头侨史》第1期，汕头华侨历史学会，1986年，第19—30页。

第十二章 泽被故里：投资经济建设

图 12-4 高绳芝 1908 年所建汕头开明电灯股份有限公司大楼

层，是当时汕头市最高的洋楼，内设药料制造厂、营业部和星华日报馆。抗日战争之前，永安堂制药厂生产的虎标万金油等药品，畅销国内和东南亚等地，每年营业额达 20 多万银元。日本侵占汕头时，永安堂遭到严重破坏。

海外潮州人也在潮州城，以及揭阳等县城进行投资，创设一批工厂企业。在澄海，高绳芝于 1908 年引进日本织布机械创办振发布局。在潮安，越南潮商翁秀岩等合资创办庆仁丰油厂、新加坡华侨陈惠臣创办潮安四五榨油厂、马来亚华侨池塘和陈良墨等创办潮安华侨瓷器厂。在潮州城，有澄海樟林籍的华侨等开设乾元庄和昌明（后称振光）电灯公司，新加坡的潮籍华侨陈良奎、陈良墨兄弟创办的南方搪瓷厂。在揭阳，暹罗归侨郑植之与二弟郑则耀、三弟郑则翼、四弟郑荣之，同心合力办起家庭工厂，制造各式珐琅徽章。之后，郑氏兄弟于 1932 年在榕城北窖创建了捷和金属制造厂。

海外潮州人对故乡的工业投资，对推动当地民族工业的发展，服务民众生活，都具有重要的意义和作用。

20 世纪上半叶，华侨是汕头商业和服务业的主要经营者。1949 年前华侨投资于汕头市的商业计达 216 家，投资总数为 10119082 元，占华侨投资于汕头市各行业的第二位（第一位是房地产）。论其行业，有进出口商、粮食商、百货商、五金化工商、药材商、绸布商、食什商、土什商等。其中以进出口商为最多，计有 86 户，投资数为 4010220 元；其次为粮食商，有 14 户，投资数为 2232300 元；再次为百货商，17 户，投资 1601425 元等。①

华侨的投资促进了汕头对外贸易的发展。20 世纪初期，汕头的出口商组织，分为南商、暹商、南郊、和益四个公所。南商的出口地区是整个东南亚和港澳地区，暹商则只是泰国一地。南郊、和益区别在于运销的商品不同，南郊又称酱园，和益也称果业。四个出口商中，南商和暹商中华侨投资约占 90%，南商 30—40%，和益 10%。② 20—30 年代，在汕头投资从事对外贸易的海外潮州人出口商有 80 多家。当时，汕头港每年的对外贸易输出额为白银 1000 万两（海关两）以上，而上述海外潮州人出口商所组织的出口额占了 90% 左右。海外潮州人的积极投资和经营，使抗战前汕头的商业和对外贸易已甚为发达。

由于潮汕地区海外移民在东南亚人数众多，经汕头港口运入潮汕地区的东南亚土特产也特别多，最主要的是泰国大米，以及越南大米、缅甸大米，还有木材等。泰国在 19 世纪已出现潮籍华侨的"汕头郊公所"。20 世纪 30 年代中期，曼谷的湄南河畔的嵩越路成为潮汕地区土特产的集散地。二战前，新加坡设有香汕郊公所、酱园公所、金果行公局，分别与香港南北行及汕头的四个出口商组织相适应，经营和处理有关进出口事宜。二战后，新加坡三个公所（局）合并为香汕三郊联合会，除满足新加坡本地贸易的需求外，还负责东南亚地区批发中转潮汕地区土特产的作用。

六、促进农业经济的发展

除了投资工厂和商贸之外，海外潮州人也在潮汕的农业种植和科研方面做出自己的贡献。

民国初年，旅暹潮侨黄天年（饶平钱东人）投资在钱东围垦南北

---

① 参见冷东《东南亚海外潮人研究》，中国华侨出版社 1999 年版，第 439 页。
② 冷东：《东南亚海外潮人研究》，中国华侨出版社 1999 年版，第 441 页。

围海滩，面积达 1000 余亩。

20 世纪 30—40 年代，南洋潮籍华侨林连登、谢易初、余子亮、王浩真等，曾先后在潮汕从事农业种植和科研工作，成果颇丰。

林连登于 1936 年和 1938 年两次回惠来探亲，发现当时惠来有许多荒山秃岭尚未开发，遂于 1938 年与乡亲商议创办农场，择定在惠来隆江西南约 30 里的荒山上，合股创办惠民农场，投资金额 8.5 万元，林连登的股份占了一半。共建造石楼 18 间，开垦荒地 35 亩，种植油桐、白果、菠萝、木薯及部分自给粮食。农场的创办，促进了当地农业的开发。

原籍澄海外砂蓬中村的泰国华侨谢易初，原名进强（1896—1983）。1946 年，谢易初将在泰国的正大庄委托胞弟谢少飞营理，自己回故乡创办澄海第一个农场，潜心研究园艺，培植良种，供应外销。1952 年起，谢易初受聘为国营澄海农场副场长兼技术员、国营澄海白沙农场原种场副场长，先后培育出一批名闻遐迩的水稻、萝卜、西瓜、荠菜、南瓜、西红柿和花椰菜等果蔬良种，对改良菜籽和扩大菜籽出口贡献良多。

1946 年，暹罗潮侨余子亮投资 3000 银元，大米 300 包，委托柑橘专家、归侨王浩真在饶平塔仔金购地 140 多亩，创办饶平华侨柑橘农场，致力进行柑橘栽培和科学研究，发展了当地的柑橘生产，也解决了一些华侨家属的生活出路。

第二节 当代东南亚潮州人在潮汕侨乡的投资

新中国成立后，在相当长的一段时期里，受国内外政治环境的影响，东南亚潮州人在潮汕侨乡的投资活动举足不前，陷于停顿状态。

1978 年中共十一届三中全会后，中国实现改革开放政策，东南亚潮州人和港澳台同胞纷纷回国投资创业，汕头经济特区也因侨而立，潮汕侨乡由此迎来了新的发展契机。

一 总体概况

1949 年新中国成立后至 70 年代中期，受制于国际国内形势，海外潮州人在潮汕地区几无投资活动。

1978年中国实行改革开放政策之后，汕头特区成为外资投资热土。80年代后期至90年代早期，汕头特区的外商企业占中国外资企业的六分之一。① 而实际上这些外资企业，多数是海外潮商独资或参与投资的。因为这一时期，海外华商多数已加入所在国的国籍而被视为外商。随着改革开放的深入发展，海外潮商前来投资兴办实业，或经商贸易的高潮迭起，其投资的规模之大、覆盖面之广，以及投资行业之多和效益之显著，前所未有。海外潮商投资目的地不仅局限在潮汕原乡，也在中国各地。海外潮州人不但独资或参股投资开办企业或进行经贸活动，也通过赞助资金等各种方法，支持其在原乡的亲眷属兴办各种企业。

1997年亚洲金融风暴以后，海外潮商在潮汕地区的直接投资呈现减少状态。

二 投资者众多

改革开放后，前来投资办实业的潮商，不但来自东南亚各国和港澳台地区，而且扩大至东亚、美国、加拿大、欧洲和澳洲等国家和地区。既有李嘉诚担任董事局主席的香港长江实业（集团）公司，谢国民家族的泰国正大集团等一批大公司或大财团，也有世界各地的工商界、金融界的许多潮籍实业家。

改革开放之初，前来投资兴办实业的主要是泰国和港澳台地区的潮籍实业家。泰国正大集团创始人谢易初于1978年中国大陆改革开放之初，就多次到广州、汕头等地洽谈投资项目。1979年，在谢易初的倡导和影响下，正大集团在深圳设立中国首家外资企业，注册号码001，拉开其在中国投资的帷幕。随后又相继在珠海、汕头领取了"001号"外商营业执照。1981年，正大集团在汕头特区独资创办地毯厂，总投资额为700万港元，成为汕头经济特区设立后第一个外资企业。1984年，又创立独资企业"正大康地（汕头）有限公司"，注

---

① 杜经国、黄兰淮：《艰辛的崛起：汕头特区创业十年》，汕头大学出版社1996年版，第96页。

册资本为780万港元，生产鸡、鸭、猪各种饲料。此后，正大集团在中国各地兴办工厂企业，涉及饲料、家禽种苗、农药、种籽加工、摩托车、地毯、塑料、百货商场等，至90年代中期，正大集团的企业已遍及除西藏、青海之外的全国各地。目前，正大集团以农牧食品、商业零售、电信电视三大事业为核心，成为同时涉足金融、地产、制药、机械加工等10多个行业和领域的多元化跨国集团公司。集团业务遍及全球100多个国家和地区，员工约35万人，2019年全球销售额约680亿美元。①

泰国大众旅游公司（香港）与汕头特区航运公司合作经营汕泰船务有限公司。1985年1月1日，该公司的"龙湖号"豪华客轮正式通航于汕头至香港之间。这是汕头特区创立后第一条中外合作经营的海上航线。

三 投资的规模不断扩大

1980年代，海外潮州人在汕头经济特区投资兴办的企业，平均投资额近100万美元。在其他县市投资的企业，平均投资额只有10万—50多万美元不等。1996年，海外潮州人在汕头市投资兴办实业款额在1000万—3000万美元的已增至159家。而最为突出的是李嘉诚斥巨资参与深汕高速公路东段、汕头海湾大桥、货柜码头等项目的经营合作。李嘉诚还把投资与公益结合起来，他与汕头市政府的首个合作项目为"汕头第一城"，其投入的本金及所得之利润全数拨归汕头大学作为发展之用。

四 投资的领域也在不断拓宽

20世纪80年代初，海外潮州人在潮汕投资的领域，主要是加工工业以及房地产、宾馆、餐馆等行业。进入90年代以来，其投资领域扩大至基础设施、高新科技产业、金融、开发性农业等方面，投资的产业不断优化。

---

① 资料来源：正大集团官网，2020年11月11日查阅。http://www.cpgroup.cn/column/%E6%AD%A3%E5%A4%A7%E9%9B%86%E5%9B%A2-83。

祖籍潮安东凤镇的郑维铨,是印尼三务岛集团董事局主席,主要经营垦植、造船、木材、商贸等实业,成就卓著。20世纪末,他投资2980万美元,独资兴办乃兴农业旅游开发有限公司,在潮安县凤凰山区开发10万亩山地,种植名优茶树,开办茶叶加工厂,并开辟旅游区。

　　新加坡的郑添谅,继承其父郑镜鸿的遗志,在潮安县沙溪镇投资兴建温泉度假村,发展成为潮州市第一个4A级旅游度假胜地。

　　香港四洲集团主席戴德丰,祖籍普宁,1971年创立四洲集团,主要从事食品原料供应、食品制造、食品代理、零售、餐饮连锁店以及投资控股业务,是香港最大的食品企业之一。他在国内投资兴建了17座现代化厂房,其中在汕头投资兴建四洲食品工业城,食品分销网络遍布全国各大城市,并将中国内地食品引向海外,融入国际社会。

　　原籍澄海的陈培麟,是香港乐文投资公司执行董事、香港港协实业有限公司董事长。1992年以来,他与国外友人在汕头市创办了华翔塑胶有限公司、华达欣纺织实业有限公司、华达富皮革有限公司、华达茂实业有限公司等4家外资企业,与法国林伟夫合作在潮州市创办华达利实业有限公司。

五　投资目的地扩展至全国

　　随着中国改革开放的不断深入,交通、电讯的发达,以及物流网络的不断拓展和完善,海外潮商的投资视野也不断扩大。海外潮商投资国内的目的地,已不再局限于潮汕原乡,而是哪里有发展机会,就到那里投资。李嘉诚、谢国民等为代表的潮商,其所投资领域几乎遍及中国房地产、百货商店、金融、机械制造、生物化工、高新科技等各行各业,经贸活动更是涉及城乡各地。

六　支持亲属创办企业

　　20世纪80年代以来,海外潮州人投资家乡的一个重要举措是支持其亲属创办企业,走发家致富道路。80年代初期,海外潮州人利用国家对华侨、港澳同胞捐赠生产设备的优惠政策,支持其亲眷属利用海外亲人的资金，开展"三来一补"（来料加工、来件装配、来样加工、补偿贸易）业务，兴办起各种企业，既使广大归侨侨眷走上自力更生、自食其力、脱贫致富的道路，又为潮汕地区的经济发展、解决劳力就业出路，创造了有利的条件。这一时期潮汕地区塑料玩具、陶瓷、家具、不锈钢、服装、食品等等企业的创办，或多或少都有海外亲人的支持。

80年代初期，潮安彩塘华美二村通过海外乡亲引进生产技术设备，兴办了一批工业企业，发展加工出口产品业务。至1986年，全村已办起由海外乡亲沈永浩引进的塑料玩具厂、沈旭秋引进的羊毛针织服装厂等一批企业。许多侨眷也纷纷利用海外亲属的资金办起塑料五金厂、食品厂、五金厂等。1987年全村从事企业的生产人员达2459人，占总劳动力的85%，迅速从纯农业经济向工业经济转变。1981—1986年，华美二村总产值共人民币1650万元，创汇1800多万港元，获利人民币347万元，上交国家税金人民币76万多元，成为远近闻名的新农村。① 彩塘的其他各村侨眷属，也在海外亲人的支持下，发展各种产业，尤其是不锈钢产品生产。目前，彩塘镇已是生产不锈钢产品的专业重镇。

今天活跃在潮汕城乡各行各业的民营企业，有不少就是由这些初期的侨资侨属企业，逐步发展壮大起来的。

---

① 资料来源：《潮州市华侨志（初稿）》，潮州市人民政府侨务办公室、潮州市归国华侨联合会主编，1988年，第60页。

第十三章
殉义忘身：参与政治变革

与中国国内的其他群体相比，海外华侨因其在外遭遇歧视压迫，接受西方政治思想的启蒙，具有强烈的反帝、反封建意识，因此成为中国政治变革的倡导者和积极推动力量。在潮州人云集的东南亚，回国投身民族民主革命的潮籍仁人志士尤其众多。他们积极参与侨乡社会治理和中国政治变革，勇于投身辛亥革命、抗日战争和解放战争，为中国民族民主革命做出了重大贡献。

第一节 支持辛亥革命和国民革命运动

潮籍华侨聚居的南洋地区，自16世纪中叶起便陆续沦为西方列强的殖民地，仅暹罗在名义上保留着独立国家的地位。华侨在海外深受殖民主义的欺凌和压迫。他们在潜意识中，都渴望有个强大的祖国切实负起保护华侨的使命，使自己摆脱任人鱼肉的悲惨命运。

19世纪末、20世纪初，随着中国政府侨务工作的开展、华侨学校的普遍设立和华文报章的大量涌现，海外华侨的民族意识被极大地唤醒，并被清廷所拉拢。不仅很多侨领、侨商乐于利用各种报效的机会，用巨额捐款换取官爵顶戴，以达到光宗耀祖的目的；即便是华侨洪门会党领袖，也悄然放弃了与清廷对立的意识，甚至与清廷官方暗通款曲。但所有这一切，都因孙中山发起的辛亥革命运动变得日益复杂起来。通过接触与卷入中国革命和改良的论争，南洋华侨的政治倾向有了新的分野，支持孙中山领导的辛亥革命及随后的国民革命运动，成为许多潮籍华侨的自觉行为。

第十三章 殉义忘身：参与政治变革

一 张永福和他的"晚晴园"

在19世纪、20世纪之交，中国接二连三地发生戊戌变法、义和团运动和八国联军侵华等重大事件，南洋华侨因此对祖国政治走向极为关注。光绪二十六年（1900）初，因戊戌变法失败而漂泊海外的康有为在福建同安籍富商、诗人邱菽园的邀请和资助下，从日本来到新加坡。他的维新变法主张，获得了很多南洋华侨的赞同。

然而，并非所有的南洋华侨都始终倾向于康有为的改良主义。一些血气方刚的年轻华侨，则由原先的保皇派立场，逐渐转向赞同孙中山的革命主张，并在舆论宣传和人力财力上给予孙中山为首的革命派以坚定的支持。新加坡土生华侨，潮州人张永福（祖籍饶平）、林义顺（祖籍澄海）舅甥和厦门人陈楚楠，即是杰出的代表性人物。

光绪二十七年（1901），唐才常在汉口举事失败，暴露了保皇党的腐败、堕落，这使张永福、陈楚楠对康有为大大失望，从此倾向革命。这一年，革命党人、兴中会会员尤列到新加坡设立"中和堂"秘密从事革命活动，张永福、陈楚楠与之交往，得以阅读上海《苏报》以及《革命军》《皇帝魂》等革命书刊，逐渐接受了民族民主革命思想。

光绪二十九年（1903），上海《苏报》案事发，留日回国的革命志士、撰写《革命军》宣传排满的邹容和著名的反满人士、民族主义者章炳麟，因在上海通过《苏报》宣传革命而被清政府唆使上海租界当局逮捕，准备引渡给清政府。张永福、陈楚楠和林义顺闻讯，立即设法营救。他们以英国海峡殖民地民人的身份，用"小桃园俱乐部"名义致电英国驻沪领事，请求援引国际公法中的保护国事犯条例，拒将章炳麟、邹容引渡给清政府，以重人权。在各方声援下，章、邹二人终未被引渡。此举实开启海外华人正面抗拒清廷之端，也是张永福、陈楚楠等人转向革命的重要标志。同年，陈楚楠和张永福进而合资筹办一份宣传革命的报纸——《图南日报》，并于1904年初正式出版。当时南洋革命风气未开，一般商人视革命为大逆不道，认为《图南日报》是无父无君、谋反大逆的报纸，多禁止其子弟及店员阅读，

· 343 ·

因此该报长期订户只有30余份，平日印数也只有1000多份，而且多属暗中赠阅性质，即偷偷地将报纸从门缝处塞进各店铺。为了打开局面，《图南日报》在迎接1905年元旦时，还特地印制精美月份牌分赠读者。月份牌由张永福自行设计，引用太平天国石达开所写的词句："忍令上国衣冠沦于涂炭，相率中原豪杰还我河山"，以及"文字收工日，全球革命潮；图开新世界，书檄布东南"的对联，中间印有自由钟及独立旗。① 这份月份牌新式新颖美观，又富有爱国思想，竟流传到檀香山，为孙中山所亲见。孙中山对此大为欣赏，并汇美金20元给《图南日报》购买月份牌；同时，他还修书一封，殷殷嘉勉，表示有意与他们相会。

1905年（光绪三十一年）6月，孙中山由欧洲取道新加坡赴日本，致电尤列邀请《图南日报》主持人相会。当时，因当地殖民当局限令孙中山离境5年的期限未满，陈楚楠等特往警厅磋商担保。孙中山登岸入境后，与陈楚楠、张永福等聚会于小桃园俱乐部，商谈组织革命团体事宜。同年8月，中国同盟会在日本东京正式成立。翌年4月份，孙中山再次来到新加坡组织同盟会分会。张永福特地将原为供母亲养老的别墅"晚晴园"② 粉刷一新，作为招待孙中山及革命党人聚会的场所。陈楚楠、张永福和李竹痴（祖籍福建安溪）三人首先加盟，第二天又邀林义顺、许子麟参加，推举陈楚楠为会长，张永福为副会长。第二年，由于会员大增，重新选举，改选张永福为正会长，陈楚楠为副会长兼财政，二人仍合作无间，积极开展工作。陈楚楠曾受孙中山委派，与林义顺、李竹痴等往马来半岛北部槟榔屿以及缅甸的仰光等地，设立同盟会分会。与此同时，他们积极开展革命的宣传工作。《图南日报》因亏损严重、于1905年冬被迫停刊后，他们曾利用报馆的机器、铅字等，与商人陈云秋等合伙开办《南洋总汇报》，张永福仍一本《图南日报》方针，宣传革命。不久，陈云秋深怕为革

---

① 参见张永福《南洋与创立民国》，插图，上海：中华书局1933年版。
② 晚晴园是一栋二层楼的别墅，地处市郊，环境幽静，原为某富商所建，名为"明珍阁"，后为张永福所购，专供其母养老之用。将"明珍"改为"晚晴"，系取自唐诗"天意怜芳草，人间重晚晴"，以合乎他母亲颐养天年之旨趣。

命所连累,提出撤股要求,抽签结果,报社为陈云秋所得,并另邀保皇会会员入股,《南洋总汇报》遂变为保皇会的机关报。新加坡同盟会成立后,为免革命喉舌中断,根据孙中山的指示,陈楚楠、张永福、林义顺等向各埠同志募集资金续办报刊。1907年8月20日,《中兴日报》正式发刊,由张永福任报社主席,林义顺任司理,田桐任编辑。发刊后不久,《中兴日报》即与《南洋总汇报》围绕着革命论与立宪论展开大论战。胡汉民、汪精卫、居正、陶成章、林时塽等都先后为该报撰稿,孙中山还以"南洋小学生"为笔名撰文驳斥保皇派宣扬的革命会招致列强瓜分中国的谬论。这场论战"殊不让于香港《中国日报》与《商报》及东京《民报》与《新民丛报》之激战"①,较好地宣传了革命党人的政治主张。②

在往后的几年里,晚晴园成为革命党人在南洋的活动中心。辛亥革命前同盟会在中国发动的起义,竟有好几次是在晚晴园运筹策划的。

二 丁未黄冈之役

从1907年至1908年,同盟会在广东、广西和云南三省发动了多次武装起义。其中,光绪三十三年(即丁未年,1907年)的黄冈起来,就是在潮汕地区进行的。

潮汕地区较早接触到革命思想,实与海外华侨密不可分。张永福和陈楚楠所办的《图南日报》,曾将邹容的《革命军》改名为《图存篇》加以翻印,除托同盟会员黄乃裳带2000册秘密输入福建和广东的潮汕地区外,也由林义顺带1000余册,利用回国之机沿途分送,广为宣传。张永福还查阅国内各省《缙绅录》,照着各省、州、县的衙门,将书卷好、贴上邮票,径送各级官吏收阅,连北京的翰林院和总理衙门也都一一奉寄。③

---

① 冯自由:《中华民国开国前革命史》中编,上海书店1990年版,第104页。
② 参见陈民《划过夜空的流星——评辛亥革命时期的陈楚楠与张永福》,赵红英、张春旺主编:《中国侨史学界纪念辛亥革命100周年学术研讨会论文集》,中国华侨出版社2011年版,第284—290页。
③ 张永福:《南洋与创立民国》,上海:中华书局1933年版,第87—88页。

早在孙中山到新加坡与张永福等人初次见面之前的 1904 年秋，与张永福志同道合的海阳（今潮安）人许雪秋即已邀集在南洋宣传革命的黄乃裳、陈芸生一起返国，回到潮汕地区彩塘故居，秘密组织革命力量。许雪秋出生于新加坡的华侨富商之家，精通武术，侠义好客，结交会党，人称"小孟尝"。回国后，他会同嘉应州革命党人何子渊、丘逢甲等人，召集同志筹饷举事。翌年正月十二日（1905 年 2 月 15 日），议定推举许雪秋为革命军司令。他以承筑潮汕铁路工程为名，派三合会首领余丑、余通、陈涌波为工头，召集同党 700 名为工人；另以维护在建铁路沿线治安为名，招募团练近 400 人，秘密操练军事，约定三月十五日（4 月 19 日）同时举事。不料未发事泄，部分首领被抓并遭处决。许雪秋也被人告发，称其为革党首领，道府派人密查。许雪秋凭着先前曾向清政府捐过一个候补道官衔、与道台为旧识，身怀手枪单独一人到潮州道府"自首"，然后"侃侃抗辩"，极力为自己洗脱罪名。在此情形下，道台也以许雪秋为地方大绅为由，不予深究。于是，许雪秋再回新加坡。

光绪三十二年（1906），许雪秋经张永福介绍得识孙中山，加入同盟会，并被孙中山亲自委任为中华国民军东军都督，兼掌粤东一带同盟会事务，还颁予鹰球图章作为日后举事的印信，遂返粤为武装起义做准备。到潮州后，他召集何子渊、谢逸桥等同志会商进行办法；并往香港会晤冯自由等，谓事机成熟，惟人才缺乏，请电同盟会总部速派同志归国相助。适逢孙中山在萍浏醴起义失败后受清政府通缉，被日本政府驱逐出境，赴安南（今越南）就近组织领导广东、广西和云南三省的起义，并决定先在广东西部的钦州（今属广西）、廉州（今属广西）与东部的潮州、惠州四府同时起义，许雪秋仍负潮州方面起义之责。许遂通过会党首领余既成、陈涌波、何子渊、萧惠长等人在会党中做发动组织工作，发展党众千余人。为筹备起义，许雪秋还在彩塘的宏安故居设立了总指挥部。起初，革命党人准备在丁未年（1907）正月初七晚从饶平浮山、黄冈等地出兵攻取潮州府城，但因为联络失误，各路人马配合不周，行动半途而废。为了这次起义，孙中山从东京同盟会总部派遣留学生乔义生、方汉成、方瑞麟、张煊

第十三章 殉义忘身：参与政治变革

等，以及日本人萱野长知、池亨吉等来华协助。不过，许雪秋对东京来的留学生很不满意，到香港向组织报告去了。

但就在此时，黄冈城里已是激流汹涌，势在必发。由于走漏风声，引起清潮州总兵黄金福、黄冈都司隆熙的警觉，黄金福于四月十日（5月21日）派兵勇数十名进驻黄冈并借故捕去会众2人。翌日，余既成、陈涌波等200余名党人在黄冈城外仓促起义，进攻衙署，掳杀官吏。经过一夜激战，攻下黄冈城。起义军首次在国内升起"青天白日满地红"旗帜，在旧都司衙门成立军政府，并以"广东国民军大都督孙"或"大明都督府孙"的名义布告安民，宣布免除苛捐。义军纪律严明，秋毫无犯，受到民众拥护，附近贫民纷纷加入，队伍很快发展到五六千人。清政府惊恐万状，连下四道谕令，派重兵围剿义军，双方连续五天激战。最终，义军由于寡不敌众，粮饷匮乏，在牺牲了一百多人后，不得不于28日宣告解散，转往香港。义军走得仓促，竟遗留下联络名册，让官军获悉，又被搜捕去几十人。

图13-1　黄冈起义

黄冈起义是孙中山领导的反封建的民主革命的重要组成部分，它开创了辛亥革命运动的六项第一：中国同盟会成立后的第一次起义；孙中山先生第一次委派将领；孙中山第一次派遣成批留学生参加武装起义；成立第一个军政府；青天白日旗第一次在祖国上空飘扬；第一次发行银票。此外，这次起义牺牲177人，还是孙中山领导的十次起义中牺牲烈士最多的一役。它的失败，为革命党人从事旨在推翻清政府、建立中华民国政府的武装斗争积累了经验，为同年继之而起的惠州七女湖、安庆、防城、镇南关等各次起义提供了参考、借鉴和警示。这次起义具有重大的历史意义，它不仅锻炼了一批革命骨干如许雪秋、陈芸生、陈涌波、余既成、余永兴等人——这些人在辛亥武昌起义爆发后，率志士40余人立即从海外回国参加潮汕各地响应起义的斗争，组织南路进行军，于11月10—19日相继光复汕头、潮州，消灭了清朝在潮汕的残余势力，其中陈涌波更是亲自带队光复澄海、饶平等县，为民主革命流尽了最后一滴血；它还极大地激发了潮汕地区人民反抗清政府专制统治的革命精神和斗争勇气。

丁未起义过后，汕头《岭东日报》曾登出两首山歌，歌词是：

　　出山见个藤缠树，入山见个树缠藤。树死藤生缠到死，藤死树生死也缠。
　　擒龙敢上九重天，皇帝妹仔涯（我）敢连（恋）。砍头只当风吹帽，坐牢只当逛公园。

在辛亥革命风潮中产生的这首山歌，正是潮汕民众不屈不挠的革命意志和大无畏革命精神的艺术概括。人们一旦在精神上摆脱了封建专制主义的桎梏，革命潮流就再也阻挡不住了。这一年冬天，潮州开始成立同盟会分会，更多的民主斗士参加了革命组织。稍后，金山学堂的一部分青年学生开展了秘密革命组织活动，梅县松口成立了"体育会"，海丰汕尾又再一次发难。所有这些，都是与丁未起义的影响分不开的。[①]

丁未黄冈之役也对海外华人社会产生了重大的影响。为了筹备这次起义，新加坡同盟会的数十名会员一共捐出银洋两三万元，潮籍商人张永福几乎破产，以致"星洲同志财力俱穷"（孙中山《复王斧军函》），可谓倾尽所有；一些回国参与革命的会员如许雪秋、陈芸生，后来甚至为清朝残余势力所残害，诚乃义薄云天。

[①] 庄义青、曾从叔：《丁未潮州黄冈起义——为纪念辛亥革命七十周年而作》，《韩山师专学报》1982年第1期。

三 鼎力支持孙中山的潮籍华侨

辛亥革命时期,支持孙中山从事革命活动的潮籍华侨很多,并不仅限于新加坡一地。他们或组织革命团体,开展革命宣传;或回国参加起义,不惧流血牺牲;或慷慨捐助军饷,支持革命活动。其中著名者,除前述新加坡的张永福、林义顺、许雪秋、陈芸生等人外,还有林受之、刘任臣、郭渊谷、郑智勇、陈耀衢、吴悟叟、陈笔戈、郑锡藩、彭镜波、陈美堂、陈星阁、陈伯强、马元利、陈永锡、陈若愚、陈戴芝、许渭滨、谢松楠、张化成、郑子彬、高绳芝、陈梧宾、许唯心、沈联芳、张鉴初、冯灿利诸君。此外,一批潮籍港商、旅日留学生也参加了辛亥革命。① 以下谨述林受之、方瑞麟、郑智勇事迹,或能窥见其群体之一斑。

(一) 林受之

林受之(1873—1925),海阳县龙溪(今潮安庵埠)人。原名喜尊,字谦光,号梦生。清同治十二年生于新加坡华侨富商家庭。

少承父业,与爱国华侨张永福、林义顺等为好友。1903年,受爱国华侨、原福建孝廉黄乃裳"种族革命救国"宣传的影响,开始投身民主革命,出资翻印邹容的《革命军》(改名《图存篇》)数千册,散发于闽粤两省。1904年因父丧归国,行前资助黄乃裳及其门生陈芸生回潮州开展革命活动。接着以旧居"迎祥里"供黄乃裳等作为发动东江闽南一带革命的秘密活动点,并提供一切活动经费,又介绍盟弟许雪秋参加。另设总机关于上莆区宏安乡许雪秋的家居"寄云深处"。同年与黄乃裳、许雪秋、陈芸生等组织"中华公司"革命机关,任总理。

1906年2月,孙中山莅临新加坡亲自主持成立中国同盟会新加坡分会,作为南洋英、荷两国殖民地各同盟分会的总机关,林受之是首批加盟的会员之一。1907年8月20日,林受之与张永福、林义顺、沈联芳、陈楚楠等发起组织同盟会南洋分会机关报——《中兴日报》,

---

① 参见杨群熙编《孙中山与潮汕历史资料》(潮汕历史资料丛编 第17辑),潮汕历史文化研究中心,2006年。

任董事。继则捐叻币14000元支援华南的革命活动,同盟会发动黄冈、汕尾、钦廉、镇南关、河口诸役,皆踊跃捐输以充军费。黄冈起义失败后,维持《中兴日报》,收留起义军将士许雪秋、陈芸生、肖竹漪、刘任臣、陈涌波等及其亲属百余人,如夫人沈福端也予相助。又出巨款营救被港英当局拘捕而即将被引渡的义军首领余既成出狱,闻声中外。1908年,又集资在蔡厝港开办中兴石山,以安置云南河口战役后撤退到南洋的革命将士,还介绍他们至各埠矿山、农场,解决了黄克强等数百人的职业。武汉光复后,林受之变卖新加坡所有产业回乡,又卖田典地筹款。嫡配夫人辛福慈也同情革命,尽出私蓄。遂筹得巨资,自备饷械,到广州接受都督胡汉民"华侨北伐义勇军标统"的委任。及和议告成,洁身引退,从事地方建设。孙中山特颁给其"为国宣劳,不遗余力"旌义状。1925年3月12日,林受之忧愤国事,与孙中山同日逝世。身后萧条,因家财耗尽,诸子无一受高等教育,漂泊南洋群岛为佣工。第四子凤文(牧野)承继父志,坚持保护南洋革命史料和文物。

1929年8月,国民党中央以林受之"慷慨毁家,匡助国难",决定将其革命伟绩编入党史。抗战胜利后,祀于潮州忠烈祠。①

(二) 方瑞麟

方瑞麟(1880—1951),普宁县城(今洪阳镇)人。又名少麟,别字悟庵。生于小商贩家庭。

童年时代,寄读于老德安里一户殷富人家,深得塾师赏识栽培,学业臻进,1904年应光绪甲辰年童子试,与邑人黄绪虞一起考中潮州府生员(即秀才)。1905年,得亲友之资助,与族人方次石一同负笈东渡,留学日本,就读于警监学校。学习期间,接受民主革命思想,加入同盟会。

1906年冬,孙中山在日本召集同盟会员大会,宣布潮汕起义计划,委其担任同盟会驻潮汕军事联络员,协助许雪秋组织起义。方将起义计划书抄入古书籍的骑缝里,并带枪火弹药若干箱,扮成日本商

---

① 参见陈维烟、陈荆淮主编《潮汕名人与故居》第一辑,汕头市政协学习和文史委员会编印,2006年,第167—169页。

人潜回汕头。他和受命陆续到达潮汕的同志谢逸桥、谢良牧、李次温、李思唐、张俞人、郭公接、方次石等,会合许雪秋、余既成、陈涌波、余通、萧竹漪、蔡乾初、薛金福、余亦兴诸人在潮安县宏安乡举行秘密会议,议定于丁未年(1907年)三月集合各路同志同日举事。讵料消息泄露,官府追查甚急,故决定正月初七集合已联络妥当的饶平会党夜袭潮州府城和汕头。当晚,方瑞麟和许雪秋、谢良牧率三百壮士预伏于潮州城边,另派六十人进城作为内应,准备候饶平方面义军一到即破城而入。但饶平方面布置失措,是夜义军无法准时集合而散去。方瑞麟等自凌晨两点待至黎明,尚未见饶平来人,情知情况有变,只得将人员解散,潮州起义一事遂半途而废。不久,薛金福、李杏波被捕殉难。方瑞麟和许雪秋避往香港与胡汉民、冯自由筹商再举计划。时孙中山自河内函电指示其勿躁进轻举,起义应与惠州方面同时发动,以便牵制清军。

1907年5月22日(农历四月十一日),因清军到饶平县黄冈捕去两名党人,黄冈的革命党人仓促起义,攻占了黄冈城。24日晚,方瑞麟在香港得讯,于次日和许雪秋等十余人赴汕头,然清军已于汕头附近戒严,无法前往黄冈。28日,接消息知黄冈起义已失败,清军抄获革命党人花名册,大举搜捕。方瑞麟只身潜避于普宁县德安里方龙鱼家,再转香港。9月10日,又离港赴新加坡。任南洋同盟会机关报《中兴日报》主笔,继续宣传革命。

民国时期,方瑞麟历任海阳、连平、惠来、潮阳等县县长,曾任潮梅治河委员会主任。为官清正,廉洁奉公。蒋介石执政后退居林下,抗战期间迁普宁、揭阳乡间居住,过着读书写字、粗茶淡饭的生活。1951年1月,病逝于普宁洪阳。①

(三)郑智勇

郑智勇(1851—1937),祖籍潮安县凤塘镇淇园乡。他乳名义丰,族名礼裕。郑智勇9岁那年,再度赴南洋谋生的父亲郑诗生客死异邦,他被迫随母亲佘氏流浪乞讨度日。后母亲改嫁到澄海南界村,他

---

① 参见王保英《方瑞麟传略》,《汕头文史》第四辑,政协汕头市委员会文史资料研究委员会编印,1987年,第57—61页。

不愿寄人篱下，常外出做杂工，并于13岁时得族亲19块银元资助到暹罗谋生，在湄公河一带的码头当苦力，好打抱不平，深得众望。1866年，太平天国康王汪海洋部十余万人在潮州大埔被歼，残部由揭阳人"大哥蟒"带领突围从汕头坐船逃到曼谷，与当地洪门会党汇合后声势大振，16岁的郑智勇正式入会。当时曼谷尚无华侨社团，占华侨绝大多数的潮州人崇奉"老伯公"而建庙祭祀，实际上为潮州会馆性质，郑智勇逐步控制了这个组织。由于他有勇有谋、办事得力，十八年后当上了"大哥蟒"的副手"二哥"。再待八年后"大哥蟒"去世，即由郑智勇领导会众。因他敬重"大哥蟒"而不肯称"大哥"，众人遂称呼他为"二哥丰"。

得势之初，恰逢暹罗王朝财政困难，拉玛五世王决定开赌征税，需要私派会党出面维持。郑智勇凭借其社会势力，承包暹罗王国政府的"赌饷"，开办"花会"赌场，手下人员上自司库、总管，下及批脚（收赌款人员）、保镖、侍者，不下数千人，形成了一个庞大的开赌征税网络，不仅为王朝征收了大量税款，自身也获得高额酬金，由此积攒了巨大财富。此后，郑智勇继续开拓各方面事业，创办"郑谦和号"总商行，经营航运、火砻、钱庄、当铺、报纸、印务局等，商业机构遍及南洋、日本、香港和中国上海、青岛、厦门、汕头等地。由于对暹罗经济做出了巨大贡献，暹王封他为"坤伯"（伯爵）头衔，赐姓郑差哇尼，并赐地建中式大夫第。郑智勇成为旅暹潮州人的带头大哥。

1903年，孙中山首次到曼谷从事革命活动，郑智勇鼎力资助孙中山并加入同盟会。尽管孙中山在洪门中的辈序比自己要小一辈，年纪也小15岁，但郑智勇拥护他的政治主张，常常慷慨解囊为革命排忧解难，数额均以万计。孙中山先生深受感动，赞誉其为"革命座山"。1912年，孙中山就任临时大总统之时，郑智勇曾派其第五子郑法材带5万银元和象牙一对到南京面贺。

郑母80大寿之时，孙中山派员赠送一幅亲笔题字的织锦贺幛，贺幛上款绣着"义母惠存"，中间绣一大"寿"字，落款为"义子孙文"。此贺幛一直挂在淇园新乡海涛公祠的厅堂之上，惜后来遗失。

四 角逐民国政坛

经辛亥革命的洗礼，民国时期海外潮人参与祖国政治者日渐普遍。在孙中山领导的继续革命和国民运动中，均不乏海外潮州人的身影。

（一）参与孙中山领导的革命斗争

辛亥革命后，海外华侨更加关注祖国的命运，支持国内民族民主革命的行动未曾稍有懈怠。迨至袁世凯窃国称帝、孙中山发动"讨袁之役""护法之役"，"各埠华侨，慨捐巨款，而回国效命决死、以为党军模范者，复肩踵相接。"①海外潮侨和潮籍香港同胞此前刚刚经历黄冈起义的锻炼，对于孙中山领导的反对军阀、再造共和的革命活动，继续给予坚定的支持。

潮汕光复后，一批曾回国策划黄冈起义的海外潮籍革命骨干继续活跃于潮汕地区。在变幻莫测的各派势力的角逐中，许雪秋、陈芸生、陈涌波等不幸在汕头突遭前清残余势力吴祥达报复围攻，竟被惨杀。当时汕头各派军阀互相争夺、市面危殆。在此动乱之秋，为保地方安宁，旅泰潮侨高绳芝不惜费资40万，出钱出力进行调解。

被誉为黄冈起义战斗最勇之人的蔡德，起义失败后逃亡香港打工经商，后出任香港米业商会主席，不惜出资帮助逃亡香港的同志。民国肇建后，他曾受派回潮汕任潮梅先锋大队长，扫除亡清残余势力，安抚地方黎民百姓，很快就底定粤东。尤以龙仙之役，功著历史。②

龙济光是"二次革命"后袁世凯在广东统治的代理人，主粤期间（1913年8月—1916年9月），暗助袁世凯复辟。曾回国参与策划黄冈起义及参加光复潮汕之役的新加坡潮籍华侨陈笔戈，奉孙中山密令纠集同志策划刺杀龙济光，不幸泄密被捕，1914年12月中旬，被拘禁于陆军监狱。开庭审判时，他大骂龙助纣为虐，不为威屈，遂于20

---

① 孙中山致各地华侨函，转引自毛松年《华侨对国民革命之重要贡献》，《华侨与中国国民革命运动》，香港时报社1981年版，第20页。
② 黄磊明：《丁未黄冈首义革命志士像传》，载于马天行主编高雄潮汕同乡会《会讯》第7期，1977年，高雄潮汕同乡会编印。

日午被杀害，年52岁。①

潮籍旅泰华侨陈美堂，早先参加同盟会支持革命，复筹款支持孙中山领导的国民政府，为国民党暹罗支部副支部长。1915年在暹罗发动华侨筹款援助讨袁之役，孙中山委任其为潮州善后委员会委员。1919年护法战争开始，亲临广州谒见孙中山先生，并慨献巨款犒劳海军战士。1921年，孙中山授其任大元帅府参议并任汕头华侨联合会会长。

潮籍旅越华侨张化成，早年曾在堤岸与一批革命志士建立革命团体兴仁社，协助孙中山筹募革命经费。讨袁之役发动时，孙中山特委任其为越南筹饷员。张氏受命之后，慨捐巨款以为表率，贡献卓著。

支持孙中山继续革命、反对军阀的海外潮州人还很多。孙中山东征、北伐时，越南潮侨许渭滨、黄伟卿，新加坡潮侨马立三等，均积极筹募军饷，以为后盾。

孙中山深知华侨为革命之母，革命经费端赖华侨支持，因此在他担任南方政府非常大总统时，特命曾参与组织黄冈起义的潮籍留日回国学生方瑞麟为华侨宣慰使，寻求海外华侨的支持。方受命后率同秘书许锡如遍历南洋群岛二十余埠，策励华侨支援孙中山领导的国民革命，颇具劳绩。回国后，孙中山亲笔书赠"懋著勋劳"四字匾额，予以褒奖，并委任其为大总统府宣传科长。②

此外，潮籍港商和留日学生也是孙中山坚持革命斗争的重要支持力量。像香港潮商、反清倒袁名将胡万州，民国成立后原已遣散义军回港继续经商。袁世凯窃取革命成果、其爪牙龙济光祸粤后，即在港重新集结一批有志之士，回广东共举义旗，誓除国贼。1916年护国战争打响，所部将士骁勇善战，一举收复宝安、广宁、四会、三水、东莞、增城等县，迫使龙济光败走海南岛。此役所用军费5万余元，均系胡独力承担。在1920年讨伐桂系军阀莫荣新的战斗中，胡万州再次出征，立下功勋。1921年，孙中山在广州就任非常大总统。翌年6

---

① 姚作良、陈丰强主编：《潮阳县志》，广东人民出版社1997年版，第1087页。
② 王保英：《方瑞麟传略》，《汕头文史》第四辑，政协汕头市委员会文史资料研究委员会编印，1987年，第57—61页。

月陈炯明派人监视、包围观音山的总统府,欲图加害。危急之时,幸得胡万州设计施救,助其脱险。

(二)参与国共合作、支援北伐战争

1924年,以国民党召开"一大"为标志,中国共产党与中国国民党开始了第一次合作;1926年夏,北伐战争正式开始。潮籍华侨积极支持国共合作,全力支援北伐战争,表现可歌可泣。在北伐酝酿期间,仅暹罗一地回国参军的华侨就有300多人;华侨炸弹敢死队约200余人,其中从暹罗回国的华侨即有80多人,他们多属潮籍华侨。

1926年1月,国民党驻缅甸总支部负责人兼《觉民日报》总编辑、潮安人许甦魂,回国参加中国国民党第二次全国代表大会,当选为候补中央执行委员。此后,他担任国民党中央海外部秘书长兼中共海外部总支部书记,协助海外部部长彭泽民开展工作。他负责出版的海外部机关刊物——《海外周刊》,因报道革命真实情况而大受海外华侨欢迎,在短短15个月内即出版了45期。他发起组织华侨协会,被选为常务委员,负责宣传工作。当国民政府出师北伐时,海外部立即成立"华侨北伐后援总会",并在海外遍设分会,短短几个月时间,各地华侨北伐后援会即达524个,会员约100万人。许甦魂任宣传部长,促使宣传与筹饷并进,一时间几乎全球各地华侨报刊纷纷宣传北伐、报道北伐进军消息,同时揭露帝国主义和北洋军阀罪恶,在动员、组织海外华侨支援北伐战争做出了特殊贡献。

作为华侨中较早的共产党员和中共最早的侨务工作者,许甦魂的事迹颇富传奇。他1896年出生于庵埠凤岐村一个贫苦农家,1916年侨居新加坡当店员谋生,其间常著文在报纸上宣传革命思想,并创办华工夜校进行识字教育与爱国主义教育,组织华侨青年开展反帝爱国斗争。1920年秋回国省亲时,着手推动新文化教育事业。首先他说服乡里士绅,将家乡私塾改革为新制凤岐小学,解聘老朽的旧教师,另聘四位有进步思想的新教员开展新文化教育;又在家乡大力宣传妇女解放,积极筹资创办凤岐女子夜校,动员妻子及6个胞妹、堂妹入学,带动本村及邻里妇女进夜校读书,鼓励妇女走出闺阁,做有文化的新女性。一时间,乡里妇女文化教育运动迅速形成高潮,并带动其他乡村纷纷办起各种男女夜校。许甦魂仅仅利用半年省亲时间宣传新文化教育运动，即取得可喜成果，这为日后彭湃领导的农民革命运动迅速扩展到粤东潮汕地区乃至这一地区最早出现红色苏维埃政权，打下了群众思想基础。

1921年春，在五四运动的影响下，彭泽民领导的马来亚华侨革命运动有了很大的发展。彭在孙中山的指示下，将中华革命党改造重建为中国国民党芙蓉总支部，受任副总理兼机关报《益群日报》总经理。许甦魂从国内省亲返回南洋后，即被聘为该报编辑，后被吸纳为新董事。为配合国内国共合作的新形势，把国内革命运动传播到海外、激励广大侨胞的爱国热情，1923年10月，许甦魂以《益群日报》驻广州特派记者的身份回国采访国内反帝反封建斗争情况，以配合推进海内外革命运动。他很快结识了国民革命先驱廖仲恺、邓演达以及李大钊、吴玉章、林伯渠、谭平山等，并接受了马列主义，于1924年初加入中国共产党，并以个人身份参加了国民党。不久，在国共合作的政治环境下，许甦魂受组织委派，前赴缅甸改组国民党驻缅甸总支部，开辟华侨爱国运动新领域。许在缅甸工作一年多，成绩显著，遂被驻缅总支部推选为缅甸华侨代表，回国出席国民党"二大"并被选为国民党中央候补执行委员。

大革命失败后，许甦魂参加了南昌起义，任前敌委员会秘书、为前委起草了一系列重要文件。后随军南下潮汕，起义失败后由揭阳经汕头转移到香港。1929年，许甦魂在党组织的安排下进入广西从事兵运，参加"百色起义"和创建红军工作，任红七军政治部主任。1931年9月，在肃反运动中，许甦魂不幸惨遭杀害，时年仅35岁。

第二节　投身抗日救乡运动

支援祖国抗日战争，是继辛亥革命后海外华侨掀起的第二次爱国高潮。在历时十四年的艰难岁月里，东南亚的潮籍华侨在爱国爱乡情怀的驱使下，输财出力，奋不顾身地投入抗日救国、抗日救乡运动，做出了巨大的贡献和牺牲。

第十三章 殉义忘身：参与政治变革

一　财力捐输与人力报效

与海外华侨一样，旅居暹罗、马来亚、荷属东印度等地的潮侨及国内归侨很早就投身于抗日救亡的浪潮。

1931年九一八事变发生后不久，曼谷的暹罗中华总商会即召集各同业公会开会，商讨抵制日货及筹募捐款事宜。当地华侨还组织"暹罗华侨反日后援会"等各种救亡团体，开展爱国活动。在很短的时间里，华侨即已中止了与日商的经济关系，许多原本以经营日货为主的华侨商店停止了日货的销售，华侨米商也禁绝了对日大米出口。结果，日本当年的对暹出口额比上一年减少了一半左右。① 在潮州人居多的法属印度支那，华侨也组织了各种救亡团体，如西贡、堤岸的"越南经济联合后援会""救国缩衣会"等，开展抵制日货活动，对仍然贩卖日货的华商予以罚款和打击。越南中圻华侨成立"反日后援会"，以"诚非抵制日货，无以制倭奴之死命"，决议函请国内外各大商埠商会转知所属各行公会，与日"停止配货"。② 1932年上海抗战爆发后，由潮籍侨领领导的暹罗中华总商会鉴于暹罗政府限制华侨的爱国活动，出面请求允许公开向华侨募捐。经多方努力，始准由上海红十字会电请暹罗红十字会主持其事，开展募捐活动。1932年4月，暹罗中华总商会即经广东银行汇给国民政府国币551488.90元。③ 当国内抗日救亡运动走向低潮之际，旅暹华侨还组织了"反帝大同盟"，在华侨工人、学生和妇女群众中开展工作，组织读书会，宣传反帝、抗日思想。1936年11月绥远抗战胜利后，新加坡中华总商会的潮籍会董、会员及侨界社团或个人，又纷纷捐款汇给南京中央财务委员会代赈。④ 马来亚、暹罗、荷属东印度、北婆罗洲、安南、高棉等地的潮侨，还于当年陆续开展了"献机祝寿运动"，用庆祝蒋介石50周岁的名义向祖国

---

① 日本东亚研究所：《第三调查委员会报告书——南洋华侨抗日救国运动的研究》，1945年，第102页。
② 《越南华侨停配日货》，《申报》1931年10月23日。
③ 姜明清编：《捐献史料》（上册），台北"国史馆"1993年版，第510页。
④ 《新加坡中华总商会庆祝钻禧纪念特刊》，第275页。

捐献飞机,以增强祖国军事实力。

值得注意的是,在局部抗战时期,汕头岭东华侨互助社也甚为活跃。"九一八"事件发生后,该社立即组织反日救国宣传。次年2月上海十九陆军歼敌大捷,汇款2000大洋慰问官兵,8月又致电声援东北义勇军。1934年12月,该社汇大洋600元支援马占山部队,又电告海外各分社,号召"对日抗争",并"实行经济绝交",呼吁"岭东侨众,枕戈待命,誓为前驱"①。

1937年卢沟桥事变、全国抗战爆发后,南洋各属潮侨迅速与其他属籍华侨合组救国团体,开展抗日工作。如新加坡118个侨团的代表开会成立"马来亚新加坡华侨筹赈祖国伤兵难民大会委员会",简称"新加坡筹赈会",由陈嘉庚任主席。该会委员32名(其中潮帮就有9名),还陆续在市区外设立分会30余处。接着,马来亚各区也相继成立了筹赈会及其分、支会机构,为数多达207个。越南各界华侨组建"越南南圻华侨救国总会",确定其主要任务为劝募救国公债和救国捐款、推行根绝日货运动、介绍专门人才回国服务、扩大宣传救国运动等,并在南圻各地及中圻的芽庄和藩切两市、柬埔寨的金边和马德望、老挝南部的桔井等地建立了35个分支机构。暹罗华侨不仅在"反帝大同盟"的基础上成立了"暹罗华侨各界抗日救国联合会",还设立"暹罗华侨慈善筹赈会",以慈善团体"报德善堂"为掩护,发动侨胞开展抗日筹赈活动。荷属东印度则有110多个侨团联合成立"巴达维亚华侨捐助祖国慈善事业委员会",下辖34个团体会员,分布于荷印各地,形成了自上而下的华侨抗日救国组织网络。1938年10月以陈嘉庚为主席的"南洋华侨筹赈难民总会"在新加坡成立后,南洋潮侨又在该会的统一领导下,依托所在侨居地的会馆、宗亲和行业公会组织,开展了多种形式的抗日救国活动。其主要内容,有抗日捐输(包括义捐、捐献物资、购买公债、增寄侨汇、回国投资)、人力报效和抵制日货等。

与此同时,汕头的岭东华侨互助社也加紧组织抗日宣传,并发函

---

① 汕头市人民政府侨务办公室、汕头市归国华侨联合会编:《汕头华侨志》(初稿),打印本,第5—13页。

第十三章 殉义忘身：参与政治变革

向海外侨胞募捐，购买棉衣、药品等支援前线。①

暹罗（泰国）是海外潮州人的主要聚居地。在潮籍侨领蚁光炎、陈守明、陈景川、廖公圃、郑子彬、余子亮等人的发动、组织下，广大潮侨积极开展抵制日货、救国义捐、劝募公债活动，捐献大批各种车辆、衣服和药物等紧缺物资。自1937年7月至1938年12月底为止，暹罗华侨义捐、购债总额约在1300万至1500万元国币之间；而在1939年度，华侨逐月捐、购债总额亦约合国币42万元左右，其中以捐款为最大多数、约占总额的80%。② 这些义捐款和购债款，其数额仅稍逊于英属马来亚，绝大多数系由潮籍华侨所出。

需要指出的是，当时泰国是日本的同盟国，当局严禁一切公开抗日的活动，开展抗日救国活动实属不易；潮籍侨领的带头示范作用，对泰国抗日救国运动的发展有着特别的意义。

蚁光炎时任第15届暹罗中华总商会主席（1936年当选，1938年续任第16届主席），德高望重，在侨界影响很大。作为曼谷和湄南河口拥有最多驳船的大船主，他率先发动属下拒绝为日商驳运货物，致使日本与泰国的贸易大受影响，贸易值从1937年9月的630万日元降到1938年4月的270万日元，遭到日方的深深忌恨。③ 在推销救国公债和发动抗日募捐方面，他也做了不少努力。他身兼全国公债劝募总会暹罗分会副会长，倡导同侨购债救国；同时，还鼓励侨胞踊跃捐输，并常常亲自向各商号劝募。据统计，自抗战开始后至1939年，蚁光炎领导暹罗侨胞及个人献纳祖国的捐款，综计在600万以上。④ 滇缅公路开通后，他又带头捐献卡车，发动华侨司机回国服务。1939年5月，蚁光炎回国参加广东省参议会第一次会议。趁此机会，他在广东各地慰问难民，赴香港与银行界商洽疏通侨汇事；接着，又飞渝反映侨情，提出"加强抗战，开发西南"的积极主张，并深入川、滇

---

① 汕头市人民政府侨务办公室、汕头市归国华侨联合会编：《汕头华侨志》（初稿），打印本，第5—14页。
② 1939年8月11日《暹罗政府严禁侨胞购买公债应由本部交涉》，《泰国侨务》案，档号0670/5061—1，国史馆藏外交部档案。
③ 蔡仁龙、郭梁主编：《华侨抗日救国史料选辑》，1987年福建内部版，第521页。
④ 文辉：《追念蚁光炎先生》，《华侨先锋》第1卷第16期，1940年2月16日。

各地考察。为身先垂范,他在云南边境佛海兴建垦殖场,第一期建场费便投资10万元。同年10月返回曼谷后,蚁光炎不顾旅途劳顿、眼疾不便,马不停蹄地向中华总商会及侨众广为宣传抗战必胜的信念,号召侨胞回国投资,开发大西南。蚁光炎领导泰国华侨开展的爱国运动,触怒了欲以泰国为南进根据地的日本军国主义者。日敌、汪伪政权曾进行种种挑拨、利诱和威胁,要他停止抗日活动,均遭蚁的痛斥和拒绝。1939年11月21日晚,蚁光炎在耀华力路被凶手当街枪杀,送医不治与世长辞。噩耗传开,侨界震惊,当地华侨、香港同胞、南洋各大都市侨胞和国内川、滇、黔、粤等省先后举行隆重的悼念活动。12月5日,国民政府明令褒扬蚁光炎,国民政府主席林森并亲笔在旌额上题写了"爱国忘身"四个大字。

图 13-2　泰国华侨公祭蚁光炎先生大会场面

陈守明系暹罗中华总商会第14届、18届、19届主席(1932年当选,1941年续任),并于1936年被中国国民政府委任为外交部驻泰国商务专员,还是国民参政会一、二届参议员。藉由黉利家族的显赫背景和家族企业的关系,其在火砻公会、米商公所及银信公所等行业组

第十三章 殉义忘身：参与政治变革

织中具有强大的影响力，在暹罗侨界可谓举足轻重。与其他潮籍侨领相比，陈守明对于抗战的捐输可谓有过之而无不及，不遗余力。抗战初起，他便出资派遣泰文和中文报记者赴祖国战地，报道抗战消息以广宣传；又于1939年单独出资派遣"全黑"篮球队赴新马各埠举行义赛，将收入全部捐献祖国。① 他在1939年回国参加国民参政会时，即曾个人捐资85万银元作为抗日经费。② 1940年7月，当暹罗政府搜查华侨、广东两银行，根据华侨汇款存根大肆拘捕华侨、以胁迫华侨不敢再捐款献金之际，陈守明特于七七抗战纪念日秘密献金6万元，以表支持抗战胜利之意。③ 除个人捐献巨款外，他还积极劝募献金及公债，曾建议以华侨所掌握的暹罗大米折换公债，将华侨之所有补国家之不足，并以陈黉利名义捐米4000包以为首倡。④ 1940年，陈守明复担任海外节约建国储蓄团暹罗分团团长，负责秘密劝募侨胞储蓄建国，并自行先储20万元为首倡，引导侨胞尤其是各大殷商汇款回香港、昆明或梅县开户蓄存。⑤ 1939年，他还响应国民政府号召、回国投资开发西南大后方，并与新加坡陈嘉庚、荷印庄西言等著名侨领及西南各省省长等合资500万元，创办"华西垦殖股份有限公司"，旨在通过经营滇、川、甘、青等省农垦及工矿事业，开发西南富源、增强国力。在抗战时期华侨回国投资热度有余、效益欠佳的情形下，陈守明的回国投资正表现出其支持祖国抗战事业的热忱。⑥

---

① 据吴继岳：《海外六十年见闻录》，转引自陈作畅、陈训先《陈黉利家族乡情实录》，载于中国人民政治协商会议汕头市委员会文史资料委员会编《海外潮人史料专辑》（汕头文史·第八辑），第49—50页。

② 据《澄海人物志》，转引自陈作畅、陈训先《陈黉利家族乡情实录》，载于中国人民政治协商会议汕头市委员会文史资料委员会编《海外潮人史料专辑》（汕头文史·第八辑），第49页。

③ 1940年7月8日《陈守明电重庆外交部》，《泰国侨务》案，档号0670/5060—1，国史馆藏外交部档案。

④ 1938年2月21日《凌委员济东重行莅暹及此间侨团捐米之经过》，《泰国侨务》案，档号0670/5060—1，国史馆藏外交部档案。

⑤ 1940年11月2日《泰华商已纷汇款回香港、昆明或梅县储存数目调查中》、1941年5月4日《节约储蓄泰国不准公开活动只有秘密劝储》，《泰国侨务》案，档号0670/5060—2，国史馆藏外交部档案。

⑥ 黄小坚、丛月芬、赵红英：《海外侨胞与抗日战争》，北京出版社1995年版，第236、242页。

在南洋其他各属殖民地,潮籍华侨的抗日救国活动也很活跃。以新加坡来说,这里是马来亚首府,又是南洋华侨筹赈总会的所在地,抗日救国活动开展得可谓轰轰烈烈。潮侨系当地华侨第二大方言群,自然担负着繁重的募捐工作。当时筹募捐款的办法有很多,有常月捐(月捐)、特别捐、献金、义卖等等,名目繁多、花样亦时常翻新,而以常月捐最为重要。1938年5月,新加坡华侨筹赈会颁布的《常月捐简则》规定:由广府、客家、潮州、福建、海南、三江等六个帮派的社团和领袖分别进行劝捐工作;认捐的数目,则依据财力划分为十三等,忧等无限,一等至十二等由500元至5元递减。此外,凡华侨经营之事业,就其物产抽取货物捐,每担抽百分之若干,每月可得150万元以上。① 大致上,新马地区政府职员、教师、店员和人力车夫等阶层侨胞的月捐,占其月薪的10%,厂东、店主、小商贩等一般为货物捐;前者为现金缴纳,后者为以货代赈,而以后者最为重要。陈嘉庚曾指出,"常月捐大半靠货物捐"②。在缅甸、菲律宾、荷属东印度等地,华侨救国团体也有类似的月捐规定。逐月缴纳义务捐款,成为广大华侨为祖国抗战所做的一项长期而艰巨的任务。

据南侨总会统计,从1938年10月到1941年12月,该会筹交给国民政府的捐款,即有4亿元国币之巨,③ 若加上不能兑现的已购公债,数量更大。潮侨系南洋华侨的主要族群之一,占华侨人口总数的四分之一左右,其在抗日捐献上的贡献不容小觑。由是观之,潮侨对战时祖国的财力捐输,数量不菲。

在人力报效方面,潮籍华侨也同样不落人后。据广东省侨务委员会1946年的统计,抗战期间,从南洋回国效力的粤籍侨胞多达4万余人,④ 其中潮籍侨胞当不少。他们或参加各类回国服务团,从事战地救护、新闻报道、抗日宣传、难民救济、军需运输等工作,或投考中央陆军军官军校(简称"中央军校")成都总校及其各处分校受

---

① 《南洋商报》1938年5月4日。
② 陈嘉庚:《南侨回忆录》,新加坡怡和轩1946年刊本,第43—44页。
③ 南侨总会编纂:《大战与南侨》,第47页。
④ 《华侨先锋》第9卷第1、2期合刊,第69页。

训，毕业后分派至各部队服役。回国服务团通常由当地侨团或侨界知名人士出面组织，并负责筹集路费及经费；参加各团（队）回国服务的侨胞，多经过严格甄选、短期培训，其中不乏身怀特技、国内紧缺的专门人才，特别是医护人员、汽车驾驶与维修人员（机工）。投考军校的侨生尤以广西宜山（后迁往贵州独山）的中央军校第四分校录取人数最多，该校曾先后组设华侨大队（编制253名）和入伍生团（可接收侨生约1500名），侨生经其培训两年半后，由军委会军训部分配至各部队担任少尉军职；① 中央军校特别训练班十七期入伍生独立大队华侨队（有名额320名）亦在重庆和昆明两地招收侨生，训练期限为9个月，毕业后由校长分派工作。② 他们活跃在战区前线和侨乡后方，表现极为英勇。

抗战爆发后，潮籍华侨众多的暹罗、马来亚、越南、荷属东印度以及缅甸、菲律宾等地华侨社会，均纷纷组织华侨回国服务，各类服务团不惧牺牲、穿梭于各个战区，为国内军民抗战增添了勇气和助力。以暹罗为例，七七事变后，即有旅暹华侨技术人员包括机械工人、护士、汽车司机等数百人组织回国服务团，由琼籍侨商黄有鸾医师慨赠巨资，代购船票、食物、用品等，欢送回国。1938年9月6日，又有"华侨西医救护团"从广州开往南昌转赴第三战区服务，他们系由"湄江医学讲习所"董事会所组织，行前曾由广东侨务处介绍给中国红十字会广州分会，指派在广州城西方便医院做救护工作。③ 直到潮汕沦陷后的1940年，仍有"暹罗华侨回国服务中华技术歌剧团"经由香港前往潮汕一带服务。"时适沦陷，人心岌危，不辞劳苦，未敢稍息，即奔走各区属乡村开展广泛的救亡宣传工作，以稳定惊惶恐惧之人心。"1942年初，该团还呈请国民政府侨委会转咨第七战区总司令部，要求将其改组为"暹罗华侨抗敌志愿兵团"，施以训练，"俾偿请缨杀敌之志"④。

---

① 中国第二历史档案馆馆藏档案，全宗号二二，案卷号337。
② 中国第二历史档案馆馆藏档案，全宗号二二，案卷号336。
③ 中国第二历史档案馆馆藏档案，全宗号二二，目录号（2），案卷号35。
④ 中国第二历史档案馆馆藏档案，全宗号二二，目录号（2），案卷号35。

1939年，中国抗日输血管——滇缅公路开通，急需驾驶和机修人员，中国国民政府军委会"西南运输处"委托陈嘉庚代雇司机和修机工人往滇缅公路和西南各省服务。南洋华侨踊跃报名参加，其中也有很多潮籍华侨青年。从1939年2月至9月的短短半年多时间里，就有3200余名机工经由越南海防或缅甸仰光回国服务。他们回国后，在极其恶劣的条件下为祖国抗战运输工作贡献力量，至战争结束约有半数牺牲或失踪，付出了惨重的代价。①

在回国从军的华侨青年中，泰国华侨均能舍身抗敌，令人钦佩。从军校毕业的泰华军官，曾参加长沙战役、粤北战役和桂南战役，屡立战功。1944年，在"智识青年从军"运动中，泰国华侨青年又掀起第二波回国从军热潮，报名从军500余人。在中国远征军赴缅作战及1944年滇西大反攻等重大战役中，泰国华侨青年官兵复受命前往缅甸、寮国（老挝）边境等地搜集军事情报、调查兵要地理、运输官兵辎重，做出了特殊贡献和惨烈牺牲。据泰国黄埔校友会在其1997年8月出版的"泰国华侨英烈馆"落成揭幕特刊中所列，泰华热血志士回国从军失却联络者计有844人，另有复员返回泰国者105人。②显然，尚有大量回国投奔中共敌后抗日武装的泰华青年并未计入其列。

二 对敌后抗日武装的支持

援助中共领导的抗日军队及其敌后抗日根据地，是海外侨胞包括潮籍华侨支援祖国抗战的一个重要侧面。

早在中国共产党创建阶段，中共就与海外华侨、留学生发生了经常的联系，并获得他们的诸多帮助。只是在大革命失败后，中共被迫由城市转入农村，长期处于国民党政府的军事围剿之中，侨务工作自然无从着手。尽管如此，华侨作为中国革命中一支可资依赖的重要力

---

① 黄晓坚：《抗战时期回国服务华侨机工考》，载于黄晓坚编著《华侨抗战影像实录：历史的诠释》，中国华侨出版社2015年版，第397—405页；黄小坚、赵红英、丛月芬：《海外侨胞与抗日战争》，北京出版社1995年7月版，第290—303、314—315页。

② 谢耀柱：《泰国华侨回国从军参加抗日战争的英勇事迹》，载于黄小坚主编《海峡两岸"华侨与抗日战争"学术研讨会文集》，中国档案出版社2000年版，第122—126页。

第十三章 殉义忘身：参与政治变革

量，仍然受到中共的特别关注，并在1935年《八一宣言》中将其列为抗日民族统一战线的重要组成部分。实际上，从1927年开始，中共广东省委、第三国际东方部和中共中央，就已陆续在东南亚的泰国等地建立和发展党组织及外围组织，动员海外华侨支持中国革命。以李华、伍治之、邱及等为代表的一批潮籍党员、革命者，发挥了重要作用。①

全国抗战开始后，中共便对争取华侨援助工作予以高度的重视。1938年3月18日，毛泽东在为华侨战地记者通讯团的题词中，热情称赞"马来亚的侨胞用一切力量援助祖国，为中华民族的独立解放而斗争"②。《新华日报》还曾发表文章，赞扬海外侨胞在中华民族革命事业的历史上，建立过不朽的功勋，"给国内同胞以极大的鼓励和奋勉"；抗战以还，侨胞"爱护祖国，积极参加抗战的热情，真值得我们敬佩"。文章恳请希望发展和充实华侨救国组织，统一华侨救亡运动的领导，扩大国际宣传，争取国际上的同情与援助，动员全世界侨胞"组织大批义勇队、工程队、救护队、慰劳队，携带大批防毒面具、医药用品，回国参战"，"特别在募捐方面有更大之努力"③。

在中共开展的华侨统战工作中，南方局的派出机构——八路军驻香港办事处（简称"香港八办"）作为对外联系的桥头堡，扮演着十分重要的角色。它不仅通过在香港和海外办报，宣传中共的抗日主张；还通过向各侨居地派出人员，直接开展对华侨的统战工作。此外，中共还通过其南方局领导下的青年爱国组织——中华民族解放先锋队（简称"民先队"），直接在海外青年侨胞中做了大量的统一战线推动工作。它不但把组织扩展到缅甸、暹罗、越南、荷属东印度等地，而且在新加坡民先队队部中设立"南洋民先队部秘书处"，使新加坡成为南洋一带民先队组织的联络和指导中心。在"香港八办"和"民先队"的工作下，加上侨居地其他进步组织如"马来亚抗敌后援

---

① 参见黄晓坚《潮州籍华侨与中国红色革命概述》，载潮州市侨联、潮州市委党史研究室编印《海外潮人与中国红色革命》，2021年7月。
② 《永春文史资料》1982年第一辑。转引自蔡仁龙、郭梁主编《华侨抗日救国史料选辑》，1987年福州刊本，第49页。
③ 《加紧侨胞抗战工作》，《新华日报》1938年10月14日。

会""暹罗华侨各界抗日救国联合会""菲律宾民武分会"和"菲律宾劳联会"的配合,通过在海外侨社开展"寒衣捐"、"援八"运动、"援四"运动、回国慰劳新四军、输送"抗日义勇队"成员和华侨青年赴延安八路军及华中新四军、华南抗日游击区等活动,中共卓有成效地争取到华侨财力、人力上的多方援助。当时,海外华侨捐给中共方面的款项,大多经由"香港八办"指定的香港大英银行代理,后改为华比银行收转;前往八路军、新四军和中共领导的华南抗日根据地的华侨和港澳青年,亦多由"香港八办"开具介绍信、安排行程。据不完全统计,经"香港八办"送往八路军、新四军的华侨技术人才及华侨青年约达五六百人,① 前往华南抗日根据地的华侨和港澳青年总计约达千人以上。

1937年9月,李华曾以暹共中央常委、宣传部长的身份,与黄耀寰一道前往香港,与中共驻港的南方局取得联系,讨论如何发动华侨支援祖国的抗日战争,并决定几点具体措施:"1. 为八路军和新四军发动募捐;2. 组织华侨青年回国参加八路军和新四军;3. 成立华侨抗日救国联合会;4. 取消共产主义青年团,成立华侨青年抗日民族先锋队。"②

诚然,中共在海外华侨社会开展的活动,无不围绕着对财力、物力和人力的争取,因此势必对国民政府动员华侨支援抗战的努力形成干扰,国共在华侨工作上的冲突亦在所难免。事实上,这方面的事例不胜枚举,它也从一个特定的侧面反映了在国共争夺海外华侨资源日趋激烈的背景下,华侨支持中共敌后抗日之不易。

抗战初期,中共频频发动海外华侨援助八路军、新四军。为垄断侨捐,国民政府行政院于1938年4月特向海内外有关机构发出通令,要求"嗣后各机关团体向海外侨胞募捐应先呈经本院核准,不得擅行派员前往"。当陕北公学校长成仿吾写信吁请华侨捐助后,行政院即出面干涉,谓以书信向侨胞募捐或托各地侨胞代为征募,亦应受前令限制。国民政府侨委会也就此发布通告,重申了行政院关于统筹统汇

---

① 《细数抗战期间华侨援助抗敌组织》,香港《广角镜》1988年12月16日。
② 李华:《我的自传提要》(信纸稿),李气虹提供。

的规定。1938年11月26日,驻吉隆坡领事馆向外交部呈报八路军向侨社通函募捐事,外交部随即以"各军经费均由中央统筹,不得自行劝募捐款",令饬该馆"劝阻华侨勿得应募";翌年3月14日,在军委会办公厅转达蒋介石"应予制止"的旨意后,外交部又进而"通饬驻外各使领馆一体遵照加以制止"①。国民党中央海外部也频繁动用海外党部的势力,"密饬驻海外各总支部直属分部严密制止某党在各地捐款活动"②,要求"设法制止""严重警告"和干预槟城侨胞、醒华学校以及新加坡、马六甲树胶工人等进行的"援八"活动。③ 此外,对于前往延安学习以及慕名投奔或慰劳八路军、新四军和华南敌后抗日游击队的华侨热血青年,国民党方面也予以重重阻挠。

国民党当局的上述种种行径,实际上是战时国共两党斗争在侨务工作上的表现,反映了国共两党对海外华侨抗日力量的激烈争夺。应该承认,这种争夺一定程度上影响了中共侨务工作的顺利推进,影响了中共争取华侨援助的工作成效。

关于华侨在财力上支援中共敌后抗日武装及其根据地的数额,向无统计,无从知晓;但在人力输送上,我们还是可以窥知一二的。

据调查,抗战前后到延安学习和工作的华侨约有600人,另有部分华侨青年直接前往华北各个抗日根据地。④ 1938年,马来亚柔佛士乃区的爱国潮籍华侨黄子松(揭西人)招募70余名爱国青年参加机工回国服务团培训,第一批彭士馨等15人于当年8月26日开着捐献的两辆雪佛兰牌救护车及绷带、药品等医疗物资启程乘船回国,经香港、广州、长沙、武汉奔赴延安。蔡明训(揭西河婆人)等15人作为第二批黄子松机工回国服务团,于1939年2月13日驾驶着华侨捐赠的14辆福特汽车取道新加坡辗转回国,蔡明训后来也驾车去了延安。同年7月16日,延安成立"南洋华侨回国服务团驻延办事处",其总干事即是彭士馨,另有干事分别负责秘书、宣传、组织、劝募,

---

① 中国第二历史档案馆馆藏档案,全宗二,目录(2),卷3307。
② 中国第二历史档案馆馆藏档案,全宗二二,卷93。
③ 任贵祥:《华夏向心力》,广西师范大学出版社1993年版,第59页。
④ 黄晓坚、赵红英、丛月芬:《海外侨胞与抗日战争》,北京出版社1995年版,第357页。

开展华侨工作。1940年9月5日成立的"延安华侨救国联合会",便是在此基础上组建的。① 据当年到延安参加抗日斗争的老同志提供的材料,已知抗战期间曾在延安工作的部分祖籍广东归侨干部共有103名,其中籍贯为潮属的即多达45名(包括揭西3名、大埔2名),占44%。详见下表。

表13-1　　　抗战期间曾在延安工作的部分潮属归侨干部②

姓 名	籍 贯	侨居地	姓 名	籍 贯	侨居地
廖 冰	大 埔	新加坡	陈远高	潮 属	泰 国
吴星峰	大 埔	新加坡	何泽良	揭 西	泰 国
彭光涵	揭 西	马来亚	陈展元	澄 海	泰 国
张 敦	揭 西	马来亚	吴田夫	潮 安	新 马
周介文(周文)	潮 属	泰 国	李树坚(女)	潮 属	泰 国
叶 克	普 宁	泰 国	蔡 兴	潮 属	泰 国
苏 兰(女)	潮 属	泰 国	庄国英	潮 安	泰 国
康 明(女)	潮 属	泰 国	庄仲仁	普 宁	泰 国
苏 青	潮 属	泰 国	朱维松	潮 属	泰 国
叶 驼	潮 属	泰 国	吴 风	澄 海	泰 国
庄江声	潮 属	泰 国	杨光伟	潮 属	泰 国
詹尖锋	潮 属	泰 国	李达先	潮 属	泰 国
王 真	潮 属	泰 国	黄 信	潮 属	泰 国
吴 潮	潮 安	泰 国	罗道让	普 宁	泰 国
余丁如	潮 属	泰 国	张精锐	普 宁	泰 国
郑 隆	潮 属	泰 国	张汉英	潮 属	泰 国
黄觉生(女)	潮 属	泰 国	王健华(女)	潮 安	越 南
肖 戈	潮 属	泰 国	谢良英	揭 阳	越 南
肖 鲁	潮 属	泰 国	杨 烈(女)	潮 安	越 南

---

① 黄小坚:《归国华侨的历史与现状》,香港社会科学出版社有限公司2005年版,第302—303页。

② 根据广东省地方志编纂委员会编《广东省志·华侨志》(前揭书)第297—298页表格资料整理。

第十三章　殉义忘身：参与政治变革

续表

姓　名	籍　贯	侨居地	姓　名	籍　贯	侨居地
王耀华	潮属	泰国	周任民	潮属	越南
马松	潮属	泰国	陈戈华	潮安	菲律宾
黄礼	潮属	泰国	林清佐	揭阳	泰国
张益	潮属	泰国			

表中所列潮籍华侨青年，在延安努力学习、工作，多表现出色。其中来自泰国的叶驼，"在泰国有一很要好的女友，他却毅然离开她奔赴延安。他在延安时，学习、劳动都很努力。他打球、游泳也很出色"①。1944年冬，他随王震率领的三五九旅开赴前方，南下抗日，在部队当指导员。所部不幸被国民党军包围于中原，他在一次战斗中英勇牺牲了。②

华中抗日根据地方面，因组建新四军的南方游击队很大一部分来自广东、福建侨乡，与华侨有着千丝万缕的联系，加以叶挺军长在海外侨胞中享有崇高威望，因此华侨为数亦不少。1937年、1939年，即有"菲律宾华侨抗日义勇队"和"菲律宾各劳工团体联合会回国慰劳团"先后回国慰劳并全体加入新四军；抗战初期，"香港八办"还从新马、荷印等地为其招募了146名华侨机工。据估计，参加新四军的华侨青年估计不下于400人，仅新四军军部各机关和直属支队中的华侨就有七八十人。③ 在新四军二支队担任敌工干事的陈子谷（澄海籍），其养祖父是暹罗曼谷经营中药材和金铂生意的富商陈峥嵘。1939年12月，陈子谷接到曼谷来信，告知养祖父去世，请其回去分遗产。在政治部主任袁国平的布置和叶挺军长的鼓励下，他以叶挺军长秘书的名义前往曼谷，一方面领回所继承的遗产份额，一方面发动侨胞为新四军募捐棉衣，然后将所有款项（遗产折合国币20万元，

---

① 吴田夫：《在抗日中心的狂飙里》，载于全国政协文史资料研究委员会华侨组编《峥嵘岁月——华侨青年回国参加抗战纪实》，中国文史出版社1988年版，第81—82页。
② 《留延华侨子弟给海外侨胞的一封信》，载于黄小坚《归国华侨的历史与现状》，香港社会科学出版社有限公司2005年版，第502—505页。
③ 《华声报》1987年6月30日。

棉衣费折合国币6万元，共计26万元）托"广顺利"汇兑行汇往桂林八路军办事处转交新四军。这笔款项在当时相对于国民政府拨给新四军的两个多月的经费，给了新四军很大帮助。为此，叶挺特在《抗敌报》上称赞陈子谷是一位"富贵于我如浮云"的爱国赤子，还在一次会上说，革命胜利后，应该打一个金牌奖给陈子谷。①

在华南东江、琼崖、珠江、潮汕等敌后抗日根据地方面，华侨回国服务、从事抗战教育宣传的也很多，并推动了侨乡抗日救亡运动的开展。

普宁籍华侨马士纯、邱秉经、邱博云、许宜陶和黄声等爱国华侨回到潮汕地区参加抗日救亡运动，在普宁建立兴文中学、宣传抗日，并由马士存发起于1936年成立了普宁教师抗敌救国联合会。该校师生节衣缩食，捐献衣物支援前线抗日将士，同时开办军政训练班，吸收进步学生入学，培训抗日游击队宣传员和指战员，1938年春还派出学生代表参加筹组"潮汕学生联合会"。1938年暑期，黄声等人又在揭阳县石牛埔（今属揭西县）办起西山公学，并深入农村开办民众夜校，招收华侨子女入学，争取获得海外华侨的支持。同年秋，西山公学改名为南侨中学，并通过许煜领导的汕头暹罗归国华侨抗敌同志会的关系呈报国民政府侨委会备案；翌年，又在揭阳县水流埔和潮阳县和平区增设了第二和第三分校。学校向学生传授革命理论和科学文化知识，还组织师生深入群众开展抗日救亡运动，成为潮汕地区一座革命的熔炉。学校自兴文中学创办至南侨中学被迫解散，历时六年半，先后为潮汕各县培育出4000多名进步学生和抗日骨干，被称为"潮汕教育史上的奇迹"②。

1940年前后，由于广东各地的华侨回乡服务团相继为国民党当局所取缔，被迫停止活动，其成员绝大多数参加了东江纵队、珠江纵队、韩江纵队、琼崖纵队和粤中、南路地区的人民抗日武装；而在暹罗排华、二战爆发后，暹罗、新马侨社进步组织如"抗联""民先

---

① 陈子谷：《富贵于我如浮云》，中国华侨出版公司1990年版，第73—84页。
② 《南侨中学建校四十五周年纪念特刊》。转引自袁伟强《潮汕华侨支援抗日救国史略》，载于《汕头侨史论丛》（第三辑），汕头华侨历史学会出版，第131页。

第十三章　殉义忘身：参与政治变革

队""抗援会"悉遭破坏或被迫解散，返回国内的华侨进步青年复骤增，适值国共摩擦加剧、通往延安、华北的道路被封锁，他们多就近加入了新四军特别是华南人民抗日游击队。

据统计，截至太平洋战争爆发，回国参加华南人民抗日游击队的海外侨胞和港澳同胞约达2500人，① 其中部分分布在潮汕敌后抗日根据地。在长期、艰苦的革命斗争中，一些华侨青年献出了自己宝贵的生命，在潮汕地区牺牲的就有吴秀远、郑松涛、杜家青等烈士。吴秀远为普宁籍越南华侨，1938年参加"南洋华侨战地服务团"，与汕头青抗会部分会员一起编入独九旅战工队。1939年，她和其他战友奉命上前线侦察敌情，不幸被敌机投弹炸中，身负重伤、光荣牺牲，年仅19岁。②

1941年12月7日，日军突袭美国海军基地珍珠港，太平洋战争爆发。此后不久，南洋各属殖民地纷纷沦陷，泰国亦为日军所控制。日据时期，南洋潮侨与广大华侨一样受到日军的疯狂报复，惨遭屠戮和劫掠，从此与祖国抗战失去了联系。

三　关怀桑梓，重建家园

抗战期间，潮汕侨乡惨遭日寇蹂躏，经济萧条，民生凋敝，人民忍饥挨饿。海外潮侨本着一颗颗炽热的赤子之心，给予了力所能及的救济。

潮汕地区粮食原本匮乏，长期仰赖国外进口。自1937年下半年起，因战事影响，潮汕地区一度闹粮荒。刚刚于1938年2月诞生的暹罗潮州会馆很快成立了潮州米业平粜公司，运载暹米到潮汕平价出售，这样既稳定了当地的粮价，使潮州米价不致因粮荒而高涨，又解决了人民的缺粮问题，使民食有赖。此项工作作为潮州会馆成立后所做的第一件大事，直到潮汕沦陷才被迫停止。

1939年6月，日军在攻陷海南岛后，转而进攻潮汕地区，潮州澄

---

① 黄晓坚、赵红英、丛月芬：《海外侨胞与抗日战争》，北京出版社1995年版，第367页。
② 《华夏》杂志第二期。转引自袁伟强《潮汕华侨支援抗日救国史略》，《汕头侨史论丛》（第三辑），汕头华侨历史学会，第130—131页。

下篇　东南亚潮州人与潮汕侨乡

海等地相继沦陷。6月26日，马来亚潮州公会联合会在怡保韩江公会召开各会馆代表大会，决定筹组马来亚潮侨救乡总会；随后，马来亚各地陆续成立了潮侨救乡会。8月18日，马来亚潮侨救乡会代表大会在怡保韩江公会正式召开。大会组建了马来亚潮侨救乡总会，同时通过了15项决议案，议决组织马来亚潮侨救乡总会回国救济难民代表团，拨款救济难民、购买救乡药品，用捐款资助疏散人口、赈济战区难民，组织韩江救护团回乡工作，以及设法救济潮属米荒等。

1943年，潮汕地区大旱灾大饥荒，灾民、侨眷饿死、鬻女、逃荒不少，海外华侨纷纷出力赈济。泰国①揭阳籍华侨林运秋带动旅外乡亲捐大米15万斤，并亲自回榕城赈济灾民。惠来籍马来亚侨领林连登捐赠大米10万斤，衣被2万件。饶平籍越南归侨林国英于1944年携妻重返越南，卖掉自己的谷仓回乡赈灾，并在越南组织华侨募捐救灾；后来家乡隆都流行霍乱病，还特地往广州配制特效药，免费施药。

抗日战争胜利后，潮汕地区粮食匮乏、灾情严重。暹罗潮州会馆主席苏君谦、副主席郑午楼等人倡组华侨救济祖国粮荒委员会，发动侨胞捐款购米运回国内救济，共募集大米3万余吨、16万5770包，分8批派船运至潮汕平粜，并于1947年在汕头设立办事处，组织监赈团回国督办。与此同时，对于因饥馑而离乡背井前往暹罗探亲、谋生的乡亲，则尽力给予帮助。

惠来县旅居马来亚侨领林连登，关怀乡亲的疾苦，抗战甫一结束，他便奔回潮汕。途中经曼谷时，特购买大米1000包，运送回国赈济灾民。为了支持家乡重建，他还将自己几千英亩地的橡胶园变卖，集成巨资在家乡兴建隆江新市场，并承建潮普惠公路，创办连通汽车公司。

抗战胜利之初，暹罗还有一批爱国侨领组织"暹罗华侨建国救乡联合总会"，开展广泛的募捐活动。各县旅泰同乡会也组织会员捐资购米，赈济家乡灾民。如揭阳会馆理事长徐居然，旅暹潮安同乡会负

---

① 暹罗自1939年6月改国号为"泰国"，1945年2月恢复暹罗旧称；1949年5月再改国号为"泰国"，延续至今。

· 372 ·

责人赖渠岱、张兰臣,均能带领乡亲开展募捐活动,有的还亲自回乡参加施赈。为此,一些侨领如赖渠岱、张兰臣还遭到暹罗当局的拘捕问讯。

第三节 支持解放战争

中国抗日战争胜利后不久,内战爆发,并引起海外华侨社会的分裂和各派政治势力的争斗。在中国共产党和海外进步组织的影响下,部分潮籍华侨青年回国参加了解放战争,为新中国的建立立下了卓著功勋。

一 蚁陈之死

如前所述,抗日战争时期,南洋华侨社会中除了传统的会馆、宗亲和行业组织外,还陆续出现了许多具有国共党派背景的政治性团体乃至政党组织。在国共合作关系稳定良好之时,他们一般尚能相安无事;一旦国共关系紧张破裂,双方往往便呈水火不容之势。这种情形,已在前述抗日义捐及人力报效流向的统制与反统制较量中,显露无遗。这就为日后侨社内部政治的分野,埋下了伏笔。

诚然,华侨社会是否稳定、能否形成合力一致对日,传统侨团领袖对抗日的态度及如何平衡各方关系甚为关键。即以暹罗(泰国)来说,1939年以前系由澄海籍华商蚁光炎担任中华总商会主席,领导华侨开展抗日救国工作。当时,暹罗抗日团体众多,大致可分"中央路线"及"共产路线"两大体系。前者又分国民党、国民政府、粤省政府等不同派系,以国民党驻暹总支部、中华民国驻泰商务委员会办事处及中华总商会等机构进行活动;后者则在华侨进步组织"反帝大同盟"的基础上成立了"暹罗华侨各界抗日救国联合会"(简称"抗联"),下设"工人抗日救国会""学生抗日救国会""妇女抗日救国会""文化界抗日救国会"和"商界抗日救国会",拥有启明学校和崇实学校两大抗日阵地。"抗联"主要负责人先后有许一新、吴琳曼、李华、邱及、许子奇、黄流、何孟基、林幕豪等，多具有暹罗共产党①的背景，并与中国共产党有着密切的联系。他们积极支持蚁光炎为首的中华总商会开展抵制日货、发动募捐、推销救国公债和输送华侨机工前往滇缅公路服务等各种抗日活动，同时也应中共方面的需要进行筹款捐物、输送青年爱国学生回国抗日等工作。对此，蚁光炎均能一视同仁地予以支持。他不仅赞助、支持启明学校师生在中华总商会新建的"光华堂"里进行抗日演出宣传，设法资助、筹措启明学校的办学经费，还对"暹罗华侨各界抗日救国联合会"开展的募集难民寒衣、缝制伤兵内衣等活动给予大力的支持和帮助，并主动允准其必要时可借用"报德善堂"的名义去进行募捐活动，还专门成立"暹罗华侨慈善筹赈会"协助抗联的工作。当启明学校、崇实学校因抗日而被查封，"抗联"领导人和一些爱国人士被逮捕、驱逐出境之时，蚁光炎又不顾銮披汶当局的高压，积极进行营救。当"抗联"组织的"抗日义勇队"等组织成员和许多青年学生陆续回国参战时，蚁光炎都给予旅费方面的资助，为其购买船票。②"香港八办"和宋庆龄的"保卫中国同盟"，也得到了他的资助，他曾多次委托他人运送两部救护车、大量药品和抗日物资到香港廖承志办事处，并多次通过曼谷广东省银行汇巨款到香港华比银行副经理邓文钊转交宋庆龄、何香凝、廖承志等人。1939年他回国经香港时，曾"把一笔捐款和已运抵香港的一批抗日物资亲自交给廖承志办事处，并与当时在香港的何香凝及廖承志会面，共同商议抗日救国大计"。可以说，蚁光炎领导暹罗华侨抗日救国工作，绝无党派之分、门庭之别，堪当重任。

不幸的是，蚁光炎积极从事抗日活动，终招致敌人忌恨，威胁、危险随之而来。1939年11月21日，蚁光炎在曼谷耀华力路被日伪枪手当街刺杀，成为第一个为祖国抗日而牺牲的海外侨领。

迨至蚁光炎被刺身亡、陈守明复任中华总商会主席之时，銮披汶

---

① 暹罗共产党秘密成立于1930年，其主要成员主要是曼谷的知识分子。系1942年12月正式成立的泰国共产党之前身。"反帝大同盟"系其外围组织。

② 许侠：《缅怀为国捐躯的爱国侨领蚁光炎先生》，载于暹罗启明学校纪念文集编辑组编《永恒的怀念》（内部资料），1990年12月。

第十三章 殉义忘身：参与政治变革

当局严厉镇压华侨的抗日运动，暹罗侨社抗日救国的环境已然大变。此时的陈守明，尽管其先前在经济捐输、排日运动和声讨汪逆叛国等抗日大事上亦曾身先示范、可圈可点，但终究迫于銮披汶当局亲日排华的压力和随后而至的日寇占领，处于极为被动的境地。为了生存，1942 年他被迫出任受日军控制的暹罗中华总商会主席之职，并开始与日军周旋。陈守明于沦陷时期就任中华总商会主席，不可避免地被迫替日方工作，如通电呼吁重庆当局和平，招雇民工修筑暹缅铁路（即著名的"死亡铁路"），供应日军军粮等，① 因此招致他人误会其与日军合作，有汉奸嫌疑，并因国共交恶而为泰共属下"抗日义勇队"所忌恨，终于在日本宣布投降之次日——1945 年 8 月 16 日，为"抗日义勇队"别动队当街狙击、喋血街头。② 陈氏之死，无论对于侨社抑或陈氏家族，均为无可估量的重大损失：一方面，它深深撼动着暹罗侨界领袖对于中国的支持热情；另一方面，它使战前泰华八大财团之首——黉利家族失去了掌门人。陈氏遇刺之后，其妻以陈氏为侨社出钱出力，竟善获恶报，曾率领全家开龛发誓"黉利家庭今后不再参加侨社活动"③，其情可悯，其志可哀。

战后陈氏被刺身亡，肇因似乎与其在沦陷时期出任中华总商会主席、同日军合作有关；但实际上，该事件实为国共两党抗战时期在海外争斗的延续。它反映了施暴者所代表着的"共产路线"体系对战后陈守明势力坐大的深深焦虑。它也表明，战后海外侨社国共内争及其导致的侨社政治分野之大幕，已然开启。

1946 年 6 月，国内爆发了大规模的内战。

国共关系的破裂和内战的发生，引起了海外华侨社会的强烈反

---

① 李道缉：《泰国华侨陈守明与抗日战争》，载于黄小坚主编《海峡两岸"华侨与抗日战争"学术研讨会文集》，中国档案出版社 2000 年版，第 277—287 页。

② 据笔者参与采访的海南归侨李勇口述录音资料，2007 年 6 月 12 日；另据李气虹整理《父亲去世前文稿》，1939—1942 年任泰共中央代理书记、1942—1945 年担任泰共中央书记的李华，在其去世之前几个月的 1988 年 9 月 1 日，曾明确记载：陈守明"在日本投降时被华侨锄奸队镇压"。

③ 王绵长：《黉利家族资本的历史》，载于《海外潮人史料专辑（汕头文史 第八辑）》，第 12 页。

应,广大华侨包括潮籍华侨不得已用各种方式表明自己的政治态度和政党倾向。9月11日,陈嘉庚以"南洋华侨筹赈祖国难民总会"的名义致电美国总统杜鲁门、参众两院议长及美国在华特使马歇尔、大使司徒雷登,呼吁美国迅速改变"多方援助贪污独裁之蒋政权,以助长中国内战"的对华政策,"撤回驻华海陆空军及一切武器,不再援助蒋政府,以使中国内战得以终止,人民痛苦可以减少"[①]。电文一经媒体公开,便在国内外引起了强烈反响。围绕着拥陈和倒陈的斗争,新马华侨社会形成政治立场上的大分野局面,并波及印度尼西亚(即原荷属东印度)、暹罗、越南和菲律宾等地。海外潮侨及原已回国、回乡参加抗日活动的潮籍华侨青年,在政治认同与效忠上亦泾渭分明,从此分道扬镳。

二 回国参战的潮籍华侨青年

解放战争开始后,在海外侨界进步组织的推动下,部分潮侨一改原先对中国国内政党斗争所持的中立态度,而直接归国返乡参加解放战争的热血青年亦数量不菲。

1948年7月,曼谷南洋中学陈复悦等10名华侨学生毅然取道香港回潮汕地区参加解放军,被编入韩江纵队第十一团,该团后扩建为闽粤赣边纵第四支队。同年秋,另有40多名华侨从泰国前往滇西南边区参加游击队,发展武装力量和解放区。在潮汕地区,中国人民解放军也于此时组建闽粤赣边纵队,并在凤凰山区成立第四支队。海外潮侨纷纷回乡入伍,参与建立根据地。据不完全统计,南洋爱国华侨以及在香港的爱国知识青年先后约有1000人回到潮汕、梅县等地参加游击战、发展解放区,其中通过组织由泰国输送回国的便达500余人。[②] 原抗日时期归国参加八路军、新四军和华南游击队的潮籍华侨青年,则就近投身于战场。祖籍普宁的泰国归侨方方,还在战争中成长为地方革命武装的优秀指挥员,历任中共中央香港分局书记、中共

[①] 南洋华侨筹赈祖国难民总会编:《南侨正论集》,新南洋出版社1948年版,第1—2页。

[②] 黄小坚:《归国华侨的历史与现状》,香港社会科学出版社有限公司2005年版,第117页。

中央华南分局第三书记,领导华南武装斗争,为人民解放军华南各纵队总指挥。潮籍华侨在支持中共解放战争特别是华南地区的解放和边境地区人民政权的建立上,发挥了独特的重要作用。

与此同时,也有不少潮籍华侨在国共内战中牺牲了自己宝贵的生命。

韩江纵队的潮籍暹罗华侨陈复悦,随第十三武工队在饶平县一带开展游击战。在一次筹粮行动中,他被敌人捕获、惨遭腰斩而死,时年仅20岁,后被追认为中共党员。时任华东野战军第四纵队十师二十九团政委的饶平籍暹罗华侨郑克,1949年1月在淮海战役吴楼战斗中牺牲,时年28岁。据民政部披露的革命英烈资料,当时所部在"包围压缩杜聿明集团时,国民党军以一个团的兵力,在七辆坦克掩护下,向二营阎阁阵地疯狂反扑,郑克立即从团指挥所赶到二营,判明国民党军企图是策应张介阁子守军突围,即令二营坚守阵地,并亲自组织侦察通讯人员侧击,又令三营配合友邻部队迅速出击,从而守住了阎阁阵地,歼灭了突围的国民党军。在总攻杜聿明集团的吴楼战斗中,郑克同志身负重伤,仍继续坚持指挥部队,完成任务后,因流血过多光荣牺牲"①。

在参加解放战争的潮籍归国华侨中,林文虎作为新中国海军的第一位战斗英雄,最为引人瞩目。

林文虎,祖籍普宁,出生于暹罗,抗战时期回国,曾在东江纵队任中下层指挥员。抗战胜利后,东纵北撤,他奉命留守当地坚持斗争,领导组建了海上游击队。此后,他历任广东人民解放军江南支队第三团副团长,解放军粤赣湘边纵队主力第一、三团副团长。1950年5月,林文虎以广东军区江防司令部海防队副队长的身份,参加解放珠江口外万山群岛的战斗。此次战役系中外少有的以小炮艇打大军舰的成功战例。行动之前,解放军组建了一支火力船队,由林文虎任大队长。行动开始后,他乘坐"解放号"小炮艇率部担任中路突击垃圾尾岛的首战任务,并很快到达指定海域。此时已临近拂晓,夜幕笼

---

① 参见《博雅文化旅游网》。

罩，林文虎果断指挥"解放号"趁着天黑闯进敌方舰群，实施"肚里开花"的突袭战术。敌舰猝不及防，远程火炮失去作用，其指挥舰首先被击伤，舰队司令兼万山防卫司令也被击毙。敌舰群龙无首，盲目乱打，又被"解放号"击沉击伤各一艘。天亮后，敌舰方发现解放军仅有一艘小炮舰，便进行围攻。"解放号"且战且退，多处受伤，幸成功突围，但舰上战士伤亡亦不小，林文虎中弹牺牲。此次战斗，林文虎率一小炮艇突袭敌舰群成功，创造奇迹，受到中共中央军委、中南军区和海军司令部嘉奖。中央军委主席毛泽东在嘉奖电中指出，这是人民海军的首次英勇战例，应予表扬。[①] 作为人民海军立下第一功的指挥员，林文虎被追认为全国第一位海军战斗英雄，并在珠江口的黄埔岛上立碑纪念。

总之，在历时三年的解放战争中，潮籍海外华侨踊跃归国参战，国内归侨奋勇效命疆场，为中国革命夺取最后胜利立下了不可磨灭的功勋。

三　参与建立新中国

跟随着解放战争隆隆的炮火声，新中国的筹建紧锣密鼓地进行着。海内外的潮籍华侨，也在中国解放区归国华侨联合会的建立和中国人民政治协商会议的筹建中，亲身见证了这一历史性进程。

抗日战争胜利后，延安大批华侨青年陆续前往各解放区工作，至1946年初尚有100余人。为适应新形势，中共中央决定重整侨联组织，并于3月12日召开有80余名华侨参加的会员大会，朱德总司令出席并讲话。这次大会改"延安华侨救国联合会"为"中国延安华侨联合会"，选出新的领导班子，谢生、罗道让、张上明、曾远辉和吴田夫5人当选为理事会理事，谢生为理事会主任，田夫任常务理事兼秘书。田夫即吴田夫，为潮安籍新加坡归侨，当时系经请示朱德总司令、通过中央组织部，从中央党校调去担任侨联专职干部的。在他的努力下，改组后的延安侨联发扬抗战时期的传统，在对外宣传和联

[①] 泰国归侨联谊会《英魂录》编委会：《泰国归侨英魂录》(2)，中国华侨出版公司1991年版，第122页。

第十三章 殉义忘身：参与政治变革

络等方面继续做了大量工作。例如，利用军调执行部的便利条件，经常由美军飞机捎带《论联合政府》《解放日报》《群众》等书报杂志到北平、而后寄送海外侨社，并代转华侨家书和代侨胞寻找亲人等。1946年7月，延安侨联曾写了《留延华侨子弟给海外侨胞的一封信》，将回国参战华侨的消息告慰海外侨胞；除用书面印发外，还经由廖承志主持的新华社广播电台用粤语和闽南语对外播出。此外，延安侨联还曾受毛泽东之瞩给美国一华侨复函。

1948年，延安侨联转移到晋察冀解放区的河北平山县。下半年，经谢生、罗道让和吴田夫商定，"中国延安华侨联合会"改名为"中国解放区归国华侨联合会"，主任仍为谢生。解放区侨联与西柏坡李家庄中共中央城市工作部（后改为统战部）三室华侨组合署办公，干部即由该华侨组干部吴田夫兼任。解放区侨联曾向政协筹备组推荐原延安侨联主任李介夫为华侨代表，还曾请从海外回国参加政协筹备工作的王任叔在峡峪村跟在西柏坡的归国华侨举行座谈会、报告海外华侨情况。①

参与新政协会议、见证新中国建立的，还有潮籍泰国侨领蚁美厚。

蚁美厚为原暹罗中华总商会主席蚁光炎亡兄蚁允照之义子、蚁光炎义侄，是蚁光炎的重要帮手及与侨社进步组织联系的桥梁和纽带。抗战胜利后，他当选为暹罗华侨各界建国救乡联合总会会长，为救济祖国灾民、支援中国人民的解放战争做出了贡献。在蚁美厚的领导下，暹罗华侨各界建国救乡联合总会曾应宋庆龄的请求，在侨界发动救国救乡义捐和福利基金义捐，并把头年募得的100万铢捐款汇交宋庆龄领导的"中国福利基金委员会"和何香凝、彭泽民、蔡廷锴领导的"华南救济协会"；此外，还托人转交宋美龄捐助孤儿保育院国币500万元（折合泰币52500铢），捐助汕头存心善堂国币1000万元（折合泰币10.4万铢），以及汇香港培侨学校

---

① 关于延安侨联和解放区侨联的史实，主要依据全国政协文史资料研究委员会华侨组所编《峥嵘岁月——华侨青年回国参加抗战纪实》一书中有关归侨的回忆文章，以及2002年6月13日原延安侨联和解放区侨联潮籍干部吴田夫（离休前任职广州市委秘书长）给笔者的复函。

救济失学儿童港币1万元（折合泰币48000铢）等等。1946年冬，中国民主同盟泰国支部成立，他任支部委员，并任其机关报《曼谷商报》董事长。1949年10月1日，他受泰国侨共派遣，与周铮一道以华侨代表身份回国参加新政协会议，并参加中华人民共和国开国大典，后任全国侨联副主席。

第四节　归侨侨眷参加社会主义革命和建设

新中国成立之初，潮汕侨乡面临着新旧制度的转型，广大归侨侨眷不可避免地置身于剧烈的社会变革之中。为鼓励归侨、侨眷参加社会主义革命和建设的积极性，中国共产党在新中国成立初期制定了"动员归侨、侨眷参加社会主义革命和建设，根据归侨、侨眷的特点给予适当照顾"的侨务政策基本方针，取得了很好的效果。但在所有制的社会主义改造和历次政治运动中，受中共党内极"左"思潮的影响，这一政策方针并未一以贯之地落实。潮汕地区归侨、侨眷因其"海外关系"而普遍受到冲击，给侨乡社会和海外华侨华人社会带来了消极负面影响。

一　潮汕侨乡社会主义改造

1949年10月，粤东揭阳、潮州、汕头等地相继解放，建立新政权。[①] 从此，潮汕侨乡翻开了历史的新篇章。

新中国成立后，与全国及广东各地侨乡一样，潮汕侨乡先后经历了民主改革、清匪反霸、土地改革、肃反和农业合作化等政治运动和经济制度的改革，横行乡里的豪绅恶霸受到惩治，长期为害侨乡的土匪被彻底消灭，妓院、赌馆、烟窟等旧社会的犄角旮旯被扫荡殆尽，侨乡社会得到了改造。在土地改革运动中，无地、少地的侨户分到了

[①] 1949年10月潮汕地区解放，翌年10月成立潮汕专员公署（1951年7月改为粤东办事处），辖潮安、潮阳、揭阳、饶平、南澳、普宁、惠来、澄海8县。1952年11月成立粤东行政公署（1956年改设汕头专区），辖境扩至梅县等客家地区及海陆丰等地，直至1965年梅县专区从汕头专区中分离出去。

第十三章　殉义忘身：参与政治变革

土地，归侨侨眷不同程度地参加了生产劳动和工作。在农业合作化过程中，由于大力发展生产，开展大规模的农田水利基本建设，扩大使用农业机械，改变了侨乡农业生产的落后面貌。为农业生产服务和生产生活必需品的小型工厂，也先后在侨乡创建或扩建，改变了以往外购内销的商贸业为主的经济结构，消费型的侨乡逐渐改造为生产型的侨乡，一些过去缺粮的地方也逐步实现粮食自给甚至略有余粮。随着我国社会制度的不断变革和双重国籍问题的彻底解决，侨乡社会发生了巨大的变化，中共"动员归侨、侨眷参加社会主义革命和建设，并根据归侨、侨眷的特点给予适当照顾"的侨务政策的基本方针，① 在潮汕侨乡取得了明显成效。

以潮汕侨乡的农业合作化工作为例：

农业合作化运动开始后，潮安县为了帮助劳动力弱、生活困难的归侨侨眷一起走互助合作化道路，有关方面即根据其特点安排轻微技术性的工作。因此，大部分侨眷对互助合作的要求是欢迎、配合的，但仍有少数侨眷对农业生产不感兴趣。少数侨眷不感兴趣的原因，则同她们的生活来源有关。新中国成立前，大部分侨眷依靠海外华侨辛勤劳作积攒的钱财在家乡购买小块的土地，自己耕种或者出租后收取地租。如彩塘区水美乡是稻谷产地，依靠侨汇及小块出租地收入的小土地出租者和工人成分的侨眷，每年稻谷收入加上侨汇支援，经济充裕，一般生活水平很高；② 如果参加农业合作化，土地报酬的逐步降低会使侨眷收入减少。对此，互助组就采取帮助侨眷减收户发展副业等方法来提高其收入。③ 如庵埠区刘陇乡侨眷粮食收入统计，69 户各阶层侨眷中粮食增产的达到 65 户。④ 侨属给华侨的信中也透露出参加农业合作社后的自豪："你在外安心吧，

---

① 庄国土：《中国政府对归侨、侨眷政策的演变（1949—1966）》，《南洋问题研究》1992 年第 3 期。
② 《潮安县彩塘区水美乡侨眷归侨参加互助合作情况》，潮州市档案馆，卷宗号：29—1—2。
③ 《潮安县福塘乡幸福高级农业社华侨政策执行情况》（1956 年 10 月 12 日），潮州市档案馆，卷宗号：29—1—4。
④ 《潮安县庵埠区刘陇乡侨眷入社前后粮食收入对比表》（1955 年 11 月），潮州市档案馆，卷宗号：29—1—2。

因为俺家入社后生活更好，媳妇辛勤劳动，一切不必担心。"① 为了巩固合作社，吸收侨汇投入生产，政府还教育农民群众和合作社干部团结侨眷，改变与他们的联系，有计划地培养侨眷归侨中的生产模范和积极分子，以带动其他侨眷。在福塘乡幸福高级农业社中，社主任及社委15人，其中侨眷就有4人，占26.67%；生产队长40人，侨眷也有11人，占27.5%。②

侨乡农村中，鳏寡孤独、残疾的侨眷和归侨数量比较大；他们无依无靠，生老病死只能通过亲戚接济和帮助。针对合作化中的五保供养问题，毛泽东在1953年提出："一、二百户的大合作社带几户鳏寡孤独，问题就解决了，小合作社是否也能带一点，应加研究。互助组也要帮助鳏寡孤独。"③潮安县在合作化过程中，对此一问题也进行了妥善的解决。如幸福乡高级合作社五保对象共29户，其中侨眷14户，根据他们劳动力情况和生活情况，合作社分别予以全保或半保。如汉捷姆70岁，没有侨批收入，合作社即根据她还有衣服可穿，除不保穿外，全年保吃、保烧。经过五保后，侨眷反映很好，汉捷姆即说："社胜过自己仔儿，有了五保今后我就安心了。"④ 在全县范围包括归侨、侨眷在内，潮安县在实现合作化的第一年就有1842户"五保"户和6352户困难户分别受到"五保"或照顾。⑤

作为著名侨乡，潮安县具有海外华侨众多、政区内侨眷比例较高的特点。在合作化过程中，通过互助组以至高级社等集体，对贫孤归侨和侨眷实施照顾性政策，解决了以往各时期都无法解决的五保问题。可以说，侨务政策的贯彻落实，使归侨、侨眷得到了应有的照顾

---

① 《潮安县彩塘区水美乡侨眷归侨参加互助合作情况》，潮州市档案馆，卷宗号：29—1—2。

② 《潮安县福塘乡幸福高级农业社华侨政策执行情况》（1956年10月12日），潮州市档案馆，卷宗号：29—1—4。

③ 《毛泽东选集》（第5卷），人民出版社1977年版，第117页。

④ 《潮安县福塘乡幸福高级农业社华侨政策执行情况》（1956年10月12日），潮州市档案馆，卷宗号：29—1—4。

⑤ 《在中国共产党潮安县第一次大会上的报告》（1955年6月13日），载中共潮州市委党史研究室编《中国共产党潮州市历次代表大会（1949—1999）》，第17页。

和保护，他们也因此成为潮安县实施农业合作化过程中的一支重要支持力量。① 据1956年广东省华侨事务委员会调查，潮安县29个乡计有侨眷1.03万户，参加农业社的已达0.99万余户，占96.3%。其中水美乡原来有劳力的侨眷只有30%参加劳动，农业合作化过程中参加劳动的逐步达到90%多，侨眷妇女逐步养成了从事农业劳动的习惯。② 不少归侨、侨眷还在有关部门的动员下，积极投资农业社，解决农业社春耕生产资金困难，并将余钱存入信用社。

潮安县的侨乡社会改造无疑取得了值得肯定的成绩，它也是潮汕侨乡社会发展和变化的缩影。

在汕头市区，归侨侨眷也发扬自力更生和勤俭节约精神，摒弃了单纯依靠侨汇生活的传统习惯，全方位参加到生产劳动和各项建设事业上来。汕头市侨务局先后创办华侨果子厂（1956年）、华侨针织厂（1956年）、华侨化工厂（1958年）、缝衣加工厂（1960年）以及刺绣组、抽纱组、织羊毛组和结网组等，组织侨属劳动就业。据1958年调查，当时汕头市区有劳动能力的归侨侨眷有5393人，参加劳动生产的为1824人，占劳动力的34%；至1960年，这一比例已增加到60%。③

二 政治运动对归侨侨眷的冲击

毋庸讳言，对于归侨侨眷来说，潮汕侨乡的社会改造绝非请客吃饭、和风细雨。相反，他们所面临和承受的政治运动的冲击，是常人难以想象的。

新中国成立后相当长一段时间（头30年），国内群众性的政治运动不断。④ 这些政治运动有一般工作或学习号召型的，但更多的是带

---

① 参见姜振逵、刘景岚所撰《农业合作化中的动员方式与路径探讨——以侨乡潮安为视角》一文，姜振逵提供。
② 广东省地方志编纂委员会编：《广东省志·华侨志》，广东人民出版社1996年版，第173—174页。
③ 参见广东省汕头市地方志编纂委员会编《汕头市志》第四册，卷六十九《华侨》，新华出版社1999年版，第582页。
④ 根据《建国以来毛泽东文稿》，经毛泽东本人批示过的运动便多达52次。

有检查、批判、斗争内容的整风型的。时值国际东西方冷战时代，新生的红色中国受到资本主义阵营的包围、封锁和威胁，绝大部分与侨居资本主义世界的亲属有联系或来自资本主义世界的归国华侨，也每每因其"海外关系"而受到无端的怀疑、排斥、歧视甚至迫害。例如，在土地改革运动中，以侨汇收入划定侨户的阶级成分，错划一批侨户为地主、富农，错杀、错斗一些归侨及侨眷，其农村私房很多被没收；社会主义改造运动中，许多侨房被改造，实际上是被没收了；肃反运动中，很多归侨遭受怀疑、监视甚至拘捕，被视为敌对的"反革命分子"；反右派运动中，不少归侨知识分子因生性耿直、敢于讲真话，而被打成右派分子；60年代初期（1961—1962年前后），部分建国以来安置在各级党政机关、学校和厂矿企业工作的归侨职工（包括工人和干部）被精简、下放；1950—60年代，潮汕地区一批归侨甚至被遣送、内迁到内蒙古等西北各省区劳改服刑。① 尤其是在"文化大革命"期间，极"左"思潮发展到登峰造极的地步，归侨因"海外关系"而备受打击和摧残者更多，许多归侨、侨眷家庭受到抄查，财产当成"四旧"被没收和破坏，侨汇随意受到侵犯，房屋被挤占接管。还有不少归侨、侨眷在"无产阶级专政"的幌子下被诬为"叛徒""特务""反革命"，挨批判、遭毒打、受关押、被判刑甚至被处决，其房屋被拆毁，祖坟被挖掉。潮汕地区的归侨、侨眷，同样是在劫难逃。

三 落实政策，挽回侨心

1977年，邓小平就"海外关系"问题发表意见，指出林彪、江青集团"说什么海外关系"复杂，不信任，这种说法是反动的。我们现在不是关系（海外关系）太多，而是太少，这是好东西，可以打开

---

① 据调查，仅在内蒙古自治区，就有大量归侨在巴盟、呼盟、兴安盟等劳改农场服刑，刑满释放、解除劳教后留场（厂）就业。1986年内蒙古开始落实政策工作后，中央和自治区对这部分人员以及十年动乱中被遣散到农村的归侨侨眷进行了统一安置，拨款在巴盟的五原、临河和原伊盟的达旗、准旗等地建立了4个华侨村，为每个安置户解决城镇户口和一个劳动（即在国营工厂就业）指标。截至2004年6月，在呼和浩特市、巴彦淖尔市（巴盟）、包头市和鄂尔多斯市定居生活的劳改释放人员，尚有410多户、2356人。

各方面的关系。① 1978 年 1 月 11 日，中共中央转发外交部党组《关于全国侨务会议预备会议的情况报告》②，该文件把"海外关系"问题列为侨务政策的第一条来重申，要求正确对待"海外关系"问题。此后，因"海外关系"被强迫下乡的归侨、侨眷终于陆续得到了回城、复工、复职的妥善处理。

海外华侨华人和港澳台同胞人数众多，是汕头地区改革开放和现代化建设的独特优势和有利条件。但是，在新中国成立后的土地改革等项政治运动特别是"文化大革命"中，党的侨务政策受到"左"倾路线的严重干扰，海外华侨和国内归侨侨眷遭受严重的政治歧视和财产剥夺、人身伤害，严重挫伤了其参与祖国、家乡建设的积极性。因此，尽早落实侨务政策、肃清极"左"路线影响，便成为侨务工作的当务之急。

（一）落实归侨侨眷政策

1979 年 4 月，中共汕头地委在普宁召开落实政策现场会议。地市合并后，汕头市委、市政府又发出了《关于坚决落实侨务政策、做好侨务工作的决定》。通过大量调查、甄别的艰苦细致工作，全市（包括潮州）共平反十年动乱期间归侨侨眷冤假错案 600 多宗，纠正历史错案 58 宗，确认"侨改户"5000 多户，并清理了一批归侨侨眷干部和职工的档案，剔除了其中的不实之词和歧视性材料。此外，还收回了 20 世纪 60 年代初期由于"海外关系"被株连、"精简"的归侨侨眷职工 374 人（其中归侨 82 人，华侨和归侨直系亲属 262 人；收回安排工作 241 人，转办退休、退职 103 人）。

根据 1988 年的《潮州市华侨志》，至 1984 年，潮州市（县级市，即原潮安县范围）复查纠正十年动乱期间的冤假错案 313 宗，至 1987 年，26 宗历史老案中的 22 宗得到纠正。至 1986 年，全市累计符合政策的 3240 户侨户改变成分。至 1987 年年底，落实归队工作共 144 人，其中转办退休 12 人。

---

① 国务院侨办副主任彭光涵在归侨、侨眷知识分子工作座谈会上的谈话，《华声报》1983 年 5 月 1 日。

② （中发〔1978〕第 3 号文件）。

另据1999年的《饶平华侨史志》，1979年，饶平县落实侨改户321户。至1983年，平反因海外关系的冤假错案99宗99人，收回十年动乱期间被遣送下乡的70户侨户回城镇落户。1988年，60年代被精简下放的归侨侨眷21人，重新安排工作15人，办理退休退职6人。

（二）落实侨房政策

华侨房屋是华侨在祖国和故乡的根基。改革开放之前，汕头地区城乡有大批侨房被错误征收、没收、挤占或被改造纳入"经租"。如何处理这些历史遗留问题，成为海外侨胞和归侨侨眷关注的热点问题。1979年以后，汕头市委、市政府采取既慎重又简捷、高效的做法，针对农村侨房量多面广的实际，先后拨款5680万元解决农户腾退侨房的搬迁建房资金，推动了农村侨房政策的落实。1991年汕头"一分为三"后，潮汕三市继续加大落实侨房政策工作的力度，积极腾退农村侨房和城镇侨房，落实侨房产权和使用权，取得了很好的效果，在归侨侨眷和海外侨胞、潮籍华人中产生了很大的影响。

根据1988年的《潮州市华侨志》，潮州市（县级市，不含饶平县）农村"土改"错没收侨房面积75万平方米，在90年代初已全部落实产权，归还侨户。1984年前城镇十年动乱中被挤占侨户125户，面积14148平方米，全部清退回侨户。至1987年6月，已落实私户错改造和历史遗留的侨户314户，面积36136平方米。至90年代初全部落实产权。

另据1999年的《饶平华侨史志》，迄至1997年，全县农村归还侨户业主657户，15.2524万平方米。城镇侨户业主115户，22475平方米。

（三）为归侨侨眷排忧解难

多年来，潮汕地区各级党委、政府和侨务部门一向重视做好扶持贫困归侨侨眷脱贫致富工作，采取以"造血"型为主扶持发展生产经营的做法，同时兼顾对面上困难户的补助救济，坚持做到资金到位，将扶贫款如数下拨给各区、县（市）专款专用，取得了一定的效果。与此同时，侨务部门注重关心老归侨的生活状况，帮助他们排忧解难。每年元旦春节期间，都会派出慰问组挨家挨户慰问归侨侨眷百岁老人及困难归侨重点户。所有这些工作，都在国内侨界和海外华侨华人社会中引起了很大的反响，争取了侨心。

总体上看，潮汕地区的落实侨务政策工作，党政重视，措施得力，取得了明显的成效。特别是清退侨房工作做得比较彻底，在海外境外影响较好，这为下一步的华侨工作打下了重要基础。

第十四章
润物无声：引领文化风尚

清末、民国以还，伴随着开放海禁和华侨在原籍家乡经济、政治活动的加强，海内外文化的碰撞与交融也势成必然。作为中外文化交流的使者，东南亚的潮州人把他们所接触到的异域文化（包括西方文化和侨居地本土文化）移植到自己的故乡来，日积月累，逐渐形成了融会潮州文化和异域文化、中西合璧的侨乡文化。

潮汕侨乡文化内容广博、影响深远，时至今日仍然在很大程度上引领着当地的文化风尚，对潮汕地区的文化建设发挥着重要的作用。

第一节 潮汕侨乡文化的形成及主要内容

"随风潜入夜，润物细无声。"诚如唐代诗人杜甫所描绘的那样，海外潮州人对潮州原乡的文化浸润，是细微的、渐进的过程。在长期的人员交往和物资交易中，海外潮州人频繁穿梭于侨居地和原乡之间，不仅将中华文化、潮州文化传播到东南亚，也将东南亚的土著文化特别是殖民地的西方文化带到了潮州故土，使得近现代以来潮汕地区的文化形态呈现出斑斓多彩的景象，极大地丰富了故乡民众的文化生活。

一 "过番"语言及民间文艺
（一）外来语借词

侨乡文化是在潮汕侨乡形成的过程中，逐渐丰富和发展起来的一种特殊文化形态。它首先表现在潮语中掺杂了不少华侨传入的外来语和反映侨居地、侨乡生活的成分。

在潮语方言中，外来语借词的使用十分广泛。潮侨在海外异国谋生，天长日久，便在潮州话中吸收进不少侨居地的语词。依其词源，主要有来自泰语、马来语和英语的词汇。据研究，新加坡潮州话中的马来语、英语借词，即多达数百个；香港潮州话的英语借词和泰国潮州话的泰语借词，也为数不少。这些借词一些只局限在某个国家的潮州话流行区域内使用，一些则由回家探亲、做生意或定居的潮人从香港、南洋带回潮汕本土，特别是一些当时潮汕地区尚没有的事物的名称，如侨居地的特产和货币、度量衡单位，更容易在潮汕本土保留下来、流传开去，于是成为具有特殊文化内涵的一类独特的外来词。

暹罗（泰国）是潮州人在海外的最大侨居地。潮州人在暹罗生活，入乡随俗，在与泰人的长期交往中借用了不少泰语词汇，并被带到潮汕地区来。常见的泰语词汇有："红毛丹"（一种水果）；"绞车"（开汽车）；"叻"（用汽车载人）；"莱"（面积单位）；"廊"（作坊、工厂、署、局，如菜廊、豉油廊、波立廊）；"达叻"（市场）；"涂梿"（榴梿，一种水果）；"金农"（兜风）；"山芭"（内地）；"巴阑"（一种海鱼，尾有硬鳞）；"埋屑"（柚木）；"松"（送走）；等等。

英属马来亚的新加坡、柔佛、槟榔屿等地，潮州人分布不少，因此传入潮汕地区的马来语词汇亦很多。常见的马来语词汇有："阿铅"（铁丝，马来语为 ayan）；"动角"（手杖，马来语为 tongket）；"五脚砌"（城市骑楼下的人行道。马来语称英尺为 kakt，五脚砌即五英尺，为骑楼下人行道通常的宽度）；"龟里"（店员、苦力，马来语为 kuli，另说源自英语 coolies）；"龟啤"（也叫"糕啤"，即咖啡，马来语为 kopi）；"罗的"（一种饼干，上面粘有圆锥形的糖，马来语为 roli）；"巴刹"（零售市场，马来语为 pasah）；"朵隆"（帮助、饶恕，马来语为 tolong，泰语音相同）；"舒甲"（合意，马来语为 suka）。此外，马来语的外来词还有很多，比如"沙茶"（辣酱）、"罗的"（饼干，泰语）、"玛掷"（警察）、"芒胶里"（大概）、"担埠摆"（搞搬运）、"眯时"（女护士）等。

潮语方言中的外来词，词源是英语的也很多。如"罗厘"（汽车，英语为 lorry，原指货车）、"妈多猴、妈多西"（摩托车，英语为 motorcycle）、"咕哩"（受雇于人的劳工，苦力，英语为 coolie）、"波升"（百分比，英语为 percent）"基罗"（千克、公斤，英语为 kilo，原指千）、"实巴拿"（扳手，英语为 spanner）、"角毕"（行李箱，英语为 cabbage）、"目头"（商标，英语为 mark）、"牙力"（玻璃杯，英语为 glass）、"术球"（投篮，英语为 shoot）、"司绿"（虫胶清漆，英语为 shellac）等。只不过，这些英语词汇究竟是潮侨从英属殖民地带进、还是由香港潮州人带进潮汕地区，还很难确定。

此外，在潮语方言中，还频繁使用"番"字来指代"国外"、"南洋"的概念。相关词汇很多，例如："过番"（出国）；"番畔"（海外、外国）；"番客"（华侨）；"番婆"（外国女人）；"番仔"（外国人）；"老番牯"（老华侨）；"半菜番"（混血华裔）；"番批"（来自海外的银信合一的侨汇）；"番幔"（浴巾、水布、头布）；"番仔火"（火柴）；"番纱"（洋纱团）；"番车"（缝纫机）；"番仔楼"（华侨在乡所盖洋楼）；"番麦"（玉米）；"番瓜"（南瓜）；"番薯"（甘薯，也称"番葛"）；"番柿"（西红柿，也叫"番茄"）；"番糖"（外国糖果）；"番梨"（菠萝）；"番葱"（洋葱）；"番话"（外语）；"番文"（外文）；"番仔码"（阿拉伯数字）；等等。反之，海外潮人也经常使用"唐"字来指代"祖国""中国"概念，如"唐山""唐人""唐人街""唐人话"等。

（二）熟语（俗语）、谚语、歇后语

在潮语方言中，与"过番"有关的熟语（俗语）也广泛流行。这些熟语（俗语）包括谚语、歇后语，有许多反映潮州人被迫别妻离子冒险出洋、在外拼搏、期盼返乡团圆的内容，反映了与潮汕人"过番"有关的活动和心态。

例如：

"无可奈何炊（舂）甜粿。"以往潮州人"过番"，往往都是生活所迫、万不得已之事。因乘帆船到南洋往往需时逾月，出发前都会带上一笼蒸好的"甜粿"做干粮。这种甜粿用糯米加红糖蒸成，不易变质，易于携带、保存。类似的俗语还有："荡（食）到无，过暹罗"

第十四章 润物无声：引领文化风尚

（揭不开锅了，不得不去暹罗谋生）。

"一片帆去到实叻坡。""实叻坡"即新加坡。意指一下子跑到很远很远的地方去。新加坡及马来亚各地是仅次于暹罗的潮州人侨居之地。

"猪仔船一下上，返唐山免用想。"指猪仔华工在外九死一生，很难回乡。

"人面生疏，番仔擎刀。"形容华侨初到国外时艰难处境：举目无亲，土著动辄以刀枪相向。

"日里窟，会得入，不得出。"被卖到日里的猪仔华工，就再也回不来了。日里在荷属东印度苏门答腊岛，在清末是著名的烟叶种植园所在地和潮籍华工集结点。类似的还有"安南窟，会得入，不得出"。

"番仔唐味。"指华裔外国人，仍保留着中国人的生活气习。

"唐山老爷贤教使"。旅泰潮人俗谚。中国的神拿手教人们以纸钱礼品去祭煞，祈求消灾抵厄。言外之意，神祇尚且贪受贿赂，何况人乎?!

"一支竹槌倚倒百外间行。"汕头开埠之后，轮船逐渐代替了帆船，汕头港逐渐代替了樟林港，樟林的商行相继倒闭了。不解内情的挑夫们仍然一支竹槌两条索，天天倚靠在货栈前。哪知没人来雇工，只能眼看着商行一间间倒闭，埋怨时运不济。

"惨过在等出外翁。"比等外出谋生回来的丈夫还苦。源于潮州人大量漂洋过海谋生和交通不发达的帆船时代。华侨出国后，能较快地赚积一些钱回家省亲的，只是少数。有的"番客"在外几十年才能回家一趟，有的甚至一辈子抛下妻儿、回不来了。对于在家苦等夫君，上要抚养公婆、下要抚养儿女的侨眷妇女（留守妇女）来说，过的是什么日子就可想而知了。

"一条牛索经死二个师傅。"指潮安彩塘金砂乡的"从熙公祠"石雕工艺巧夺天工。"从熙公祠"为清代新马侨领陈旭年在故乡所建，历时14年落成，耗资26万余银元。该祠门廊壁上有一幅主题为"渔樵耕读"的石雕挂屏，屏中牧童收执牵牛绳长约五寸，虽然纤细却股络清晰，特别是穿过牛鼻的那段更是弯曲自如、十分逼真，可谓石雕神品。相传这截牛绳屡刻屡断，使整幅挂屏前功尽弃，因此累死、气死了几位师傅。最后还是有位小徒弟想出办法，用酸杨桃汁浸透石板，改变石料的脆性，方才镂空雕出此绝世佳品来。

"洋船到，猪母生，鸟仔豆，带上棚。""洋船"指"红头船"（以及后来的轮船）。意指"红头船"带来了潮汕侨乡的兴旺和侨眷们的希望。

"金西洋，银下桥，铜昆江，铁李阳。"潮安县东凤镇的西洋村、昆江村和彩塘镇的下桥村均是著名侨乡，村民比较富裕；而东凤镇的李阳（又称礼阳）村虽然也是侨乡，但村民相对比较贫穷，只能靠铁刀编竹笠谋生。

"金砂弟仔，下美沈姿娘仔。"金砂和下美沈均为潮安县著名侨乡，男女青年穿戴时髦。"姿娘"即女人。

"缏条裤带出南洋，赚回钱银箱打箱。"潮州人空手离乡去南洋谋生，发财致富后衣锦还乡。

"二哥丰养仔——加加唔拉。"暹罗侨领郑智勇建"淇园新村"，大规模招人改姓入宗来定居，比喻多多益善。"二哥丰"即郑智勇，与其有关的俗语还有"生有二哥丰，死有大峰公"，谓生死有靠：生时有侨领二哥丰（郑智勇）关照，死后有宋高僧大峰祖师倡办的善堂收尸，便人生圆满了。

"月尾出初十五六——宽宽等。"传说有一妇人天天盼着丈夫的番批，却音讯全无，便去镇上找算命盲人。那盲人摇头晃脑地推算了一会儿，便敷衍道，番批是一定会来的，不是月底就是月初，要不就是十五六，让她耐心慢慢等。此语意为办事要耐心等候，也有空等之意。

"盐灶老爷——欠拖。"澄海盐灶游神有"拖老爷"风俗，此语意指活该受尽折磨或欠债不还。

"见到唐人咀番话，见着番囝嘴喎喎。"或"遇着唐人咀番话，见着番囝无话咀"。"咀番话"系"说番话"，"番囝"系"番仔"，"嘴喎喎"即"嘴歪歪"、结结巴巴的样子。常用来嘲讽那些只会半拉子外语、喜欢在不懂外语的人面前卖弄的人。

"从暹罗诐到猪槽。"用来形容聊天时海阔天空、东拉西扯,也可见"暹罗"这个地名在潮汕地区可谓老幼皆知。

"好赚过去暹罗牵猪哥。""牵猪哥"即饲养公猪专门为母猪配种,这在潮州本地被视为很下贱的工作,到了暹罗去却很好赚钱,所以人们形容一个行业很容易做却又很暴利的时候,就说"好赚过去暹罗牵猪哥"。

"番畔钱银唐山福。"潮侨在外稍有积蓄,便会寄钱回国养家。此语也常用来讽刺那些挥霍不是自己劳动所得的人。

"慈黉(潮州)厝,皇宫起。"旅暹著名潮商陈慈黉在家乡隆都前美村营建的住宅,布局宏伟、美轮美奂,此语系对该侨宅的溢美之词。

陈慈黉家族在潮汕地区影响很大,因此有关该家族的俗语还有很多。如"富不过慈黉爷"(或"富过慈黉爷?!"),说的是陈慈黉家族很富有,谁也比不过;"慈黉爷起厝——好慢孬猛"和"慈黉爷起厝,爱嫌勿呵啰",说的是陈慈黉对宅第的建筑质量十分讲究,只求质量好不求速度快,要人批评不要人夸奖。难能可贵的是,陈慈黉家族长期关心前往暹罗投靠他们的乡亲,如乡里乡亲要出外谋生,可以免费搭乘黉利行的轮船,到了曼谷后还可以先在黉利火砻做工、食宿。如果想另外谋取一份职业,黉利家族不但不会阻挠,还会尽力扶持,使乡亲尽快有立足之地、安身之所。因此,当地又有"梅座山下好乘凉"之说法。"梅"即陈慈黉次子陈立梅,"座山"即"大头家""大富人"。

以上条陈俗语、谚语和歇后语,可谓语言生动形象、内容丰富深刻,涉及"过番"潮侨及侨眷的无奈、艰辛,潮汕民众对"番客"及海外的认知,反映了近现代潮汕社会变迁中海外华侨在当地产生的巨大影响。

(三)过番歌

"过番歌"是民间歌谣的一种,它反映了华侨、侨眷的处境,表达了华侨怀念国内家乡、侨眷惦记海外亲人的复杂心情。例如:

天顶一只鹅

天顶一只鹅,阿弟有女么阿兄无①。
阿弟生仔叫大伯,大伯听着无奈何。
背起(收拾)包袱过暹罗,走去暹罗牵猪哥(牵公猪配种)。
赚有钱银加减寄,寄来唐山娶老婆。

卖咕哩②

断柴米,等饿死;无奈何,卖咕哩。

火船驶过七洲洋③

火船驶过七洲洋,回头不见我家乡;
是好是劫全凭命,未知何日回寒窑④。

暹罗船

暹罗船,水迢迢,会生会死在今朝。
过番若是赚无食,变作番鬼恨难消!

一溪目汁一船人

一溪目汁⑤一船人,一条浴巾去过番。
钱银知寄人知返,勿忘父母共妻房。

心慌慌

心慌慌,意忙忙,
上山做苦工,日出分伊曝,落雨分伊淋。
所扛大杉楹,所做日共夜,所住破寮棚,
真真惨过虾!

---

① "阿弟有女么阿兄无",即弟弟娶妻了哥哥还未娶。
② "咕哩",即苦力。
③ "七洲洋",指位于台湾海峡西南至海南岛东北之间的海域。
④ "回寒窑",取薛平贵回寒窑与妻王宝钏团聚的历史故事。
⑤ "目汁",即眼泪。

第十四章 润物无声：引领文化风尚

一日离家一日深

一日离家一日深，恰似孤鸟入寒林；
此地虽是风光好，还思家门一片心。

人在外洋心在家

人在外洋心在家，少年妻子一枝花。
家中父母年已老，身中无钱又想回。

信一封

信一封，银二元，叫女么刻苦勿愁烦。
奴仔知教示，猪仔着知饲，田园落力做。
待到赚有钱，我猛猛回家来团圆。

洋船到

洋船到，猪母生，鸟仔豆，缠（缘）上棚；
洋船沉，猪母眩，鸟仔豆，生枯蝇。

番批断

番批断，无火烟，走四方，乞无食。
仔儿饿死娘改嫁，一下提起目汁流。

嫁着儿婿①到外洲

前世无身修②，嫁着儿婿到外洲。
去时小生弟，返时留白须。

从上列过番谣可知，其内容多描写、抒发"番客"及其眷属的无奈心境及思念之情，反映了海外潮侨谋生的艰辛、侨乡眷属生活的动

---

① "儿婿"，即女婿。
② "身修"，即修身。

荡。潮州人过洋在外谋生,靠的是自己刻苦勤奋和聪慧才智。乐时乐,苦时也乐,思乡情切,歌为心声,这就是潮汕"过番歌"的内涵。

类似的过番歌还有很多,如"心慌慌,意茫茫,来到汕头客头行。客头看见就叫坐,问声人客要顺风……"

（四）民间故事与传说

除了过番歌外,潮汕侨乡各地均有很多涉侨民间故事与传说,仅流传于今潮州市境内的就有"樵夫将军""三保公鸡""二哥丰""君丁钱,唐山福""张君丁宴请刺钩竹"、"大番客的见面礼"等。①

各地的民间故事与传说也有不少,如传说于隆都的,就有"许木卒　大冤案"②、"樟树下'双青盲'案"等③,其内容多涉及华侨出国谋生和侨眷妇女生活之艰难；还有很多是炫富的。

据说,战前汕头鮀利栈每晚清点银元,由于银元太多,来不及逐一点数,只好先用米斗来量算。④ 又据说,陈家少奶奶等女性成员不参与经营,打牌的时候竟惊讶地问借钱的人："你们家一筐银元都没有吗？"当年,陈家有一个女儿嫁到澄海的冠山镇,婆家为了考验新过门媳妇,故意把引火的纸媒藏起来,看她怎么处理。新媳妇把情况向娘家"汇报"后,家里人二话没说,让伙计挑了一担绸缎送上门来给姑奶奶点火,以此回敬婆家的刁难。此后每日一担,婆家震惊之余却为天天要给挑夫红包而烦恼,只好尴尬告饶。⑤

二　思想意识

伴随着近代潮汕社会的开放和商业经济的快速发展,海外潮州人

---

① 参见广东省文学艺术节联合会、广东省民间文艺家协会编《广东民间故事全书·潮州卷》,岭南美术出版社2016年版。
② 前埔乡志谱编委会编：《澄海市前埔乡志谱》,1997年,第147—148页。
③ 《隆都镇华侨志》编纂委员会编：《隆都镇华侨志》,文化走廊出版社2013年版,第84—86页。
④ 林凯龙：《潮人与"厝"》,《百度贴吧·潮汕吧·潮州古八邑之潮州艺文志》,2012年3月10日。
⑤ 笔者于汕头市澄海区隆都镇田野访谈资料,2011年8月。

纷纷回国投资，引进股份公司等经营管理方式，从而促进了潮文化由古代农业文化向近代商业文化的嬗变，以及刻苦拼搏、冒险开拓、精明务实、诚实守信的商业文化心理的形成。

海外潮州人还在家乡兴办了不少新式学堂和报馆，使潮汕人较早地接触到海外的新思想、新观念和新知识，并借助于它们的影响力，将海外潮人文化有力、有效地传入潮汕侨乡。

早在清末、民国年间，海外潮州人即对在故乡兴办新学表现出莫大的热情，掀起了捐资办学的热潮，推动潮汕侨乡教育事业的发展。据统计，1911年，潮汕地区就已兴办75所新式小学，7所新式中学。经过"五四"新文化运动的洗礼，潮汕新学的发展更呈燎原之势。发展到1932年，有小学1747所，中学、乡师、高师及职业学校近50所，[①] 近现代潮汕教育无论从数量规模上、还是质量结构上都走在了全国的前列。而在辛亥革命以及五四运动的推动下，不仅众多新式报刊如《救国刊物》《火焰周刊》，以及《岭东日报》《新中华报》《汉潮报》《公言日报》《民报》《汕头星报》《日日新闻》《潮梅新报》等在潮汕纷纷创办，而且海外潮州人还不断地向家乡寄来报刊。这些新式教育和媒体不仅积极弘扬中华传统文化，而且大力传播海外新思想、新知识，特别是西方的民主平等思想和科学知识。近现代海外潮州人推动资产阶级民主思想和科学观念的传播，有力地推动了近代潮汕社会主流文化的嬗变，作为古代潮汕文化核心的孔孟儒学失去了在意识形态中的主导地位。

三　侨批及诚信文化

侨批即华侨家书（潮州话中"信"发音为"批"）兼侨汇（赡家费）。著名国际汉学大师饶宗颐教授认为，潮州侨批可与徽州契约相媲美。其主要特点是"银信合一"，是研究华侨史、邮政史、金融史、交通史、经贸史的重要文物，渗透着海外侨胞浓郁的亲情和乡情，具有丰富的文化内涵。因其具有"近代中国国际移民的集体记忆"的重

---

① 陈友义：《试论海外潮人的文化传播对近代潮汕文化嬗变的历史作用》，《汕头日报》2005年12月5日。

要价值,在同类国际移民文献中极其珍贵,2013年5月在韩国召开的世界遗产大会上被列入世界记忆遗产名录。

据了解,目前广东、福建已发现大约19万件侨批,主要分布在潮汕、江门、梅州、闽南和福州地区,而以潮汕侨批数量最多。作为广东乃至全国侨批的主体,潮汕侨批以其侨批原件、复印件和刻录有侨批的光盘10万余封的数量和研究成果,在保护侨批实物、传播侨批文化中居于举足轻重的地位。① 多年来,已先后编辑出版了《潮汕侨批萃编》、《潮汕侨批》、《潮汕侨批简史》、《潮帮批信局》及其续集、《侨批集成》、《潮汕侨批业档案选编》等专题图书。

值得一提的是,蕴含在侨批档案中的文化价值,近年来受到社会各界的极大关注。汕头市有关部门抓住侨批申遗成功的有利时机,不仅对侨批业中的企业经营文化——"诚信文化"进行绝妙解读,还在庄世平、饶宗颐的倡导以及汕头市政协所属潮汕历史文化研究中心的主持下,于汕头老街区开设"汕头侨批文物馆",起到"一石两鸟"的作用——既宣传诚信经营的历史传统、树立潮汕地区企业的良好形象,同时又藉以提升潮汕涉侨文化和传统文化的影响力,可谓用心良苦。

四 衣食住行及社会风尚

(一)建筑艺术

华侨是潮汕近代民居新式建筑的倡建者。早期潮州人侨居南洋各属殖民地,或小富即安回乡置屋,或富甲一方后在祖籍建筑豪宅、店铺,刻意将他们在海外所欣赏的建筑原料(如瓷砖、"红毛灰"——即水泥)和西方建筑风格带进了潮汕地区。

不过,近现代潮汕侨乡在文化开放上城乡差别极大,并反映在华侨建筑形式上来。汕头在1921年设市后到1939年日本占领前,华侨投资房地产很多,并逐步形成了西区以小公园为中心、呈蛛网式放射性环状的市区道路格局和商业中心,东区以中山路、外马路为主要干

---

① 康洁、康业丰:《利用好侨批这笔文化遗产》,《南方日报》2010年10月14日。

第十四章 润物无声：引领文化风尚

道、方格棋盘状的区域中心城市基本格局。汕头骑楼的建筑形式显然受到欧陆风格的影响，是在特定地理环境、传统文化及外来因素等影响下而产生的一种建筑类型。它的建造汲取了外廊式建筑许多处理手法，在街道和店铺之间形成一个连续的有遮蔽的交通空间，非常适合本地炎热、多雨、多台风的气候特点。小公园片区是汕头的发祥地，其独特的潮汕建筑风格、街道特色和浓郁的商业氛围，是"百载商埠"汕头市的个性魅力体现，也是汕头重要的地方文化遗产，保留了潮汕人民"过番"与侨居地人民交际及其影响的痕迹。相对于城市，或许是强大、保守的宗族文化影响的缘故，华侨所建宅邸民居多散见于乡村局部，只作建筑材料上的些许改变，以及外观上的局部西洋化，而建筑布局、装饰装修等则仍然保留着传统做法、传统风格和传统特色，这从另一侧面体现潮汕侨乡在近代中西文化交锋过程中的艰难抉择心态，同时与广东其他侨乡相比也体现了更为顽强的乡土性。最典型的是澄海的陈慈黉故居。陈慈黉故居位于汕头市澄海区隆都镇前美村，有"岭南第一侨宅"之美称，是全国罕有的侨居建筑。宅内以潮汕典型的驷马拖车为主体，其建筑风格独特，糅合中国与西方的建筑特色。它的基本结构、屋内的木雕及石雕均以传统中国形式为主，而阳台、第二层的通廊天桥均以大理石为建材。欧洲进口的彩瓷砖地板和装饰及较大的窗户等则属西方的建筑特色。

（二）饮食

近代，由于潮籍海外华侨的积极传播，潮汕人通过东南亚、香港等渠道，学习了泰国菜、马来菜、香港菜以及粤菜的烹饪方法，不时地将海外的饮食文化和外国菜色及原料引入潮汕，并进行改造、创新、发展和完善，形成了独具一格的菜系——潮州菜。它博采了海内外名食之精华，菜式更加丰富多彩，质量精益求精。潮汕人还掌握了烹制燕、翅、鲍的技艺，再加以融汇、创新，终于通过使用外来料、变革外来菜，创造出有潮汕自己特色的燕翅鲍名菜——"鸡茸官燕""冰花官燕""神仙鱼翅""红烧明鲍"等，广受好评。时至今日，潮州菜已经发展成为独具岭南文化特色、驰名海内外的我国名菜之一。

在民间日常生活中，潮汕人也不知不觉地吸收了不少来自东南亚的饮食习惯,如喜用番薯、玉米做零食,喜用沙爹酱作调料等。

(三)社会风尚

近代潮汕侨乡社会受海外华侨华人的影响,其社会生活方式与风俗文化都发生了较为深刻的变化。首先,是在衣食住行等方面出现了渐趋"洋化"的生活方式。以服装和饮食为例。据20世纪30年代社会学家陈达的调查所述,潮汕侨乡"喜着西服的时风,在一部分的青年是极盛的,特别是学生或与外洋有过接触的人";"近年来有些华侨社区的食品,渐呈显著的变迁。菜蔬里面喜欢用辣椒,分明是南洋的习惯……社会地位较高的人家,不但用餐时饮咖啡,即在平时时间,亦以咖啡款客,往往用以代茶。此外,照相、看电影等新时尚也开始在汕头落户"。

当然,在潮汕地区,受畸形的侨汇经济的影响,很多归侨、侨眷也滋长了诸如赌博、奢靡、懒散、"等靠要"的不良习气,对侨乡经济社会的发展产生了负面作用。

随着中国当代社会的进步,潮汕侨乡社会风尚"侨"的色彩逐渐在现代文明中隐退,不再耀眼,但依然能随处找到其踪影。例如,在用药习惯上,除了喜用中草药外,潮汕人几乎家家户户都喜欢藏一些南洋药品,以备不时之虞。许多侨眷侨属的家中,仍然可以找到许多当年用侨汇券购买的"奢侈品"和海外亲人香港买单、国内提货的"老三件"。

五 侨乡风俗

潮汕乡村传统风俗原本很多。乡民大量出国侨居后,他们与本乡眷属往来频繁,逐渐形成了一些独特的侨乡习俗。其中著名的,就有"送顺风""寄平安批""接番客""演番客戏"和"庆贺妈祖神诞"等。

(一)"送顺风"

此一礼仪民俗,流传于潮汕各地侨乡。

其俗,凡家中有人要"过番"出国时,家人便会把祖先神位请出来焚香祭拜,祈求祖先神灵保佑外出谋生的家人能够平安抵达目的

第十四章 润物无声：引领文化风尚

地，早日赚钱回乡光宗耀祖；接着，还要到乡中的妈祖宫或寺庙里祭拜妈祖或其他神明，保佑其出洋顺利。当乡中亲戚、朋友、邻居知道有人要出国、或华侨回国后要返回侨居地后，都会备些本地土特产、糖果饼食之类的礼品前来送行（礼物多少不限、只要是偶数就行），意在祝福其一帆风顺、平安抵达，俗称"送顺风"。其父母则赠香灰、保平安神符；妻子赠以榴花木梳、甜粿、鸡蛋。所有这些，都寄寓顺风到达、早日赚到钱银回归家乡、阖家团圆之意。

（二）寄"平安批"

昔日潮人下南洋，旅途漫长艰险，家人日日牵挂，因此"过番"的家人无论"新番"还是"老番"，抵达目的地后首要之事就是寄批报喜，寄"平安批"。信文内容无论长短，有无批封或是封、信合一印成一定格式的简易批纸，都照例在开头或结尾处写上"蒙神天庇佑，内外平安"、"幸得内外平安，喜之胜也"、"祈望诸事合想，两地平安"等祝颂词，祈祷平安发财。此类"常批"俗称"平安批"。

"平安批"除了向家人报平安外，照例还需附上一点钱银；钱银无论多少，一至二元均可。由于"新番"上岸之初一般都处在投亲靠友、居无定所的状况下，没有找到工作、尚无收入来源，这笔批银往往还是亲友借给或批局垫付的。另外，"平安批"一般都是报喜不报忧，以免家人担心。

（三）"落马"

"番客"回乡省亲，俗称"回唐山"。当"番客"走进家门时，家中直系亲属如父母及妻子等，不能马上出面迎接，而要先躲在门后或房里回避一会儿再出来相见，以免"撞马头"，令日后互生怨恨、不得和睦。接着，家人要赶紧去做一碗甜糯米丸或糖面条，打上两个荷包蛋，让"番客"先"吃甜"。

获悉有"番客"回乡后，该番客的亲戚、朋友、邻居等，便会备办染红的猪肉、鸡蛋、甜包、面条等礼品前来祝贺，意在接风洗尘，俗称"落马"或"接番客"。番客不能将亲朋好友送来的物品全部收下，而要留下一部分让带回去，同时回赠海外带来的一些东西如面巾、水布、衣物、糖果等，或红包，作为答谢。"番客"馈赠直系长辈和其他亲属的物品，多是金银首饰或外币。家境殷实的侨户，还会设宴请客，俗称"食番客桌"。邻里孩童有围观者，则分给其糖果、饼干，称为"分番客糖"。

此一接番客礼仪民俗，流传于潮汕各地侨乡。

（四）演"顺风戏"

华侨较多的乡村，每逢农历八月常由侨眷凑钱请来戏班演出，既酬神又答谢乡亲，曰演"顺风戏"或"做番客戏"。规模大者，请潮剧戏班或外江大戏班（汉剧）；规模小者，则请潮州纸影班（木偶戏），旨在祈求旅外亲人平安、发达。有些华侨为丰富村民生活，还会出资赞助乡里办业余剧团、乐社或文化室等。

（五）"双头家"

在1949年前，潮汕地区富裕的华侨多有"双头家"的情况，即在家乡娶妻生子，在海外又娶妻置家。在外娶的妻子，家乡人称之为"番婆"。由于当时海内外重婚现象均很普遍，社会上一般都承认既成事实，发妻和番婆也能够相安无事。

（六）庆贺妈祖神诞

妈祖信仰在潮汕地区由来已久。由于潮州先民多移民自妈祖信仰的故乡莆田，可能很早就把妈祖信仰带到了潮州，因此当地信众极多，尊称其为"天后圣母""天妃"，并随潮侨带到了海外。

在沿海靠江、过番华侨较多的潮汕乡村，一般均建有妈祖庙（宫）。澄海樟林的天后圣母庙系潮汕地区规模最大的一座天后庙宇，始建于清代乾隆五十五年（1790）。庙宇落成时，庙内殿堂楼阁相间、碑石林立，蔚为壮观。庙宇为宫殿式建筑，灰墙黄瓦，金碧辉煌。门前是广场，再前是照壁，其后是风水池。庙前有二尊高大的灰狮雄踞场中，两旁旗杆冲天而起。大门前设置有两面石鼓，有两只石狮把门，辟有五封门（左右门为日月洞天）。有大拜亭三座，两侧尚有小亭。殿厅内均有女官塑像侍立。此庙扼据樟林港出海口，香火鼎盛，与早年潮侨多自此出洋不无关系。

妈祖原名林默，宋建隆元年农历三月廿三日出生于福建莆田湄洲岛。每逢三月廿三妈祖神诞日，潮汕各地均要隆重庆贺，祈求保佑平安，一帆风顺。

六、涉侨遗址

潮汕侨乡遗存有大量涉侨遗址，如名人家、出洋港口、纪功碑，以及遍布城乡各地的侨捐社会公益项目，如学校、自来水厂、电厂、医院、庙宇、宗祠、敬老院、侨联会所、道路、桥梁、凉亭等。

坐落在汕头市澄海区东里镇的樟林港，是清乾隆至咸丰年间粤东重要对外贸易港口及沿海客货运输集散地。当年粤东、闽西一带人民前往南洋，多在此处乘"红头船"出海。据史料统计，1858年以前，侨居暹罗的华侨有60%是从樟林港出去的。① 该港口乾隆年间为其全盛期，港埠拥有"八街六社"的规模，附近古迹很多，如西塘风伯庙、新兴街客栈、天后宫等。后因海滩逐渐淤积，樟林古港为汕头港所取代，现成内陆之镇，但遗址犹存。

暹王郑信衣冠冢，是另一处值得一提的古迹。在汕头市澄海区上华镇华富村郑氏宗祠门侧，有一副对联写到："曾与帝王为手足，欣收天子作门生。"原来，这里曾出了一位泰国国王——郑信。郑信又名郑昭，其父郑镛于清康熙年间乘红头船到暹罗，居阿瑜陀耶城，后娶暹女洛央为妻，1734年生郑信。1767年4月，缅军攻陷暹都，大城王朝灭亡。郑信以东南沿海地区为基地，组织军队抗击缅军，于当年收复大城，并迁都吞武里。12月28日被拥立为王，史称吞武里王朝，称郑信为达信大帝。此后陆续消灭各地割据势力，于1770年统一了暹罗全国；又多次对外扩张，成为泰国历代幅员最大的王朝。郑信在位15年，把分裂的暹罗半岛统一为泰国，建立了丰功伟绩。华富村一直流传"十八缸咸菜"的故事，说的是郑信即位后，家乡派人前往祝贺，获赠十八缸咸菜打发回乡。乡人恼怒郑信吝啬薄情，航行途中将咸菜缸逐一推入大海，只留下一缸返乡交差。孰料打开一看，竟然全是金银财宝，后悔不已。② 郑信去世后，泰国政府和人民为郑

---

① 《潮汕旅游：慢活，让心旅行——樟林古港：繁华过后焕新颜》，《潮汕旅游微信公众号》，http://www.paigu.com/a/667421/30873595.html。

② 《十八缸咸菜》，陈春陆、陈小民编著：《海外华人传说故事选》，华龄出版社1997年版。

信建立了郑王寺，尊为英雄，永作纪念。1782 年秋，郑信亲属把他常穿的泰服、华服各一套运至故乡安葬，在村外韩江边莲阳河滩头的乌鸦地建立起衣冠冢。每年冬至，华富村郑氏宗族都会举行仪式祭拜这位英雄。近年来，泰国王室和汕头市还依托华富村的郑氏宗祠和郑信衣冠冢，投巨资建起了颇具规模的"郑皇达信公园"。[①]

第二节　文化还乡与传统潮文化的复兴

在考察海（境）外潮州人近 30 年来与潮汕侨乡的密切联系及其对后者的影响时，除了经济的视角外，文化的聚焦是不可避免的。而事实上，海（境）外潮州人在侨乡的经济、文化活动，已经潜移默化地对侨乡社会的文化生态产生了极为深刻的影响，其突出的表征，就是传统潮文化的复兴。

一　宗亲文化的重建

潮汕地区传统上是个以农业经济为基础的宗族社会，宗亲文化在潮汕文化中具有特别重要的意义，是潮汕文化的核心内容之一。

据考，潮汕汉族先民原本来自北方中原，在两晋、隋唐、宋末形成迁移潮州的三次高潮，其路线图大体上是由河南固始、潢川至莆田，其中一部分留居莆田，一部分再由莆田经泉州、漳州迁移到潮州，大约有七八成的潮州人都是从莆田中转过去的，故有"潮州人，福建祖"或"潮州人，莆田祖"之说。至于迁移的原因，则与中原人民南迁相类，"或以屯戍，或亦避乱，或则迁谪而留住，或因勤王而播迁"[②]。

明清以后，潮州地区宗族特别发达，几乎大部分的潮州乡村都是由一个或者若干个宗族组成，不同的宗族之间有明确的地域界限。潮州各地村落，无不具有浓厚的宗族、家族色彩，村民日常生活亦皆与宗族、家族存在极为密切的关系。时至 21 世纪，潮汕地区仍然较完

---

① 《海外唯一华人皇帝出自澄海》，曼谷：《星暹日报·今日广东》2013 年 12 月 25 日。
② 饶宗颐总撰：《潮州志》第七册《民族志》。

第十四章 润物无声：引领文化风尚

整地保存了宗族村落的基础，甚至历史上曾经发生械斗的相邻异性村落，还仍然维持着互不通婚的陋习。① 宗亲村落的普遍存在，成为潮汕地区所独具的社会特征。

不过，近代以来的社会动荡、政治革命和文化变迁，特别是20世纪50年代以来的"破四旧""文化大革命"风暴，或多或少地涣散了潮汕侨乡原本稳固的宗族社会。宗祠破败、谱牒失修，是改革开放初期潮汕各地的普遍现象。即以本课题组调研的溪口乡来说，该乡有8个村落、数万人口，多数为刘姓宗亲，俗称"溪口刘"，系宋朝末年大埔客家"开七派"衍分而成。但溪口刘氏族谱，自清康熙年间最后一次续修后，二百九十余年未曾再续，不仅谱牒断层数代，甚至健在的"个别族众连自己父母、公嬷的姓名都不明了"②，宗族文化面临失传的危机。

另一方面，早年潮汕华侨出国谋生创业，出于团结互助和赡养家乡眷属的需要，却很自然地在移民链条、宗祠祭祀、血缘社团、谱牒编修等诸多方面，将潮汕地区的宗族文化引入侨居地，从而较好地传承了中国传统的宗族文化。以溪口来说，大约自清末起，刘姓族人便纷纷移徙泰国为生，同时也将宗亲文化带往海外。历经一个多世纪的繁衍，"潮州溪口刘"早已遍布泰国曼谷乃至世界各地。在泰国刘氏大宗祠，至今仍保留着过年过节拜祖和"食丁桌"③的潮州旧俗，刘氏宗亲总会会务亦相当活跃。

改革开放后，随着华侨华人回乡探亲潮的到来和世界宗亲联谊组织的活跃，看祖宅、拜（修）祖坟、祭宗祠、对（查）族谱，成了海（境）外潮州人在乡活动的重要日程。1982年，溪口刘氏族人应泰国宗亲之约，曾对溪口族谱进行一次局限性的续撰，但由于旧谱所剩无几，涉及年代久远，任部分族众记忆，知之又不全面，加之当时的社会风气以及人力、财力局限等诸多客观条件限制，续修之谱难免

---

① 根据2000年本人在澄海市隆都镇东山村调研材料。
② 《丁廖续修族谱前言》，《溪口刘氏族谱》，2007年。
③ 据溪口涵头村刘林娇老人介绍，"食丁桌"习俗，即新娶老婆还没生小孩者，要请人吃饭希望生男孩；或者是家里生了男丁，也要请人吃饭庆贺。在溪口原乡，此一习俗新中国成立后已改在初二举行，而且不在祠堂请客、各家自在家里请。

出现局限、错误、遗漏、断层等现象。1983年,泰国乡贤出资修缮了祖墓(建阳公墓);随后,又于1990年着手修缮刘氏大宗祠,近年来又修缮了刺史刘公庙。翻修一新后的刘公庙,便成为该村的老人活动中心。每到重要年节和祭祖的特殊日子,以宗祠、家庙为中心,设贡敬香拜祖的村民就会不约而同地纷纷聚集在一起。2004年秋,溪口刘氏族人再次筹办续修族谱工作,并于翌年春正式开展工作。这次续修族谱打破了以往单纯"丁口"之陈规,男女平等,一律入谱,做到知无不录,录而不漏;原来立业外地的各房,符合世系的一律争取纳入编修,并对已往错漏、误传,尽量予以证正;对于前代断层,也尽量予以弥补、衔接。其收录范围之广,工作量之大,堪称前所未有。2007年秋,溪口族人终将《溪口刘氏族谱》付梓。

图14-1 泰国陈氏延华堂回乡谒祖(2007年,杨锡铭摄)

一如"溪口刘",潮汕各地的宗亲文化和宗亲活动在海(境)外华人的影响下,都不同程度地得以复苏。如坐落于揭阳市榕城区仙桥镇永东涂库村的古溪陈氏家庙,建于清雍正年间,是古溪片村18个自然村陈姓村民祭祀其始祖的祠堂,具有重要的建筑艺术和文物价值,为省文物保护单位。改革开放以来,在海外乡亲的大力赞助和参与下,不仅每年农历九月上旬的宗祠祭祖活动香火鼎盛、热闹异常,而且还修起了风水绝佳、工料讲究、规模宏大的祖墓。以该宗祠为中心,古溪片村及海内外的陈氏宗亲得以借机相聚一堂,共叙亲情,互通声气;潮汕民间弘扬祖德、敦亲睦族的淳朴宗族目标和尊老爱幼、尊师重教、扶弱助贫的独特社会功能,在新时期"文化强国""新农村建设"和"维稳""建设文化大省"等众多官方战略性口号的诠释下,展示出了奇异的风采。

众多企业家在事业成功后,亦力所能及地参与家乡的慈善公益活动,这不能不说是受到了海外华人潜移默化的深刻影响。现在潮汕地区镇上、各村所举办的公益项目,资金来源一般皆以本地为主,来自海外的捐款已只占一小部分。如隆都镇近年筹集到的数百万教育基金中,仅有约三分之一源于海外募捐。很难想象,如果没有早年华侨在家乡做公益慈善的榜样示范,会有如此大规模的群体效应。

二 宗教文化的输入

伴随着宗亲文化的兴盛,潮汕侨乡的宗教文化也在海(境)外潮州人的渗透下,迅速复兴。

(一)佛教

佛教是泰国佛教,也是在潮汕地区一宗独大的宗教势力。据考,佛教传入潮州大约在南朝刘宋年间,迄今已有1500多年的历史。[①] 明清以来,随着海运的发达、通商口岸的建立,基督教曾经一度发展非常迅猛,但都无法挑战佛教一宗独大的传统地位,这种情形一直延续至今,所以潮汕又有"岭东佛国"之称。受佛教的影响,潮汕文化从观念层面到事相层面,都深刻地打上佛教的印记,尤其发展出潮州佛乐、素食文化、善堂文化、佛化俗语、石窟佛寺旅游等极富地方特色的佛教文化而备受世人瞩目。1983年4月9日国务院批转《国务院宗教事务局关于确定汉族地区佛道教全国重点寺观的报告》,附件所列

---

① 郑群辉:《佛教何时初传潮汕》,《佛缘网站》2012年2月28日,http://www.foyuan.net/article-532136-1.html。

142座中国汉族地区佛教全国重点寺院名单中,建于唐开元年间(713—741)的潮州开元寺和建于唐贞元七年(791)的潮阳灵山寺赫然在列,它们都在华侨华人及港澳同胞中有较深的影响。

改革开放后,泰国潮州人与原乡的经济、文化联系日益密切,在佛教层面上的交流也迈上新的台阶。其代表性的案例,当属潮州开元寺泰佛殿和潮州淡浮院的建设。

潮州开元寺泰佛殿系泰国大慈善家谢慧如所捐建,位于韩江大桥东侧慧如公园对面山麓,为经国务院宗教事务局批准,由潮州市自行设计、施工的中国大陆汉地首座规模宏大的泰国式佛教梵宇,于1992年落成。该建筑物仿自泰国云石寺,极富泰国特色,重檐多面式屋顶装鱼鳞瓦、封檐板装向上的黄色图形,柱头翘角是龙凤呈祥之意,山墙的装饰、门窗的顶尖形集中了泰国古代的造型艺术,充分体现了雄奇、精巧的异国情调。作为中泰友谊之花和中外佛教交流的硕果,该建筑无疑为潮州历史文化名城增添了一笔浓重的异彩。1997年,泰国诗琳通公主专程到潮州参观了泰佛殿。

潮州淡浮文物收藏院坐落在潮州郊外葱翠的砚峰山上,由祖籍潮阳的泰国华人郭丰源(1922—2003)倡议捐建。郭丰源出身于泰国贫苦的华人家庭,经数十年奋斗,事业有成,却将"弃欲守静、助人为乐"奉为人生圭臬,热心公益,在泰国声誉卓著。1988年,他倡议在泰国芭提雅附近建设一座具有中国特色的华夏博物馆,倡导世界和平、天下华人是一家的思想,得到泰皇的赞赏并钦赐"淡浮院"之名。1993年建成之后,郭丰源又秉承弘扬中华文化、沟通两岸关系和促进中泰文化交流的宗旨,决意在家乡也兴建一座淡浮院,并于1995年亲临潮汕选址,获众多海内外潮州人响应并捐资1.2亿元,建成了占地750亩的潮州淡浮院。此后,他又将泰国的部分文物移藏该馆,使得中华文化在其潮汕家乡发出璀璨的光芒。如今,潮州淡浮院以汇聚上起商周、下迄当代的历代书法名家墨宝、拓片的"南中国最全书法碑林"而饮誉海内外,成为潮汕地区一处旅游文化景点。

(二)德教

此外,20世纪30年代源于潮汕侨乡、流行于新马泰港一带的新

图 14-2　由泰国潮人捐建的潮州市淡浮文物院（2015 年，杨锡铭摄）

兴宗教——德教，近年来亦开始渗透进潮汕地区。据有关资料分析，目前德教已在国内恢复活动多年，但受宗教政策的限制和政府禁止，其在中国境内的活动仍处于地下状态。

三　民间信仰的复苏

与宗亲文化一样，民间信仰在潮汕文化中同样具有独特的地位，是潮汕文化的核心内容之一。

潮汕侨乡具有悠久的神明信仰传统和深厚的民俗文化积淀。从源于道教的玄天上帝信仰、妈祖信仰到出自本土的三山国王信仰、大峰祖师信仰，从各种年节习俗到戏剧音乐文化，都曾伴随着早期移民的过番而流传于东南亚、台港澳及世界各地。但在潮汕原乡，由于种种原因，神明信仰和民俗文化多年来却一直受到压制。而这一切的改变，都源于改革开放以来潮汕侨乡与海外华社的文化互动。海（境）外潮州人的涌入，带旺了潮汕民间浓郁的宗教信仰和丰富多彩的民俗活动。

在汕头市澄海区隆都镇，村村均有名目不一的老爷庙，它们几乎座座都留下了华侨点香膜拜的印记。尤其是沿江各村的十余座妈祖庙，更为出洋乡人所崇拜，庙宇一般均由华侨斥资捐建或重修。每年农历三月廿三日"妈祖神诞"，更是全镇最热闹的日子，不仅外出的村民和外乡的亲友都会赶来，海外侨胞也多有远道而来庆祝者。

潮州市湘桥区磷溪镇溪口乡每年正月十六的"七圣夫人穿蔗巷"，是潮汕地区最负盛名的过元宵民俗，寓有祈福兼求丁的意义，近年来亦在华侨的参与及资助下红火了好多年。① 有记者这样描述道：

> 农历正月十六，夜幕初临，潮安县磷溪镇溪口乡的七个村（注）就开始热闹起来，村民们挑起日间在蔗田里精选的一枝枝壮硕、还带着青蔗叶的乌腊蔗，在蔗梢挂上点亮了的、写着姓氏的小灯笼，不约而同聚集在"七圣夫人"必经之路。
>
> 夜已入黑，随着人流的汇集，蔗灯的增加，在河堤的两旁，村道的两边，形成一道灯的河流，如天上银河，蔓延天际。那闪烁的灯笼挂在蔗梢上，摇曳着，涌动着，有如点点繁星，密布天穹。
>
> 声声鼓乐由远渐近。当抬着"七圣夫人"的游神队伍从点着灯笼的蔗巷中穿梭而过时，人们欢呼雀跃着，仿佛看到新一年五谷丰登的丰收盛况。夜幕里，蔗灯下，快乐的人流不断穿梭，一派欢乐喜庆的新景色。
>
> "七圣夫人穿蔗巷"是从清朝光绪年间就延续下来的民俗。从正月十六这天的早上开始，在各村村民组成的锣鼓队的引领、护送下，游神队伍浩浩荡荡，从溪口八个村经过。一路上，锣鼓喧天、乐曲飞扬，场面颇为壮观。而"七圣夫人穿蔗巷"是这项活动的高潮所在。
>
> 磷溪镇盛产甘蔗，这种抬"七圣夫人穿蔗巷"的民俗活动，寄托着农民们对红火日子的期盼，对来年丰收的厚望。这也是纯朴古风的一种延续吧！

据了解，甘蔗有节并甜蜜，灯笼意为红火，"穿蔗巷"寓日子红红火火，节节高升之意。"灯"潮汕音同"丁"，因此挂灯笼又有求

---

① 据溪口村"七圣夫人穿蔗巷"活动的传承人刘乙树介绍，华侨不仅出资、参与举办村里的游神活动，还于1993年修缮了"七圣夫人宫"。

丁、出丁之意。

事实上，近年来潮汕地区农村特有的众多民俗文化活动，其幕后往往都有海外华人的推手。以游神赛会来说，早年即多有华侨回乡参与，间有出资赞助者。潮州青龙古庙游神活动新中国成立后遭到禁止，古庙在1966年时亦因韩江扩建南堤而被拆毁，是著名境外潮州人庄静庵、李嘉诚、陈伟南带头出资将其复建。① 近年来，老一代华侨虽已难能一见了，但该习俗已然成风，官方甚至直接参与到海外的游神活动中了。②

2014年的正月廿四日，在马来西亚柔佛古庙游神的催化下，经新山潮籍著名文化人陈再藩和潮州电视台等的积极推动，潮汕地区规模最大的潮州青龙古庙游神活动在停办64年后正式复办，吸引了30万民众观看。游神队伍穿着传统民族服装，首尾绵延1千米，游神路线

图14-3 潮州青龙古庙游神队伍（2014年，黄晓坚摄）

---

① 《潮州青龙庙会：列入省非遗项目 展示传统民俗魅力》，http://www.czbtv.com/msxw/msxwtj/t20130305_92570.htm。
② 近年来，汕头市及潮州市官方屡屡参与马来西亚新山柔佛古庙游神活动，汕头市并借机与新山市缔结为友好城市。

则长达 10 千米，中国非物质文化遗产英歌舞也全程参与，盛况异常。青龙古庙为了感谢柔佛古庙游神这股催化剂——是其改变了潮州市政府想法、让游神得以复办，该庙特地用潮州刺绣工艺精心绣制了 2 幅标旗给新山中华公会暨柔佛古庙和柔佛潮州八邑会馆的代表，邀其一道参加游神。

值得注意的是，相对于宗教及民间信仰，地方政府在对待潮剧、潮乐、英歌舞、布马舞等民俗文化的态度上，则显得较为积极，这也对该类非物质文化遗产的生态，产生了正面的影响。例如，在 2008 年首届粤东侨博会的日程上，举办第三届国际潮剧节便是其重点活动之一。在该届潮剧节上，44 个海内外团体各携看家本领同台献艺；其中，来自美国、法国、马来西亚、泰国、新加坡和中国香港等国家和地区的 14 个"海外军团"，更成为侨博会上一道亮丽的风景。

四　廿四节令鼓的传播

廿四节令鼓是新山文化人陈徽崇、陈再藩于 1988 年以潮州大锣鼓为基础、溶入中华文化因素编排起来的一种鼓舞，由新马 12 位知名书法家将中国 24 节令名写于 24 面鼓身上，使参与者在演奏和观赏过程中，接受中华文化的熏陶。当年成立于柔佛古庙的第一支廿四节令鼓队，即是由华文独立中学——新山宽柔中学的师生组成的，该队曾应邀到中国表演。近年来，廿四节令鼓的队伍不断壮大，经常活跃于新马、马中及海内外各项活动之中。该项文化活动也逐渐传入中国闽粤侨乡及台湾的有关文教机构，影响越来越大。

潮州乃至广东省第一支廿四节令鼓队是由潮州电视台于 2008 年 6 月成立的，一段时间后停办。为了准备 2014 年度的潮州青龙古庙庙会，在 2013 年、2014 年潮州青龙庙会编导和联络人石瑞燕的联系和陈再藩的推荐下，马来西亚的廿四节令鼓教练郑良兆、梁士杰应邀来到潮州一周，指导青龙古庙成立新的鼓队。鼓队命名为"潮响廿四节令鼓队"，寓意"来自潮州家乡繁荣声音，通过潮州人的自觉传承，让它返回原乡"。鼓队队长系由中国国家一级运动员、研究生毕业的李康迪担任，队员则招自各行各业。经四个月的艰苦训练，潮响鼓队终于在 2014 年度的青龙庙会上成功表演《擂响岭海》，一展身手。为了让鼓乐旋律更加丰富，鼓队甚至从海外高价买来昂贵的手碟、钢舌鼓等乐器，将西洋乐器与群鼓无缝对接，其间又融合潮州本地大锣鼓的一些节奏声响，从而形成了自己独特的风格。传统与创新相结合，很快让潮响鼓队声名鹊起。此后，他们的演出从潮州走向粤东，飞向北京，南下马来西亚。仅在 2017 年，便四次受邀前往北京表演，其中包括文化部在恭王府举办的"迎春纳福"民俗活动。

在李康迪和潮响鼓队的影响下，潮州陆续有了更多的廿四节令鼓队。几年间，他们走进企业、学校和机关单位免费教学，培养出鼓队 28 支，鼓手超过 4000 人。2019 年 4 月 2 日，以"鼓响潮兴"为主题，潮州市公共外交协会主办了一场廿四节令鼓展演，来自潮州和马来西亚的"北奏"鼓团同台表演献技，再一次演绎了激情澎湃、感人心扉的潮州文化。

马来西亚廿四节令鼓走进、扎根于潮州大锣鼓的乡音故里，是海外潮文化回归原乡的盛事，也是近年来海内外潮文化密切交流的缩影。"使节令鼓在此，是文化归人，不是过客。"陈再藩的这句感悟，或许很好地诠释了海外潮州人对于潮文化母体的根的眷念。

第三节　潮汕侨乡文化的源流、特点及当代价值

潮汕地区是我国主要传统侨乡之一，拥有丰富多彩的侨乡文化，对当地的历史发展和社会变迁均产生了重要影响。潮汕侨乡文化与海外潮州人的华侨文化（统称"涉侨文化"）和本土传统的潮州文化，是密切相关的文化形态，具有不同的作用，三者既有区别又有联系。其主要特点，表现为体系齐全、地域色彩、潮客兼容和中体西用等几个方面，值得深入研究。华侨文化在侨乡传统文化复兴和经济社会发展中扮演了重要角色，而侨乡文化亦在资政育人、助推地方经济社会发展上显现出独特价值。

一　潮汕侨乡文化的母体和源流

粤东潮汕地区包括今汕头、潮州、揭阳三个地级市，是广东省三

大侨乡之一,也是我国的主要侨乡。历史上,粤东地区(潮汕地区)形成高度文明的潮汕文化,并伴随着海外移民源源不断地向南洋地区传播,结合异域文化而形成海外潮人文化。诚然,文化的传播并不总是单向的。潮汕侨乡在向海外源源不断地输出民系文化和中华传统文化的同时,也不断地接受由华侨、归侨传入的海外文化元素,并在与华侨、归侨的长期交往、互动中,渐渐形成侨乡特有的文化形态,即潮汕侨乡文化。

为了明晰潮汕侨乡文化的特定内涵,有必要首先厘清潮汕侨乡文化与潮州传统文化、海外潮州人文化的区别与关系。

(一) 潮州传统文化

潮州文化又称"潮汕文化"或"潮文化",是海外潮州人、潮籍华侨华人文化的母体。

秦始皇于公元前214年平定南越后,在南海郡的揭阳岭设置戍所,由此开启了粤东历史的篇章。此后,随着行政区划的更迭,这里历史上先后有义安、潮州、潮州三阳、潮州八邑、汕头地区、粤东四市①之称。至于"潮汕"② 一词,则是近现代汕头开埠、发展起来以后约定俗成的一个地理和文化上的概念,它指的是广东东部以闽南语系潮州方言为基础的潮州文化影响区域,与行政区划并无一一对应关系。

潮汕地区虽远离政治中心,潮州人自嘲为"省尾国脚",但历来是粤东、赣东南、闽西南的商品集散中心。这里商业气息浓厚,长久以来的商贸传统,催生了中国影响深远的商帮之一——潮州商帮。这里还是"十相留声"的岭海名邦,也是宋"前七贤"、明"后八俊"生长的故乡。自从唐代韩愈来潮州任刺史后,数百年间,潮州开书院,兴科举,传理学,实现儒雅文化本土化,形成极具地域人文个性的地域民系文化——潮州文化,被称为"海滨邹鲁";而韩愈也因其

---

① 自1991年迄今,汕头地区拆立为汕头、潮州、揭阳三个地级市,加上汕尾市的一部分辖区,即构成了潮汕地区。

② 清光绪九年(1883),潮海关即已使用"潮汕"一词,是为"潮汕"一词的最早使用。1906年潮汕铁路通车,机车头亦定名"潮汕"号。

第十四章 润物无声：引领文化风尚

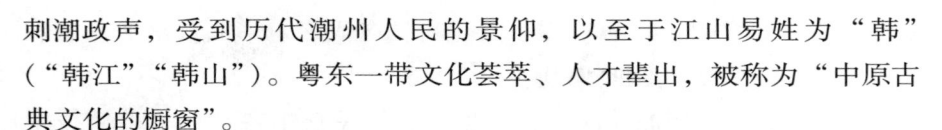

刺潮政声，受到历代潮州人民的景仰，以至于江山易姓为"韩"（"韩江""韩山"）。粤东一带文化荟萃、人才辈出，被称为"中原古典文化的橱窗"。

潮州文化又称潮文化或潮汕文化，被誉为内容十分丰富的庞大体系，主要包括：

（1）方言。潮州方言在语言学上属于闽南语系，保留有很多古汉语的音韵，每字都有八音，有生动丰富的俗语谚语。

（2）民间文学。有很多潮州歌谣、潮州歌册和潮汕民间故事存世。

（3）戏剧。即潮州戏，源于宋元时期温州南戏，并吸收了其他戏剧艺术及潮州民间音乐、舞蹈艺术，经创造性发展而成。以潮州方言和潮州音乐为基本元素，唱词很有文采，因韩愈刺潮以后，潮州人重视文化，剧作者多为潮州人才子，精彩的文词配以委婉低回的唱腔，显得格外抒情。伴乐既有清幽的二弦和"三弦琵琶筝"，也有雄壮的"潮州大锣鼓"，极为丰富、动听。剧目从其他戏剧移植的，也有以潮汕地方题材创作而成的，多宣扬爱国忠君、传统美德和扬善除恶等主题思想，如《陈三五娘》《苏六娘》《辞郎洲》等。

（4）音乐。潮州音乐具有高古典雅的曲调、婉约多姿的旋律，独特艺术风格和浓郁地方色彩，以及特有的民间喜乐气息和鲜明的大众娱乐特征，是有着深厚群众基础和极高艺术价值的古老乐种。其内容包括锣鼓乐、弦诗乐、细乐、大锣鼓乐、潮阳笛套音乐、庙堂音乐等。

（5）工艺美术。包括木雕、石雕、美术陶瓷等。其中潮安县金砂乡从熙公祠的石雕，堪称潮汕地区石雕之瑰宝。

（6）民间艺术。包括英歌舞、布马舞、灯谜、剪纸、版画、龙凤舞、双鹅舞、纸影（即潮州木偶戏）等。

（7）民居。包括四点金、下山虎、驷马拖车等格局的民居。

（8）民俗。包括潮汕地区年节习俗、婚姻习俗、丧葬习俗、诸神崇拜习俗、礼仪习俗等，还有食七样羹、出花园、行彩桥等民俗。

（9）名人。潮汕地区素有"海滨邹鲁"之美誉，历来重视文化教育事业，即先贤多、富商多、文化科技名人多。华人首富李嘉诚和国学泰斗饶宗颐，均出自潮州。

（10）农艺。潮汕地区人多地少，农村民众精耕细作，种植技术远近闻名，农艺水平高。以经营菜籽发家的泰国正大集团，便源于澄海。

（11）商业文化。在晋商、徽商衰落之后，潮商等商帮相继崛起。其主要特点是：在商言商，商业资本与产业资本相结合，经营地域遍及全世界。潮商有许多成功的营商策略，形成独特的商业文化。

（12）饮食文化。包括潮菜和工夫茶两个部分。潮菜有重视海鲜、清淡鲜美、佐食调料、点心配搭等特点。潮州工夫茶则是茶文化的典范，潮州工夫茶道可以归结为"和"（祥和的气氛）、"爱"（爱心的表现）、"精"（精美的茶具和精巧的冲工）、"洁"（高洁的品性）、"思"（启智益思）五个字。

（13）宗教文化和神明信仰。潮州人笃信佛法道教，兼及天主、基督等，形成潮汕宗教信仰。更加特别的是，潮州人还普遍信仰神明，如玄天上帝、妈祖、三山国王、花公花妈等，敬奉神祇已经成为潮汕人民日常生活特别是节日文化不可或缺的组成部分。

（14）宗族文化。潮汕侨乡传统上是个典型的宗族社会，村民聚族而居，绝大多数村落至今依然保留着宗祠及祭祖风俗。

（15）慈善文化。古往今来，潮州人建立了数以百计的善堂，如潮阳报德善堂、棉安善堂和揭阳梅云觉世善堂等。许多慈善家和乐善人士做了大量善事，充分反映了潮州人乐于助人、无私奉献的高尚美德。

（16）旅游文化。潮汕地区有着独特的自然、人文旅游资源，如南澳岛的青澳湾优质海水浴场和宋末抗元、明清抗倭遗址，饶平土楼围屋，揭阳古寨德安里，澄海樟林港遗址、陈慈黉故居以及声名在外的"潮州八景"（如中国四大古桥之一——广济桥，俗称"湘子桥"）等。

在上述林林总总的文化形态中，最核心的内容还是宗族文化和信仰文化。可以说，祭祖、拜神就是潮州文化的根基，也是作为海内外潮州人的文化标签，其他文化形态往往都要服从、服务于这两者的需要。

鉴于潮州文化的独特价值，近年来，陆续有潮剧、潮乐、英歌舞、潮绣、嵌瓷、烟花火龙、金漆木雕、玉雕等众多潮汕文化形态被列为中国非物质文化遗产。从广东全省来看，潮汕地区属于非物质文化遗产汇聚之地，项目丰富，文化历史价值非常高。以潮州市来说，截至2014年，即有国家级保护项目15项（详见下表）；至于省级、市级保护项目，就更多了。汕头市、潮州市、揭阳市的非遗项目，多有重叠。

表14-1　　潮州市国家级非物质文化遗产保护名录项目

项目类别	项目名称	批次
传统音乐	潮州音乐	第一批
传统戏剧	潮剧	第一批
传统戏剧	潮州铁枝木偶戏	第一批
传统美术	潮州剪纸	第一批
传统美术	潮绣	第一批
传统美术	潮州木雕	第一批
曲艺	潮州歌册	第二批
传统美术	潮州花灯	第二批
传统美术	大吴泥塑	第二批
传统技艺	枫溪瓷烧制技艺	第二批
民俗	潮州工夫茶艺	第二批
传统美术	潮州嵌瓷	第三批
传统技艺	枫溪手拉朱泥壶制作技艺	第四批
传统技艺	潮州彩瓷烧制技艺	第四批
传统美术	潮州抽纱	第四批

在分类上，潮汕地区的非物质文化遗产类别集中在民间舞蹈、曲艺、民间工艺美术、民俗等几个方面，就旅游发展的角度而言，这些

非物质文化遗产对外来者有很高的吸引力,发展文化旅游产品潜力很大。特别是集中于春节正月前后潮汕各地此伏彼起的游神赛会(如著名的澄海盐鸿"营老爷"和澄华冠山"赛大猪"),不仅潮汕本土民众将其视为比过年还重要的"日子",还吸引了大批海内外潮州人及其他族群人士。

总之,博大精深的潮汕文化,带来了海内外潮州人族群引以为傲的文化自豪感、自信心和强大的文化向心力、凝聚力。

(二)海外潮州人文化

有道是:"有潮水的地方,就有潮州人。"潮汕地区依山临海,自古以来便有舟楫之利,民众侨外的历史最早可以上溯至唐宋时期的海商"住番""住冬",以及宋末勤王抗元、崖山兵败后大量潮籍将士逃亡南洋。明代,以林道乾为首的海上武装集团与朝廷为敌,失利后率部两千余人避居今泰国南部,被北大年国王招为"驸马",乐不思蜀;其妹林姑娘南下寻兄、劝其回国未果,乃以死相谏,至今仍留下受人进香膜拜的坟冢和美丽凄婉的传说。①

不过,潮州人大规模出洋侨居,还是始自清代。康熙二十三年(1684),"海禁"初弛。乾隆十二年(1746年)之后,潮州人及福建人获准持照到暹罗(即今泰国)贩运大米、木材。特别是郑王复国后,泰国吞武里王朝和曼谷王朝先后在湄南河两岸建都,吸引了大批来自潮州的能工巧匠。他们以自由劳动力的身份和善于经商的传统,利用当地宽松有利的营商环境从事各种贸易活动,获得成功。② 伴随着"红头船"贸易的兴起,位于澄海的樟林渔港迅速发展为繁华的"粤东通洋总汇",潮州人多由此乘船"过番"谋生。据《观一揽胜》的有关资料统计,自乾隆四十七年(1782)至同治七年(1868)的86年间,从樟林港乘"红头船"出洋民众,累计达150万之多。③ 从1861年汕头开埠到辛亥革命,由于中国半殖民地化的加深,潮汕一带

---

① 许茂春编著:《东南亚华人与侨批》(修订版),曼谷:2008年12月,第13页。
② 在18世纪之前,泰国农民长期受领主制度的束缚,成年男子每隔三个月必须到领主农庄服三个月的劳役,因此都不是自由劳动力,无法营商。
③ 《汕头大学图书馆·潮汕特藏网》:《潮汕资讯/历史文化/试论侨批的跨国属性——以潮汕侨批为例》,http://cstc.lib.stu.edu.cn/node/9103。

第十四章 润物无声：引领文化风尚

人多地少、生活困难的矛盾更加突出，加上 1867 年汕头港远洋轮船开航之后海外交通更加便利，以及殖民者以汕头妈屿为基地大肆掠夺猪仔华工，导致潮汕地区前往海外人数大增，据《汕头海关志》记载，1864 年至 1911 年间，"潮汕地区约有 294 万人离乡别井，远涉重洋谋生"[1]。民国时期，中国政府严禁猪仔贸易，但延绵近两百年的向海外的自由移民，在潮汕地区仍然得以持续进行，他们大多侨居泰国、马来亚和柬埔寨、越南营商、务工。与此相关的是，潮汕地区迅速成为与海外潮州人联系密切的著名侨乡。

20 世纪 70 年代后，又有大批潮籍印支难民被接纳到欧美澳国家定居。随着潮州人在海外的播迁，潮州文化也被移植到世界各地。

1. 潮州话

语言是最先伴随着潮州人一起来到海外的。在以潮州人为主体的地方，潮州话甚至成为当地的主要通用语言。如在泰国的曼谷，由于 18 世纪下半叶以来大量潮州人的到来，使得潮州话成为当地华人的主要通用语言。不仅如此，由于在商业领域中的从业者大多数是潮州人，潮州话更成为当地的主要商业语言。在曼谷，曾经有过这样一个时期，即使是其他国家的侨民（如印度人等），也得学讲潮州话……[2]其实在世界各地，只要有潮州人聚居的地方（如印尼坤甸，马来西亚柔佛），就仍然可以听到潮州乡音。

2. 宗教、神明信仰及活动

波涛无常，航海凶险；出国在外，面临着艰难险恶的陌生世界。潮州人首先把家乡的大伯公（土地神）、妈祖、观音、玄天上帝、大峰祖师、三山国王、花公花妈等恭请到了侨居地，祈求保佑逢凶化吉、诸事平安，并立庙妥为供奉，庙宇遂成为海外潮州人族群的精神寄托和议事处事场所。

大峰公在泰国的崇拜，起源于 1897 年一位名叫马润的华侨，把

---

[1] 李益杰：《海外潮汕华侨华人集中于泰国的原因浅析》，《东南亚南亚研究》2004 年第 1 期，第 49—53 页。

[2] 广东华侨史泰国调研团采访资料，2013 年 7 月。

大峰祖师金身从潮阳和平乡请到泰国，供人们膜拜。① 时值泰国发生瘟疫，死人无数。民众惊慌失措，除求助于医药外，也求助于神灵保佑。许多人来到大峰祖师前烧香许愿，祈求平安，从而信徒日增。于是开始了大峰祖师信仰在泰国的流传。

流传、盛行于东南亚的德教，其信仰也源自潮汕地区的潮阳县。1939年，德教首创于广东潮阳，并在潮汕地区发展组织。战后，德教开始传入香港、泰国和新加坡、马来西亚地区，并流传至台湾、日本和美国、澳大利亚等地。它以关圣帝为主神，崇拜对象包括五教教主（儒、道、释、耶、回）、道教神谱中的神仙和潮汕民间信仰的诸神。现今，全世界的德教组织已超过200个，分布在新马泰等十余个国家和地区，其中泰国德教团体在2003年增加到70多个，新马德教组织截至2011年共计61所，在华人社会中有着较大的影响。② 德教之所以出现并广为流传，当与潮汕地区民间多神崇拜和宗教信仰上的实用主义倾向有极大的关联。

毗邻新加坡的新山，1855年开埠后实行"港主制度"。陈厝港港主陈开顺从新加坡招徕大量潮州同乡前去种植甘密，也把源自新加坡的会党组织"义兴公司"带进了柔佛州，当时许多潮州籍著名港主如陈旭年、林亚相、林进和都有"义兴公司"的背景。大约在1870年，义兴公司首领陈旭年港主发起建立了柔佛古庙，成为新山华侨的核心活动场所。③ 这座潮式庙宇设计典雅，建筑及雕塑艺术高超，体现了当年五帮华侨勇于拓荒、团结一致的宝贵精神。五大帮派供奉的保护神，分别是潮州人的元天上帝、福建人的洪仙大帝、客家人的感天大帝、广肇人的华光大帝和海南人的赵大元帅，其中元天上帝为主神。生怕神明在庙中待久了不开心，每年正月，还要择吉日请他们上街看戏巡游、看戏，接受万众的顶礼膜拜。至今，柔佛古庙游神活动已有

---

① 段立生：《从中式寺庙看泰国华人的宗教信仰》，《东南亚宗教与区域社会发展学术研讨会论文集》，2014年，第223—233页。
② 陈景熙、张禹东主编：《学者观德教》，社会科学文献出版社2011年版，《序言三》，第2、112、123—124页。
③ 《柔佛古庙的历史》，舒庆祥、陈声洲编著：《柔佛古庙百年游神照片汇编》，新山中华公会辖下柔佛古庙管委会，2010年3月，第12页。

147 年的历史传统,其间除了 1942 年因马来亚沦陷、华侨惨遭杀戮而停办外,从未间断。①

3. 宗亲文化

在东南亚,潮州人家族连锁移民的结果,就是在海外移植了家乡的宗亲文化。

潮州市潮安县磷溪镇(俗称"溪口乡"),是个以刘姓为主体的侨乡,随着"溪口刘"向海外的播迁,泰国也建起了刘氏宗祠。据 87 岁的刘炎城口述,他在 17 岁(1941 年)时只身前往泰国,居住在泰国第二大城市——清迈。机缘巧合,刘炎城后来成为刘氏宗祠的管理人员。刘氏宗祠是泰国磷溪籍侨胞经常汇聚的地方,族胞之间经常互相接济。平时有乡亲前往宗祠祭拜,便会给刘炎城些许钱款,他也因此积攒了不少钱,便通过乡亲将钱物托带回磷溪的亲人。刘氏宗祠规模不算大,宗祠是呈长条形的,门面很小,但纵深比较大。该宗祠一楼存放杂物;二楼是客房(赴泰的乡亲有时就住在这里);三楼是会议室;四楼存放餐具;五楼供奉从家乡请过去的祖宗牌位和七八位神仙牌位(比如"七圣夫人""老公")。每年农历七月半"普渡节"和十一月初一日祭祖,这里都汇集了众多在泰刘姓族人祭拜聚餐。祭拜的风俗与家乡基本一样。② 至今,泰国的磷溪侨胞仍然保留着原来村里每年正月初十"食丁桌"的习惯。③

4. 慈善文化

随着潮州人外迁的足迹,作为潮州文化重要组成部分的慈善文化也很快在异国他乡扎下了根。

在泰国,华侨报德善堂、世觉善堂拥有很高的知名度。

1910 年,由泰国著名侨领郑智勇(即二哥丰)等 12 人共同发起,在曼谷拍抛猜路购地修盖颇具规模的大峰祖师庙,名之为"报德

---

① 《序》,舒庆祥、陈声洲编著:《柔佛古庙百年游神照片汇编》,新山中华公会辖下柔佛古庙管委会,2010 年 3 月,第 4 页。
② 采访时间:2011 年 7 月 6 日;采访地点:磷溪镇溪口七村张绸家;受访者:张绸、58 岁,刘炎城、87 岁;采访者:林伟龙、林伟钿。
③ 据溪口涵头村刘林娇老人介绍,所谓"食丁桌",就是当年娶妻尚未生育者,请人吃饭希望生男孩;或者是当年家里生了男丁者,要请人吃饭庆贺。

堂"。1936年改称为"暹罗华侨报德善堂",并于翌年改组注册,实行公司化管理。100余年来,报德堂为社会做了大量的施医义葬、扶贫济幼等慈善工作。社会大众沐大峰祖师之恩,反过来报恩,以自己的钱财或人力支持慈善事业。报德善堂又利用善信所捐的钱做更多的善事,受益者又感恩捐款,如此循环不已,慈善事业不断扩大发展。1937年,报德善堂创建华侨助产院,1939年,扩大为华侨医院,1979年再扩建为22层楼大厦。1994年,由报德善堂发动,得到泰华社会的支持,报德善堂成立了华侨崇圣大学,并在该校开办中文系,教授华文。1997年,始建新义山庄和万人墓。2000年,华侨中医院七层楼大厦奠基。长期不断的善举,终使大峰祖师崇拜得到了泰国社会的认可,为泰国各族人民所赞赏,也得到泰国王室和官府的支持。现今,泰国华侨报德善堂已从初期注册资金只有2000铢,发展到当今名下拥有数百亿铢的资产,①成为泰国最具有代表性和最具规模的慈善机构,也是潮汕善堂在海外的著名代表。

在新加坡、马来西亚、香港各地,大峰公崇拜也得到广泛的支持,善款不断。新、马的宋大峰崇拜道场,亦多为潮州人所建之善堂、善社。这些善堂组织,随着潮州人的南下而传至新加坡和马来西亚,故各善堂几乎都是潮州人团体。但在慈善救济工作上,却不分籍贯、甚至不分种族。各善堂均奉祀神、佛,以及宋大峰祖师。善堂组织,大体分为两部分:一为救济部,办理赠医施药、施棺施殓、救贫济困、养老育婴、收埋孤骨、敬惜字纸、兴办义学,兼及一切慈善公益事业等;另一部分为经生部,负责礼佛诵经、超度孤魂等。

5. 潮剧、潮乐、潮州大锣鼓等文化艺术

早期潮州人在外经商务工,极尽辛劳,缺乏娱乐。因此,他们把潮州故乡的潮剧等表演艺术引入侨居地,组织潮剧团、娱乐社,常年演出、自娱自乐,每逢重要节日、礼佛敬神等仪式场合,都要热闹一番,藉此寄托情思,教化侨众。而这些艺术曲目,充斥着中国传统的忠君爱国、仁义礼智信等思想,成为保留和传扬潮州人文化传统、强

---

① 段立生:《从中式寺庙看泰国华人的宗教信仰》,《东南亚宗教与区域社会发展学术研讨会论文集》,2014年,第223—233页。

化潮州人族群凝聚力的精神纽带,并由此维系了对家乡的认同。

即以潮剧来说,潮州人移民众多的泰国,也是潮剧演出最早、最为盛行的地方。在战前的曼谷唐人街耀华力路,可谓剧院林立,弦歌不断;至今,泰国职业性或半职业性的潮剧戏班仍然多达几十个,盛极华人社区,因此,泰国也被称为潮剧的"第二故乡"。而在新加坡,1900年前后即已有了潮州戏班组织。在潮州人较多的马来西亚、香港和美国南加州、法国巴黎,也都活跃着众多潮剧团体。

再以潮州大锣鼓来说,作为潮州音乐的演奏形式之一,它是以大鼓为中心,多种打击乐器相配合,伴以唢呐为领奏的管弦乐队的合奏形式。演奏气势磅礴,广泛流行于海外潮州人社区。在新加坡、马来西亚及泰国等地,都活跃着众多潮州大锣鼓演奏队伍,仅新加坡一地即多达100多支。

此外,潮州人还把自己喜欢的建筑风格、工艺品、灯谜、歌册等带到他们的聚居地。在海外潮州人的聚居区中,仍随处可见潮式建筑风格的民居、寺庙、宗祠等,以及各种有潮州特色的工艺品。马来西亚槟城的韩江家庙,其建筑艺术完全是潮州地区相应建筑物的翻版。

6. 风俗习惯

潮州人在本土的时年八节、婚丧喜庆等习俗,以及喜欢吃潮州菜、喝潮州工夫茶,看病喜欢用中草药等习惯,也被带到了海外。由于近百年来,潮州本土经历了各种各样的社会变革,一些传统的风俗习惯已经发生了变化。而在海外潮州人聚居地,如东南亚地区的泰国、马来西亚、新加坡和柬埔寨等地,诸如元宵观灯、清明扫墓、端午吃粽、中元节施孤、冬节祭祖、除夕围炉这些风俗习惯,却仍在相当程度上得以完整地保留着。

上述海外潮州人文化,只是荦荦大端而已。

值得一提的是,潮州人文化向海外的传播,并非简单的传承关系,而是随着时代的发展而不同程度地发生了衍变甚至式微,这是侨居地社会环境的物质条件所决定的。如在泰国,潮剧已经衍生出泰语潮剧,潮剧团的演员基本上由泰国非华族人士所担当,潮剧的社会功能也已转变为娱神的性质。习俗方面,海外潮州人必过的节日较之原籍简化不少，一些地方只有春节、清明、中元、中秋等重大节日才被重视，但在仪式方面，则更多地保留了原籍的传统，并增加了慈善助学的内涵，而这些节日仪式在中国侨乡已大大简化甚至消失。工夫茶的生活习俗，只在老一代潮州人中保留着，但已远远不如潮汕侨乡那么讲究。至于潮州方言，自从民国成立、特别是20世纪中期以后，海外华侨学校、华文学校普遍改用普通话教学，潮语在华裔中已基本不流行，目前已日渐式微。

诚然，文化的传播并不总是单向的。潮汕侨乡在向海外源源不断地输出民系文化和中华传统文化的同时，也不断地接受由华侨、归侨传入的海外文化元素，并在与华侨、归侨的长期交往、互动中，渐渐形成特有的侨乡文化形态。毫无疑问，它根植于潮州文化的母体，海外潮州人文化是它的源流。

二 潮汕侨乡文化的特点

特定的本土传统文化母体和海外潮州人文化源流，造就了潮汕侨乡文化有别于其他侨乡文化的特点。

（一）体系齐全

潮汕侨乡文化遗产丰富，亟待保护、开发、利用。作为著名传统侨乡，数百年来，潮汕先民向东南亚地区不断输出中华传统文化，是海外华人传承中华文化的活水源头；同时，他们又大量传入海外斑斓多彩的异域文化，在原乡积淀了极为珍贵的涉侨文化遗产。

历经数百年的中西文化碰撞与融合，潮汕侨乡形成了体系十分齐全、令人叹为观止的涉侨文化遗存。它包括：华侨建筑，侨捐项目，方言借词，歌谣谚语，特色饮食，出洋港口，涉侨遗址，名人墓冢，风尚习俗，侨批，以及思想观念等等，既有物化的、经济的成分，也有非物质的、精神的要素。其中，尤以樟林古港、陈慈黉故居和潮汕侨批享誉海内外。遍布潮汕城乡的大量侨宅，一般均建成于20世纪二三十年代，系中西合璧式，具有较高的建筑艺术和欣赏价值，惜多已年久失修，或废弃不用，基本上处于待保护、待利用状态。

（二）地域色彩浓郁

在20世纪50、60年代以前，潮汕华侨主要聚居于东南亚特别是泰国、马来亚、印度支那和印尼,尤以泰国占绝对多数。由于这些地区较多地接受了英国、法国和荷兰殖民文化的影响,致使经由潮侨带入的域外文化带有鲜明的欧洲文化元素,兼具浓郁的南洋地域色彩(如侨宅建筑和善堂文化),因此有别于五邑侨乡输入的北美文化元素。

即以改革开放后的潮汕地区侨捐项目来看,泰国文化的影子就随处可见。如泰国著名慈善家谢慧如先生捐赠的潮州开元寺泰佛殿,就是一处别具一格的泰式佛教庙宇。泰国春府博他耶(钦赐)淡浮院长郭丰源先生倡建的潮州淡浮院,坐落在砚峰山麓,颇具古色古香风韵。它坐东面西,依山傍水,朝迎晨曦晚待落霞,砚峰拱日风景尤佳。汕头澄海华富村的郑信衣冠冢及附属公园建筑,亦带有强烈的泰国文化色彩。

(三)潮客文化兼容

潮州府原本就是潮客混居之地,除了主体潮州民系外,在今揭西、丰顺(今属梅州市)和饶平,还生活着大量"河婆客""半山客"族群,有些地区如大埔(今属梅州市)则是完全的客家人天下。因此,潮汕地区具有两套迥异的侨乡文化系统,就不奇怪了。

还需注意的是,历史上潮州、汕头不仅是闽西南、粤东北客家人出洋的港口,还是其货物集散地和重要商业枢纽。正是清末张榕轩、张耀轩兄弟开辟的潮汕铁路,将古老的潮州和近代港口城市汕头紧密地联结在一起,促进了潮汕地区的文化认同和一体化进程。至今,在汕头斑驳破败的老城区,昔日声名远播的胡文虎、胡文豹兄弟的永安堂大楼犹巍然矗立在街衢之中,仿佛在无声地诉说着它昔日的商业辉煌。胡文虎原来在潮州城永护路口亦曾建有五座房屋,名"壮观楼",供其一小妾居住,惜后来被拆。

(四)中体西用原则

如前所述,潮汕侨乡文化的母体——潮州文化,是个自成体系、十分成熟的民系文化。它以宗亲文化和神明信仰为中心,具有强烈的本体认同和显著的内敛性。因此,华侨从域外带进的南洋华侨文化,便被各取所需、恰如其分地吸收和利用,决不喧宾夺主,体现出"中体西用"的特点来。

"中体西用"的文化特质，在潮汕侨乡的建筑文化中表现得最为淋漓尽致。即以中西合璧的侨宅建筑来说，其引入的西方元素仅仅只是建筑材料及图案装饰，如水泥（称"红毛灰"）、和瓷砖的运用，最多也就是门窗、回廊的欧化，其基本的建筑格局如"驷马拖车""四点金""双剑背""下山虎"等样式一般不会改变。从社会风俗来说，华侨"两头家"的现象在潮汕侨乡也很普遍，但这并没有动摇传统文化中的发妻地位，时至今日，潮汕地区的离婚率仍然是全国最低的；海外移民历史延绵数百年，但第一代侨民往往还是将长子长孙留在国内继承香火，传统宗族观念极为浓厚。

以上所概括的四个特点，仅是笔者对潮汕侨乡文化的粗浅认知，难免以偏概全。

（五）结论

潮州文化、海外潮州人文化和潮汕侨乡文化是自成一体，彼此之间却存在紧密关联性的三种文化形态，具有不同的源流属性和传播机制。潮汕侨乡文化并非沿海区域文化的集合体，它与所在地的主流文化存在着从属关系。就潮汕地区而言，占主导、统治地位的还是作为中华传统文化有机组成部分之一的潮州文化，它是潮汕区域文化中根深蒂固的最本质、核心的内容，涉侨文化只是该文化近代以来附加的一个特征而已。

近年来，侨乡文化成为国内涉侨研究的热点，取得了不少成果。遗憾的是，潮汕地区作为我国主要传统侨乡之一，其丰富多彩的侨乡文化却遗珠至今，迄未见到有学者对此进行系统的研究，展现其璀璨的光芒；已有的零星研究也多居于"被比较"的地位，且多局限在华侨建筑艺术和侨乡社会风尚等少数狭窄的范围，无法窥见其侨乡文化之全貌。[①] 鉴于此，笔者试图在韩山师范学院项目"关于潮汕侨乡的海外联系"以及中国侨联项目"关于潮汕侨乡与海外潮

---

① 例如，陈熳、李俊明、冯咏仪、陈春花：《从风俗习惯看五邑侨乡与潮汕侨乡之间的文化差异》，载于王克主编《广东侨乡历史文化调查集》，汕头大学出版社 2011 年版，第 20—53 页。

人文化互动"① 等系列研究的基础上,对潮汕侨乡文化的源流,潮汕侨乡文化的基本内容,以及潮汕侨乡文化的特点等,进行初步的概括和总结,期能对潮汕侨乡文化的主要问题有初步的认知,借以推动相关研究的进一步开展。笔者也衷心期待着,有越来越多从事潮汕区域研究和侨乡文化研究的学者关注和研究潮汕侨乡文化,为潮汕地区的文化建设和社会发展建言献策,贡献自己的力量。

三　涉侨文化的当代价值

（一）涉侨文化在地方经济社会发展中的地位和作用

1. 涉侨文化对地方经济社会发展的潜在影响

如前所述,侨乡文化的诸多形态,往往表现为有形的文化遗产,如建筑艺术、出洋港口、名人墓冢和特色村落等,是弥足珍贵的旅游文化资源。有见及此,潮汕侨乡各级党委和政府均极为重视"侨文化"的开发与利用。如最近几年,汕头市澄海区积极谋划建设"华侨文化区",并努力寻求国家的政策扶持。他们依托东里镇樟林古港、上华镇郑皇衣冠冢和隆都镇陈慈黉故居等众多涉侨建筑和涉侨遗址,不惜耗费巨资进行环境整治和项目建设。目前,樟林古港除了原有的"新兴街"港区建筑遗存和 20 世纪 80、90 年代兴建的纪念馆外,还修葺了港区的妈祖庙,在水道两侧设立了石质护栏,并计划疏浚水道。郑皇衣冠冢原先只是孤立于田间地头的一方不起眼的荒冢,20 世纪末泰国诗琳通公主参拜前当局匆忙新修了道路和牌坊,近年已扩建为初具规模的文化公园。陈慈黉故居自 2000 年开发为旅游景点后,近年来不断完善道路、停车场等配套设施,终于申报成功 4A 级旅游景区,所在村落也被评为广东省 10 大最美古村落。

2014 年 9 月 15 日国务院批复推出的"中国（汕头）华侨经济文化合作试验区",可谓汕头经济特区借力华侨经济、文化资源,推动海外华侨华人与侨乡经济深度融合发展、深化侨乡与有关国家（地区）的人文合作的大手笔。值得注意的是,国务院在批文中明

---

① 韩山师范学院教授启动项目,《潮汕侨乡的海外联系》,项目编号 QD20110616;中国侨联 2011—2013 年度一般项目,《潮汕侨乡与海外潮人的文化互动》,项目编号 11BZQK009。

确提出:"支持试验区搭建海外华侨华人文化交流平台,深化与有关国家(地区)的人文合作。拓展文化传播渠道,不断扩大中华文化的影响力。要以合作、创新和服务为主题,构建面向海外华侨华人的聚集发展创新平台,建设跨境金融服务、国际采购商贸物流、旅游休闲中心和华侨文化交流、对外传播基地。"[1] 在这里,华侨文化与中华文化的交流与对接受到高度的重视,被寄予殷切的期望。尽管汕头的华侨经济文化合作试验区目前仍然处于创建和探索阶段,但以文化促经济显然已成为试验区建设的重要思路之一,我们期待并乐观其成。

2. 地方党政宣传部门对涉侨文化的提炼与利用

鉴于涉侨文化对于闽粤侨乡的深刻影响,潮汕地区各级党政部门在规划当地经济社会发展蓝图时,都曾尝试提炼和宣传涉侨文化精神,作为激励侨乡发展的动力。在这方面,汕头市的做法尤其值得关注。

众所周知,在深圳、珠海、汕头和厦门四个经济特区中,汕头是唯一一个没有港澳台地缘优势的经济特区,汕头经济特区可谓因侨而立。为了打造"侨"字号特色,汕头市提出了"红头船精神"的宣传口号,寓意敢于冒险和拼搏;澄海区甚至修建红头船公园,将红头船的卡通形象塑立其间,成为其城市名片。"红头船"系清代乾隆时期部分开放海禁后广东籍从事海洋贸易的木制双桅或三桅帆船,因船头漆红漆而得名。在大约一个半世纪里,数以百万计的潮州民众随着红头船冒险闯荡南洋,侨居东南亚的暹罗(今泰国)、马来亚(今新加坡、马来西亚)、荷属东印度(今印尼)和中南半岛的印支三国(今越南、柬埔寨和老挝)等地,披荆斩棘、顽强拼搏,终于取得事业的成功。应当承认,汕头市对潮籍华侨"红头船精神"的提炼和宣传,是颇为成功的,其影响及于整个潮汕地区。2015年12月初,潮州市在学习贯彻省委十一届五次全会精神会议、研究部署当前重点工作时,市委书记李水华还曾郑重表示:"各级各部门要发扬潮州人搏

---

[1] 《国务院关于支持汕头经济特区建设华侨经济文化合作试验区有关政策的批复》(国函〔2014〕123号)。

第十四章 润物无声：引领文化风尚

击风浪的'红头船'精神，真干事、干成事、求实效，一起为潮州的发展打拼，全力以赴编制并推动潮州'十三五'规划开好头起好步。""红头船精神"影响之深远，由此可见一斑。

令人遗憾的是，1997年亚洲金融危机对东南亚潮商的冲击及其对潮汕地区的影响，以及两年后中央在粤东开展的打击企业出口骗税专项行动，使潮汕地区深陷"诚信危机"的泥潭，企业经营困难，步履维艰，粤东地区竟从此一蹶不振，经济进入长期的停滞乃至萧条。此后，在中央文化强国、广东文化强省战略的强力推动下，以整理潮汕侨批资料、弘扬侨批诚信文化为代表的研究、宣传工作，受到官方的高度重视和支持；潮汕传统文化和民俗文化在"非遗"光环的照耀下一跃成为潮汕地区向海内外宣传、推介的合法名片。2008年开始在粤东四市轮流主办的粤东侨博会及其"文化搭台"，以及侨批档案申遗、编纂《广东华侨史》等举措，其规模及投入之巨，均显示出省市官方为借助海外华人提振潮汕经济社会发展而不惜在文化上一掷千金，尽管终究未能摆脱急功近利的窠臼。尤值一提的是，2013年6月20日，经中国档案局推荐，以粤东、闽南为主体的侨批档案成功列入《世界记忆亚太地区名录》，成为与世界文化遗产——"开平碉楼与村落"齐名的世界记忆遗产。汕头市有关部门抓住这一机会，深挖侨批档案蕴含的文化价值，做出侨批"诚信文化"的绝妙解读，还在庄世平、饶宗颐的倡导及潮汕历史文化研究中心的主持下，特地在汕头老市区开辟"侨批文物馆"①，既为潮汕地区的企业正名、宣传企业诚信经营的良好形象，同时也借此提升潮汕涉侨文化和传统文化的影响力，诚可谓用心良苦。

---

① 现已归属汕头市档案馆，称"侨批分馆"。

本篇结语

　　东南亚潮州人与潮汕侨乡的互动关系，是研究海外潮州人族群的重要视角，对潮汕侨乡来说尤其具有特殊意义。本篇从海内外宗乡关系、慈善公益、经济建设、政治参与和文化影响等几个方面着眼，试图充分反映东南亚潮州人与潮汕侨乡、民族国家千丝万缕的联系，尽管未必能窥见其全貌，却还是大致勾勒出了二者关系之基本轮廓，有助于我们就此进行理性的思考。以下，试就不同历史时期海外潮州人与家乡关系的特点及新变化，做一粗浅的探讨。

一　侨批兴衰：社会变迁和人群变化的晴雨表

　　"三江出海，一纸还乡。"潮学一代宗师饶宗颐教授关于海外潮州人与潮汕侨乡关系的生动描述，从一个侧面反映了老一代潮侨背井离乡的无奈和心系桑梓的情怀。

　　在海外潮州人与国内宗亲、同乡的物质、精神联结中，侨批无疑是最基本、最重要的纽带和媒介。侨批的源起、发展、停顿、繁荣和式微，既反映着侨居地、潮汕侨乡的社会变迁，也折射出海外潮州人、国内眷属的身份变化。

　　首先看侨居地、侨乡的社会变迁。

　　在东南亚侨居地，二战以后，原英、法、荷、美殖民地纷纷独立为民族主义国家，推行强迫外侨同化的政策，同时收紧了出入境政策，作为华侨的东南亚潮州人面临着前所未有的生存压力，归化入籍成为他们迫不得已的选择。

　　在潮汕侨乡，20世纪30—40年代的战乱，50年代初土地改革运动及随后历次政治运动,都对归侨侨眷和东南亚华侨造成了巨大冲击。而建国不久后,中国即面临东西方冷战的严峻形势,被迫实行闭关锁国政策,由潮汕地区出国侨居的新移民屈指可数,东南亚潮州人缺乏新客的必要补充,族群持续老化、萎缩。1955年中国政府宣布不承认双重国籍、鼓励华侨归化为所在国公民,更促进了东南亚华侨加速融入当地社会。因此从战后开始到60年代,东南亚潮州人族群陆续开始并完成了从华侨到华人的历史性转变,本土化进程加快,其家乡观念也由叶落归根改为落地生根。

随着二战以后东南亚潮州人加速融入当地社会,特别是经过从20世纪50年代至70年代近30年之久的新移民断层,潮汕侨乡社会的群体结构也发生了显著的变化。侨乡与海外亲人的血缘关系也日渐疏远,由三代以内的本家眷属变为三代以外的远房亲属,其赡养义务不复存在,经济关系不再密切。而事实上,自改革开放后,中国侨务部门在实际工作中也注意到了"侨眷"和"侨属"的区别,不仅注意区分"华侨"与"华人"的国籍身份,还在执行对其国内工作对象的政策优待和照顾时,刻意对二者进行甄别,"侨属"不能享受"侨眷"的权利。

值得一提的是,在潮汕侨乡,近年来还出现了不少华侨华人眷属再"反哺"海外亲人的个案。这类事例看似偶然,却隐喻着中国经济超越东南亚经济、侨乡部分归侨侨眷生活水平已超越东南亚华侨华人的客观现实。

海内外剧烈的社会变迁和涉侨群体的身份变化,都不可避免地影响到海内外的联系,对侨批业的兴衰产生了直接、间接的影响。[①] 因此,我们也就不难理解,从清末至当代的潮汕侨乡,侨汇数量会在不同的历史年代呈现出不同的规模和特点来。从总的趋势来看,随着中国经济的持续快速发展、人民生活水平的不断提高,潮汕侨乡接收东南亚传统侨汇的数量将逐步减少,而代之以出国务工经商人员的新型"外汇"收入。以往华侨反哺家乡的宗族文化,已经缺乏赖以生存的

---

① 参见陈雍、黄晓坚《传统侨乡海外联系的新动向——潮汕地区磷溪镇、隆都镇个案研究》,《八桂侨刊》2013年第2期。

土壤。

二 慈善传统：潮州人代代相传的优秀品格

东南亚潮州人历来热心慈善公益，这与潮汕地区始自明末清初的善堂文化传统有关。早期华侨出国，把潮州的大峰祖师、吕祖、玄天上帝、华佗先师、齐天大圣以及崔师爷、林大人、佛祖、老君、圣母等信仰带去东南亚各地，华侨报德善堂、永珍善堂、同奉善堂等早已享誉泰国、老挝、新马当地社会；此外，还有新加坡中华善堂蓝十救济总会（又称新加坡中华善堂救济总会），马来西亚明修善社、同奉善堂，柬埔寨金边辉德善堂，以及中国香港、中国台湾等国家和地区的善堂及慈善机构，不胜枚举。他们不仅为所在国人民救苦济难，当故乡有难时，总是八方来援。善堂在某种意义上已经成为华侨联系故乡、祖国的重要纽带。

潮州人认为，举办慈善公益是行善积德的义举，所以一旦经济能力允许，就要为家乡的慈善公益做出力所能及的贡献。各地对于在家乡办慈善公益事业者，历来也多予以各种形式的褒扬。下南洋的潮州人中有的发了财，回故乡做慈善公益，受到当地政府和乡民的赞誉，不但其捐助者自身有光宗耀祖、衣锦还乡的荣耀，其家人也咸与有荣，在乡人中的地位无形得以提高，在一定程度上也激发海外潮州人在故乡兴办慈善公益事业的热情。可以说，海外潮州人对故乡社会公益事业的捐助，基础是他们的故乡情结，原乡政府和人民对其捐助行为的褒扬是催化剂，前提是他们自身具有一定的经济实力。

当然，许多东南亚和香港的潮籍侨领、商界领袖不仅具有可观的经济实力，还不惜慷慨解囊、身体力行，起到了表率作用，使得潮汕地区的慈善公益事业做得红红火火。

1979年，原籍普宁的香港知名人士庄世平率先动员香港普宁籍知名实业家陈伟捐资修建普宁华侨中学"伟华堂"，在港澳同胞和海外华侨中带了个好头。他还广泛发动和鼓励海外赤子到家乡捐建文化、教育、体育设施，为潮汕科技文教卫生事业做出了可贵的贡献。庄世平还为汕头大学的创办倾注了大量心血。

本篇结语

自 1980 年代以来，香港的李嘉诚、庄静庵、陈伟南、林伯欣、陈伟、林世铿等，泰国的谢慧如、谢国民、陈汉士、辜炳标等，新加坡的吴清亮、颜锡祺等知名人士都曾捐巨资，办公益，做慈善，贡献巨大，彪炳史册，有口皆碑。

三　华侨投资：侨港争辉，潮起潮落

华侨回乡投资企业、发展地方经济，既是近现代潮汕侨乡臻于繁荣的主要原因，也是当代改革开放以来潮汕地区经济建设的主要驱动力。在这两个历史时期，东南亚潮商和香港潮商分别发挥了各自重要的作用。

从清末至新中国成立前夕，东南亚潮商是投资潮汕侨乡的主力军。从汕头市政工程、工业、房地产业、进出口业、商业、服务业、金融业、侨批业到铁路、公路、轮船交通运输业，以高绳芝、陈慈黉、李伯桓、张榕轩、郑智勇、胡文虎等为代表的泰国、新加坡等地潮商可谓建树良多。据统计，从 1889 年新加坡潮商在汕头合资创办福成号进出口商行开始，到 1949 年新中国成立，华侨（其中绝大多数为潮侨）在潮汕地区投资建立了 4062 家工商企业，投资金额 8000 万元，约占近代华侨在广东投资总额的 20.7%、在国内投资总额的 11.39%。[①] 潮汕地区成为全国最大的华侨投资区域之一。值得一提的是，投资潮汕地区的东南亚华侨中，有许多是海外客属侨商，如李伯桓、张榕轩、杨俊如、胡文虎等，这也说明当时的潮汕地区具有良好、开放、包容的投资环境，能够吸引其他族群的侨商前来投资创业。

改革开放后，香港潮商成为潮汕地区外来投资的主要群体。这一方面是获益于香港潮州人资本的迅速成长，潮汕地区成为李嘉诚、林百欣等潮商捷足先登的投资兴业热土；另一方面，即使是东南亚华资如泰国正大集团，通常也将香港作为进军中国内地市场的桥头堡，通过设立跨国公司总部、经由香港的渠道间接投资中国大陆。诚然，这

---

① 参见林金枝、庄为玑编《近代华侨投资国内企业史资料选辑》（广东卷），福建人民出版社 1989 年版。

与当时东南亚国家限制对外（尤其是对意识形态不同的中国大陆）投资的政策有关。他们转而在香港设立公司，以港商名义进入中国大陆投资，更为方便。据估计，改革开放以后，投资中国大陆的海外华资中，只有5%左右的投资额来自东南亚各国，其他的投资均来自香港地区及澳门、台湾地区。潮汕地区因其与东南亚的潮商具有种种天然联系，吸引东南亚华商资金状况或许稍好，但基本情况与中国大陆其他地区并无二致。

还需注意的是，大约从20世纪末开始，无论是东南亚华资还是香港华资，其在潮汕地区的投资便开始萎缩，进入明显的下行通道。这一方面是亚洲金融风暴的冲击所致，另一方面，也是东南亚潮州人族群经济长期本土化、在地化的必然结果。① 随着东南亚老一代潮州人陆续退出历史舞台，潮汕侨乡在与东南亚潮州人族群"断奶"之后，其与东南亚潮人族群之间的各种经济联系已经、或将受到很大的削弱。在潮汕地区新时代的对外经济交往和跨越式发展中，东南亚老一代潮州人族群的角色担当，将不再局限于传统的寄批、捐赠和回国投资，而是更多的寄望于其在协助中国企业走出去、支持"一带一路"建设上，能够起到咨询、引导和协调功能，发挥更加积极、重要的作用。

四 回国参政：民族认同与时代呼唤

海外潮州人善于经商、专注于逐利，并不意味着他们对政治漠不关心。从辛亥革命、北伐战争、抗日战争到解放战争，在祖国历次重大政治变革和内外战争中，潮籍华侨都不乏热血青年义无反顾地置身其间、勇作前驱。

潮州是我国著名侨乡，与海外华侨社会有着千丝万缕的联系。清末民初，随着中国民族主义思潮的兴起，东南亚特别是泰国"暹罗"、英属马来亚、法属印度支那和荷属东印度的众多潮州籍华侨积极支持和参加孙中山领导的辛亥革命和反对北洋军阀的斗争，涌现出以张永

---

① 参见黄小坚《一叶知秋——从澄海市侨情变化看潮汕侨乡的蜕化》，《第四届世界海外华人国际学术研讨会论文集》，2001年4月。

福、郑智勇、林义顺、林受之、许雪秋、陈涌波等为代表的一大批仁人志士。民国年间，在中国共产党的感召下，更多的海外潮籍华侨青年积极投身于新民主主义革命之中。无论是在国共合作的大革命时期、十年内战的土地革命战争时期，还是在艰苦卓绝的抗日战争时期、国共对决的解放战争时期，海外潮侨都不落人后，其中尤以许甦魂、李华、吴田夫、庄国英、陈惠、陈子谷、钟时（女）、王丽（女）、郑松涛、杜家青、方方、吴敬业、陈复悦、林文虎、蚁美厚等人事迹广为人知。他们或长期从事侨务工作和侨党工作，或往返海内外为中国革命提供人力、物力和财力上的支持，都为中国红色革命做出了特殊的贡献，付出了重大的牺牲。

  在回国参政的华侨群体中，来自泰国华侨数量最多，其中又以潮籍华侨占绝大多数。北京市泰国归侨联谊会从1989—2015年陆续编辑、出版了八本反映泰国归侨英烈事迹的《泰国归侨英魂录》。据统计，该书所录713人中，潮籍归侨483人，占全部人数的67.7%；烈士84人中，潮籍39人，占到45%。此外，该书还附录有80名南侨机工名单，其中潮籍机工数量仅次于海南文昌籍机工；1938年暹罗汽车工友回国服务团第一队35人，其中潮籍15人、排名第一。就群体构成来看，在前述483名潮籍归侨中，出生在泰国等侨居地的侨二代有118人，占到差不多四分之一；职业出身为学生、报人或教师占潮籍归侨的大多数。它表明，华侨的代际分化对其家国认同的影响远没有想象中大，其原因可能与潮汕人的宗族观念和家国情怀有关，许多潮侨后裔幼年时往往会被送回老家一段时间，故其对祖国仍然饱含深情；而知识分子、文化人大量回国参加政治活动，既反映了海外华侨对中国革命的支持主要体现在经济和舆论方面，也表明其与中国国内革命低潮时大量潮州进步人士南撤泰国避难有关，来自潮汕侨乡的大量知识分子在动员、组织华侨社会爱国青年学生回国参与抗日战争和政治变革上发挥了重要作用。①

---

  ① 熊燕军、陈雍：《从〈泰国归侨英魂录〉看潮籍泰国归侨与中国红色革命》，潮州市侨联、中共潮州市委党史研究室编：《海外潮人与中国红色革命》（内部出版物），2021年6月，第30页。

值得注意的是，回国参战、参政，并非海外潮州人参与祖国政治的全部内容。在侨居地开展各种形式的政治活动支援祖国革命和抗日战争，潮籍华侨可谓居功甚伟。从为抗日献身的海外侨领第一人蚁光炎，到为中国红色革命默默奉献的侨党领袖李华，潮籍华侨以各自独特的方式诠释了该群体与祖国政治千丝万缕的紧密联系。

五 文化遗产：海外潮州人留给家乡的精神财富

时光过隙，岁月留痕。作为炎黄子孙的一个支脉，海外潮州人在漫长的移民历史中，通过人员往来、捐资办学、慈善公益、兴办实业、商业贸易等形式和途径，对潮汕侨乡进行持续、有效的物质文化和精神文化传播，使潮汕人在思想意识、语言艺术、风俗习惯、生活时尚、文化心态等方面发生了新的变化。侨乡文化渗透到潮汕社会的方方面面，与民众生活息息相关。海外潮人的文化传播对潮汕文化从古代农业文化到近代商业文化的历史嬗变，起到了积极的作用。

在侨乡文化价值备受关注的新的历史时期，系统整理和研究潮汕侨乡文化不仅是适时的、必要的，也是一件亟待开展的学术工程。实际上，由于文化纽带在维系传统侨乡与海外华人特殊关系中的重要性日益凸显，侨乡文化早已成为近年来国内涉侨研究的热点，有关侨乡文化研究的机构相继设立、学术交流活动频繁举办、学术论著显著增多，研究内容涉及侨乡文化的性质、特征、社会功能和不同侨乡文化间的比较等诸多方面。不过，已有的研究多侧重于系统梳理各地侨乡文化的性质特征、主要内容，[①] 或对各地侨乡文化进行横向比较研究，[②] 较少正面论及侨乡文化对当地经济社会发展所产生的作用与影

[①] 如余定邦《中华文化、华侨文化与侨乡文化》，《八桂侨刊》2005年第4期；何作庆：《云南红河县侨乡文化的历史与开发研究》，《红河学院学报》2006年第1期；郑一省《广西侨乡文化与华侨华人文化互动研究》，《八桂侨刊》2007年第2期；王望波《试析晋江侨乡经济发展中的人文因素》，《南洋问题研究》2002年第4期；林金枝《近代华侨在东南亚传播中华文化中的作用》，《南洋问题研究》1990年第2期。

[②] 如张应龙《输入与输出：广东侨乡文化特征散论——以五邑与潮汕侨乡建筑文化为中心》，《华侨华人历史研究》2006年第3期；李岳川《近代闽南与潮汕侨乡建筑文化的比较研究》，博士学位论文，华南理工大学，2015年。

响；对于侨乡文化与华侨文化，也往往不加区别，混为一谈。至于针对潮汕侨乡文化的系统研究，则刚刚起步。①

令人欣慰的是，鉴于侨乡文化不仅在促进地方传统文化复兴和文化建设、社会和谐上有着积极的影响，而且在维系海内外中华儿女民族文化认同上发挥了积极的作用，潮汕地区各级党政部门近年来更加重视并善于打造各种平台，侨乡文化遗产的保护和开发受到了空前的重视。我们有理由相信，假以时日，根植于粤东大地的潮汕侨乡文化将焕发出新的异彩！

---

① 主要论著有：沈冰虹《岭南第一侨宅——陈慈黉故居及其家族》，汕头大学出版社2001年版；汕头市政协学习和文史委员会《陈慈黉故居建筑艺术》，汕头大学出版社2011年版；何庆宇、朱向红《浅谈海洋文化对陈慈黉故居的影响》，《建筑与环境》2012年第6期；李玉茹、黄晓坚《潮汕侨乡文化概论》，《八桂侨刊》2017年第1期；李玉茹《试论涉侨文化的当代价值——以闽粤侨乡为案例的研究》，《华侨华人历史研究》2017年第1期。主要机构有：中国侨乡文化（潮汕）研究中心，2021年5月9日成立于韩山师范学院。

主要参考文献

一 专著

（清）郑昌时著，吴二持校注：《韩江闻见录》，上海古籍出版社 1995 年版。

北京艺术博物馆编（李炳炎主编）：《中国潮州窑》，中国华侨出版社 2015 年版。

蔡天：《寮国华侨概况》，台北正中书局 1988 年版。

潮州市侨联、中共潮州市委党史研究室编：《海外潮人与中国红色革命》（内部出版物），2021 年。

潮州市人民政府侨务办公室、潮州市归国华侨联合会主编：《潮州市华侨志（初稿）》，1988 年。

陈达：《南洋华侨与闽粤社会》，商务印书馆 2011 年版。

陈翰笙主编：《华工出国史料汇编》，中华书局 1985 年版。

陈骅、杨群熙编著：《海外潮人爱国壮举》，汕头大学出版社 1997 年版。

陈焕溪：《潮人在香港》，香港：公元出版有限公司 2006 年版。

陈剑虹主编：《槟榔屿潮州人史纲》，槟城：槟榔屿潮州会馆，2010 年。

陈子谷：《富贵于我如浮云》，中国华侨出版公司 1990 年版。

澄海县人民政府侨务办公室、澄海县归国华侨联合会编：《澄海县华侨志》（初稿），打印稿，约 1988 年。

范如松主编：《东南亚华侨华人》，世界知识出版社 1999 年版。

方侨生总编撰：《柬埔寨华侨史话》，柬埔寨：柬华理事会，1999 年。

广东省地方史志编纂委员会编：《广东省志·华侨志》，广东人民出版社1996年版。

广东省汕头市地方志编纂委员会编：《汕头市志》（第四册），卷六十九《华侨》，新华出版社1999年版。

广东省文学艺术节联合会、广东省民间文艺家协会编：《广东民间故事全书·潮州卷》，岭南美术出版社2016年版。

《海外潮人史料专辑》（汕头文史·第八辑），中国人民政治协商会议广东省汕头市委员会文史资料委员会编，1990年。

洪林、黎道纲主编：《泰国华侨华人研究》，香港社会科学出版社有限公司2006年版。

黄挺：《潮商文化》，华文出版社2008年版。

黄挺：《十六世纪以来潮汕的宗族与社会》，暨南大学出版社2015年版。

黄挺：《中国与重洋：潮汕简史》，生活·读书·新知三联书店2017年版。

黄小坚、丛月芬、赵红英：《海外侨胞与抗日战争》，北京出版社1995年版。

黄小坚：《归国华侨的历史与现状》，香港社会科学出版社有限公司2005年版。

黄小坚主编：《海峡两岸"华侨与抗日战争"学术研讨会文集》，中国档案出版社2000年版。

黄晓坚等：《从森林中走来——马来西亚美里华人口述历史》，广东人民出版社2014年版。

黄晓坚：《华侨抗战影像实录：历史的诠释》，中国华侨出版社2015年版。

黄赞发、陈桂源：《潮汕华侨历史文化图录》，山东美术出版社2008年版。

冷东：《东南亚海外潮人研究》，中国华侨出版社1999年版。

李宏新：《潮汕华侨史》，暨南大学出版社2016年版。

李庆新：《海上丝绸之路》，黄山书社2016年版。

梁明：《高棉华侨概况》，台北正中书局1988年版。
林金枝、庄为玑编著：《近代华侨投资国内企业资料选辑》（广东卷），福建人民出版社1989年版。
《隆都镇华侨志》编纂委员会编：《隆都镇华侨志》，文化走廊出版社2013年版。
潘醒农编：《马来亚潮侨通鉴》，新加坡：南岛出版社1950年版。
潘醒农：《潮侨溯源集》，金城出版社2013年版。
全国政协文史资料研究委员会华侨组编：《峥嵘岁月——华侨青年回国参加抗战纪实》，中国文史出版社1988年版。
《饶平华侨史志》，饶平县归国华侨联合会，1999年。
饶平县台湾事务办公室、饶平县志编委会编：《饶平乡民移居台湾纪略》，香港文化传播事务所，1998年。
饶平县志编委会编：《饶平县志》，广东人民出版社1994年版。
饶宗颐总纂：《潮州志·户口志下·统计图表》，潮州市地方志办公室编印，2004年。
《汕头侨史论丛》（第一辑），汕头华侨历史学会，1986年。
汕头市人民政府侨务办公室、汕头市归国华侨联合会编：《汕头华侨志》（初稿），打印本。
舒庆祥、陈声洲编著：《柔佛古庙百年游神照片汇编》，新山中华公会辖下柔佛古庙管委会，2010年。
《泰国潮州人及其故乡潮汕（第一阶段1767—1850）》，曼谷：泰国朱拉隆功大学亚洲研究所1991年版。
《泰国潮州人及其原籍研究计划·第二辑：汕头港（1860—1949）》，曼谷：泰国朱拉隆功大学亚洲研究所中国研究中心1997年版。
王琛发：《马来亚潮人史略》，槟城：艺品多媒体传播中心1999年版。
王琳乾编著：《潮汕自然灾害纪略》，广东人民出版社1994年版。
王士录编著：《当代柬埔寨》，四川人民出版社1994年版。
溪口刘氏续修族谱组委会、溪口刘氏续修族谱编委会编印：《溪口刘氏族谱》。
暹罗启明学校纪念文集编辑组编：《永恒的怀念》（内部出版物），

1990年。

许茂春编著:《东南亚华人与侨批》(修订版),曼谷,2008年。

许嵘智、黄挺主编:《海外移民与原乡文化》,花城出版社2013年版。

杨群熙:《海外潮人兴学育才纪事》,汕头:潮汕历史文化研究中心2000年版。

杨锡铭:《潮人在泰国》,香港:艺苑出版社2001年版。

杨锡铭:《从韩江到湄南河——管窥泰国潮人社会》,暨南大学出版社2018年版。

杨锡铭:《海外潮人史话》,中国文史出版社2009年版。

张文和:《越南高棉寮国华侨经济》,台北:海外出版社1956年版。

张应龙主编:《海外潮团发展报告2015》,广东人民出版社2015年版。

郑良树:《柔佛州潮人拓殖与发展史稿》,新山:南方学院出版社2004年版。

周佳荣:《香港潮州商会九十年发展史》,中华书局(香港)有限公司2012年版。

[荷] 包乐史:《18世纪末巴达维亚唐人社会》,吴凤斌译,厦门大学出版社2002年版。

[美] 施坚雅著,许华等译,力践、许丽丽、庄国土审校:《泰国华人社会:历史的分析》,厦门大学出版社2010年版。

[日] 李国卿:《华侨资本的形成和发展》,郭梁、金永勋译,福建人民出版社1984年版。

[泰] 巴帕松·谢维昆:《从黄河到湄南河》,曼谷:阿玛林大众有限公司2005年版。

Cesar V. Callanta, "The Limahong Invasion", Printed by the Pangasinan Review Press, Dagupan City, Philippines, 1979. Revised edition 1989 published by NEW DAY PUBLISHERS.

Francisco de Sande, "Relation of the Filipinas Islands", in E. H. Blair and J. A. Robertson, eds., *The Philippine Islands, 1493 – 1803*, Cleveland, Ohio: The Arthur H. Clark Company, 1903, Vol. 4, pp. 25, 38.

Tan Gia Lim, *An Introduction to the Culture and History of the Teochews in*

Singapore, World Scientific Publishing Co., Pte. Ltd. Singapore, 2018.

Tersita Ang See, *Chinese in the Philippines（Volume IV）*, Kaisa Para Sa Kaunlaran Kaisa Heritage Center Manila, 2013.

二 论文

安焕然：《论潮人在马来西亚柔佛麻坡的开拓》，《汕头大学学报》（人文社会科学版）2002年第2期。

《本路沿革史略》，《潮汕铁路季刊》1933年第1期。

陈楚金：《汕头郊公所，拓展中泰贸易先河》，《汕头特区晚报》2013年10月28日。

陈海忠：《从民利到国权：论1904—1909年的潮汕铁路风波》，《太平洋学报》2008年第10期。

陈熳、李俊明、冯咏仪、陈春花：《从风俗习惯看五邑侨乡与潮汕侨乡之间的文化差异》，载于王克主编《广东侨乡历史文化调查集》，汕头大学出版社2011年版。

陈民：《划过夜空的流星——评辛亥革命时期的陈楚楠与张永福》，赵红英、张春旺主编：《中国侨史学界纪念辛亥革命100周年学术研讨会论文集》，中国华侨出版社2011年版。

陈启川：《旅港潮商先驱陈开泰》，《潮州市文史资料选编·海外潮人》，潮州市地方志办公室、潮州市外事侨务局编，2004年。

陈孺性：《缅甸华侨史纲》，载《旅缅仰光潮州会馆复办新馆落成特刊》，仰光：旅缅潮州会馆，1960年。

陈世伦：《海外华人研究柬埔寨潮州会馆记述》，载《柬埔寨潮州会馆20周年特刊》，金边：柬埔寨潮州会馆，2014年。

陈维信：《香港进口储粮商对民食的贡献》，载《香港潮州商会六十周年纪念特刊》，香港潮州商会，1981年。

陈友义：《试论海外潮人的文化传播对近代潮汕文化嬗变的历史作用》，《汕头日报》2005年12月5日。

陈友正：《廖岛潮人》，载《印尼潮州乡亲公会特刊》，印尼潮州公会2001年版。

陈再藩：《甘蜜与胡椒（26/3/2012）》，新浪博客，2012 年 4 月 10 日。

陈泽宪：《十九世纪盛行的契约劳工制》，《历史研究》1963 年第 1 期。

陈中璇、陈健民：《富珍斋创始人陈开泰先生事略》，《潮学》2005 年第 1 期。

陈作畅、陈训先：《陈黉利家族乡情实录》，载于中国人民政治协商会议汕头市委员会文史资料委员会编《海外潮人史料专辑》（汕头文史·第八辑）。

崔贵强：《新加坡潮州人对经济发展的贡献》，载《新加坡潮州八邑会馆成立七十周年纪念特刊》，新加坡潮州八邑会馆，2000 年。

邓水正：《19 世纪中期以前泰国华人经济概述》，载《泰国潮州人及其故乡潮汕·第二阶段（1860—1949）》，曼谷：朱拉隆功大学亚洲研究所中国研究中心 1997 年版。

杜经国、黄挺：《潮州古代商贸港口研究》，载潮汕历史文化研究中心、汕头大学潮汕文化研究中心编《潮学研究》（第一辑），汕头大学出版社 1994 年版。

段立生：《从中式寺庙看泰国华人的宗教信仰》，《东南亚宗教与区域社会发展学术研讨会论文集》，2014 年。

范宏贵：《老挝华侨华人剪影》，《八桂侨刊》2000 年第 1 期。

傅曦、张俞：《老挝华侨的过去与现状》，《八桂侨刊》2001 年第 1 期。

关汪若：《旅港潮州八邑会馆三十周年纪念特刊·会史纪要》，香港：旅港潮州八邑会馆，1951 年。

郭威白：《马来亚中国人在发展当地经济中的地位》，《中山大学学报》（社会科学版）1959 年第 4 期。

郝跃骏：《老挝华人现状及社团组织》，《东南亚》1992 年第 1 期。

黄光武：《红头船的产生及其作用和影响》，《汕头大学学报》（人文科学版）1993 年第 9 卷。

黄磊明：《丁未黄冈首义革命志士像传》，载于马天行主编，高雄潮汕同乡会《会讯》第七期，1977年，高雄潮汕同乡会编印。

黄小坚：《一叶知秋——从澄海市侨情变化看潮汕侨乡的蜕化》，台北：第四届海外华人国际学术研讨会论文，"中央"研究院中山人文社会科学研究所，2001年4月。

黄晓坚：《潮汕地区海外移民形态的变化》，《华侨华人历史研究》2013年第1期。

黄晓坚：《潮州籍华侨与中国红色革命概述》，潮州市侨联、潮州市委党史研究室编印：《海外潮人与中国红色革命》，2021年7月。

黄晓坚：《海上丝绸之路与华侨华人——基于潮汕侨乡及海外潮人的历史考察》，《新视野》2015年第3期。

黄晓坚：《柬埔寨华人社会的变迁（1991—2017）——兼论柬埔寨华侨华人在"一带一路"建设中的作用》，《华侨华人历史研究》2018年第3期。

黄晓坚：《抗战时期回国服务华侨机工考》，载于黄晓坚编著《华侨抗战影像实录：历史的诠释》，中国华侨出版社2015年版。

黄晓坚：《中泰民间关系的演进：以隆都镇为视域的研究》，曼谷：泰中战略研讨会论文，2012年8月。

姜振逵、刘景岚：《农业合作化中的动员方式与路径探讨——以侨乡潮安为视角》，姜振逵提供。

冷东：《明清潮州海商与区域社会》，《东北师大学报》（哲学社会科学版）2003年第1期。

李庆新：《越南明香与明乡社》，《中国社会历史评论》第十卷，天津古籍出版社2009年版。

林凤：《澄海樟林港与潮州早期海外移民》，《汕头侨史论丛》（第一辑），汕头华侨历史学会，1986年9月。

林凤：《"香叻暹汕"贸易体系的形成及其历史作用》，《汕头侨史》1989年第1期。

林金枝：《近代华侨在东南亚传播中华文化中的作用》，《南洋问题研究》1990年第2期。

林文影：《泰南四府之一的北大年》，载《北大年府灵慈圣宫林姑娘事迹》，北大年：灵慈圣宫理监事，第8—10页（出版年份不详）。

林毅生：《闲话美里同乡前辈》，载《砂勝越古晋潮州公会百周年纪念特刊》，1964年。

刘崇汉：《林道乾兄妹传奇》，许嵝智、黄挺主编：《海外移民与原乡文化》，花城出版社2013年版。

陆集源：《潮州古瓷与海上丝绸之路》，《潮州日报》2014年6月12日。

罗晓京：《1910~41年泰国对华贸易与汕头港》，《泰国潮州人及其故乡潮汕·第二阶段（1860—1949）》，曼谷：泰国朱拉隆功大学亚洲研究所1997年版。

宓汝成：《中国近代铁路发展史上民间创业活动》，《中国经济史研究》1994年第1期。

潘醒农：《回顾新柔潮人甘蜜史》，载《新加坡潮州八邑会馆成立七十周年纪念特刊》，2000年9月。

《柔佛古庙的历史》，舒庆祥、陈声洲编著：《柔佛古庙百年游神照片汇编》，新山中华公会辖下柔佛古庙管委会，2010年3月。

沈野：《潮州人在台湾》，载《潮学研究》（6），汕头大学出版社1997年版。

素攀·占塔瓦匿：《泰国潮州人的故乡》，《泰国潮州人及其故乡潮汕·第一阶段（1767—1850）》，曼谷：朱拉隆功大学亚洲研究所，1991年。

覃翊：《近年越南华人数量的估算与分析》，《南洋问题研究》2015年第1期。

汤开建：《明隆万之际粤东巨盗林凤事迹详考——以刘尧诲〈督抚疏议〉中林凤史料为中心》，载《历史研究》2012年第6期。

哇拉塞·玛哈塔诺本：《暹罗的华人文化——1851—1910年的活动与演变》，《泰国潮州人及其故乡潮汕·第二阶段（1860—1949）》，曼谷：朱拉隆功大学亚洲研究所中国研究中心1997年版。

王保英：《方瑞麟传略》，《汕头文史》第四辑，政协汕头市委员会文史资料研究委员会编印，1987年。

主要参考文献

王锦长：《海外潮人对汕头经济和海运贸易的贡献》，载《汕头侨史》第1期，汕头华侨历史学会，1986年。

魏建峰：《早期马来西亚柔佛潮人商业网络探析——以柔佛新山为例》，《东南亚纵横》2010年第7期。

文辉：《追念蚁光炎先生》，《华侨先锋》第1卷第16期，1940年2月16日。

吴田夫：《在抗日中心的狂飙里》，全国政协文史资料研究委员会华侨组编：《峥嵘岁月——华侨青年回国参加抗战纪实》，中国文史出版社1988年版。

《香港潮人商业调查概况·米业》载《旅港潮州商会三十周年纪念特刊》，旅港潮州商会，1951年。

谢耀柱：《泰国华侨回国从军参加抗日战争的英勇事迹》，载于黄小坚主编《海峡两岸"华侨与抗日战争"学术研讨会文集》，中国档案出版社2000年版。

《新加坡的潮州人》，载《第十二届国际潮团联谊年会纪念特刊》，新加坡潮州八邑会馆，2003年。

熊燕军、陈雍：《从〈泰国归侨英魂录〉看潮籍泰国归侨与中国红色革命》，潮州市侨联、中共潮州市委党史研究室编：《海外潮人与中国红色革命》（内部出版物），2021年6月。

熊燕军、陈雍：《数字与历史：近代潮汕地区海外移民规模再考察——以数据处理方法为视角》，《华侨华人历史研究》2016年第2期。

徐艺圃：《汕头地区早期华工出洋概论》，《汕头侨史论丛》（第一辑），汕头华侨历史学会，1986年9月。

许侠：《缅怀为国捐躯的爱国侨领蚁光炎先生》，暹罗启明学校纪念文集编辑组编：《永恒的怀念》（内部资料），1990年12月。

颜清湟：《张煜南和潮汕铁路（1904—1908年）——华侨在中国现代企业投资实业研究》，吴凤斌译，《南洋资料译丛》1986年第3期。

衣远：《试析革新开放以来越南华人经济新发展》，《东南亚纵横》2013年11月。

佚名：《潮人在斗湖》，载《马来西亚斗湖潮州公会100周年纪念特刊》，斗湖：斗湖潮州公会，2001年。

余定邦：《中华文化、华侨文化与侨乡文化》，《八桂侨刊》2005年第4期。

袁伟强：《潮汕华侨支援抗日救国史略》，《汕头侨史论丛》（第三辑），汕头华侨历史学会。

袁伟强：《岭东互助社的建立及其作用》，载汕头华侨历史学会编：《汕头侨史论丛》（第二辑），汕头华侨历史学会，1991年。

曾迪嘉：《旅缅仰光潮州会馆发展史略》，载《旅缅潮州会馆复办新馆落成特刊》，仰光：旅缅潮州会馆，1960年。

张应龙：《输入与输出：广东侨乡文化特征散论——以五邑与潮汕侨乡建筑文化为中心》，《华侨华人历史研究》2006年第3期。

张映秋：《岭东华侨互助社的建立和发展》，载汕头华侨历史学会编：《汕头侨史论丛》（第二辑），汕头华侨历史学会，1991年。

张映秋：《樟林港埠与红头船》，《海外潮人史料专辑》（汕头文史·第八辑），中国人民政治协商会议广东省汕头市委员会文史资料委员会编，1990年7月。

郑群辉：《佛教何时初传潮汕》，《佛缘网站》2012年2月28日，http://www.foyuan.net/article-532136-1.html。

朱伯闻：《古晋潮州公会史略》，载《砂勝越古晋潮州公会百周年纪念特刊》，1964年。

庄国土：《二战以来柬埔寨华人社会地位的变化》，《南洋问题研究》2004年第3期。

庄国土：《中国政府对归侨、侨眷政策的演变（1949—1966）》，《南洋问题研究》1992年第3期。

庄义青、曾从叔：《丁未潮州黄冈起义——为纪念辛亥革命七十周年而作》，《韩山师专学报》1982年第1期。

W. E. 威尔莫特：《柬埔寨人华人人口概况》，陈森海译，《东南亚研究》1983年第4期。

［泰］旺威帕·武律叻达纳攀、［泰］素攀·占塔瓦匿：《吞武里王朝

和曼谷王朝初期泰国社会中的潮州人》,《泰国潮州人及其故乡潮汕地区·第一阶段（1767~1850）》,曼谷：朱拉隆功大学亚洲研究所中国研究中心1991年版。

[美] 史金纳：《泰国华侨社会：史的分析》第2章,《南洋问题资料译丛》1964年第1期。

[日] 山下清海：《老挝的华人社会与唐人街——以万象为中心》,《南洋资料译丛》2009年第4期。

[日] 野泽知弘：《柬埔寨的华人社会——关于金边华侨华人聚居区的调查报告》,《南洋资料译丛》2012年第2期。

[日] 野泽知弘：《柬埔寨的华人社会——关于新华侨社会动态的考察》,乔云译,《南洋资料译丛》2013年第1期。

[英] 赛乐：《东南亚的中国人》,载《南洋问题资料译丛》1958年第1期,第44页。

[越] 珠海著,甄中兴节译,戴可来校：《越南的华人社团》,《民族译丛》1993年第5期。

Teresita Ang See, *Limahong-Pirate, rebel or hero*? Tulay Fortnightly, March 02 – 15, 2010.

三　会刊

《澳门潮州同乡会成立十周年暨培华中学创校纪念特刊》,澳门潮州同乡会,1995年。《北马潮安同乡会成立47周年纪念特刊》,槟城：北马潮安同乡会,1992年。

《北马惠来同乡会庆祝50周年金禧纪念特刊》,槟城：北马惠来同乡会,1998年。

《槟榔屿潮州会馆庆祝成立134周年纪念特刊（1864—1998）》,槟城：槟榔屿潮州会馆,1998年。

《斗湖潮州公会100周年纪念特刊》,斗湖：斗湖潮州公会,2001年。

《曼谷泰华进出口商会纪念刊》,曼谷：曼谷泰华进出口商会,1967年。

《砂朥越古晋潮州公会125周年纪念特刊》,古晋：砂朥越古晋潮州公会，1990年。

《砂朥越古晋潮州公会百周年纪念特刊》，古晋：砂朥越古晋潮州公会，1964年。

《山打根潮州公会百周年纪念特刊》，山打根：山打根潮州公会，1989年。

《泰国潮州会馆成立周年纪念特刊（40、45、50、55、60、65、75周年）》，曼谷：泰国潮州会馆。

《新加坡潮安会馆庆祝成立46周年纪念特刊》，新加坡：潮安会馆，2010年。

《新加坡潮州八邑会馆成立八十五周年纪念特刊——狮城访谈录》，新加坡：潮州八邑会馆，2014年。

《新加坡潮州八邑会馆成立七十周年纪念特刊》，新加坡：潮州八邑会馆，2000年。

《亚庇潮州公会60周年会庆特刊（1954—2014）》，亚庇：亚庇潮州公会，2014年。

《印尼潮人工商业资讯》，印尼潮州乡亲公会，2005年。

《印尼潮州乡亲公会特刊》，印尼潮州乡亲公会，2001年。

后　　记

《东南亚潮州人研究》一书终于按下了句号键。我们深知，尽管还存在许多不足之处，但作为本书的撰写工作，终究是要告一段落的，毕竟再丑的媳妇也得见公婆。

拙作之所以能够付梓，首先得益于众多前贤的研究成果。众所周知，国内外许多专家学者对于潮州人下南洋的历史已做了诸多研究，成果可谓是汗牛充栋。正是这些研究成果，为本书的撰写奠定了坚实的基础。

接手本课题时，虽然此前我们或多或少对此作过一些相关的研究，但仍深感知识储备之不足；虽然此前我们也曾多次访问过东南亚潮州人的聚居地，但有些地方的情况仍是不甚明了。于是蹲图书馆、上互联网，翻书本、敲键盘，又跑海内外做田野调查，专访知情人，尽量多地收集有关信息和研究成果，尤其是第一手资料。在此基础上，深入进行梳理，充实提高。还好，春去秋来，耕耘之后终有收获。

良好的工作氛围，是完成本书撰写不可或缺的条件。在这期间，我们得到了许多学界贤达的指导、单位同事的帮助、海内外亲朋好友的支持，以及家人的理解，这使我们能够专心于本书的撰写，并比较顺利地完成了任务。在此，恕难——罗列，谨致以衷心谢忱。尤其令人感动的是，原韩山师范学院校长、著名潮语研究专家林伦伦教授不仅在本课题立项上给予鼎力支持，还亲自为拙著审读、作序。韩山师范学院潮学研究院院长陈海忠教授一直很关心项目的进展，并慷慨准予补贴出版费用。中国社会科学出版社宋燕鹏编审，也为项目成果的

后　记

推出付出诸多辛劳，终使拙著得以付梓面世。

潮州人拓殖东南亚，历史悠久，跌宕起伏，人数众多，涉及广泛，史料浩如烟海，本书难以面面俱到，惟期能抛砖引玉。而且囿于学识能力，其中定当存在诸多不尽如人意之处，也期待方家予以批评指正，以便今后提高完善。

是为记。

韩山师范学院潮学研究院特聘研究员　杨锡铭
韩山师范学院潮学研究院研究员　黄晓坚
2022 年 12 月 16 日